浙江省文史研究馆文史丛书之四十六

浙江道跡洞天

郭学焕 著

浙江古籍出版社

图书在版编目（CIP）数据

浙江道迹洞天 / 郭学焕著 . -- 杭州：浙江古籍出版社, 2024.5
ISBN 978-7-5540-2947-3

Ⅰ.①浙… Ⅱ.①郭… Ⅲ.①道教—寺庙—名胜古迹—浙江 Ⅳ.① K928.75

中国国家版本馆 CIP 数据核字 (2024) 第 084487 号

浙江道迹洞天
郭学焕 著

出版发行	浙江古籍出版社
	（杭州市环城北路 177 号　邮编：310006）
网　　址	https://zjgj.zjcbcm.com
责任编辑	徐　立
责任校对	吴颖胤
美术设计	吴思璐
封面题字	金鉴才
责任印务	楼浩凯
照　　排	杭州立飞图文制作有限公司
印　　刷	浙江全能工艺美术印务有限公司
开　　本	710mm×1000mm　1/16
印　　张	20.5
字　　数	336 千字
版　　次	2024 年 5 月第 1 版
印　　次	2024 年 5 月第 1 次印刷
书　　号	ISBN 978-7-5540-2947-3
定　　价	78.00 元

如发现印装质量问题，影响阅读，请与本社市场营销部联系调换。

序

浙江省文史馆副馆长郭学焕先生新著《浙江道迹洞天》日前杀青，成为继《浙江古寺寻迹》之后的又一力作，其情怀令人钦佩。因本人尝有缘撰《浙江古寺寻迹》之序，此番仍续前缘，略缀数言，权呈一孔之见，聊当其序。

寻踪探迹，向为中国文人雅士之所好，曾为各地留下不可胜数的美篇佳什，谱就绵延赓续的山川文脉。郭著《浙江道迹洞天》，历时数载，克服诸多困难，循道迹，观洞天，察实境。立足田野，让历史说话；立足文献，让道迹呈现；驻足胜地，让洞天鲜活。行文生动流畅，充满立体感，既激活浙江大地上诸多封存而不甚为人所知的文化记忆，更让读者身临其境，对道迹洞天感同身受，颇为难得。

道教是中国土生土长的宗教。土生土长，意味着道教扎根于中国文化，影响民众生活。道教作为一种长期扎根民众生活、丰富地方文化的本源性宗教，至今仍有相当影响。浙江历史上就属于道教大省，既有创宗者，更有立派者，特色鲜明，道迹遍布。所谓"浙江道迹"，顾其名，思其意，就是指中华本土道教文化在浙江大地上的印迹，既包括道教在浙江地域的痕迹，更呈现道教在浙江文脉的印记。在文脉印记的意义上，"道迹"构成镌刻在浙江文化上的"道教味"。

浙江省文史馆首任馆长马一浮先生就曾提出，正如佛教四大名山之创设，道教亦有四大名山之说，或许是想强调道教文化传布的"中国性"。

如何探寻浙江道迹，殊非易事。通览本书，内容编排，颇具匠心。通过对地方文脉的时代关切，体现历史与文化的双重自觉，择要而书，显得脉络井然。这种呈现时代情怀的内容编排，典型地体现于将全书充满时代性地对应于浙东唐诗之路等山水诗文化，将全书落笔的核心旨趣，结合并落归于浙江历史文化重辉中建设文化强省的宏阔愿景，浸透于"诗画江南、活力浙江"的新时代进程。

如本书第一部分题为"浙东唐诗之路上的道迹洞天"，对应于"唐诗之路文化"。其具体内容，既包括会稽宛委山（龙瑞宫）、金庭洞天、沃洲（新昌）天姥山、诸暨道凝山，更有第二大洞天黄岩委羽山、千年仙居括苍洞、江南道源仙踪之誉的南宗祖庭桐柏宫及作为道教胜地的天台山，历数"四明三千里，朝起赤城霞"及宁波道迹和葛洪后裔，以及点缀着温岭、玉环的诸福地。第二部分则关注"大运河诗路上的道迹洞天"，对应于"大运河诗路文化"，涉及杭州葛岭抱朴道院、玉皇山福星观、吴山道迹和老玉皇宫、临安大涤山麓洞霄宫及江南道教名山湖州金盖山古梅花观、清虚烟霞观，并"嘉兴道迹揽胜"。至于第三部分，题为"钱塘江诗路上的道迹洞天"，涉及金华元洞天和赤松宫、紫霄观、衢州烂柯福地和梅岩洞、江山礼贤城隍庙等。第四部分，最能体现浙江道迹洞天的"海天"特色，故题为"瓯江山水诗路上的道迹洞天"，涉及丽水缙云仙都行、青田太鹤山（三十洞天）、松阳千年卯山一叶、华盖山（十八洞天）、温州紫霄道观、瓯海仙岩三皇井、十二福地大若岩、南雁荡山仙姑洞、刘基故里南田福地等。

纵观《浙江道迹洞天》42篇文章，诚如著者所言，主要聚焦于"三个重点"：前两个重点，分别是浙江重点道教宫观和浙江道教相关重点文物。这显然属于"浙江道迹"之列。其具体内容包括：浙江省的国家级、省级重点道观，以及重点文物。其中有国家重点文物保护单位、浙江省文物保护单位，以及全国第三次文物普查时发现的道教祭祀建筑、古遗址。而"第三个重点"，则是记述浙江道教文化史上广为流传的"洞天福地"。

"道迹"作为历史文化的道教化实存（遗存、留存），"洞天"则是对自然的人文化塑造。道教化塑造的"洞天福地"，既是作为人文景观的"地方化"实存，更是呈现先辈们生活形态、文化场景的"地方性"呈现。无论是"道迹"，还是"洞天福地"，其间的文化勾联，就是道教的综合创设及其传布。神道设教的本义，至少源出于天、地、人、道（神）的四维结构。其中，最核心者当推天人关系。天人关系既是中华文化生态观念的本真表述，甚至体现出具有某种终极性的诉求。在具体形态上，"天人关系"则是一种空间的"地方"描述，成为一种寄托诸多"关系"的意指。正是在此意义上，道教的"洞天福地"赋予地方生产、生活、生态等诸多方面新的意义。

自唐代道士司马承祯（647—735）撰《天地宫府图》，特别是唐末五代道士杜光庭（850—933）著《洞天福地记》之后，天下十大洞天、三十六小洞天、七十二福地之名，不仅在道教界广为传颂，构建成"神人""真道"栖居的名山胜地，而且通过"洞天福地"的生态与神态共存的道教意象，汇聚成中华道教相关的洞天文化。后世更把"洞天福地"喻称风景优美的场所，强化了自然生态的人文化或人文场景的生态化，体现了中华道教文化固有的生态与人文协调和谐的"生态人文主义"特色。

如果说充满道教特色的"洞天"文化建构，指向道教修仙论的超越性维度，那么，"福地"生态打造，就显现道教鲜明生动的"人间性"，而且这种人间性显然是通过"地方性"而实现的。洞天福地的属世性，虽其指向有所不同，但都是道教对于现世化、在地化的生活（生命、生存、生态）的关切。洞天福地所呈现的"地方化"生态，体现出长期性与历史性，实际上构成极具人文、生态化的"在地风水"。正如道教解释"洞天"称，"洞天之洞者，乃通也"。意即天地人道的交流与互通，同时也是一种地方文化的"生态能量场"，赋予地方最具中华道教印迹的"生态"标识，这或许正是"别有洞天"的蕴意与指示。因此，无论是道教道迹，还是洞天福地，无不表达出对于"地方"的尊重，成为生态感情的朴素表达。而探寻"浙江道迹洞天"，也就成为"走进地方"的人文之旅，成为"走入地方"的知识活动。

值得一提的是，对于道教"洞天福地"的综合研究，正受到国际学界的日益关注。如日本道教学术界，曾以青年学者为中心，聚焦研究"道教洞天文化"，成立了"洞天福地研究会"，自2011年以来，除了邀请海外学者举办研究集会之外，还每年出版学术杂志《洞天福地研究》。其研究特色，综合历史、文献研究和现地调查，其成员每年都会到保留着"洞天"传承的地方进行考察，并推出研究成果。

行笔至此，必须牢记习近平总书记对于浙江道迹与时代文化建设之间如何注重创新性传承的重要指示。2006年6月13日，时任浙江省委书记习近平在考察浙江磐安玉山古茶场（茶场庙）时明确指示，要研究挖掘许逊和玉山古茶场之间的渊源，文物古迹中人变成神都是有功的，如永康的胡公、福建的妈祖，都要很好地研究。在修缮、保护好茶场庙建筑，这里就是一种文化，要保护好，要研究、开发、弘扬民族文化。要挖掘古茶场的精神内涵，要办好茶神祭祀等民俗活动，但不要搞成迷信活动。其中，如何研究挖掘许逊与浙中文化的渊源，是一大聚焦点，极为关键。

中华道教的真人许逊，之所以被浙磐安玉山茶场庙奉为"本尊"，核心因素至少有二：一是许逊是茶场庙的"行业守护神"。许逊为官一任，强调"人无盗窃，吏无奸欺"，致力于营商环境的平安打造。其二，许逊被尊为中华道教"净明忠孝道"的创立者，强调"忠孝神仙"，高扬"天下情怀""忠君孝亲"，完全符合中华传统文化的主流。无论是社会治理、行业秩序，还是民众教化、营商规范，玉山茶场庙皆堪称地方典范，至今仍有其重要的文化意义。

从浙江道迹洞天的历史寻绎与人文梳理中，如何彰显浙江深厚历史文化底蕴的标识，如何鲜明打造"诗画江南、活力浙江"省域品牌，"发挥人文优势、激发精神力量"，相信这正是《浙江道迹洞天》一书带给读者们的一大思考。

浙江省社会科学院哲学所　陈永革
2023年5月10日改定

自　序

道教是我国土生土长的宗教，有着中华民族古代宗教的传承和发展，与我国传统文化的发展有着密切的联系。千百年来，留下了众多道教宫观、道迹，积累了大量的道教经籍和文献资料，是我国历史文化遗产的一个重要组成部分。

道教的起源一般追溯到东汉顺帝时代，至今已有1800多年历史。秦汉时期方仙道的没落及黄老道的兴起，继黄老道而兴起的，则是东汉末年的太平道和五斗米道。五斗米道尊崇道家老子为祖师，奉五千字的《道德经》为主要经典。

五斗米道创立人张道陵，顺帝时客蜀，学道鹄鸣山中，创五斗米道。《后汉书·刘焉传》有记"受其道者，辄出五斗米"，故而称其为"五斗米道"。后张道陵传子衡，衡传子鲁。汉末的五斗米道，绵延承袭，至今道教中仍保存有与之相关的符章醮仪等。因为张道陵的五斗米道不仅有经典、醮仪、规戒以及庞大的宗教组织，而且由于其孙张鲁据汉中二十余年，在民间的影响很大，故后世皆称张道陵为道教的创始人。

历代道教的发展过程中，曾出现过很多派别，直到元代后期，道教各派系渐趋合流，形成了全真教、正一教两大派别。

全真教是金世宗大定七年（1167）由王重阳创立，元以后发展的支派很多，其中，以丘处机开创的龙门派最为隆盛。"全真"者，意在保全本来真性，主张儒释道三教合一，强调"识心见性"。全真教道士为出家道士，独身茹素，住道观，且蓄长发，拢发于头顶挽成髻，可戴冠。

正一教，始自汉张道陵所创五斗米道。"正一"意为"正以治邦，一意统万"。正一教以龙虎宗和茅山宗、阁皂宗等符箓派集合而成。元成宗大德八年（1304），敕授三十八代天师张与材为正一教主，奉持"正一经"。

明清两代后，随着中国封建社会进入晚期，道教发展也渐趋弱化。中华人民共和国成立后，改革了旧社会存在的不合理制度和陋习，道教面貌为之一新，广大道教徒拥护社会主义制度，拥护共产党的领导，依法开展宗教活动。1957年正式成立了中国道教协会，制订了章程。"文化大革命"期间道教受到冲击。改革开放以后，党中央制订了一系列宗教政策，道教活动呈现崭新气象。

浙江道教在中国道教史上的地位很重要。浙江大学孔令宏、韩松涛、王巧玲著《浙江道教史》，对1800多年来浙江的道教历史作了全面的记述，内容涵盖道教发展史和道教的思想、道派、人物、宫观、事件等，是迄今最详实的省域地方道教史学术著作。揭示了浙江道教"洞天福地"多，道派多，道士、信众多和影响深远等特点，充分显示浙江是一个道教大省。

退休以后，总想做一点自己爱好又有益于社会的事。我从小爱好文学，虽然大学读的是理工科，但文学的爱好从未间断，工作时如此，退休后更是如此。我热爱博大精深的中华优秀传统文化，钟情浙江的人文历史和美丽山水，这些都激发了我写作浙江传统文化题材作品的热情，为浙江文化大省建设添砖加瓦的信心。

20世纪90年代初，我曾经在衢州市委、市政府任职五年多。南宋建炎三年（1129），孔子七十五世孙、衍圣公孔端友随高宗銮跸南渡，来到临安（今杭州），后赐家衢州并建家庙，从此在衢州繁衍生息，成了孔氏南宗所在地。与孔端友同来的孔氏家族落居浙江各地，加之包括东汉末年、后唐同光年间等时期先后来到浙江的孔氏移民，孔子后裔遍布浙江。于是，我到浙江省各地考察并收集大量史料，用了两年多时间，厘清了孔氏南宗在内的21支孔子后裔在浙江的基本脉络，撰写成《孔子后裔在浙江》，2013年11月由浙江人民出版社出版。接着，我又用了四年多时间寻访考察、收集史料，撰写而成《浙江古寺寻迹》一书，2018年11月由浙江古籍出版社出版。

同佛教一样，浙江的道教和"洞天福地"历史悠久，内容也十分丰富，有必要记录。我便开始到浙江省内各地的道观、"洞天福地"和道迹寻访考察，对于内容较多的温州、台州、杭州、绍兴，则多次前往，不少考察点地处崇山峻岭之中，有的还须徒步登山，我亦在所不辞。在寻访考察中听取各地道观道长、当地居民的介绍，收集资料。同时，还积极收集史、志和有关道教书籍、文章等资料。

2021年12月，习近平总书记在全国宗教工作会议上的重要讲话中指出，要坚持我国宗教中国化方向，积极引导宗教与社会主义社会相适应，不断开创宗教工作新局面。这也成了我写作《浙江道迹洞天》的重要指导思想。

如何将众多的内容提炼和表达出来，我决定抓住"三个重点、一部分"。"三个重点"：一是国家级和省级重点道观，浙江有国家级重点道观1处，即杭州抱朴道院，省级重点道观有2006年确定的温州紫芝道观等10处；二是道教文物保护单位和道教祭祀建筑、古遗址，浙江有国家重点文物保护单位3处、浙江省文物保护单位23处，以及全国第三次文物普查时发现的道教祭祀建筑9处、古遗址7处；三是"洞天福地"，浙江省域内有"洞天福地"共30处，其中，全国十大洞天中，浙江有3处，即第二大洞天黄岩委羽山、第六大洞天天台玉京洞天、第十大洞天仙居括苍洞天；全国三十六小洞天中，浙江有第九洞天四明山洞天等9处；全国七十二福地中，浙江有临海盖竹山等18处。"一部分"，即在记述以上"三个重点"的同时，随文记写一部分道教人士。浙江高道代出，除了文章中以观、以事带人记写的以外，着重随文记写了葛洪、陆修静、陶弘景、司马承祯、叶法善、杜光庭等历史上著名高道。

最终形成了42篇文章。文章按照省委、省政府于2019年提出的建设浙东唐诗之路、运河诗路、钱塘诗路和瓯江诗路"四大诗路"文化带的顺序排列，共4辑：第一辑"浙东唐诗之路上的道迹洞天"，其中涉及绍兴、台州、宁波和舟山4市计15篇；第二辑"运河诗路上的道迹洞天"，其中涉及嘉兴、湖州2市计4篇；第三辑"钱塘诗路上的道迹洞天地"，其中涉及杭州、金华、衢州3市计8篇；第四辑"瓯江山水诗路上的道迹洞天"，其中涉及丽水、温州2市计15篇。这也表明了"四大诗路"文化带上，不仅有众多古代诗词文化，而且还有丰富的道迹洞天文化。

在寻访考察、收集史料和写作书稿的过程中，得到了省、市及相关民宗部门和道教协会的支持、帮助。浙江省民宗委主任鲍秀英曾召集有关处室和省道教协会的领导等，专门听取我的汇报，并给予指导。关于书内文章的顺序按"四大诗路"文化带排列，正是采纳了鲍主任的意见。原浙江省文化厅副厅长兼省文物局局长、一级巡视员柳河为我提供了有关省文物保护单位的史料。各地交通运输系统的新老同仁、朋友们，为我寻访考察活动提供了不少帮助。所有受访道教宫观的道长、相关人士都予以热情接待和介绍，有的还提供资料，为我完成寻访考察，提供了极大的方便。初稿形成后，我又请他们审阅修改补充。正是他们的支持、帮助，让我得以顺利地完成本书的创作。

同时，我还请省交通运输厅的老同事吕新龙、王彬、贾刚为、施明等分别帮助审阅书稿。浙江省社会科学院哲学研究所所长、浙江宗教研究中心主任陈永革先生为本书作序，著名书画家金鉴才先生为本书题写书名。还有，出版社的领导、编审辛勤付出。

在此，我要对上述为本书撰写和出版过程中给予关心、支持、帮助的各位领导、学者、老师、道教界人士、各位朋友和我妻孙满琴表示深深的谢忱！

浙江道教历史悠久、分布面广，加之道教文化的深邃，而本人知识水平有限，文章中难免有不足、纰漏，甚至谬误之处，敬请各位专家学者、宗教界人士和广大读者批评指正。

郭学焕

2024 年 2 月于杭州宝石斋

目　录

第一辑　浙东唐诗之路上的道迹洞天

洞天福地会稽宛委山　　003

金庭洞天和王羲之　　010

沃洲、天姥为眉目　　024

西施故里道凝山　　033

道教南宗祖庭桐柏宫　　037

道教胜地天台山　　045

台州府城隍庙　　052

洞天福地盖竹山　　055

第二大洞天黄岩委羽山　　061

千年仙居括苍洞　　069

寻迹温岭两福地　　076

玉环岛上有福地　　081

四明三千里　朝起赤城霞　　086

宁波道迹和葛洪后裔　　093

海天佛国访道迹　　103

第二辑　大运河诗路上的道迹洞天

　　抱朴道院葛岭上　　115
　　玉皇山巅福星观　　121
　　吴山道迹和老玉皇宫　　128
　　大涤山麓洞霄宫　　137
　　寻访湖州古梅花观　　147
　　风月清虚烟霞观　　154
　　湖州府庙和元明观　　159
　　嘉兴道迹揽胜　　163

第三辑　钱塘江诗路上的道迹洞天

　　金华洞元天和赤松黄大仙　　175
　　千秋胜迹紫霄观　　191
　　烂柯福地和梅岩洞　　197
　　江山礼贤城隍庙　　204

第四辑　瓯江山水诗路上的道迹洞天

春风伴我仙都行	215
第三十洞天太鹤山	225
卯山一叶　松阳千年	231
丽水道教文物和遗址	238
第十八洞天温州华盖山	244
鹿城雪山紫霄观	250
水心屿上访道观	254
瓯海仙岩三皇井	257
第十二福地大若岩	261
千古名山犹姓陶	267
千年胜迹东岳观	272
南雁荡山仙姑洞	278
寻迹三观三洞雁荡山	285
南田福地　刘基故里	297
数点温州道迹文物	302
参考文献	308

第一辑

浙东唐诗之路上的道迹洞天

洞天福地会稽宛委山

浙江绍兴宛委山，位于绍兴市区东南，有道教三十六洞天中的第十小洞天——会稽山洞天和七十二福地中的第十七福地——若耶溪。

绍兴吴大新先生著《会稽龙瑞宫考》一书记："狭义的会稽山是大禹归葬之陵山，因为陵在山北，秦始皇来过后也叫'阴山'（山下的大越城则降为'山阴'）；向东三里，雾里云里，还囿着一座朝南的阳山——宛委山，《路史》称为'会稽前山'。"

2019年中华书局出版《吴越春秋》云："乃案《黄帝中经历》，盖圣人所记，曰：'在于九山东南天柱，号曰宛委，赤帝在阙。其岩之巅，承以文玉，复以磐石，其书金简，青玉为字，编以白银，皆琢其文。'禹乃东巡，登衡岳，血白马以祭。……三月庚子，登宛委山，发金简之书，案金简玉字，得通水之理。"

从上述文字中，可以得知，一是，"东南天柱，号曰宛委"，说明宛委山挺拔，高耸入云，犹如东南大地上耸立的天柱。二是，大禹登宛委山，在此得到的天书，则是"其书金简，青玉为字"。三是，相传大禹在宛委山开磐石，"会稽龙神为见"，禹得治水之书，以疏导之法，治理洪水成功，后又以磐石将书封于禹穴。唐李白《送二季之江东》诗曰："禹穴藏书地，匡山种杏田。"

道书《太上灵宝五符序》则说大禹所看所藏的书为《灵宝五符天文》，藏于"苗山之岫"（苗山即会稽山别称；岫，山穴，洞也）。《太上灵宝五符序》曰："太上本名为《灵宝五符天文》，藏于玄台之中、坚石之硕，隐于苗山之岫，万年一出，以示不朽。……禹于是服灵方以匿景，葬兹山以显终，仙人解其契，愚人谓其亡。"

会稽之宛委山是一座道教名山，"苗山之岫"演为道教"会稽山洞"又名"阳明洞天"。洞天其实无洞，其标志物是宛委山上一倾斜兀立巨石，称"飞来石"，上面有唐宋以来众多名人的题刻。其中最有名的则是唐代贺知章的题刻《宫记》。飞来石东侧，有著名道观——龙瑞宫。随着宛委山下东西向谷地的延伸，谷口有若耶溪。若耶溪则是道教第十七福地也。

一

为撰写《浙江道迹洞天》，2019年9月19日，我专程考察绍兴宛委山的阳明洞、龙瑞宫和若耶溪。前几年在撰写《浙江古寺寻迹》一书时，曾多次得到绍兴市委统战部副部长、市民宗局局长黄文刚的帮助。此番我与他联系时，黄文刚虽已调任市司法局局长，但他仍帮我联系并落实了考察事项安排。

陪同考察的吴大新，是诸暨市西岩人，现任绍兴高新技术开发区管委会副主任。他曾担任过绍兴越城区禹陵乡党委书记，对所辖范围内的会稽山、阳明洞天、龙瑞宫、若耶溪、射的潭的古今变迁很熟悉。加之他挚爱传统文化，2016年，应绍兴市道教协会会长、龙瑞宫道长孔云鹏之约，撰写了《会稽龙瑞宫考》一书。同行者还有绍兴市越城区自然资源局副局长周钦淼、龙瑞宫道长孔云鹏及其弟子王赛峰。

我问："阳明洞天是否有一个洞？"吴大新先生说："洞天是个道教概念，洞者，通也，仙人可出没，常人无法入，经书曰'不可思议'。其次，道士修仙的宫观，所建之处要象形洞天——一般是个幽静的谷地。《康熙字典》上解释说：'幽壑曰洞'，壑就是山谷，幽深山谷就是洞天的象征。"果不其然，我放眼望去，此地确为一个幽深的谷地，三面青山环抱，一面平缓的延伸到若耶溪边。头顶蓝天白云，举首回望，这不正是一个大洞天吗？在谷地尽头山脚下，我看到了一处建筑，应该是近年开发阳明洞天时恢复建设起来的。园洞大门上方写着"阳明洞天"几个大字。经近年发掘考证认定，这里便是龙瑞宫遗址。其中有几件旧物，一是立于院内数根石柱，是当年留存的龙瑞宫建筑构件；二是一口古井，石栏已破损。据周钦淼介绍，他二十多年前曾问过当地长者，得知此井早就存在。古时称禹井，因葛洪曾在宛委山炼丹，故改名为"葛仙翁井"。井旁立着一牌，上刻有录自《嘉泰会稽志》的文字："葛仙翁井，在县东南禹穴侧。宋之问诗云：'著书惟太史，炼药有仙翁。'华安仁《考古》云：'葛稚川炼丹于宛委山下，有遗井，大如盆盂，其深尺许，清泉湛然。'"

我们沿着上山的小道登山，不多时就来到了新建的一处草庐，门上挂着一块木牌，上书："王阳明与阳明洞天。"

王阳明（1472—1529），原名王守仁，字伯安，明成化八年（1472）出生于浙江余姚。弘治四年（1491），王家搬迁至山阴"越城之光相坊"（今浙江越城区王衙弄19号）。

弘治六年（1493）、弘治九年（1496），王阳明两次会试不第。有人劝慰，他却说："汝以不得第为耻，吾以不得第动心为耻。"弘治十二年（1499），中进士，入仕为官。弘治十五年（1502）八月，王阳明告病归越，来到会稽县的阳明洞天，筑室于废圮的龙瑞宫旁读书养心。从此，王守仁自称"阳明山人""阳明子"，门人弟子称"阳明先生"。《万历绍兴府志》云："王守仁以刑部主事告归时，结庐洞侧，因以为号，今故址犹在。其谪龙场也，名其东洞曰'小阳明洞天'，以寄思云。"可见，王守仁一生魂牵梦萦阳明洞。

▲ 寻访会稽阳明洞留影，左起：周庆淼、吴大新、作者、孔云鹏道长

除了阳明洞，王阳明也十分喜爱若耶溪。弘治十七年（1504），内兄诸用冕将赴南都试，王阳明别之于若耶溪之上，以诗送之。今《若耶溪送友诗稿》手稿墨册尚存于世，诗云："杨枝嫋嫋风乍晴，杨花漫漫如雪白。湖山满眼不可将，画手凭谁写清绝。"晚年，王阳明曾先后与董沄、魏良器等人旧地重游于阳明洞天、若耶溪。

当时司礼太监刘瑾专横跋扈，结党营私，排斥异己。王阳明遭贬，明正德三年（1508）来到贵州龙场，居住在一个岩洞里，在极其恶劣的生活环境里，他没有被击垮，而是坚持修习，在龙场终于彻悟《大学》格物致知之旨，这便是后人所称的"龙场悟道"，后逐步形成"知行合一""致良知"的阳明学说。

明正德五年（1510），刘瑾伏诛。王阳明结束谪守龙场生活，任江西庐陵知县治理庐陵，成绩显著。正德十二年（1517），奉命征剿南赣寇乱有功，次年又一举平息宁王朱宸濠叛乱，功勋卓著。其间，他多次返乡，在余姚、绍兴讲学，传授和实践着他所悟的阳明心学。我曾造访过余姚龙泉山上的龙山书院，其主楼中天阁即为当年王阳明讲学处，2005年3月，被公布为浙江省文物保护单位。中天阁大厅正中还有一巨幅字屏，内容为嘉靖四年（1525）王阳明撰的《书中天阁勉诸生》。明嘉靖七年（1528），王阳明在梧州抚定思田之乱。十月病重，上疏请告。十一月，启程返家，二十九日病逝于江西南安府大庾县青龙铺码头舟上,享年五十七岁。

王阳明先祖曾居上虞龙溪,出生于余姚龙泉山附近瑞云楼,养心于会稽龙瑞宫,悟道于贵州龙场,讲学于余姚龙泉山、山阴卧龙山下,病逝在江西青龙铺码头舟上。他的一生行迹,几乎都与"龙"相关。绍兴道教界有一传说:王阳明系"会稽神龙"所化。孔云鹏道长于是发愿,重建的龙瑞宫,要树立一座以会稽神龙为主题的大型石雕。据悉,最近石雕已高高矗立。

当天,因草庐大门落锁,我们未能进屋,只是在四周踏看一番。接着,就来到了禹穴,即阳明洞。阳明洞处有一块倾斜兀立的巨石,道书上说:"一人推之,若欲崩坠;百人推之,亦复如故。是谓神设。"巨石上留着历代的题刻,有20余方,因年深月久,有的因叠压而毁损,有的字迹模糊,已很难识别了。其中,由贺知章所书的《龙瑞宫记》却仍清晰可见。清代阮元主编的《两浙金石志》有记。1963年,贺知章《龙瑞宫记》,被公布为第二批浙江省文物保护单位。同行的吴大新先生指着其上方,果见还有一方较为清晰的题刻。事后,我查阅《会稽龙瑞宫考》,得知这是庆历二年(1042)季冬二十三日,越州太守向传式游阳明洞天,后由许闻礼题名而刻石的。

我们从青山抱合的谷口入山,寻迹龙瑞宫遗址,复沿着山道,访当年王阳明先生筑庐处,又在阳明洞飞来石前观历代摩崖石刻。一路所见的是蓝天白云下,苍翠欲滴的青山,触摸着历史痕迹,终于明白阳明洞天不是一个洞,而是别有一番洞天,方圆三百里。正如唐杜光庭《洞天福地岳渎名山记》内所记的第十小洞天:"会稽山,极玄阳明洞天,三百里,在越州会稽县,夏禹探书。"

二

历史上龙瑞宫有过多次废兴。宋嘉定十四年(1221),大旱,浙东提刑、绍兴知府汪纲求雨,设醮于龙瑞宫,得"雨如倾注",遂重建龙瑞宫,颇为壮观,经请于朝廷,赐"龙神庙"额。龙瑞宫还以烟雨而闻名。《嘉泰会稽志》记:"龙瑞尤宜烟雨中望之,重峰叠巘,图画莫及。故邦人旧语曰:晴禹祠、雨龙瑞。旧有道士魏景晖能琴,有行业。绍兴中郡幕洛人李朴,赠之诗云:'惟有弹琴魏道士,抱琴横膝对斜晖。'朱希真颇称之。"

千百年来,龙瑞宫历经沧桑,曾多次废圮无存。如今在绍兴市委、市政府重视关心下,经市民宗部门、市旅游集团协调和社会各界的支持,龙瑞宫得以就近移地重建。新址位于绍兴市区二环东路,原龙舌嘴公园,可眺望到阳明洞天。

重建的龙瑞宫规划为三大区域，一是龙瑞——道法片区，二是祈福广场——弘扬道教文化片区，三是康养文化片区。区域内除建筑物和道路外，还遍植芭蕉、竹、松等绿色植物。内部道路铺装材质多彩的青石板、鹅卵石等。重建的龙瑞宫讲究自然朴质，构筑一个清新幽美的环境。规划用地为5.4万平方米，其中建筑物1万平方米。现已建成文昌阁、紫微楼、慈航殿、玉皇殿等。

主持龙瑞宫重建的是孔云鹏道长。此次我考察阳明洞天，孔道长一路陪同，这也是我第二次与他相见。第一次与他见面是2018年3月，我为撰写《浙江古寺寻迹》，到绍兴考察。其间，市民宗局黄文刚局长对我说，有一位孔云鹏道长想见我，因为他的名字曾被记入我此前撰写出版的《孔子后裔在浙江》一书内。孔云鹏原名孔令鹏，浙江嵊州开元村人，祖上在磐安榉溪，是孔子四十八世孙孔端躬的后代，六十五世孙孔克宏从磐安榉溪迁到小磐，六十六世孙孔希江又从小磐迁至五里外卜筑而居，是为"潘溪派"。此后六十九世孙继红之子孔广美迁徙至嵊县南山里（即现嵊州市开元村），孔广美便是嵊州开元村孔裔的始祖。孔令鹏是他的后代，为孔子第七十六世孙。孔令鹏早年至湖北武当山学道，改名孔云鹏，后返回浙江，师从杭州抱朴道院高信一。前几年他应邀来到绍兴，复建龙瑞宫，现任绍兴市道教协会会长。他身材敦实，有一身好武功，我见过他展现拳脚，虎虎生风，功力不凡。

我联想到一件事，贺知章《龙瑞宫记》云："宋尚书孔灵产入道，奏改怀仙馆。"孔灵产，系孔子二十八世孙，南朝宋会稽山阴人。宋明帝时为晋安太守，解星文，好术数，笃信道教，是龙瑞宫前身——怀仙馆的创建人。孔灵产乃是孔潜之后。东汉末年，北方战火连绵，孔子二十二世孙、太子少傅孔潜避兵会稽，因家焉。孔潜成了最早迁居浙江的孔子后裔，世称"会稽孔"。想不到1500多年后，又有一位孔子后裔，孔子七十六世孙孔云鹏道长，主持复建龙瑞宫。

三

新建的龙瑞宫就在若耶溪上一个斗水口——龙舌嘴。若耶溪于此分为二支：一支西流经稽山桥注入镜湖，另一支继续北向出三江闸入海。宫观处于向若耶溪延伸出的那一块前端，犹如一只龙角。我还特别注意到，龙瑞宫前端立着一个龙头塑像，迎着若耶溪，很有气势。若登上龙瑞宫的文昌阁或紫微楼，若耶溪风光便尽收眼底，有豁然开朗之感。孔道长说，此地原先是一个古渡口，是游若耶溪、阳明洞的必经之地。

▲ 绍兴龙瑞宫，位于第十小洞天会稽山阳明洞旁，面对第十七福地若耶溪

他还准备在此设一"阳明古渡口"的牌坊，以纪念王阳明。

若耶溪是道教七十二福地中的第十七福地。吴大新介绍说："若耶"二字，系越方言"剡"字的缓读。剡，上古读作 ziam。剡古通"艳"字，意为美而长。从音韵上说，"艳"字只偏读了若耶之"耶"音，而《山海经》言会稽山"勺水出焉"，"勺"是偏读了若耶之"若"音。

若耶溪是发源于会稽山深处的一条名溪，流径长约四十里，水量丰沛，在绍兴这个丘陵地区可称为"美而长"了，若耶溪南北流向，北入鉴湖，入口就在宛委山下。

"遥闻会稽美，一弄若溪水。"如今，若耶溪以风光秀美而闻名于"唐诗之路"。千百年来，富有诗情画意的若耶溪流淌在会稽一域的青山沃野间，令历代文人雅士流连忘返，吟咏不绝。南北朝时期的著名诗人王籍，曾泛舟若耶溪作《入若耶溪》，诗曰：

> 艅艎何泛泛，空水共悠悠。
> 阴霞生远岫，阳景逐回流。
> 蝉噪林逾静，鸟鸣山更幽。
> 此地动归念，长年悲倦游。

可知，当时作者入若耶溪，这里溪水特别清澈，抬头望天，天高气爽，白云悠悠；俯首看水，水映晴空，亦是一派悠悠。王籍不禁触景生情，为长年厌倦仕途又未得归隐，而悲伤不已。

唐代大诗人李白游若耶溪作《采莲曲》，曰：

> 若耶溪傍采莲女，笑隔荷花共人语。
> 日照新妆水底明，风飘香袂空中举。

岸上谁家游冶郎，三三五五映垂杨。

紫骝嘶入落花去，见此踟蹰空断肠。

此外，还有如唐代独孤及、崔颢、刘长卿，宋代的王安石、苏东坡、陆游，明代的王阳明、徐渭、王思任等文人雅士，也皆泛舟若耶溪，留下诸多诗文佳作。若耶溪曾流传诸多故事，如禹得天书、欧冶铸剑、西子采莲等，若耶溪流经宛委山，更添阳明洞天、龙瑞宫的道风仙境之景。

说到若耶溪，还得将龙简投深潭之事重重记下一笔。宛委山口的一段若耶溪比较深，其中射的山下有个潭特别深——《嘉泰会稽志》上说"潭深叵测"，名字就叫"射的潭"。贺知章《龙瑞宫记》提到，这个"射的潭"是由龙瑞宫所有和管理的。它有一特别用处：历代帝王在龙瑞宫做七天七夜的"金箓大醮"之后，还要在阳明洞、若耶溪"投龙简"——为了酬谢天、地、水三官神灵，把写有祈请者消罪愿望的文简和玉璧、金龙、金钮用青丝捆扎起来，分成三简，并取名为山简、土简、水简。山简封投于灵山之诸天洞府绝崖之中，奏告上元天官；土简埋于地中以告中元地官；水简投于潭洞水府以告下元水官。如此说来，龙瑞宫当是洞天、福地、水府三者集之于一也，妙哉！

金庭洞天和王羲之

嵊州市，古称"剡"，据《元和郡县图志》记"剡县，汉旧县"，1979年版《辞海》亦作"汉置剡县"。王莽始建国元年（9），改剡县为尽忠县。东汉建武初年（25），复称剡县。唐咸通元年（860），改剡县为赡县。后梁开平二年（908），析剡东13乡置新昌县。吴越归宋，北宋太平兴国三年（978），复名剡县。宣和三年（1121）七月，改剡县为嵊县。1995年8月，经国务院批准，撤嵊县，设嵊州市。

嵊州是浙东唐诗之路的重要节点，有众多脍炙人口的唐诗流传至今。李白有《秋下荆门》诗曰："霜落荆门江树空，布帆无恙挂秋风。此行不为鲈鱼鲙，自爱名山入剡中。"李白离蜀远游，途经荆门，在秋风落叶的季节，面对天地寥廓、山明水净的美景发出的赞叹，同时也是对即将前往剡中的向往，是为了一览远在会稽剡中的名山，显现"志在四方"的高士风度。

嵊州金庭也是道教第二十七金庭洞天所在地和王羲之晚年归隐之地。嵊州市金庭镇，东邻奉化区、南接新昌县。金庭镇亦因金庭观而得名，唐宋时就已设置金庭乡，南宋时一度属孝嘉乡。民国二十一年至二十三年（1932—1934），曾设华堂、晋溪、后山镇，民国三十五年（1946）复置金庭乡。1992年5月，合并为金庭镇至今。

我曾数次到金庭观，考察金庭观和王羲之墓。联想到王羲之长期住建康（今南京），晚年却辞官归居于此，有感而发，遂作《过嵊州金庭》诗：

> 曾住乌衣繁庶地，暮年却爱越山青。
> 兰亭苗裔遍寰宇，争拜先生到此庭。

最近，我又两次探访金庭，一次是2019年9月27日，我赴新昌考察天姥山，赴新昌沙溪镇王罕岭里湾村，寻访2007年至2011年间第三次全国文物普查新发现的古址之一、位于新昌沙溪镇孙家田里镇自然村的"王罕岭右军旧宅、古金庭观遗址"。访毕，我们便一同赴相邻的金庭观考察。还有一次是 2022 年 9 月 29 日，我与嵊州市交通运输局局长俞铮、局办公室主任袁显龙和中共嵊州市委党史研究室主任楼向前，还有嵊州金庭镇华堂村王羲之五十六世孙王剑钧和嵊州文史学者童剑超先生等同往金庭。此行旨在实地寻访金庭王羲之后裔聚居地华堂村和许询当年所居的济渡村，李白诗句"入剡寻王许"，其中的"王"乃是王羲之，"许"即许询。同时，再次考察金庭观、书楼以及周边环境、古迹，以便与史料记载相验证。

我将数次实地寻访考察所得，并查证史料，谨以王羲之归居金庭，卒葬瀑布山下，今墓尚存；后人献宅为观，唐代后称金庭观至今；宋代王氏族人迁华堂村，成了金庭王氏聚居之地；以及几个存疑之处等，分别记入本文。

一

东晋永和十一年（355）三月，时任会稽内史王羲之（303—361），称疾辞官，携全家来到剡县金庭，娱乐于田园，开始了其幽居生活。

王羲之，字逸少，琅琊临沂人。王羲之的祖父王正，尚书郎，父王旷，淮南太守。王羲之出生在一个动乱的年代，据《金庭王氏族谱》等载，王羲之出生时，父王旷时为侍中，居家洛阳，母卫氏。

王羲之是东晋时期著名书法家，其书法兼善隶、草、楷、行各体，精研体势，心慕手追，风格平和自然，笔势委婉含蓄，有"书圣"之称。他长期在建康生活，历任秘书郎、宁远将军、江州刺史，穆帝永和七年（351），四十九岁的王羲之，出任会稽内史，领右将军，遂迁居山阴。永和九年（353）三月初三，王羲之邀友谢安、孙绰等 41 人，汇聚于山阴县城郊兰亭修禊，曲水流觞，兴会山水。虽无丝竹管弦之盛，却有一觞一咏之雅，将会上诗赋辑成一集，并由王羲之当场书《兰亭集序》。

其实，王羲之早已存辞官归隐之念矣。《晋书》本传里记："羲之雅好服食养性，不乐在京师，初渡浙江，便有终焉之志。"在《兰亭集序》中也坦露心迹，称："不知老之将至，及其所之既倦，情随事迁，感情系之矣。向之所欣，俯仰之间，已为陈迹，犹不能不以之兴怀。"经过一段漫长的辞官之路，王羲之终于如愿来到金庭。金庭四周环山，十里平溪流经此处，山下溪畔为河谷平地，景色优美，且有山有水，亦宜居家生活。唐裴通《金庭观晋右军书楼墨池记》内称："越中山奇丽，剡为最。剡中山水奇丽，金庭洞天为最。"宋张君房编《云笈七签》内记："第二十七金庭山洞，周回三百里，名曰金庭崇妙天。在越州剡县，属赵仙伯治之。"《嘉泰会稽志》内载："金庭观在县东南七十二里孝嘉乡，道经云，王子晋登仙是天台山北门第二十七洞天。"

《剡录》由宋代学者高似孙著，成书于宋嘉定七年（1214）。高似孙（1158—1231），浙江鄞县（今宁波）人，宋孝宗淳熙十一年（1184）进士，会稽县主簿，曾通判徽州、任著作佐郎、知处州，晚年居家于越。应嵊县令史安之的邀请，作《剡录》。《剡录》中引道经曰："王子晋登仙，是天台山北门第二十七洞天。桐柏山洞中三十五里，见日月，下见金庭壁，四十里。又曰：天台华顶之东门，曰金庭洞天。周王子晋善吹笙，为凤凰之声，从浮丘登高而羽化缑山去。后主治天台华顶，号白云先生，往来金庭。风月之夕，山中有闻吹笙者。"民国《嵊县志》载："白云祠，在金庭白云洞，祀升仙王子晋。"相传王子晋在浙江活动的踪迹很多，包括东晋宁康二年（374）乐清建县，便是据王子晋跨鹤吹笙的传说，命名为乐成县。历代还留下了不少诗词，如东晋谢灵运《王子晋赞》，曰："淑质非不丽，难以之百年。储宫非不贵，岂若上登天。王子爱清旷，区中实嚣喧。既见浮丘公，与尔共纷繙。"唐白居易《王子晋庙》，曰："子晋庙前山月明，人闻往往夜吹笙。鸾吟凤唱听无拍，多似霓裳散序声。"明代王商翁《白云寺》诗曰："幽人何处住，古寺白云高。问路不知远，到山方觉劳。半窗看石竹，一枕听松涛。我亦清幽者，烹茶读楚骚。"

王氏家族以忠义孝悌为上，同时，作为两晋南下的士族之后，王羲之笃信道教，寻仙问道、炼丹服食本来就是他的追求，因而慕王氏始祖王子晋成仙事迹，更加坚定了他选择剡县金庭作为自己的归宿。

当年王羲之徙居剡县之金庭前，在其会稽内史任上，便按晋朝规制获得田地，已在金庭开始建庄园，垦农田、种植桑果。王羲之喜爱园艺，喜爱果、植荷。《晋书·王羲之传》内记："顷东游还，修植桑果，今盛敷荣，率诸子，抱弱孙，游观其间，有一味之甘，割而分之，以娱目前。"辞归隐居金庭后，时邀亲朋好友聚会，多时人数可达数十人。后又在瀑布山麓建读书楼，称"澹斋"。

有一位王羲之的好友许询，也随其入剡，并居其旁。《康熙嵊县志》卷九"寓贤"下有记："晋许询，字玄度，高阳人，父皈为会稽内史，因家焉。……后入剡，居金庭山。……今金庭有济渡村许家庙，其遗迹也。"李白在《送王屋山人魏万还王屋》一诗中，有云："遥闻会稽美，一弄耶溪水。万壑与千岩，峥嵘镜湖里。秀色不可名，清辉满江城。人游月边去，舟在空中行。此中久延伫，入剡寻王许。"许，即许询，与王羲之共居金庭，并卒葬于金庭观南之济渡村。金庭观与济渡村许家庙毗邻，相距一公里左右。我走访金庭观时，曾探访济渡村炉峰庙，炉峰庙在香炉峰的东侧。许询及其后裔居住于此，如今许氏家庙仍保存完好。

唐代著名高道杜光庭撰《道教灵验记》卷三中，有《剡县白鹤观蝗虫不侵验》一文记："晋右将军王羲之，剡川有二庄，其东为金庭观，西为白鹤观，相去七十里。金庭则王氏子孙百余户居焉，有秃笔冢、墨池、剑匣并在。"可以看出，在没有迁徙至华堂村以前，当年金庭观的规模为百余户之多，是一个四五百人的村庄。

历史上有诸多记写王羲之和金庭的诗词。唐裴通《王右军宅》诗，曰："寂寂金庭洞，清香发桂枝。鱼吞左慈钓，鹅踏右军池。此地常无事，冲天自有期。向来逢道士，多欲驾文螭。"晚唐诗人罗隐，余杭人，曾在王羲之十八世孙、谏议大夫王忠信（807—889）门下学习三年，王忠信于乾符二年（875）告老还乡。罗隐有《寄右省王谏议》，曰："耳边要静不得静，心里欲闲终未闲。自是宿缘应有累，可能时事更相关。鱼惭张翰辞东府，鹤怨周颙负北山。却看金庭芝术老，又驱车入七人班。"

二

历史上关于王羲之墓地所在，有多种记载。一是在诸暨苎萝山。南宋《嘉泰会稽志》卷六记："王羲之墓在诸暨县苎罗山，孔晔记云墓碑孙兴公文、王子敬书也，而墓碑亡矣。"孔晔即孔灵符。二是在山阴兰渚山。唐何延之《兰亭记》记载："自右军之坟及右军叔荟已下茔域，并置山阴县西南兰渚山下。"三是在云门寺附近。唐代张彦远《法书要录》记载，王羲之的七世孙智永与惠欣"兄弟初落发时，住会稽嘉祥寺，寺即右军之旧宅也。后以每年拜墓便近，因移此寺"。此寺即云门寺。四是在嵊州金庭。

最近，文化人士陈侃章先生有《王羲之墓在何处？"浣纱"摩崖是书圣真迹吗？》一文，发表在《中华读书报》上。在据史证列举这四种说法后，认为从历史文献记载看，诸暨苎萝山最早、最详细，首见于南朝宋代孔灵符的《会稽志》，后见于北宋《太平御览》、南宋《嘉泰会稽志》以及明清《浙江通志》《绍兴府志》，历代《诸暨县志》，且有墓地、有碑文、有碑石，直到南宋时墓地还在，后墓地何时消失尚未查到记载。而会稽、山阴两处之说有点"势孤力单"。嵊州金庭王羲之墓，最早出现是在南宋嘉定八年（1215）的县志《剡录》，现在的墓为明弘治十五年（1505）所建，但墓地是一种实物存在，就其社会影响要胜过文献记载，这也是其优势所在。文章史据凿凿，深入浅出，引起各方面的关注。

关于王羲之四处墓地记述，应说不全是空穴来风。千百年历史长河中，像王羲之这样的历史名人，出现几处墓地，可能有的是衣冠冢，也可能有原墓经过迁徙等，然至今无法考证。从现存遗迹来看，五百多年来，能供后人瞻拜纪念的惟嵊州金庭王羲之墓。

王羲之墓道在嵊州金庭瀑布山下。康熙、光绪年间递修的《金庭王氏族谱》内皆如是记载的：王羲之"年五十九卒，葬金庭观，乃其故宅。有书楼、墨池，墓亦在焉，隋大业间，沙门尚杲为志"。"沙门尚杲为志"，即隋大业七年（611），尚杲承其师智永和尚之嘱，专程到金庭祭扫，并撰有《瀑布山展墓记》，立碑于墓前。碑记言：

尝闻先师智永和尚云："晋王右军乃吾七世祖也，宅在剡之金庭，而卒葬于其地。我欲踪迹之，而罢耄不能也。尔在便宜，询其存亡。"杲谨佩不已。大业辛未，杲游天台过金庭，卸锡雪溪道院，访陈迹，览佳山，因记先师遗语，求右军墓，得于荆榛之麓，略备丘茔之制，墓而不坟，朴而不甃。杲惧久加荒秽，丘陵莫辨，征其八世孙乾复等共图之，立志石，作飨亭，以便岁时禋祀。呜呼！升平去大业才二百五十余年，而荒湮若此，则千载之后，将何如哉！

由上述可以了解到，一是此时的王羲之墓在"荆榛之麓"，应是瀑布山麓；二是墓已荒湮，墓道也未用砖砌；三是为防止墓道日久再荒秽，甚至湮没，尚杲便同王羲之八世孙王乾复等人，在墓地重立墓碑，建"飨亭"，以便后人每年祭祀。

有不少学者、诗人在此还留下了诸多诗篇，如明萧昱《过王右军墓》曰："内史风流晋永和，空山遗墓我重过。伤心莫问兰亭事，斜日风寒满薜萝。"清朱渌诗《金庭观谒右军墓》曰："四野奇峰积翠连，溪声送客到门前。金庭石室真仙境，赤水丹山古洞天。东晋衣冠犹有像，北齐桐柏尚含烟。墨池鹅沼迷荒草，寂寞何人向墓田。"此地还曾出土过梁大同年间（535—546）的墓砖。

20世纪80年代，嵊县文管会对王羲之墓作了多次调查，并发表文章，引起关注。1982年11月，根据嵊县文管委要求，省文管委指示，浙江省文物考古所对金庭王羲之墓进行了实地考察。他们查证史料，到金庭实地调查，还在今坟堆处作了探测。于1982年12月出具了考察报告及保护意见："现在的墓地是隋朝认定的，应作为王羲之纪念墓保护，可列为县级文保单位，并稍加修整。"同时，报告还认为"王羲之晚年迁居嵊县金庭是可信的"。

我也曾数次到访金庭，王羲之墓位于金庭瀑布山下。这里青山环抱，景色秀丽。当人们从金庭观侧，沿着鹅卵石铺筑的道路前行，便有一座古朴的石坊跨道路而立，横额上镌刻着"王右军墓道"六个大字，是道光二十九年（1849）浙江学政吴钟骏所题。循路向前，不远处，便是王羲之墓道。

▲ 王羲之墓道入口处的石坊，额上镌刻"晋王羲之墓道"，道光二十九年浙江学政吴钟骏题

过了白石桥，便是青石铺成的墓道，墓道两旁翠柏矗立。再登上数十级石阶，王羲之墓即在一个青石铺成的平台上。墓由青石板砌成圆形，墓前有一座方形石亭，石亭中立着一青石墓碑，正面镌刻着"王右军墓"，碑背面有"大明弘治十年（1497）三月二十五日吉旦，浙江等处承宣布政使司右参议吴□□立"字样。其旁有隋大业年间沙门尚杲《金庭瀑布山展墓记》的碑，当是后人重立的，尚杲当年所立的志石和所作的"飨亭"，已无存。岁月沧桑，王羲之墓历经修葺，经浙江省人民政府批准，1997 年 8 月公布王羲之墓（含王氏宗祠）为浙江省文物保护单位。

历代慕王羲之书圣之名而前来祭奠、膜拜和观光者，络绎不绝。更有日本对王羲之书法的仰慕者远涉重洋，前来瞻谒王右军墓。《弘法大师空海越州碑》记载，日本真言宗开创者空海（774—835）遣唐回国途中，曾在越州（今绍兴）逗留 4 个月。戊子年（2008）十月吉日，日本高野山大学将《弘法大师空海越州碑》立在王羲之墓的东侧。日本高野山大学教授静慈圆在《弘法大师空海越州碑缘起》一文中写道："剡溪清澈，百丈飞泉。秀峰丽水，万古无适。右军尝以乐死之地，历历如在目前。追寻踪迹，缅怀先贤。祖师尚游，礼致虔虔。"墓道两旁有几十株樱花，是日人永保秋光、宫原敏之从日本带来并栽下的。

我最近一次考察金庭观时，见到观内一块留存的墓碑，碑长 1.35 米，宽 0.35 米，厚 0.18 米，似为青色花岗岩。碑的正面镌刻着"晋右将军王公墓"，无立碑人名字和时间。据金庭观义务文保员、73岁的华堂村村民王荣华先生回忆说：先前，此小碑紧贴"王右军墓道"的大碑而立；20世纪60年代间，大碑与小碑一同被村民移作他用；改革开放后失而复得，大碑立在原处，小碑无人问津而闲置于金庭观内。此小碑究竟是何年代之物？南京王羲之书画院院长王彦宏先生等认为，从碑文字态看，接近南北朝。因此，小碑属于何时，尚待考证。据说，最近嵊州有关部门请专业人士将小碑拓出，并送有关机构鉴定，但愿能有一个明确的结论。

王羲之卒后，葬瀑布山，墓道在金庭瀑布山下。明代王遵道有诗曰："金庭山水冠东州，晋右将军乐此丘。太息人亡遗迹在，空令千古仰风流。"王羲之六子王操之，字子重，官至豫章太守、侍中尚书，晚年归居金庭，卒后葬金庭观东一里之遥的毛竹洞山。此后，王氏族人卒后亦随始祖王羲之，归葬在金庭范围内的周边山地。《金庭王氏族谱》还对东晋至北宋间的其他21座墓地亦作了详细记载，如三世宣之，葬西山之原；四世众，葬石鼓山之原；五世灼，葬高盘山之原；六世世良，葬独山之原；七世瑶，葬盘龙山之原；七世刚，葬灵鹅山之原；八世统，葬卓剑峰之原；九世镇，葬金鸡山之原；十一世轨，葬官地山之原；十五世胄，葬奶坞山之原；十六世雍，葬小坑山之原；二十一世寓，葬风濂山之原；二十二世贤，葬风濂山之原；二十三世大有，葬下海山之原；二十三世骥，葬龙潭坑之原；二十五世后元，葬香炉峰之原；二十五世佐元，葬欢坛山之原；二十六世宏基，葬岩头山旌善亭侧雀梅林间；二十六世承基，葬劫竹山之原；二十六世启基，葬小坑山之原；二十六世持，葬上坞山之原。

上述皆系东晋至北宋金庭王氏的显赫人物，多数人在族谱中还有小传。显而易见，他们的卜葬之地，皆以瀑布山南麓一世祖王羲之墓地为中心，遍布于今嵊州市金庭镇内的小坑、灵鹅、上坞、后厂（hàn）、下任、官地、欢坛、华堂等村的周边山地，近则数百米，远亦不过三五里地，这也符合当地民间为便于省亲、祭祀祖先的传统习俗。

三

当年王羲之归居金庭的庄园，其后代舍宅为观，先后称"三清殿""金真馆""金真宫"，唐代后称"金庭观"至今。据《金庭王氏族谱》载，王羲之五世孙王衡（432—489），官至黄门侍郎，因疾归田后，遵先祖遗愿，舍王羲之读书楼为观。其"行传"曰："独念高祖右军，尝欲舍宅为观，有志未就。今复因循，后将谁望？乃奋然纠工饬材，创建三清宝殿，制极宏敞。捐田四百六十亩并山地若干，为梵修观产，募善士守之。附建右军祠于左方，岁祀右军。"可知金庭观初创之时，称"三清殿"。南齐有褚伯玉循迹寻找王子乔，修炼道法，来到了金庭。《南齐书》卷五十四《高逸传·褚伯玉传》记："褚伯玉，字元璩，吴郡钱唐人也。……妇入前门，伯玉从后门出，遂往剡，居瀑布山。性耐寒暑，时人比之王仲都。在山三十余年，隔绝人物。"

据《嘉泰会稽志》记载："旧传王右军舍读书楼为观，初名金真馆，后改金真宫，至宋齐间褚伯玉居此三十余年。"可见，褚伯玉"居瀑布山"，便是隐居在金真馆（金真宫）修道。此时，王羲之五代孙王衡已舍宅建三清殿、右军祠，并将墓庐改为道观了。直到唐朝，才改称金庭观。《嘉泰会稽志》载："唐高宗时赐名金庭观，宣和七年（1125）改崇妙观。"唐朝大臣裴通，在唐宪宗元和三年（807）出游越中时，曾到过剡县金庭观，他在《金庭观右军书楼墨池记》中所记，"于此山置金庭观，正当右军之家"。唐张说有诗《题金庭观》曰："玄珠道在岂难求，海变须教鬓不秋。他日洞天三十六，碧桃花开共师游。"唐刘言史诗《右军墨池》曰："永嘉人事尽归空，逸少遗居蔓草中。至今池水涵余墨，犹共诸泉色不同。"

金庭观一度曾改为妙乐观，唐灵一有《妙乐观》诗，曰："王乔所居空山观，白云至今凝不散。坛场月路几千年，往往吹笙下半天。瀑布西行过石桥，黄精采根还采苗。忽见一人鍪茶碗，蓼花昨夜风吹满。自言家处在东坡，白犬相随邀我过。松间石上有棋局，能使樵人烂斧柯。"《剡录》中有载："金庭观在剡金庭山，是为崇妙洞天、金庭福地"。"旧为王右军宅，东庑设右军像，有书楼、墨池、鹅池。"注："书楼今不存。墨池方丈余，水或清或黑，亦甚异也。又有鹅池在卓剑峰之下，可三亩，水极清洁。石鼓山有灵鹅岩，谓鹅飞于此山。"《嘉泰会稽志》亦载："嵊县，金庭观，在县东南七十二里孝嘉乡。道经云：王子晋登仙，是天台山北门第二十七洞天，桐柏山洞中，三十五里见日月，下见金庭壁四十里。"

明朝，金庭观屡有废兴，据明王应昌《重建金庭崇妙观额纪言》所载："初有梵修田四百六十亩，中五之一土隶新昌。先是守观者逋赋不资，致彼遍闻，当路批行查议。田嵊田也，赋新赋也。累年题以逋赋致讼，何不捐嵊县金庭梵修之有余，补新昌儒学养士之不足，改田入新昌，便当路允之为额。至今犹存田三百六十余亩，则以彼时赋役繁苦，羽士弃梵修去，致观之产业公务，悉听吾族宗子代摄之。"此事万历《新昌县志》卷七《学田》中也得到印证："经绍兴府推官陈让断金庭观田九十亩。南京大理寺左评事天台夏鍭《赡学田记》……崇妙之田一转而为赡学养才之器，可谓壮其用。"这正是《重建金庭崇妙观额纪言》中所说的"田嵊田也，赋新赋也"。

康熙《金庭王氏宗谱》记载，王羲之"不远千里，遍游东南郡邑，穷诸名山，浮泛沧海，晚入剡，经金庭，见五老、香炉、卓剑、放鹤诸峰，以为有奇丽幽妙，隔绝世尘，可以遂其避地避人之志，眷恋不能已，遂去郡筑馆居焉"。在其插图"金庭形胜"中，也可以看到，金庭观及上述各所见之处的相对位置，包括书楼在金庭观的西北，其旁有墨池（沼）。如今，当人们置身于金庭观，放眼观之，其南是五老峰，其东是香炉峰，其西是卓剑峰，其北是瀑布山的放鹤峰。与康熙《金庭王氏宗谱》记载完全相符。金庭乃是胜游之地。明成化十三年（1477），绍兴府同知黄壁曾书《复请白泉记碑》，立于绍兴府山。他亦曾记诗，称"久慕金庭作胜游"。

20世纪60年代，金庭观遭毁，存仅山门前廊屋及山门、大殿、右军祠，还有祠前的几棵古柏。为弘扬中华优秀传统文化，发展旅游事业，从2003年开始，当地政府对书圣故里作了重修，历时三年，重修金庭观、书圣殿、右军祠、雪溪书院、潺湲阁，新建了书法园林书画长廊，令书圣故居古韵再现。现金庭观建筑群的占地面积约二十亩，分四进，头进为山门，署"二十七洞天"；二进为天王殿；三进为大殿，上署"桐柏禅院"；四进为后殿，两侧为禅堂、僧寮。观东原为右军祠、祀王羲之坐像。

金庭观前有两棵古柏，其中有一棵古柏树干上挂着的牌子上，写着"圆柏，树龄1010年，嵊州市人民政府2019年立"的字样。据此可知，此古柏应是后唐年间之物，为五世孙王衡舍宅为观以后所植，似可见证金庭观、右军祠的历史沧桑。观内尚有一棵枯柏树，硕大的树根周围用砌石保护着，枯树的主干已经截下，横卧着放置在殿后地上。据当地林业部门反馈，此树树龄在1500年以上，似可佐证金庭观乃至当年金庭庄园的历史。

上文所述金庭观乃王羲之后人捐宅为观的来龙去脉。其实，历史上王羲之家族曾多次舍宅为寺观。如位于今绍兴市区戒珠寺，《嘉泰会稽志》载："戒珠寺在府东北六里四十七步，蕺山之南，本晋右将军王羲之故宅，或曰其别业也。门外有二池，曰鹅池、墨池，其为寺，不知所始，陈太建二年（570）有僧定光来寓寺中。"此外，晋永嘉元年（307）王羲之随家族南迁，后舍家为寺，即普照寺。至金皇统四年（1144），有僧觉海重修普照寺，后寺毁无存。1989年，当地在其故居重建成一座园林建筑，以展示王羲之的书法和人生。

四

王羲之率家来到剡县定居后，其子孙便在这里繁衍生息。《金庭王氏族谱》卷九"居址"载："始祖初至金庭，其宅在瀑布山下，即金庭观崇妙观旧址也。五世孙衡宅在潺湲阁西，去始祖旧宅仅九十步。二十六世孙宏基始迁金庭之西，卧猊山之阳，曰岩头燕窠，去始祖旧宅约二里。其子孙一派居岩头，一派住路前（注：华堂旧称），一派迁下洋小坑。"迁路前者，先后建造房屋。后来，乡人称之为华堂。

自从二十六世孙王宏基始率族人聚居于卧猊山山麓，后南宋二十九世孙王恺也建居室，至今已历800余年。三十三世孙王迈（号兰室），在元代至元年间，"肇营广厦"。明武德将军、秦王府教授冯益撰《明处士西谷王公墓志》内记："高祖兰室翁，尝筑猊山之阳，极其崇丽，人号华堂。"这便是华堂村

▲ 在金庭华堂村口留影，左起：袁显龙、李建江、童建超、俞铮、作者、秦国平、楼向前、王剑钧、沈潜

名之始，至今也已七百余年了。据华堂王氏后裔王剑钧先生介绍，现聚居于华堂等村的王氏，皆为王羲之第六子王操之后裔。

我第四次访金庭时，首先来到华堂村。华堂古村地处卧猊山脉、毓秀山和平溪环抱之中。当我站在平溪桥上，一个偌大的华堂古村落便展现在眼前。村口立着一座高大的四柱两层石牌坊，牌坊的下横梁上雕琢着龙凤图案，横额上题"书圣"两个大字。牌坊后面的横额上，有曾任中国书法家协会主席沈鹏题写的"晋圣遗风"四个大字。1988年6月，嵊州市政府公布"华堂大祠堂"为市文物保护单位。1997年8月，浙江省政府公布"王羲之墓（王氏宗祠）"为省文物保护单位。2012年5月，经国务院批准，

"华堂王氏宗祠"成为国家重点文物保护单位。

华堂王氏宗祠始建于明正德七年（1512），为祭祀王氏三十六世孙王琼和石氏夫妇而建，始名"孝节祠"。王琼夫妇天性纯孝，扶贫济困。后王琼代父充军，病卒他乡。他的孝行感动乡里。后代建华堂王氏宗祠，供奉王琼和石氏雕像，以示敬仰和表彰。明末清初，华堂王氏宗祠曾遭匪毁，后族人募资修缮。华堂王氏宗祠坐西朝东，占地面积831平方米。内有三进，第一进为牌楼，石木结构，四柱三间，眉枋上镌"慈节"两字。第二进为石桥、瑞莲池、孝子殿。孝子殿内供奉王琼和石氏夫妇，殿为单檐歇山顶，三开间，两侧有廊庑。孝子殿的三面由呈凹字形的莲池环绕。孝子殿前左右柱上有一联："金庭毓秀，续兰亭韵事；古刹钟灵，多晋圣贤孙。"此联乃是浙江省文化厅原厅长钱法成先生撰并书。孝子殿后壁中间放置着一块残损的石坊，上面仅留下一个"孝"字和额首。从旁边的文字介绍得知，此石坊原镌刻有"孝节流芳"四个大字，系明崇祯末年，四十四世孙心纯为乙一（王琼）府郡和祖母石氏立的。第三进是四合院式的后大殿，殿内供奉王羲之和历代王氏祖先，中间为王羲之坐像，坐像上方挂一匾额，上书"木本水源"。两侧有柱联："秉真行之要逸少法；执隶草其权子敬妙。"殿前天井宽敞，两侧设二层楼厢房。据《金庭王氏族谱》记载，石桥、瑞莲池和石坊系明代建筑物，孝子殿、后大殿及两侧廊庑等为清道光年间重建。

在华堂王氏宗祠前立着一块"华堂九曲水圳"的石碑，引起了我的关注，后经了解并查证史料得知，相传明初华堂遭遇严重水患，村中有石氏女挺身而出，变卖自己的嫁妆和首饰，出资在村里建筑起一条九曲水圳，贯通全村，并请人从平溪引进活水，还用打磨圆润的卵石铺设村中街巷，不仅消除了水患，更是解决了村里消防、灌溉用水，村民拍手称快，受益至今，实乃一创举也。2012年5月，"华堂九曲水圳"被公布为嵊州市文物保护点。

古村内不但有民宅、池塘、水井，还有庙宇、庵堂、祠堂等。现存建筑大多建于明清时期，建筑物排列整齐，平面布局遵循中轴对称，多为两层楼，一至三进，青砖灰瓦，白墙硬山顶。据称，现存老台门55座，其中规模较大的有一清堂、善庆堂、周岳故居等三十多座。其中，华堂王氏宗祠为第七批全国重点文物保护单位，鹅湖王氏纯节坊为省文物保护单位，炉峰庙为市级文保单位，竺绍康故居、竺氏大祠堂三处为嵊州市文物保护点。

我们参观了白云祠。据华堂村王氏后裔称，他们祖上是明代迁移到这里的。白云洞俗称刺孔洞，因其顶端有空洞。《康熙嵊县志》载："白云洞，在金庭，白云祠为王子晋立。"据《金庭王氏族谱》记载，最早在白云洞前建白云祠的当是王羲之的第六子王操之，以祭祀琅琊王氏始祖王子乔。后来，白云祠移建于五老峰山麓的岩头村东南约300米的劫竹畈。《金庭王氏族谱》记载："劫竹畈的白云祠，为始祖太子晋（王子乔）栖神之所。子孙散居处祠下，朔望焚香，苦隔一津（即平溪支流罗溪），府君（四十四世蒫）为首，募缘架桥以济。"明末，白云洞再次移建至华堂村南、卧猊山北麓的现址。一千六百多年过去了，如今白云洞前，当年白云祠的遗址尚存。白云祠内现在设"王羲之家训综合馆"。综合馆立足弘扬书圣精神，彰显家训魅力，内有"和韵金庭""剡缘归隐""圣贤情怀""正气清廉"等内容。

此外，民国时期，华堂还办有大华舞台戏班，著名越剧演员尹桂芳、毛佩卿是从这里学艺后走出去的，华堂堪称越剧发祥地之一。旧时，华堂有三座古戏台，其中神堂台常年演出越剧、绍剧和高腔等，场面十分热闹。

五

在实地考察、阅读典籍史料中，我翻阅了《王羲之金庭岁月》等书。对相关存疑问题和相左意见，我认为有必要略作论述。

第一，关于《金庭馆碑》及其作者沈约。《剡录》和其他史料中皆录有此碑文，一直以来都是如此记载并沿用下来的，但有不少学者仔细阅读全文，提出疑义：

其一，《金庭馆碑》全文中，所记之主并非王羲之，因碑文内无王羲之故居和卒葬叙述，也无相关王羲之生活线索和剡县金庭观周边境况的记写。而且所记"维永泰元年（498），方遂初愿。遂远出天台，定居兹岭。所憩之山，实惟桐柏。……桐柏所在，厥号金庭"。这里的"永泰元年方遂初愿"之人，显然不是指王羲之，王羲之如愿辞官从会稽来到金庭，乃是东晋永和十一年（355）三月，之间相差一百四十余年。

其二，《金庭馆碑》的作者是沈约吗？《金庭馆碑》内记："桐柏所在，厥号金庭。事阕灵图，因以名馆。圣上曲降幽情，留信弥密。置道士十人，用祈嘉祉。越以不才，首膺斯任。"这里可以看出作者应是"首膺斯任"主持金庭观的"越"。

而此"越"又是谁？查1987年10月浙江古籍出版社出版、由曹文趣先生等选注的《两浙游记选》中，有徐弘祖《游天台山日记》一文，在其"桐柏宫"注下，是如此表述的："在桐柏山，齐永泰元年（498）将军沈约章弃官乞为道士，居此。唐睿宗时（684）为司马承祯置观，号桐柏，梁开平年间改名桐柏宫。"由此可知，"越以不才，首膺斯任"

的"越",应是沈约章。为了求证此注有关情况,我便请浙江大学求是特聘教授、浙江大学中国思想文化研究所所长董平先生,寻询曹文趣先生。董平通过曹文趣先生的学生了解,学生把《两浙游记选》的注,以及清康熙二十三年《天台县志》卷十一"寺观"作"齐永嘉元年,将军沈约一千余人弃官乞为道士",一并询问曹文趣先生。曹先生的回复是:"县志正确。沈约章三字不通。"此外,《天台县志》所记"齐永嘉元年",亦有误,齐没有"永嘉"年号,只有"永泰"年号。可知,"越"又不是沈约章了。此"越"究竟何人?无从考证认定,但一定不是沈约。从史料看,沈约一生并无"弃官乞为道士"的经历。沈约(441—513),字休文,吴兴武康(今德清)人,南朝宋、齐、梁三代重臣,南朝著名学者、史学家。查阅史料,沈约并无当过道士经历。《南书·沈约传》记载,沈约虽受朝廷隆重待遇,但生活却节俭朴素。他在东田建了一处房舍,在这里观览郊野,曾作《郊居赋》来抒发情怀。不久又加封特进,改任中军将军、丹阳尹,侍中、特进职衔不变。天监十二年(513)死在任上,享年七十三岁,谥为"隐"。

此外,还有人认为,此金庭馆应是天台桐柏宫,而非剡之金庭观。《金庭馆碑》记:"所憩之山,实惟桐柏。……桐柏所在,厥号金庭。"桐柏宫形胜殊佳,道称"金庭洞天",陶弘景《真诰》中赞曰:"越桐柏之金庭,吴句曲之金陵,养真之福境,成神之灵墟也。"

其三,此事在南宋《嘉泰会稽志》"碑刻"内亦有记述:"桐柏山金庭馆碑沈约造,兒珪之正书,永元三年(501)三月,石已亡。系地云在嵊县东七十二里本观内,据记称永泰中定居桐柏岭,因地名建馆,曰金庭馆,命置道士十人,而己为之首。盖道士自叙之言,非约所撰。其谓之造者,疑如后世立碑之类尔。今碑,本朝重刻。"由此可见,《金庭馆碑》是"道士自叙之言,非沈约所撰",且"今碑"也是南宋时照旧重刻而已。

第二,此番考察道迹洞天时,我查得浙江省第三次全国文物普查新发现中,有"王罕岭右军旧宅、古金庭观遗址,位于新昌县沙溪镇孙家田联村里湾自然村"。2020年9月28日,我便在新昌朋友引领下,专程到新昌实地考察。在那里我见到有数幢民居,旁有古柏一株,其旁立有新昌县人民政府立的"王罕岭右军旧宅、古金庭观遗址(含上马石)保护区"石碑。接着,我们来到1公里开外的一处山坡,坡顶有一方池,池边有一块石碑,是2007年7月23日新昌县人民政府立,上刻"王罕岭右军旧宅保护区书楼墨池遗址"。

后我查询有关文章和史料,得知不少学者对此亦有异议:

其一,认为王羲之当年经营金庭庄园,后代舍宅为观,即在嵊州金庭观现址,并未有史料记载曾经移地。南宋《嘉泰会稽志》卷七"宫观寺院"内,在"嵊县"的名下,明确记述:"金庭观在县东南七十二里孝嘉乡……唐高宗时赐名金庭观,宣和七年改崇妙观。旧传王右军舍读书楼为观,初名金真馆,后改金真宫。……今观之东庑有右军肖像,又有墨池、鹅池。"

其二,有人还认为王罕岭是以金庭镇念宅村(海拔150米)为北端,向南入山,翻越龙潭眠牛湾(海拔460米),再到达沙溪镇(海拔170米),长约10公里。旧传王罕岭是王羲之游憩处,是往来金庭与浙东的通道,因此而得名。岭上现有外湾、眠牛湾、里湾三个自然村,属新昌县沙溪镇。

唐代,新昌亦是剡县的一部分,至五代梁开平二年(908),分剡东13乡置新昌县。王羲之迁居金庭观经营庄园的土地,有一部分坐落在新昌相邻之地。历史上还为此有过一桩金庭观田的诉讼案,《金庭王氏族谱》内《重建金庭崇妙观额纪言》载:"初有梵修田四百六十亩,中五之一土隶新昌。先是守观者逋赋不资,致彼遍闻,当路批行查议:'田嵊田也,赋新赋也,累年既以逋赋致讼,何不捐嵊县金梵修之有余,补新昌儒学养士之不足。'"于是,"改田入新昌,便当路允之为额。至今犹存田三百六十余亩"。

嘉靖十三年(1534),洪水冲坏新昌县学,修复乏资,新昌县令姜地请求绍兴府推官陈让断金庭观田九十亩。万历《新昌县志》卷十"学田"内确有绍兴府推官陈让断金庭观田九十亩归新昌一事记载。清代及民国县志内均有记录:金庭观田一顷二亩二分九毫,及纳税的记录。按一顷为百亩,其中学田90亩,余为山地。故而,更多的学者认为,新昌有王罕岭一带的90亩田地属于金庭观的田产,无非是析新昌县后划给新昌而已。如称这里曾经是原金庭观的田产不假,并未记右军旧宅、古金庭观遗址。

其三,有人查阅历代《新昌县志》得知,明万历《新昌县志》卷之九"寓贤"栏下,第一位是"六朝谢灵运",第二位是"唐司马承祯",并没有出现有关王羲之和右军故宅的记载。此后的清康熙、同治《新昌县志》中,也没有出现有关王羲之和右军故宅的记载。《新昌县志》中,第一次出现有"王羲之"和"右军故宅"之说,是在民国《新昌县志》卷十四的"寓贤"栏下,第一位便是"晋王羲之"。这段文字后面加"注",以说明出处,称:"由《沃洲小记》增。"《沃洲小记》,作者俞函山(1864—1919),新昌县东乡真诏村人,晚清光绪二十年(1894)举人,曾任处州云和训导。民国时协修《新昌县志》。故有人认为,因晚清俞函山的《沃洲小记》,才有了王羲之和右军故宅的新说,此说乃晚清、民国时期才出现,与历史上众多记载不符。

为撰写《浙江道迹洞天》,我考察了新昌县王罕岭,还多次考察嵊州金庭观,并查阅了相关史料,并咨询有关学者,略述如上,以供有关部门、专家学者和读者研究鉴证。

沃洲、天姥为眉目

沃洲山、天姥山在浙江省绍兴市新昌县。宋张君房《云笈七签》中有记载："第十五沃洲，在越州剡县南，属真人方明所治之。""第十六天姥岑，在剡县南（今新昌县），属真人魏显仁治之。"

2019年9月27日，我专程赴新昌考察上述两地。绍兴市交通运输局副书记、副局长方维炯，曾任新昌县副县长，及政治处主任罗新桂陪我一同来到新昌。新昌当地文化人士、县政协原秘书长徐耀龙先生和县文广局局长俞青虎，县交通运输局局长蔡立君、副局长石新春等，引领我们前往现场一一考察，令我心生感激。

一

沃洲山历史悠久，人文荟萃，白居易撰《沃洲山禅院记》，如是记道：

沃洲山在剡县南三十里，禅院在沃洲山之阳，天姥岑之阴……东南山水，越为首，剡为面，沃洲、天姥为眉目。夫有非常之境，然后有非常之人栖焉。晋、宋以来，因山洞开，厥初有罗汉僧西天竺人白道猷居焉。次有高僧竺法潜、支道林居焉。次又有乾、兴、渊、支、遁、开、威、蕴、崇、实、光、识、斐、藏、济、度、逞、印凡十八僧居焉。高士名人有戴逵、王洽、刘恢、许玄度、殷融、郗超、孙绰、桓彦表、王敬仁、何次道、王文度、谢长霞、袁彦伯、王蒙、卫玠、谢万石、蔡叔子、王羲之凡十八人，或游焉，或止焉。故道猷诗云："连峰数千里，修林带平津。茅茨隐不见，鸡鸣知有人。"谢灵运诗云："暝投剡中宿，明登天姥岑。高高入云霓，还期安可寻？"盖人与山相得于一时也。自齐至唐，兹山寖荒，灵境寂寥，罕有人游。故词人朱放诗云："月在沃洲山上，人归剡县江边。"刘长卿诗云："何人住沃洲？"此皆爱而不到者也。太和二年春，有头陀僧白寂然来游兹山，见道猷、支、竺遗迹，泉石尽在，依依然如归故乡，恋不能去。时浙东廉使元相国闻之,始为卜筑;次廉使陆中丞知之,助其缮完。三年而禅院成,五年而佛事立。正殿若干间,斋堂若干间,僧舍若干间。夏腊之僧,岁不下八九十,安居游观之外,日与寂然讨论心要,振起禅风;白黑之徒,附而化者甚众。嗟乎!支、竺殁而佛声寝,灵山废而法不作。后数百岁而寂然继之,岂非时有待而化有缘耶?六年夏,寂然遣门徒僧常赞自剡抵洛,持书与图,诣从叔乐天乞为禅院记云。

《沃洲山禅院记》一文曾镌刻于碑,然此碑失而复得,得而复失矣。据新昌文物工作者俞国璋先生考证,此碑拓片为县博物馆旧藏,拓片纵约155厘米,横80厘米。从拓片文字分析,白文首刻为刘禹锡所书。宋代后又重刻、再刻,原碑早已无存。好在碑文拓片尚存,对于研究道教第十五福地沃洲山和沃洲山禅院,都具有极其重要的意义。

新昌沃洲山历史上是一座道教名山,道籍称之为第十五福地。同时,也是佛教传入新昌的一方宝地。西晋时,初有罗汉僧、西天竺人白道猷,次有高僧竺法潜居此。后来,东晋高僧支遁(314—366)来到剡山,向竺道潜买沃洲小岭立寺行道,曾聚集僧人近百人,一时沃洲山名声大振,吸引四方僧众云游或留止于此,唐会昌法难时被废。唐太和二年(828),头陀僧白寂然重修禅院。宋治平三年(1066)赐名真觉寺,据《嘉泰会稽志》记载"旧名真封寺,不知其始,治平三年赐今额"。真封院前身曾为"沃洲精舍"。有宋人吴处厚,字伯因,邵武人,仁宗皇祐五年(1053)进士,初曾任职绍兴府诸暨县尉之职。有《游沃洲山真封院(并序)》,记录了他出游沃洲的诗文。其中《自诸暨抵剡》四首之一曰:"莫叹尘泥汩,且图山水游。维峰天姥翠,一舸剡溪秋。不见戴安道,有怀王子猷。西风无限意,尽属钓鱼舟。"吴氏记曰:"一日,风甚寒,天姥盛雪,适会邑有移文,乘兴便往,值暝不及,遂宿于梅林僧舍。平明,过真封院,先至养马坡,陟鹅鼻峰,入门谒道猷影堂,访支遁庵基,观锡杖泉,前眺放鹤峰,徘徊而还。"以此可见,吴处厚造访时,尚称真封院,当在改名真觉寺之前。据新昌徐跃龙先生《〈沃洲山禅院记〉碑文碑刻考略》一文记述,后人为纪念白道猷开山、白寂然建寺、白居易作记,在寺内后殿建"三白堂",奉祀三人之像,至民国仍存。后因建长诏水库,真觉寺基已被淹没入水下。

现存于沃洲山的福地灵山上的庙宇,是元代由石奕朝首创,立起了一座糅合儒、释、道于一体的沃洲山真君殿。真君殿主殿崇奉真君大帝,据《沃洲山志》记载,真君大帝由南宋抗金名将宗泽神化而来。元大德三年(1299),新昌长诏溪东村人石奕朝,在扬州为官,因目睹朝廷腐败,辞官回乡隐居。返乡途中,见一赤石随船漂水而行,捞

出后见是石像，便将其带回，归藏真觉寺内。夜里石像托梦，言乃宗泽也。于是他与乡人一同，在沃洲山造庙立像奉祀。为免朝廷追究，托名石老将军庙，后称石真人庙，清代改名真君殿。此虽为传说，却道出了沃洲山真君殿的来历和将宗泽像供奉于新昌的原委。宗泽是宋代民族英雄，尽管沧海桑田，时移世迁，但人们出于对他的崇敬、怀念，奉祀他也是理所当然的。石奕朝公作为建造宗泽庙的首倡者，也是以此表达他对宗泽的敬仰之情。纪念宗泽的庙堂、塑像在江浙多地皆有，在新昌县域内，纪念宗泽的庙宇，就有三坑真君殿、芭蕉山真君殿等数处。

▲ 考察新昌沃洲山留影，左起：俞青虎、徐耀龙、蔡立君、作者、方维炯、石新春、罗新桂

在明、清两朝的弘治、正德、康熙年间，曾三次敕封宗泽为"九天司命""真君大帝"。因而，沃洲山真君殿楹联这样写道："两朝三敕赐；千古一真君。"清乾隆皇帝对宗泽更是赞誉有加，敕赐"丹枕贯日"匾，还写有《读宗泽忠简集》一文，高度评价宗泽是忠义之士。清光绪三十年（1904），兴资重建，耗资3万余金，历4年完工。

二

新昌天姥山与沃洲山遥遥相对，中间隔着沃洲湖。沃洲湖即长诏水库，20世纪80年代建成，现为水源保护区。自古以来，这里流淌着从天台石桥下来的水，故称石桥溪，下游汇入剡溪，因而也是古剡溪的源头之一。

天姥山，古称天姥岑，它与司马悔山相连，是新昌一邑之主山。天姥山由拨云尖、细尖、大尖等群峰组成，属道教第十六福地。天姥山与相对而立的沃洲山，形成了由北往南去天台山的门户，也是绍兴的南屏障。《嘉泰会稽志》："天姥山在县东南五十里，东接天台华顶峰，西北联沃洲山，上有枫千余丈。《寰宇记》云，登此山者或闻天姥歌

谣之响。"宋祝穆撰《方舆胜览》载:"天姥山,在新昌县东四十五里,接天台山。"李白有《天姥山》诗云:"辞君向天姥,拂石卧秋霜。"又《梦游天姥吟留别》云:"天姥连天向天横,势拔五岳掩赤城。天台四万八千丈,对此欲倒东南倾。"此地,旧时有来往越、台之间的古道。

我们参观过真君殿,看罢沃洲山,站在沃洲湖岸边,遥望沃洲湖对面的天姥山,但见天姥山山势挺拔,山峦叠嶂,向东延伸开去,连着天台山,与华顶峰相对,两山间有石桥(现今石梁飞瀑)相连。内还有景点天姥龙潭,位于儒岙镇上李村。

接着,我们前往儒岙镇,寻迹古道和古道上的班竹古驿站。此时,天下起了小雨,我们车行至班竹古道,同行的徐跃龙先生指着远处一座高高的山峰说,这便是天姥峰。天姥峰一山苍翠,高高的山峰被朦朦烟雨笼罩,若隐若现,更显神奇。确如李白所吟的"天姥连天向天横,势拔五岳掩赤城"。沿着溪边道路前行,我们来到司马悔桥,桥下的溪为惆怅溪,乃是源自天姥山麓的一条小溪。溪旁立着牌子上写着,惆怅溪起源于天姥山麓,出自古代刘、阮采药的故事。相传东汉永平年间,刘晨、阮肇入天姥山采药遇仙,半年以后,两人回到故地,早已物是人非了。他们沿小溪寻找,却再也找不到原路,因而在溪边徘徊良久,惆怅不已,故名"惆怅溪"。

唐道士司马承祯(647—735),字子微。河南温县人。拜师嵩山道士潘师正,道教上清派第十二代宗师。《旧唐书》载,司马承祯"少好学,薄于为吏,遂为道士。……承祯尝遍游名山,乃止于天台山"。期间曾多次被武则天、唐玄宗遣使迎入京,屡次辞请还山,隐居在天台山玉霄峰,自号"天台白云子",与陈子昂、卢藏用、宋之问、王适、毕构、李白、孟浩然、王维、贺知章为"仙宗十友"。唐开元十五年(727),司马承祯再次应召入宫,唐玄宗请他在河南王屋山自选佳地,建造阳台观以供居住,并遵其意愿,在五岳各建真君祠一所。开元二十三年(735)羽化于王屋山,时年八十九岁。追赠银青光禄大夫,谥称"贞一先生",沿以其南岳旧居为隐真观。主要著作有《形神坐忘论》《天隐子序》《服气精义论》等。

相传,司马承祯潜心修道,不贪富贵,朝廷几请不动。有一次当地刺史用计将其说动,司马承祯下山赴京,途中连连听到有人以歌之,都有劝阻之意,又闻有人言李白已经来到华顶,正在找他。司马承祯边走边想,到此便止步,掉头回桐柏山去了。从此,那座山便叫"司马悔山",那座桥就称"司马悔桥"。有关司马悔山、司马悔桥的传说,在天台山篇另有记述。

我们来到了司马悔桥前,这是一座石拱古桥,据介绍是清代重修后留下来的,连接桥两侧的道路铺设着卵石，看上去与古桥甚是相称。桥旁立着一块木牌，上额刻"班竹古村"。南宋《嘉泰会稽志》第十一卷"桥梁"内，载："司马悔桥在县东南四十里，一云落马桥。旧传唐司马子微隐天台山，被征至此而悔，因以为名。"过桥后，东侧有司马悔庙，这是为纪念司马承祯而建。

我们冒着淅淅沥沥的细雨，沿着古驿道进入班竹古村。相传此道是南朝宋元嘉六年（429）时任永嘉太守谢灵运为方便行人来往，而率众开拓的一条古道，后人称"谢公道"。班竹村内此古驿道长约1000米，宽约2米，全由鹅卵石铺成，虽饱经沧桑，但历久弥新，是唐诗之路上的精华路段之一。历史上这段路上有"班竹铺"，是为行人提供食宿的服务设施，这里曾经十分繁华。据记载，明代著名旅游家徐霞客、清代诗人袁枚、现代文学家郁达夫等名人雅士都曾在班竹铺驻足或投宿。清代诗人袁枚曾数度来到新昌，留下诸多诗文，其《随园诗话》卷十二有记："游仙之梦，班竹最佳。离天台五十里，四面高山乱滩。"班竹村里还有一处状元祖居地章氏宗祠，是为纪念清代状元章鋆（1820—1875）而建，乃班竹村如今保存最完好的古建筑，现为新昌县文物保护单位。章鋆是班竹章氏第十一世孙，出生在鄞县。他谨记祖训，传承家风，曾回班竹承德堂祭祖，后人为纪念其耕读传家之风，在承德堂内悬挂"状元及第"匾。古代从新昌至台州的驿路便由此"谢公道"延伸，翻过天姥山进入天台山，途经之处群山环抱，两壁危崖耸立，林木森森，步步生景，风光秀美。

从班竹村沿着谢公古道再往前行，可到达新昌、天台两县边界的关岭。关岭是宁、绍通台、温的关隘，古时设有军寨和驿站。这里地势险要，唐广德初（763），唐军讨伐袁晁起义，便垒石筑寨于此，名虎狼关，村亦得名关岭头。此处立有浙江省文物保护单位"天姥古道"碑。唐代诗人许浑曾在诗中如此描写："星河半落岩前寺，云雾初开岭上关。"

参观班竹村后，我们继续行走在古驿道上，天还下着细雨，已来不及沿着古道前行到达关岭了，于是便决定离开班竹村，绕到村旁的104国道上的会墅岭。我们在会墅岭稍作停留，按着徐跃龙先生的指引，找到了公路旁一处摩崖石刻，"会墅岭"三字如今仍完好留存在路边岩壁上。徐先生称，这是民国时期的浙江省建设厅厅长曾养甫的题字。八十多年过去了，能保留至今实属不易，已成了历史痕迹。

三

新昌沃洲山和天姥山这两处道教福地，千百年来以其独特的山川俊秀、景色优美而闻名。自晋、唐以来，接踵而至的文人雅士不胜枚举，在白居易《沃洲山禅院记》中，就记有戴逵、孙绰、卫玠、王羲之等十八人。

新昌文化名人竺岳兵先生（1935—2019）怀着对家乡山山水水、人文历史深厚的感情和对唐代诗文的爱好，开始研究和收集唐人吟咏浙东山水的诗篇，并于1990年首创，提出"浙东唐诗之路"之说，立即受到在南京参加中国唐代文学艺术年会的傅璇琮、郁贤皓和台湾学者杨承祖、罗联添等23位著名学者的联名书面支持。1991年，竺岳兵在南京师范大学与中华书局联合主办的"中国首届唐宋诗词国际学术研究会"上，宣读了"唐诗之路"相关论文，受到好评。1991年，竺岳兵先生发起成立了"新昌浙东唐诗之路研究开发社"（2000年改为"新昌浙东唐诗之路研究社"）。1993年，中国唐代文学学会在"唐诗之路"论证会上，正式发文，把浙东"唐诗之路"作为中国文学上的专用名词。至2008年，在当地政府和企业界的支持下，竺岳兵先生锲而不舍，他和研究社同事一道，在新昌先后组织召开了11次学术会议，其中国际性会议3次，最大一次会议有14个国家和地区的专家、学者参加，实属罕见。在研究中，竺岳兵先生发现新昌自东晋以来，十八高僧、十八名士在这里或游或止，又吸引了451位诗人来到这里。经过竺岳兵先生近20年的努力，终于整理出451名唐代诗人踏歌而来，徜徉在浙东山水间，留下的1500余首诗。继而，还厘清了浙东唐诗之路的干线、支线。干线从杭州钱塘江过绍兴、上虞、嵊州、到新昌，再登天姥、越天台，东经临海、温岭到温州，越州支线至诸暨，台州支线至黄岩、仙居，明州支线至宁波、舟山。2003年中国文史出版社出版了竺岳兵主编的《浙东唐诗之路唐诗总集》。

我们一到新昌，就来到了位于鼓山公园内的唐诗之路纪念馆，馆内陈列了"浙东唐诗之路"的介绍和图片，资料翔实，图片生动，令人震撼和赞叹。今录下其中有关沃洲山、天姥岑的部分诗篇，以飨读者。

之一，贯休《题简禅师院》：

> 机忘室亦空，静与沃洲同。
> 惟有半庭竹，能生竟日风。
> 思山海上月，出定印香终。

继后传衣者,还须立雪中。

之二,耿㳻《登沃州山》:

沃州初望海,携手尽时髦。
小暑开鹏翼,新荑长鹭涛。
月如芳草远,身比夕阳高。
羊祜伤风景,谁云异我曹。

之三,贾岛《早秋寄题天竺灵隐寺》:

峰前峰后寺新秋,绝顶高窗见沃洲。
人在定中闻蟋蟀,鹤从栖处挂猕猴。
山钟夜渡空江水,汀月寒生古石楼。
心忆悬帆身未遂,谢公此地昔年游。

之四,皎然《送杨校书还济源》:

妖烽昨日静,故里近嵩丘。
楚月摇归梦,江枫见早秋。
乡心无远道,北信减离忧。
禅子还无事,辞君买沃洲。

之五,刘长卿《秋夜肃公房喜普门上人自阳羡山至》:

山栖久不见,林下偶同游。
早晚来香积,何人住沃洲。
寒禽惊后夜,古木带高秋。
却入千峰去,孤云不可留。

之六，杜甫《壮游》(节录)：

> 枕戈忆勾践，渡浙想秦皇。
> 蒸鱼闻匕首，除道哂要章。
> 越女天下白，鉴湖五月凉。
> 剡溪蕴秀异，欲罢不能忘。
> 归帆拂天姥，中岁贡旧乡。

之七，李白《梦游天姥吟留别》(节录)：

> 海客谈瀛洲，烟涛微茫信难求。
> 越人语天姥，云霞明灭或可睹。
> 天姥连天向天横，势拔五岳掩赤城。
> 天台四万八千丈，对此欲倒东南倾。
> 我欲因之梦吴越，一夜飞渡镜湖月。
> 湖月照我影，送我至剡溪。
> 谢公宿处今尚在，渌水荡漾清猿啼。

之八，温庭筠《宿一公精舍》：

> 夜阑黄叶寺，瓶锡两俱能。
> 松下石桥路，雨中山殿灯。
> 茶炉天姥客，棋席剡溪僧。
> 还笑长门赋，高秋卧茂陵。

之九，灵澈《天姥岑望天台山》：

> 天台众峰外，华顶当寒空。
> 有时半不见，崔嵬在云中。

之十，拾得诗：

> 故林又斩新，剡源溪上人。
> 天姥峡关岭，通同次海津。
> 湾深曲岛间，淼淼水云云。
> 借问松禅客，日轮何处暾。

西施故里道凝山

道凝山位于诸暨市南约三十里，原越山乡境内，现越山乡已撤销，并入了牌头镇。南宋《嘉泰会稽志》引旧经称诸暨勾乘山，"勾践所都也，《国语》云，越臣于吴，吴更封越，南至勾乘即此地"。道凝山东与天堂山遥望，西与越山相对，主峰海拔300余米。山上有白云观，还有白云观开山祖师全真龙门派赵守一真人墓，及以下二十三代墓茔，是一处十分难得的道教古墓群。

其实，道凝山应为道人山，因在诸暨方言中"人"读音同"凝"，后来讹作"道凝山"，沿用至今。《辞海》载："西施，一作先施，春秋末年越国苎萝（今浙江诸暨南）人，由越王勾践献给吴王夫差，成为夫差最宠爱的妃子。"故诸暨亦称西施故里，本文遂名《西施故里道凝山》。

一

道凝山上有白云观，至少已有三百余年历史。据康熙《诸暨县志》记载，道凝山巅旧有隆岗庵，有道人居之，入山采药，出山乞食，如是三十年。忽值大风雪，山中无粮，道人独处，不饮不食，并有黑虎守其门。樵者怪而问之，言不食已七日矣。樵者归而语其乡人，莫不惊异，以为真有道力者。而道人则人馈则餐，人问则答，率以为常。康熙三十八年（1699），浙江等处承宣布政使赵良璧至两浙筹饷之暇，采揽风俗，得知道凝山道人之事，便遣吏召之，方悉道人名赵天乙，暨邑人也。见其形貌朴素，并观其日可不食，夜可不寝，与之言论，则洞彻玄理。赵良璧明白，其所居不足以息徒众，于是捐俸禄以倡，有邑人为其筑观于道凝山中，自此，道凝山以道人而显名。因山上长年有白云缭绕，取名"白云观"。时诸暨知县毕士禧也亲往道凝山观之，撰《暨邑道凝山记》，文中称："危峰入霄，飞瀑挂练，险峻幽邃，虽无银宫金阙之形，颇擅紫府清都之胜。彼初以'道凝'名山，已默默久相待矣。链翠笼苍，檐楹之下，时多云气往来，以白云名观，良不诬也。"白云观落成，赵良璧作《白云观碑记》，并作铭："巍巍道凝，迥出尘境。缘结一椽，修心炼性。黑虎守户，白云在山。太虚无我，功成大还。"

据诸暨籍文化人士杨士安先生《道凝山与白云观》一文言，赵良璧《白云观碑记》撰成刻碑时，康熙《诸暨县志》已经修竣，但白云观建成亦为诸暨一件大事，阖邑绅衿士民要求将此文补入，刊之邑乘，故特为之刷印三部，送有司存阅。可见当年白云观的影响之大。

乾隆、嘉庆年间，白云观香火鼎盛，至民国时期渐衰。抗日战争期间，因国民政府曾在山上驻军，1941年遭日寇战机轰炸，白云观大殿被炸毁。1987年10月10日由当地善信修缮道场，重塑神像，道凝山白云观终于得以恢复。

二

2021年3月27日，我相约诸暨市文化局原局长金海炯和交通局原领导宣晓军等前往牌头镇。到了牌头镇后，便随镇长朱庭传、联村干部林鑫峪，一同前往道凝山。上山的公路不久前已修通，但坡陡弯多。行过一段山路，我们来到了道凝山顶的白云观。当地三保里村的支部书记周武国、村主任何伟和白云观住持王崇沛道长已等候多时了。

道凝山顶遗存两株古树，一是罗汉松，一是桂花树。我们下车后，一转身便见到了高大的罗汉松，据称已有五百多年历史，远远望去枝繁叶茂，一片葱茏。罗汉松下立有一块石碑，碑上镌刻着"罗汉松"三个大字，系诸暨乡贤、浙江省林业厅原厅长楼国华先生手书。旁有碑记，上刻《道凝山古罗汉松记》，是诸暨籍文化人士杨士安

▲ 寻访诸暨道凝山，在罗汉松前留影，左起：周武国、宣晓军、金海炯、作者、朱庭传、林鑫峪、何伟

先生撰文，楼国华先生手书的。据碑文记载：古罗汉松高十五米，树围五米，为诸暨罗汉松之冠。当年日寇飞机轰炸时，白云观遭毁，主体建筑仅剩断垣残壁，而罗汉松与道观不远，竟无大碍，亦为奇事。近年，古罗汉松每有为竹林掩抑之势，且登山道路湫隘望，石磡塌损，颇碍瞻览。幸有梅溪村村民何伟，为保护古树名木，披荆斩棘，运砖甓石，躬任其劳，其志可嘉。据当地人介绍，另有古梅花树一株，已有四百余年，原在白云观侧，今已不存。

接着，我们步行从罗汉松前左拐，穿过一片密竹林，前往道凝山古道人墓址。全真道教在道凝山已有600多年历史，鼎盛时期有道士200多名。如今在道凝山周围留存的道士墓有300多处，这里安葬着道凝山全真龙门派祖师赵天乙及其后的二十三代龙门派传人，据悉，如此规模的道教墓地遗址，在浙江是绝无仅有了。我们沿着山道，来到一处较为集中的墓地。这里一字排列着几座墓，皆有墓碑，居中是"龙门全真道人太字宗祖之墓"，碑上镌刻"嘉庆庚辰（1820）十月吉旦"和"六代裔孙贾复愈立"。旁边还有几座墓，碑记上分别镌刻着"庚辰（1820）一月吉旦，龙门正宗全真道人张讳太从炼师之墓"和"六代裔孙贾复愈立"。还有"全真道人宣讳来□炼师之墓"，"龙门宗□白云观全真道人贾讳复愈之寿圹，□徒严本发立"。

我们又来到白云观前左侧的山坡上，随着王道长的指点，找到了一处连成一片的墓地，其中地上留存着一块墓碑，碑额刻"龙门"两字，下刻"白云观开山赵守一真人之墓"。王道长说，准备择日重立此墓碑。

参观完墓群后，我们返回白云观。白云观前尚存八卦池，清澈的水面上倒映出悠悠的白云。如今的白云观是1987年重修的，大门挂着"白云观"三字匾额。分为两进，第一进为厅堂，第二进为三清殿。三清殿供奉三清塑像，门两侧有柱联，上联为"谏松影落空坛静"，下联为"细草春香小洞幽"，落款为"王原祁"。据称此联为当年建观时原物，实属珍贵。王原祁，苏州太仓人，康熙九年（1670）进士，擅画山水，与王时敏、王鉴、王翚并称"四王"。第一进的墙上镶嵌着数块旧碑，有《重建圣殿碑记》，落款为"大清龙飞道光七年（1827）"；有《严禁示碑》，此碑是当年旧物，碑文字迹尚能辨认，其旨在保护观产，落款为"大清嘉庆贰拾壹年（1816）玖月"。

我们一行人在一进的厅堂内坐定，一边品茶，一边听当地村书记、村主任和王道长介绍有关道凝山白云观的情况。王崇沛道长，全真派，俗名王力民，山东人，17岁出家。他原在萧山紫仙观，是当地邀请他到白云观主持道观事务，传承和开发道凝山道教文化的。说话间，他还出示了从有关资料上摘记下来的当年道凝山白云观的示意图。

从图上可以看出，当年白云观主殿有三进：大殿、三清殿、藏经阁，主殿左右还有钟楼、鼓楼、偏殿、祖师殿等建筑。可以想见，这里曾经是人来客往，香火缭绕，一派盛景的道教胜地。如今，拓建白云观，重兴道凝山，对于传承道脉、弘扬传统文化和促进当地旅游事业的发展，定能起到积极的作用。

道教南宗祖庭桐柏宫

天台山，高高耸立在浙江省台州市天台县境。东晋文学家、永嘉太守孙绰《游天台山赋》中，称"天台山者，盖山岳之神秀者也。涉海则有方丈、蓬莱，登陆则有四明、天台"。唐朝大诗人李白曾以诗赞曰："龙楼凤阁留不住，飞腾直欲天台去。"天台山，山水神秀，风光旖旎，也是我国道教圣地，道教南宗祖庭桐柏宫便在天台山上。

一

天台山道教历史已有1800余年。据郑为一先生编著的《道教南宗祖庭桐柏宫》内记："早在汉末教团初生之际，即有仙翁葛玄（164—244）来此炼丹修道。"赤乌二年（239），东吴孙权遣葛玄始建桐柏观。唐景云二年（711），唐睿宗下诏为司马承祯在原址重建桐柏观，且"诏告郡县，厉其封隅，环四十里，毋得樵苏"。唐大中、咸通中，有道士徐灵府、叶藏质重新修建。梁开平中，改观为宫，有钱忠懿王所赐金银字经二百函及铜三清像。周广顺二年（952），朱霄外建藏殿。宋大中祥符元年（1008），改名为桐柏崇道观。绍兴二十二年（1152），杨存中重建三清殿，曹勋建山门，曹又于观北结庵，号冲嘉。观中有经藏、三元、延宾、清虚、白云、浴院6院。唐《崔尚碑》云："天台也，桐柏也，代谓天台，真谓之桐柏，此两者同体而异名，同契乎玄，道无不在。"历代天台道教时有盛衰，桐柏宫也有废兴，但法脉不断，道炁长存。

元明之际，战火四起，因难民涌入桐柏宫，引发一场火灾，桐柏宫烧毁殆尽。清初，由于雍正皇帝的扶持和道士范青云的努力，桐柏宫方得再次中兴。宫内沿中轴线建起了山门、灵官殿、真武殿、御碑亭、大殿、紫阳殿六进建筑，东西轴线上还有东道寮、太极殿、迎仙楼；西道寮、真君殿、众妙台、方丈楼等，令桐柏宫重辉于天台山。

晚明开始，由孙玉阳发端，全真道在台州一带发展很快，后范青云开天台桐柏宫支派。范青云（1606—1748），俗称范八，名太青，以号行，湖广江夏（今湖北武汉）人，康熙六年（1667）游历天台时得见孙玉阳，付其以龙门秘诀。孙玉阳羽化后，由随孙玉阳来到天台山隐修的童融阳住持桐柏宫。范青云于康熙三十二年（1693）前后回到天台山，继童融阳主持桐柏宫宫务。时值桐柏宫一片破败，地基、田产亦被豪强所夺。范青云历二十余年，不懈讼争，终于要回桐柏宫基址和部分田产。清雍正九年（1731），桐柏观奉旨重建，规模宏大，历时三年。竣工后雍正皇帝又赐"万法圆通"殿额和《御制崇道观碑文》。使桐柏宫重兴后，范青云功成身退，于雍正十三年（1735）举荐弟子高东篱主持法席，自己退居杭州金鼓洞鹤道院，并撰写了《钵鉴续》，记述桐柏宫自顺治甲申（1644）至雍正乙卯（1735）近百年龙门派的历史。

清嘉庆以后，全真龙门派又从桐柏宫传播到黄岩委羽山的大有宫，并扩散到温岭。清末民初，台州全真龙门派，除黄岩大有宫外，其余各地皆渐趋衰微。近代时局变幻，桐柏宫渐衰。中华人民共和国成立后，桐柏宫监院李净尘曾当选为中国道教协会第一届理事会常务理事，住持谢希纯被聘为浙江省首届气功协会首席顾问。1960年，桐柏水库开始建设，建成蓄水后，桐柏宫址便沉于水底，宫内部分建筑和文物移往鸣鹤观。

二

宋熙宁年间，张伯端入天台桐柏宫修道。他融汇三教，修炼内丹，著《悟真篇》，开创南宗，桐柏宫成为道教南宗祖庭。郑为一先生《道教南宗祖庭桐柏宫》一书称，其时"宫外九峰数十座宫观茅舍，如众星拱月散布四周。天台山道教得到空前发展，有'千僧万道'之誉"。张伯端（983—1082），字平叔，后人尊称为紫阳真人，浙江天台人。少时好学，能刑法、书算、医卜、战阵、天文、地理等，为太学生，举进士不第。曾为府吏，因受累谪戍岭南，而走上访道修仙之路。熙宁二年（1069），在成都遇异人，得授金丹药物火候之诀，次年便往汉阴山中修炼。道成后，转徙秦陇一带云游布道，后返台州桐柏宫修炼。熙宁八年（1075）著成内丹经典《悟真篇》后，曾赴山东兖州嘱知州马默"流布此书"。元丰五年（1082）三月十五日，张伯端在天台山百步溪水解羽化，世寿99岁。

张伯端主张三教合一，性命双修，修炼内丹，著《悟真篇》。然张伯端游宦四方，珍秘功法，并无意创教。元末，南北宗合并后，天台南宗祖庭桐柏宫，大殿祀张伯端，后殿祀三清。

在《悟真篇》的《自序》中，张伯端说："仆既遇真筌，安能隐默，罄所得成律诗九九八十一首，号曰《悟真篇》。内有七言四韵一十六首，以表二八之数。绝句六十四首，按《周易》诸卦。五言一首，以象太乙。续添《西江月》一十二首，以周岁律。其如鼎器尊卑，药物斤两，火候进退，主客后先，存亡有无，吉凶悔吝，悉备其中矣……时熙宁乙卯岁旦天台张伯端平叔叙。"《悟真篇》是张伯端道教思想的总成，书中力主内丹，称："要得谷神长不死，须凭玄牝立根基。真精既返黄金室，一颗灵光永不离。"又称："国富民安后，修成体属乾。凝神归妙道，抱一守丹田。去住浑无碍，升腾任自然。九年功满日，独步大罗仙。"总之，他主张按照万物生化的法则，修炼自身的精、气、神，还引申了老子的哲学思想，阐述内丹的修炼方法。

张伯端的《悟真篇》，对后世产生了深远的影响。元朝陈致虚在《周易参同契分章注》中称："丹书多不可信。得真诀者，要必以《参同契》《悟真篇》为主。"《道藏精华录》中亦称："是书辞旨畅达，义理渊深，乃修丹之金科，为养生之玉律。"张伯端的内丹功法，不仅对道教的发展及其他宗派的修行产生了重大的作用，而且至今对民间的气功和养生保健也有很大的影响。

在与南宋对峙的北方金元时期，兴起了王重阳创建的全真道派（后世称之为北宗）。南北两宗，都属于钟吕金丹派，因南北对峙而互相隔绝往来，各自发展。元代后，南、北两宗亦逐渐融为一体，形成以《周易参同契》和《悟真篇》为宗旨的内丹全真道，并流传至今。

三

桐柏水库建成蓄水，桐柏宫沉没于水底，道众也暂栖于鸣鹤观。在十分困难的情况下，谢崇根、叶高行诸道长艰难维持，南宗法脉终得以延续。1983年，经政府批准鸣鹤观更名为桐柏宫。新桐柏宫建成后，恢复鸣鹤观名号，并作为桐柏宫的下院。鸣鹤观，原名妙乐院，位于天台山玉泉峰，始建于东吴赤乌二年（239），为供奉桐柏真人王乔的古观。

2021年4月26日，我访天台山时，去了鸣鹤观。今鸣鹤观占地30余亩，主殿为紫阳殿，还有灵官殿、三清殿、斗姆殿、救苦殿、讲经堂以及凌云阁，东西厢房，放生池等。时值中午，在鸣鹤观几位道长的引导下，我参观了观内各处。置身于宫观内，放眼望去，四周山峦竦峙，四周林木在风中摇曳，静中生动。

现存鸣鹤观建筑，为清光绪年间重建。在道观内，我见到挂着"天台山桐柏宫中国道教南宗研究所"的牌匾。在另外一处墙上，还挂着"中国道教南宗祖庭全真道清规榜"，榜首记：

太上开至道众妙玄门，清净无为第一，宗师演玄妙全真之教，仪范规范为先。上天唯赞道德神仙，丛林岂容无行羽士！福地乃修真淳性之所，名山非名利是非之场。小德出入，犹可宽恕；恣意乖违，常理不容。有缘共居宗庭，悟真修真，须蹈矩以循规，遵祖师之垂训，守国家之法律，合社会之伦常，为道人之本分。无论出家、在家，全真、正一等三山五岳道众霞友，即入桐柏宫祖庭丛林，必须严守清规。谨将本宫全真戒条仪轨，开列如后。

榜首之后列了二十七条戒仪，每条都有视其违反的轻重作出处置的内容。院内还有一井，井口四周刻着"大丹灵药"四字。参观中得知，随着天台山景区的开发，桐柏宫的重建，近年到鸣鹤观的信众不少，前来观光、寻访古迹的游客更多。看来作为承载着历史的道教古观和道教南宗的传统文化，已越来越得到社会的重视和关注。

四

我从鸣鹤观内出来，迎面遇到几位桐柏宫的道长，得知住持张高澄道长尚在北京，我只好另外择时再访桐柏宫。此前之年，我参加省文史研究馆的一个活动，造访过新建成的桐柏宫，也有幸见到了张高澄道长。但见他气宇昂轩，举止文雅，我即送上拙作《浙江古寺寻迹》，请他指教。我还对张道长说，准备写一本浙江道教和"洞天福地"方面的书，到时再向他求教。当天，郑为一先生给我们作关于桐柏宫的介绍。郑为一先生崇尚传统文化，从天台县人大常委会副主任岗位退休后，自2012年以来一直长住桐柏宫，发起成立道教南宗研究所，开展道教南宗的研究，筹备召开过专题学术会议。还创办《道教南宗》刊物，编著并出版了《道教南宗祖庭桐柏宫》一书，为弘扬桐柏宫文化做出很大贡献。

桐柏宫方丈张高澄道长，生于1952年，大学毕业后分配到浙江大学任教，1986年又赴美国深造，获博士学位，后在美国创业有成。他虽为从事自然科学的专家，但热心道教气功养身，1982年在浙大任教时，曾专程到天台山桐柏宫寻师问道，礼拜桐柏宫住持谢希纯为师，从此成为道教龙门派第二十七代传人。2020年中国道教协会第十次全国代表会议上，他再次当选中国道教协会副会长。他还创办了"桐柏宫美洲下院"，让宗风远播海外。1999年12月，时任桐柏宫住持叶高行道长赴美国布道，与其师弟"桐柏宫美洲下院"的住持张高澄一同筹划重建桐柏宫，成立了"天台山桐柏宫基金会"。然此事才刚刚起步，不料叶高行道长因操劳过度溘然长逝。全仗张高澄道长努力，终于克服种种困难，护送叶高行道长灵柩回国。

改革开放以后，当地政府为弘扬传承文化，再续桐柏宫道教南宗法脉，邀请张高澄道长来主持桐柏宫事务。2000年5月，天台县领导班子召开专题会议，听取、审议并一致通过了新任桐柏宫住持张高澄提出的重建桐柏宫选址及建筑方案。后得到省市民宗主管部门的同意，也得到了当地政府、社会各界的支持，当地企业家、社会乡贤纷纷捐资助建。2003年桐柏宫筹建委员会成立，并开始工作。2007年桐柏宫重建工作拉开帷幕，首座建筑紫阳殿奠基。此后，玉皇殿、三清殿、灵官殿相继开工。2012年，主殿紫阳殿和玉皇殿、灵官殿同时落成，届时还举办了首届中国道教南宗文化周活动，道教南宗研究所亦正式挂牌成立。2013年10月，三清殿落成，至此桐柏宫主殿区初具规模。2014年12月，由桐柏宫承办的"浙江道教学院"挂牌并开学。重建的桐柏宫坐落在方瀛山麓，背靠方瀛山，三面群山相拥，一面临金庭湖（即桐柏水库），青水环抱，碧水相映，实为一风水宝地。

驱车沿湖绕行数里，不久便来到桐柏宫的主宫殿区。首先看到的是桐柏宫山门，是一座巨大的由条石构成的石牌坊门。门额上刻"桐柏宫"三个镏金大字，背面为"灵宝仙界"，意为桐柏宫是南宗祖庭，也是灵宝祖师葛玄道场。题字皆由张高澄道长手书。山门前还有一对石狮子，威武雄立。过山门后，主殿区的第一座殿便是灵官殿，有"敕建崇道观"匾额，系清雍正九年（1731）修宫钦赐之物。灵官殿内供奉王灵官和马、赵、温、岳四大护法神像。王灵官像的后面，面对紫阳殿的是天台山主神桐柏真人王乔神像。灵官殿东侧为土地祠，东西两端建有钟楼、鼓楼。在世外桃源般的方瀛山麓、金庭湖畔，悠扬的晨钟暮鼓声，相伴桐柏宫朝朝暮暮。

穿过灵官殿继续前行，便见一座高大雄伟的桐柏宫主殿——紫阳殿。殿里供奉道教南宗鼻祖紫阳真人张伯端和石泰、薛道光、陈楠、白玉蟾南宗五祖。紫阳真人神像高5.55米，据介绍是用直径2.76米、重25.95吨重的千年花梨木整体雕成。紫阳真人神像右手捧着以人体"精气神"炼成的内丹，左手握着《悟真篇》，以开示人们体悟大道，升华生命。

紫阳殿前为广阔的紫阳广场，可供千人法会。广场中有一大铜鼎，上有精美的八

▲ 天台山桐柏宫主殿"紫阳殿"（摄于2019年12月）

仙法器浮雕。东侧有清雍正皇帝御书圣旨碑，西侧为今重建桐柏宫的显彰碑。圣旨碑上碑文系雍正皇帝御笔。20世纪60年代末，曾被村民破成条石作槛，此番重建桐柏宫时，当地村民得知此石碑是宝，便收集残石送回宫中。现已经修复重立为雍正皇帝御碑，实为一件幸事。

出紫阳殿，沿石阶向上，便是玉皇殿，乃是桐柏宫三大主殿之一。玉皇殿内供奉玉皇大帝，两侧供奉着张、葛、许、萨四大天师。出玉皇殿，再拾级而上，是三清殿。这是桐柏宫中轴线上位置最高的一座神殿，居高临下，气势恢宏。大殿内供奉玉清、上清、太清神像。三清殿后面还有藏经阁，其东侧为方丈楼。桐柏宫中轴线两侧还有财神殿、药王殿、慈航殿、元辰殿、吕祖殿、救苦殿等。

桐柏宫地势最高处，耸立着青华塔，塔高68米（含重8吨、高10米的黄铜贴金塔尖），塔为四面七级，底层边长20米的基座（地宫），总建筑面积达8000平方米。塔顶装有直径30厘米的硕大夜明球，在夜幕下的群山中光芒四射。

桐柏宫的建筑依宋代建筑法式而造，契合张伯端的时代风格。我一路所经之处，宫观庄严，令人生敬。传承桐柏宫1800年历史文化，再现包含大小28座殿堂楼阁的南宗祖庭。如此规模宏大、殿宇精美的新桐柏宫的建成，是在党的宗教政策指导下，在当地政府有关部门和社会人士大力支持下的一件道教盛事，而作为提出规划设想，并主持组织实施此宏大工程的张高澄道长功不可没。

2023年7月14日，我一早从杭州出发，乘坐高铁再次来到天台桐柏宫，专程拜访张高澄道长。天台县交通运输局局长夏积钢为我提供了帮助，戴以选副局长和原工程师夏祖照先生与我一同上天台山。在桐柏宫鸣鹤观茶室里，我们见到了张高澄道长。他热情接待了我们，并作了交谈。我还奉上《道教南宗祖庭桐柏宫》一文初稿，请他审阅。

交谈中，我对他当年毅然回国，率众重建桐柏宫，历经十余年，终于圆满完成此壮举，令千年古观重辉，感到钦佩。他笑着说，要感谢党的宗教政策，感谢地方政府部门、社会各界给予的支持和道众们的共同努力。同时，他认为，一件事要做，一定要做到底，决不能半途而废。

交谈中我感觉到，张道长对道教人才的培养十分重视和关心，他认为振兴道教，人才是关键。与桐柏宫相邻的浙江道教学院，经国家民宗局和中国道教协会批准，创办于2013年，是一所集教育、培训、研究、交流为一体的培养道教人才的高等院校。现在学院每年招生60人，共有4个年级240名在校学员，张高澄道长任院长。他正在为培养道教人才而努力。张道长还谈到，道教是中国传统文化的一部分，要树立文化自信，用科学的眼光去看道教哲学思想、道教医学、道教养生学等，把它与封建迷信区分开来。道

▲ 2023年7月14日，张高澄道长（左）与作者在天台山桐柏宫鸣鹤观内留影

教的根在中国，今后，还应走出国门，弘扬、传播中国优秀传统文化。

正是烈日炎炎的高温季节，我们边饮茶、边愉快地交谈。其间，我们感受到张道长传递着满满的正能量，和他对坚持弘扬道教的坚定信心。

五

张高澄道长为传承桐柏宫的历史文化，还做了另一件大事，就是建藏经阁，并以数字化的方式，最大限度收藏古今各种版本的《道藏》，以及其他道教著作和图文音像资料。旨在打造一个道教界内容最丰富的数据中心，为道教的复兴提供文化支持。

桐柏宫是历代编纂道藏的一个重要源头。天台山自1800多年前东汉葛玄来此隐修炼丹开始，高道辈出。他们在修道的同时，注重著书立说，如葛洪著《抱朴子》、陶弘景著有《真诰》、司马承祯著《坐忘论》等。加之所搜集的道书，至唐末已达700余卷，皆藏于天台山中。

唐开元初年，唐玄宗下诏搜罗天下道教经书，编纂道经总集，称《三洞琼纲》，即《开元道藏》。开元九年（721）司马承祯奉诏进京时，便将桐柏所藏道经运至京城。《三洞琼纲》共收全国道经达3744卷，其中便有天台桐柏道藏300余卷。

唐末，至天台山隐修著述的高道很多，如田虚应、冯惟良、吴善经、应夷节、刘处静、左元泽、间丘方远、陈寡言、徐灵府、叶藏质等，著述有《三洞要略》《天台山记》等达400余卷。其中道士叶藏质为保护道书免遭火灾，将桐柏道经移于玉霄峰石窟中保存，后称"玉霄藏"，共700余卷。五代至北宋，又有众多高道至天台桐柏宫隐修著述，其中，杜光庭尤勤于著述，有《道教灵验记》《洞天福地岳渎名山记》等，他入川前所撰著作皆藏于天台玉霄宫。

据陈国符著《道藏源流考》和夏竦《重建道藏经记》记述，天台《道藏》建立的时间应在五代吴越国王钱弘俶时："吴越忠懿王得，为道士朱霄［朱］外新之，筑室于上清阁西北，藏金录字经二百函，勤其事也。"《嘉定赤城志》亦载："梁开平中改观为宫，有钱忠懿王所赐金银字经二百函及铜三清像。周广顺二年，朱霄外建藏殿。国朝大中祥符元年，改今额。"可见梁开平中，桐柏宫有了钱弘俶所赐的藏经"二百函"，收藏于桐柏宫上清阁西北的藏经室。以一函为5卷计，"二百函"应有近千卷。加之天台桐柏宫自己的藏经，天台道藏的总量应有2000卷左右。天台山桐柏宫道藏内容丰富，为后来《大宋天宫道藏》的形成，提供了重要的文献。从陈国符《道藏源流考序》和张君房在《云笈七签序》记载可知，《大宋天宫宝藏》收录的天台山桐柏道藏著述达千余卷。

可惜，桐柏宫的道藏皆毁于明初的一场大火。好在大都已收在历史上编成的《大宋天宫宝藏》等藏经内而流传。如今，张高澄道长发心，并以现代数字化方式，完成收藏各种版本《道藏》之宏举，是对道教传统文化所做重大贡献，故嘉之记之。

道教胜地天台山

天台县属浙东丘陵山区，主干天台山脉由大盘山东峰发脉，延伸入县境西，渐向东北延展，形成四面环山，中部较为平坦的地势。天台山峰峦叠嶂，山光水色相映，景色秀美。唐徐灵府《天台山记》云："山有八重，四面如一。当牛斗之分，以其上应台宿，光辅紫宸，故名天台。亦称桐柏、栖山。"天台历史悠久，三国东吴黄武元年至黄龙三年之间（222—231），始置县，名始平。据台州市文化研究中心主任、副研究员周琦先生《天台建县考》（发表在《天台山文化研究30年论文选编·第一卷》）称："始平建置时间，应为建安元年（196）九、十月份左右。"此说与宋《嘉定赤城志》所记"本汉始平县"，是相符的。晋太康元年（280）改名始丰，属临海郡。唐肃宗上元二年（761），改名唐兴。五代梁开平二年（908），改名天台，后改台兴。宋太祖建隆元年（960），复改名为天台，沿用至今。

一

天台风景优美，名人辈出，还被称为"佛宗道源"。天台是佛教天台宗的发祥地。天台宗的实际创始人智𫖮（538—598）传承和发展了龙树及慧文、慧思的学说，为创立天台宗做出了重要贡献。智𫖮长期禅修于天台山，故人称"天台大师"，又因杨广曾赐号"智者"，亦称智者大师。天台国清寺为天台宗的祖庭，后天台宗传入韩国、日本，天台国清寺也成了韩国、日本天台宗的祖庭。有关天台山佛教的古寺、高僧等，可参见我在2018年由浙江古籍出版社出版的《浙江古寺寻迹》一书中的记述。

天台山也是道教一大圣地。在道教十大洞天、三十六小洞天和七十二福地中，天台山有第六大洞天赤城山洞天，有七十二福地中第十四福地灵墟、第六十福地司马悔山。天台山桐柏宫乃是道教南宗祖庭。历史上涌现出一大批著名的道教人士，其中有不少都来到天台山，如东吴时期的葛玄，南朝的陶弘景，唐代的司马承祯、杜光庭，宋代的张伯端、白玉蟾，元代的陈致虚、李道纯等。

为撰写《浙江道迹洞天》，我数次寻访天台山，现将所见所闻并参阅典籍文献，择要记之。

二

2021年4月25日，我从杭州出发去天台。台州市交通运输局局长陆善福为我考察提供了帮助，市局调研员、公路局原局长马德胜陪同我到天台赤城山洞、司马悔山和灵墟等地作实地寻访考察。天台县交通运输局局长袁相伟、副局长陈海威、老工程师夏祖照也参与了寻访活动。

天台赤城山，在《嘉定赤城志》载："赤城山，在县北六里。一名烧山，又名消山，石皆霞色，望之如雉堞，因以为名。孙绰《赋》所谓'赤城霞起以建标'是也。"还云："西有玉京洞，北有金钱池，绝顶有浮屠七级，梁岳阳王妃所建。"唐李白《梦游天姥吟留别》诗曰："天姥连天向天横，势拔五岳掩赤城。"孟浩然《舟中晚望》曰："问我今何去，天台访石桥。坐看霞色晚，疑是赤城标。"

我们来到赤城山下，抬头望去，果见山体巍峨挺拔，葱茏的林木间，显露出大片赤褐色的岩体。赤城山有18个天然洞穴石窟，下有紫云洞，中有济公院，上有玉京洞。山顶还有梁妃塔，塔高35.3米。梁妃塔与国清寺隋塔遥遥相对，成为佳景。

我们拾级登阶，几回转折，首先到达紫云洞。东晋兴宁年间，高僧昙猷云游至此，据洞筑庵造寺修行，号中岩寺，后改名为崇善寺。紫云洞高10米，深17米，宽30米，洞口题额"赤城霞"三字尚存，每字的高、宽皆达80厘米，乃是明代万历年间的遗墨。紫云洞正中供奉阿弥陀佛，身前是释迦牟尼玉佛，殿后供奉地藏王菩萨和千手观音。

我等继续上行，不久便来到济公东院。济公院分为东院和西院。济公西院由天台籍院士齐康教授设计，主院形似僧帽，后院酷似僧鞋，前门则以袈裟，是一组融济公形象与精神于一体的建筑群。济公，法号道济，是南宋高僧。道济以"颠行"示世，其实此仅为表象而已，"济世"才是他的本质追求。他爱憎分明，惩恶扬善，救人解困，又行迹莫测，在当时深得百姓喜爱和敬仰，尊称其为"济公活佛"。济公东院门口高悬着"济公东院"匾额，两旁楹联为："活佛神奇传世代；赤城灵秀甲东南。"济公东院内有济公堂，依山而筑，中奉济公像，其后的白云洞内，陈列着济公百态，总面积达1704平方米。

因我等连续登阶上山，攀登过数百级台阶才到达济公东院，呼吸已有点急促，因而大家放慢节奏，在院内一边缓步行走观看，一边听导游小姜介绍。待参观毕，再继续向上攀登，前往玉京洞。

玉京洞称上岩，是赤城山高岩上的一洞，楼宇依洞而建。玉京洞四周松柏耸生，古朴宁静，洞内冬暖夏凉，确是一处修道养性的好地方。唐杜光庭《洞天福地岳渎名山记》中载："赤城洞上清玉平天，广八百里，王君所理，在台州唐兴县。"玉京洞历史悠久，汉茅盈，三国吴赤乌初葛玄，晋葛洪、魏夫人等高真曾在此炼丹修道。洞内有古井、古树和岩笋。宋政和八年（1118），敕建玉京观。唐宋以来，帝王屡屡遣使在玉京洞投金龙玉简。宋代洪适有诗曰："飙轮曾此宅灵仙，洞府今称第六天。规往不辞萝蔓险，回看云物起琼田。"明代杨维桢，浙江诸暨人，元天历三年（1329）署天台尹，有《玉京山》诗曰："上界繇来足府官，玉京移得在人间。赤城飞动霞当户，银汉下垂星满坛。响石忽闻人语答，凤笙时逐鹤声还。宰官喜在神仙窟，何必更寻勾漏丹。"

玉京洞隐于丹崖之下，洞高10余米，宽20余米，深7米。洞内构建三开间楼房，大殿正中供奉三清神像，玉京洞大门上挂"第六洞天"额，两侧楹联书："山中习静观朝槿；松下清斋折露葵。"据说当年蔡元培到此，曾手书一联："山中习静观朝槿；竹下无言对紫茶。"其旁立着一通石碑，上面有"天下第六洞天玉京洞古今"的文字介绍。

我等步入玉京洞，但见此洞虽比紫云洞略小，却十分精致，岩下的玉京观虽非当年旧物，却古貌古色。古洞依旧，令人欣慰。我抬头仰望，玉京洞上方的赤岩叠层，几千年风雨过后，更显古朴沧桑。裸露赤岩的上方，绿树丛生，似在为赤岩、古观挡风遮雨，年复一年。院内古井尚在，上覆以一井盖，将其移开后，见井水清澈。紧挨庭园围墙外的古柏高耸挺立，树干粗大，远高过玉京观的屋顶。

玉京观几及山顶，人站在庭院坪地上远眺，眼底山峦起伏，苍翠欲滴，一派胜景。怪不得当年葛玄择此地修道，后渐成为道教第六大洞天。玉京洞西面百步处有一口金

▲ 考察天台玉京洞留影，左起：姜玲君、马德胜、作者、夏祖照、陈海威

道教胜地天台山 | 047

钱池，占地约半亩，相传晋朝昙兰法师在此诵经时，有神献金钱，昙兰将钱弃于此池中，故名"金钱池"。金钱池水终年不涸，留下了不少传说。

从玉京洞再往上，赤城山的山顶上有一赤城塔，始建于南朝梁大同四年（538），乃是为梁岳阳王妃所建，故称"王妃塔"，塔高二十丈，分七级，是天台最古老的建筑物，五代周显德七年（960）重修，最近一次整修时间是1978年。

三

天台山不愧是道教名山，除了第六大洞天外，还有两处福地，司马悔山和灵墟。

司马悔山，在天台县西北白鹤镇天宫村。宋张君房编《云笈七签》，在"七十二福地"内记："第六十司马悔山，在台州天台山北，是李明仙人所治处。"宋《嘉定赤城志》第二十一卷亦记："司马悔山，在县北一十三里天台山后。盖第十六（注：应为六十）福地，仙人李明治之。"相传唐司马承祯应皇帝之召入京，其中有一次至此地曾悔而下马返回，故称"司马悔山"，东数里有司马悔桥。我在新昌县班竹古村，也见过一司马悔桥，桥旁还立牌记司马承祯和司马悔桥之事，其记载出自南宋《嘉泰会稽志》。

据史料记载，司马承祯在天台山炼丹修道达40年，期间曾4次受到皇帝召见。第一次是武周圣历二年（699），武则天闻其名，召至京都，亲降手敕，赞美他的道行高操。第二次唐景云二年（711），唐睿宗又令其兄司马承祎到天台山，将他召入宫中，然不久司马承祯固辞还山，睿宗仍赐宝琴及霞纹帔。第三次唐开元九年（721），唐玄宗遣使者迎他入京，得其亲授法箓。开元十年（722）承祯又请辞还天台山，玄宗作《王屋山送司马道士归天台》诗遣之，曰："紫府求贤士，清溪祖逸人。江湖与城阙，异迹且殊伦。间有幽栖者，居然厌俗尘。林泉先得性，芝桂欲调神。地道逾稽岭，天台接海滨。音徽从此间，万古一芳春。"第四次唐开元十五年（727），唐玄宗又召司马承祯入宫，并令司马承祯就近在河南王屋山自选形胜，置坛宫以居。时司马承祯年事已高，此后他再也没有离开过王屋山，后羽化于王屋山，时年八十九。玄宗深为惋惜，赠光禄大夫，诏谥"贞一先生"，并亲自撰写碑文。

司马承祯曾居桐柏宫等处。有《天隐子》《坐忘论》等多著作传世。下传薛季昌，薛传田虚应，田传冯惟良，冯传应夷节。司马承祯与陈子昂、卢藏用、宋之问、王适、毕构、李白、孟浩然、王维、贺知章交往甚密。宋之问曾有《送司马道士游天台》诗，曰："羽客笙歌此地违，离筵数处白云飞。蓬莱阙下长相忆，桐柏山头去不归。"宋之问还有《寄天台司马道士》诗，曰："卧来生白发，览镜忽成丝。远愧餐霞子，童颜且自持。旧游惜疏旷，微尚日磷缁。不寄西山药，何由东海期。"司马承祯亦有诗《答宋之问》，曰："时既暮兮节欲春，山林寂兮怀幽人。登奇峰兮望白云，怅缅邈兮象欲纷。白云悠悠去不返，寒风飕飕吹日晚，不见其人谁与言，归坐弹琴思逾远。"

2021年4月25日，我来到坐落在天台县白鹤镇天宫村的司马悔山。司马悔山并不高，真可谓"山不在高，有仙则名"。当年司马承祯曾四次应召进京，其中有一次途经此山时，后悔不该应召，而停留在此一段时间。加之此后又有"仙宗十友"的影响，后人将其名为"司马悔山"，并成了七十二福地的第六十福地。

司马悔山旁有一池塘，池水清澈，见有村民在池边洗涤。池岸绿树成荫，有一砖砌墙壁，其上拼镶着数块黑色大理石，上面用黄色油漆题写着司马承祯的简介，所立时间是2018年10月1日。还见到壁上写着《山居洗心》诗一首，称司马承祯屡被召入宫，亦曾悔于天宫寺，作《山居洗心》诗，以名心迹。我将《山居洗心》诗录下："不践名利道，始觉尘土腥。不味稻粱食，始觉神骨清。罗浮奔走外，日月无短明。山瘦松亦劲，鹤老飞更轻。逍遥此中客，翠发皆常生。草木多古色，鸡犬无新声。君有出俗志，不贪英雄名。傲然脱冠带，改换人间情。去矣丹霄路，向晓云冥冥。"

后我查阅《全唐诗》卷八百五十二，司马承祯名下仅有诗《答宋之问》《张氲》《醉吟三首》，并无《山居洗心》诗，而见此诗是在唐道士司马退之名下。《全唐诗》内如是记载："司马退之，开元中道士，诗一首：《洗心》"。又查，宋计有功撰《唐诗纪事》卷二十三，亦记有司马退之诗《洗心》。另外，由中国文史出版社出版、竺岳兵先生主编的《唐诗之路唐诗总集》，也写明《山居洗心》诗作者为司马退之。故此一并照实记之。

池塘的另一侧不远处，有一座荒废多年的天宫寺。据村民介绍，过去这里曾经住人，现已废。我仔细观察，天宫寺乃两进院，中轴线为天王殿、大雄宝殿、方丈楼，两边为厢房，砖木结构，瓦顶。如今已断壁残垣，几没蒿莱。五代时期高僧德韶国师（891—972），得吴越王钱俶支持，在天台山建13个道场，有天宫寺、护国寺、普光寺、宝相寺、普慈寺、慈云寺、证教寺、西定慧寺等。《国清寺志》内亦有记："德韶居台山三十七年，营建道场十三所……"天宫寺后为天宫山。据清末《天宫留典》内记："右绕金罗，左环玉带，飞凤入宅，青鱼出溪。"所记的"金罗、玉带、飞凤、青鱼"皆为其周围山形的名称。

历史上天宫寺历经废兴，宋《嘉定赤城志》内尚记，天宫院有田185亩，地65亩，山221亩。清雍正年间，在敕建国清寺时，天宫寺也得以重建。如今我们见到的残存天宫寺，应是当年重建的建筑。据介绍，20世纪40年代，抗战结束时，天宫寺僧已尽散去，后国民政府在天宫寺内设"天台县林场"。50年代，天宫与义宅两地合并为天义乡，农场迁出，乡政府办公地点即设在天宫寺。此后，此地又相继办过天宫乡中心国民小学、公牛良种场等。1958年桐柏水库开工建设，库区百姓陆续外迁。从1962年开始，相继有16户人家迁移至此，形成了天宫村，如今有村民百余人。我与村民交谈得知，他们中有的正是当年库区外迁者，尚能叙述出这段历史。

访谈间，天宫村还有两事引起我的关注。一是天宫寺址东侧，有一座胡公殿，据介绍，是20世纪90年代初由周边善信自筹资金，将胡公殿修葺一新，重塑胡公像供奉。胡公，名胡则，浙江永康人，为官清正，关心百姓疾苦。卒后，为纪念他，在金衢台乃至浙江各地皆建庙塑像以祀。胡公殿外的墙上书写着胡则的简介，以及绘有"为民除匪""奏免丁钱""设堂治理"等画图。

还有一事，天宫村原有两棵大樟树，一棵在胡公殿侧，一棵在池塘岸边，树干粗大，枝叶茂盛，树干需五六人合抱。20世纪80年代，因树遭白蚁侵蚀，村民在树洞内试点燃柴草熏杀白蚁，结果树被烧后枯死。推算树龄，应为天宫寺始建时所植，可惜现已不复存在。

近年来，浙江省委、省政府高度重视打造"唐诗之路"，2020年10月31日，在天台县召开了浙江省诗路文化带建设暨浙东唐诗之路启动大会。天宫村也十分积极，提出"弘扬台岳名山'天宫明珠'洞天福地，打造唐诗之路，建设司马悔山综合文化走廊"的设想。此番我去村里考察时，天宫村一位名叫冯传炎的村民，还给了我一份可行性研究的资料。看来，随着"浙东唐诗之路"建设的全面启动，司马悔山这一历史文化胜地必将迎来新的发展机遇。

四

宋张君房编《云笈七签》内，在记述道教第十四福地灵墟时，称："在台州唐兴县北，是白云先生隐处。"我向天台有关部门询问灵墟在何处，被告知在华顶峰的东侧。2021年4月26日，我专访灵墟，同行者有台州市交通运输局调研员、市公路局原局长马德胜、天台县交通运输局老工程师夏祖照和交通局副局长陈海威等。

灵墟山是天台华顶山下的一座小孤峰，但见遍植苍松修竹，一派生机，令人赏心悦目。我们来到灵墟山下的村里，交谈间，村民们都知道这里是第十四福地。现此地已无古迹留存，倒是同行的老夏因公路建设，长年来往于天台各地，对这里的山山水水相当熟悉。他把我们领到一处似为宫观的建筑前，唯见黄墙黛瓦，当是近年修建的新建筑，看不到往日的痕迹。也难怪，自唐司马承祯在此修道至今已历千余年，即使是同为唐代的徐灵府，在他的《天台山记》中亦是如此记载："今灵墟华顶，无复堂宇，唯余松竹。"

尽管旧迹无存，但司马承祯在此修炼的历史记载和地点尚存，这段历史的记忆并不会消失。在天台山灵墟等地，司马承祯还曾留下诸多遗迹，如曾建思真堂，兼号黄云堂。《真诰》内记："金庭有不死之乡，在桐柏之中，方圆四十里，上有黄云覆之。"故而思真堂兼号黄云堂。徐灵府在其《天台山记》中也专门叙述，称："故先生《灵墟颂》云：'堂号黄云以真气，坛名玄神，仰窥清景。东为练刑之室，吸引所居；南为凤轸之台，以吟风奏畅；西为朝神静开启祈依；北曰龙章之阁，以瞻云副墨。卑而不陋，可待风雨；怙而不丰，可全虚白。'坛前十步有大溪，发源华顶东南，流宁海界。"把黄云堂的方位、用途等描述得清清楚楚。

司马承祯隐居玉霄峰，在天台山灵墟、桐柏宫等地修炼，前后达40年，把天台道教带入了鼎盛时期。在他和后代弟子的影响下，天台桐柏宫遂成为道教金丹派南宗的祖庭。

台州府城隍庙

临海是历史文化名城，三国东吴时，析章安西部及永宁县部分境域置临海县，至今已有1800多年历史。道教洞天福地盖竹洞和台州府城隍庙均在临海市。在考察盖竹山洞前，我曾随陈仁伟、陆善福等，先来到位于临海城区的台州府城隍庙寻访。现将当时所见所闻，依次记之。

临海是台州府治所在地，故有台州府城隍庙。临海的古城始建于晋，扩建于隋唐，后历史变迁，虽部分倒塌，但城基犹存。1995年6月至1998年10月，再次修复古城墙。维修后城墙北枕北固山，南接巾子山，前临灵江，东滨东湖，逶迤曲折，十分壮观，人称"江南八达岭"。我数次到此，曾登上北固山上的八咏楼，观临海城全貌，有小诗一首以赞，诗曰：

山危北固白云楼，笑对灵江千古流。
遗迹晋唐城堞在，江南第一数台州。

台州府城隍庙在北固山东北，始建于唐武德四年（621），距今已有近1400年的历史。城隍神产生于中国古代官方和民间的城隍信仰，能被供奉为城隍神的人都是在世时为社会做过重大贡献的人。他们或有德于当世，或有功于当时，故被后人尊为一座城市的守护神。台州府城隍庙所供奉的城隍神是屈坦，屈坦是三国时期东吴大臣屈晃的儿子。据史料记载，孙权时期屈晃官至尚书仆射，他志在匡扶社稷，常忠言直谏，以忠义著称于世。时孙权欲废太子孙和，改立孙亮，晃死谏，权不纳，斥还乡，全家遂隐居于临海北固山。不久屈晃病逝，其墓就建在居所旁边。因此，民间有"先有屈家坟，后有台州城"的说法。屈坦跟随父亲来到临海后，无意仕途，奉其母终，后隐于台州修道。据《屈母庙碑》记载，屈坦曾师事王华、葛仙翁，得奇异幻化之术，后传死后化为湫水龙王，多显灵异。在台州临海的民间传说中，每当百姓们为水旱之灾侵害时，屈坦都会尽己所能，出手帮助。

唐武德四年（621），在屈氏旧宅基础上建台州府城隍庙，初奉屈坦为城隍神。《嘉定赤城志》记载："初，吴尚书屈晃妻梦与神遇，生子曰坦，有神变，能兴云雨。后与母俱隐山中。及是，以屈氏故居为州治，祀为城隍神。"历朝历代对城隍神屈坦多有敕封、褒奖，吴越王时赐号"兴圣永安王"，北宋政和中，赐额"镇安"。南宋建炎三年（1129），封显佑侯。后历代又有封赐，庙亦屡修。嘉定十五年（1222）齐守硕又重新修葺，迁正殿，增弥殿、寝殿。嘉定十六年（1223）复请诸朝，加"显应"。

千余年来，台州府城隍庙曾多次遭受火灾，并在原址重建修复。现城隍庙内的建筑有主殿，其左侧为药王殿、慈航殿，右侧为甲子殿、财神殿，还有钟楼、鼓楼等，皆是2004年在原址基础上重新修缮而成的。城隍庙内至今仍保留着一些珍贵的古物，如"长城石"是当年建筑台州府城墙所用石头的模型，"状元石"是供练武的工具，还有唐武德年间的香炉、紫阳真人炼丹取水的古井。院内还有一棵古树，斜立于一角，虽已有千余年历史，仍枝叶繁茂，生气勃发，令人惊叹不已。

为了纪念城隍神，每年农历二月初九城隍寿诞，都会在这里举行三天的大众保平安活动。农历三月初三，则会举行一次庙会活动，场面很大，热闹非凡。

▲ 台州城隍庙内，住持赵嗣一道长（左）与常济中道长在一起

2020年12月3日，我们来到城隍山下，城隍山是北固山的一段，位于北固山中段，因建有州城隍庙而名。从城隍山下往上，有一段向高处延展的台阶，我们便一步步向上攀登。待我们登上平台，刚站定，便见到了城隍庙的主持赵嗣一道长。相互施礼后，我们便一同来到客堂就座，边饮茶，边与赵嗣一道长叙话，从中了解台州城隍庙的概况。赵嗣一道长是2008年应临海当地礼请，入驻台州府城隍庙的。此后，他团结带领道众传承祖师法脉，以戒为师，带领道众自身修持，塑造了风清气正的宗教团体形象。交谈间，我还得知，2013年时，经中共河南省委统战部、省民宗委推荐，济源市政府邀请，赵嗣一道长携七名弟子从台州府城隍庙去往济源，入驻道教第一大洞天王屋山阳台宫。此后，他每年便常往来于临海、济源两地间。

洞天福地盖竹山

一

浙江台州临海市汛桥镇的盖竹山，竹旺林密，巉岩危峙，是道教三十六小洞天中的第十九小洞天和七十二福地中的第二福地盖竹洞之所在。唐代名道杜光庭《洞天福地岳渎名山记》内记："盖竹山，长耀宝光之天，八十里，在台州黄岩县（今临海），葛仙翁所居。"葛仙翁，指三国时的方士葛玄，相传他曾来此炼丹。宋张君房《云笈七签》二十七卷"洞天福地部"内亦记，盖竹山为三十六小洞天之第十九福地。不过，《云笈七签》内还记，七十二福地"第二盖竹山在衢州仙都县，真人施存治之"。而衢州并没有盖竹山，也没有仙都县。《方舆胜览》亦载："盖竹山在临海县。中有洞，名长耀宝光之天。"孔令宏等著的《浙江道教史》内亦载七十二福地第二盖竹山，在台州临海，真人施存治之。

2020年12月3日，为寻访盖竹洞天福地，我来到了位于临海市汛桥镇的盖竹山。同行者有台州市民宗局局长陈仁伟、台州市交通运输局局长陆善福。说来也巧，陆善福先生毕业后参加工作的第一站便是临海汛桥镇，成了当时镇里最年轻的干部。我们同车前往，他一路上给我介绍了当年在汛桥工作的往事。车沿着山道前往，在经过一处水库除险加固工地时，车缓行颠簸而过。到达下路坑村时，见汛桥镇党委书记郑海敏、镇长孙帅等人已在此等候，我们便下车一同徒步山行。路上，但见修竹密布，轻风掠过，翠竹摇曳，沙沙作响。正是如此修竹如盖，故名盖竹山。一路上，见到诸多指示牌，有卧龙埠、礼斗坛（狮子岩最佳观赏处）、栖真观旧址、仙翁茶园等。

约莫走了半个小时，我们望见高高的山峰下，有一片建筑物，据介绍，这里正是盖竹洞天。我不禁抬头凝望，盖竹山双峰对峙，左如腾龙，右如奔狮。奔狮峰下有一石洞，如张开的狮口，即盖竹洞，当地又称杨呑洞。这便是我欲寻迹的道教第十九小洞天，名"长耀宝光洞天"。道观为两层楼，依洞而建，洞后崖壁处终年滴水不止，故称"圣狮灵涎"。千百年来，盖竹洞天的道观屡毁屡建，如今仅存石井、石床、石室、石砚、石碑等古迹。现道观大殿是1997年重新修建的，两层建筑。道观前的石门梁上有"宝光洞"字样，门两侧的石柱刻着一副联："山峰叠叠仙界景；盖竹高高千古基"。门旁右侧的窟壁上镶嵌着一块"龙门真宗第二十三代传人徐宗达监院事迹"碑，是2008年6月临海市道教协会立。从碑文可知，徐宗达，1926年出生于浙江黄岩金清勤劳村的渔家。自

▲ 考察临海盖竹山，在盖竹洞天前留影，左起：孙帅、郑海敏、陆善福、作者、袁法轩道长；后排左起：陈仁伟、陈强、陈利民、黄林福

幼聪慧，诚笃忠信。1975年，师从临海岭西堂程理能道长，精严持戒，潜修道行。历十年苦修，心怀妙道，身俱玄德。1984年任道教第十九洞天盖竹山的监院，广结善缘，数载后，令一无所有的盖竹洞天面貌焕然一新，道观初具规模。不料1993年一场大火，焚尽盖竹洞宫观之所有。徐道长虽已年届七十，仍呕心沥血，重新修复道场。由于得信众的资助，至1997年盖竹山道观再次修建完善，焕发生机。2002年，徐道长被聘为临海市道教协会名誉会长。2007年羽化。2009年，赵嗣一道长带领弟子王法钰等道长主持盖竹洞。

我们在盖竹山洞所见之道观，大殿部分正是当年徐宗达道长所建，其余部分则为赵嗣一道长等人来后重新修建。2006年12月，临海市人民政府公布盖竹洞为临海市文物保护单位。盖竹山洞背靠悬崖，前临深涧，我站在盖竹洞天前外挑的平台上，足下乃是悬崖峭壁，令人心悸目眩，但见峭壁下的溪涧从山谷深处流过，如一条银色白练

萦绕。远处群山起伏，一片苍翠。真是又奇又险的美景呀！

现任盖竹洞知客袁法轩道长，10年前来到盖竹山，他接待了我们并作介绍。返杭后，我收到了袁道长发来的微信，有洞内尚存的清朝所立的《盖竹洞碑记》的照片和有关介绍。《盖竹洞碑记》的上端虽然破损一大块，且字迹已模糊，但因是清朝乾隆年间撰写、道光年间重立的碑记，故而文物价值很高，当有助于盖竹山洞天福地的考证和研究。

道教盖竹洞天的历史可追溯到东汉，《盖竹洞碑记》内记载："旧传东汉时，有陈仲林与许道居、尹林子、赵叔道三人居山得道。吴葛孝先尝营精舍，至今有仙翁茶园，及礼斗坛故址。"此后，吴葛玄，东晋葛洪、许迈都曾来到盖竹山。宋《嘉定赤城志》中载：

盖竹山，在县南三十里。按《舆地志》："一名竹叶山，中有洞，名长耀宝光之天。周回八十里。"《洞渊集》所谓"第十九洞天"也。……《道藏洞天记》及《名山记》皆云："盖竹福地，观坛各一所，有竹如盖，故以为名。"《抱朴子》云"此山可合神丹，有仙翁茶园"，旧传葛玄植茗于此。又有礼斗坛、石窗、石几、石床、石臼、石砚。《尘外记》云："中有石井，桥北小道直入，有杉六丛，左右有石室，晋许迈尝居之。旧传汉末有陈仲林等四人入此山得道，真灵区也。"

盖竹山上有栖真观。宋《嘉定赤城志》卷三十内还记载："栖真观，在县南三十里。旧名盖竹，盖许迈故居，晋时建。旧在山外，有石室、登霞台、葛玄礼斗坛、卧龙埠，隋大业中废。国朝政和八年重建，宣和元年改今额，淳熙八年唐守仲友徙今地。"宣和元年（1119）始有"栖真"额，乃是宋徽宗赵佶所赐。据《嘉定赤城志》记载中说的栖真观"旧在山外"和《名山记》云"盖竹福地，观坛各一所"，可见栖真观应在盖竹山洞之外的另一处地方。

历经千余年沧桑，如今盖竹山上除盖竹洞还留下一些旧时遗存外，当年葛玄植茶之处和礼斗坛、卧龙埠、许迈故居栖真观等，早已无存。唯余盖竹山上2014年9月台州市人民政府立的"江南茶祖葛玄最早植茶地——仙翁茶园"，以及当地立的礼斗坛（狮子岩最佳观赏点）、卧龙埠、栖真观旧址的指示牌。如要揭开盖竹山道教十九洞天和第二福地的神秘面纱，还有待深入考察、挖掘，方能显现于天下。

二

据史料记载和袁道长提供的资料显示,第十九洞天盖竹山洞,历代的仙真高士众多,如汉代陈仲林、许道居、尹林子、赵叔道,吴时的葛玄,晋代的葛洪、许迈、羽士马兆云、陈光宗。清以来有袁阳月、蒋复乾、李本华、戴本源、马合明、徐合松、安教辉、郑教林、谢教赋、张教培等。

为让人们对盖竹洞的历史文化有所了解,现录下《盖竹洞碑记》和相关诗篇。

清乾隆三十一年(1766),天台齐召南撰,牟正鹄书并跋的《盖竹洞碑记》,碑额为"盖竹山长耀宝光道院记"。全文如下:

台郡城南三十里,有盖竹山,土人呼为竹叶。有洞幽深,呼为仙人。自天门峰高插霄汉,十数里层峦叠嶂,蜿蜒翔舞,回旋起伏,钟秀于是。中岑当深山之奥,迥隔尘寰,水口罗列群峰,所谓香炉作案者,高与天门颉颃;所谓丹凤楼者,其前岗峭壁绣绮;所谓石室、石井、石臼、石几、石床、石砚者,形似俨然,在洞左右前后,是道书称第十九长耀宝光洞天,古商邱子所治。旧传东汉时,有陈仲林与许道居、尹林子、赵叔道三人居山得道,吴葛孝先尝营精舍,至今有仙翁茶园,及礼斗坛故址。是以《抱朴子》言此地可合神丹,《名山记》言福地观坛各一所,有竹如盖,故以为名也。余忆数十年前,尝欲偕郡城士友往游,或云空山奇秀,半属野田荒草,惜久无黄冠栖止,可待游人。每登巾帻,南望隔江,朗诵宋州守唐公与政、明鸿胪王公太初歌诗二篇,低徊神往。今年春,全真道士袁阳月请余记其略,余虽病久,足不能逾户限,手不能操笔墨,以生平所慨未游之名山近在同郡,忽闻有创置屋舍,率徒修炼,俾洞天胜景,千古常新,其有不心旷神怡,若身游其地乎哉!语曰"地灵人杰",名山之名,大半以仙也,而仙之得以为仙,实大半以山。全真能远寻古仙遗迹,则可谓人杰而地愈灵矣。"长耀宝光",道书已先识之。遂口授其辞,勒石经传久远。时大清乾隆三十有一年丙戌天中节,予告资政大夫礼部侍郎加一级天台息园齐召南撰。

乙未春,余自雁荡适天台,过盖竹洞,见其山水之灵秀,岩谷之清幽。遂栖止焉。羽士安教辉、郑教林告余曰:洞有宗伯齐公记,藏之七十年矣。历代师祖父蒋复乾、李本华、戴本原、马合明、徐合松,既皆未暇及此,衲等与师弟兄谢教赋、张教培更为有志非逮。时同游友蒋生太和者,默识是篇,不遗只字,亦佳士也。余曰:作记七十年未及泐石，恨事也。息园先生慨未游其地，而余息影于兹逾月，快事也。以快事释恨事，爰购石召工以镌之，庶山之名、公之文同垂不朽云。道光十五年中和节，后学戊子科举人黄岩朴臣年正鹄敬跋并书。

摘录诗篇如下：

之一，南宋淳熙八年（1181），台州郡守唐仲友游此，有《游盖竹山》诗曰（节录）：

桐花远近淡无色，自开自落那关愁。
洞天为我暂晴色，使我蜡屐穷冥搜。
天门发秀万马下，水口离立群峰稠。
瀑泉对面泻绝壁，宝剑却倚丹凤楼。
溪声喷薄雷震动，石色古怪神剜镂。
洞门谽谺风飕飕，香炉峰下蛟龙湫。
中岑特秀小为贵，左右旌节森戈矛。
几年秘奥一日睹，谈笑指示君知不。

之二，元李孝光《萧台八景·盖竹洞天》诗曰：

蝙蝠翻云似白鸦，石林玉气乱晴霞。
山中鸡犬应相笑，溪上红桃几树花。

李孝光（1285—1350），字孝和，号五峰，后代学者称其"李五峰"，温州乐清人，元代文学家、诗人、学者，曾游南北山川名胜，写下了不少诗篇。与当时文坛名流如萨都剌、张雨、杨维桢、顾瑛等来往甚密，相互唱和。

之三，明代王士性所作的《盖竹歌》诗曰：

君不见，宇内洞天三十六，玄都仙伯纷相逐。
乾坤溟涬初判时，巨灵攫取私南服。
玉京委羽不足奇，亦有盖竹台南峃。
香炉峰高玄鹤舞，天门路狭罡风吹。

> 洞天日月无终始，谁其治者商丘子。
> 忽逢大块飞劫灰，谪向人间作仙史。
> 乞得天孙云锦章，来时挟之下大荒。
> 宝光不减俗缘浅，一入长安鬓已苍。
> 黄金台下春风改，沧桑几变仙长在。
> 五斗何烦役世尘，扁舟却自还东海。
> 乡里小儿夸锦衣，谁为我贵知者稀。
> 胡麻可饭水可饮，白云洞里迟君归。
> 我闻此洞多素书，葛洪谓是神仙居。
> 他年若返云中驾，七夕相招幸待余。

王士性（1547—1598），字恒叔，号太初，临海人，人文地理学家。少年好学，喜游历。明万历五年（1577）进士，历任礼科给事中、四川参议、广西参议、云南副宪、山东参议等。他一生游迹几及全国，凡所到之处，皆悉心考证，广为搜访地方风物，并详加记载。著作有《广志绎》《五岳游草》《广游志》等。

之四，清蒋仁《题盖竹山葛仙翁植茶园》诗曰：

> 荒园萧瑟碧云多，无复当年仙迹过。
> 只有牧童牛背坐，隔篱犹唱采茶歌。

蒋仁（1743—1795），仁和（今杭州）人，号山堂。工书法，画擅山水，篆刻以丁敬为宗，"西泠八家"之一。

寻访盖竹洞天之行，虽来去匆匆，然印象深刻，收获良多。据一路所见所闻，并查证史料，遂撰成《洞天福地盖竹山》一文以记之。

第二大洞天黄岩委羽山

道教十大洞天中，浙江有三大洞天：第二大洞天委羽山洞（黄岩）、第六大洞天赤城山洞（天台）、第十大洞天括苍山洞（仙居）。

一

第二大洞天委羽山洞，宋张君房编《云笈七签》记："周回万里，号曰大有空明之天。在台州黄岩县，去县三十里，青童君治之。"委羽山，旧名俱依山，在黄岩城南2公里处，山体南北走向，山脊呈椭圆，孤峰崔嵬兀立，山势如虎踞，如凤集，又如龟，故名翠龟山、龟兹山，亦称兔山。委羽山主峰高87米，真可谓"山不在高，有仙则名"。清同治九年（1870）胡昌贤重修的《委羽山志》内，有明万历三十年（1602）春序，内云："迹其往事，轩辕藏书，奉林控鹤，季主钓鲤，范镅赐镛，其较著者也。"

清《委羽山志》卷二记："轩辕黄帝慕道，周游四方，求解三一真气之要，遂南浮于江，登会稽，至天台受金液神丹之方，炼九鼎之丹……而付之以丹经，藏于委羽山。"周朝时，有刘奉林学道于河南嵩山，"慕俱依山乃仙圣窟宅，自有神物护持"，便徙居于委羽山炼丹，"丹成服之，遂控鹤上升，坠大翮于山椒"，故而，后人名俱依山为"委羽山"，号刘奉林为"大有真人"，后建宫观亦名为"大有宫"。汉代，有司马季主，楚人，精通黄、老、庄、《易》。先卜医于长安东市，后遍游天下名山大川，携子女来到委羽山大有宫，受师于宫中西灵子都，后皆得道。据《黄岩县志》载，相传司马季主曾在委羽山西江畔垂钓得赤鲤鱼，故名赤鲤岩，上镌刻"司马季主钓台"六字，20世纪五六十年代被毁，现仅留下遗址。故而唐杜光庭著《洞天福地岳渎名山记》"十大洞天"内记："第二委羽大有虚明天，周回万里，司马季主所理。"汉代还有青童君，不知何许人，"尝至委羽山修道"，后遍游天下名山，不知所终。晋时，葛洪曾在委羽山炼丹。

宋朝有范镅者，黄岩后范林（今路桥区马铺）人，自幼好道，后修炼于委羽山得道。

政和中，宋徽宗有疾，诸医无效，诏求天下神医，范锜应诏施医，疾随愈。徽宗赐以爵位与金钱，皆不受。帝问何求？范锜曰："愿游内府足矣。"得准许，便由内官导入，遍阅诸宝，见上真玉像及一剑一镛，则抚玩再三。后徽宗即将三物赐与，并赐其"真人"道号。范锜携三物还委羽山。从此，镛成了大有宫的镇宫之宝，镛重258斤，高66厘米，顶平，成椭圆柱状。后因宫废，镛流落民间。明洪武十二年（1379），黄岩县衙收为禁钟，藏于县库。明正统八年（1443）七月十二日，执掌县事的台州通判周旭鉴将其纳归大有宫，并刻文记之。嘉靖元年（1522），大有宫遭兵燹，镛的钮绝于火，废弃多年。至嘉靖四十四年（1565），训导潘台以铁续纽，又刻文以记，悬挂于明伦堂。清嘉庆二年（1797），镛仍迁回大有宫。现仍藏于黄岩区博物馆。

继范锜之后，南宋绍兴中有董大方居大有宫。此后有王中立于淳祐癸丑（1253）来委羽山大有宫。不久，理宗、度宗命其"随朝充高士"，主持过临安（今杭州）太乙宫，后王中立返委羽山领度牒以资营建宫观，宫成朝廷仍赐"大有宫"额。

元朝，有道人丘芷泉、严中、赵与庆居大有宫，修北宗全真龙门道法。明清时期，先后传承者有陈岳、许碏、杨来荃、陈复朴、沈永良、章本旭、张永继、吴宗法、凌圆柱等。

据金渭迪编著的《道教第二洞天资料汇集》记载，清光绪二十六年（1900）蔡理鉴出家，成了龙门律宗第二十二代传人。民国十九年（1930）蔡理鉴任大有宫监院，其间募化重修大有宫大殿，重建来鹤亭、薛萝亭、大有亭，新建登真阁、迎仙桥、山门等。民国二十二年（1933），启全真龙门登箓典礼，大有宫为兴盛一时。此后还有黄礼贯曾任大有宫主持三年。

当代大有宫继任者蒋宗瀚（1900—1979），黄岩人，自幼家贫，8岁时丧父，9岁入茅庵广福宫道观，同年在广福宫束发出家。12岁自习医学，17岁入大有宫，潜心修道行医。民国二十二年（1933），在委羽山设坛演戒，全国12省87名道徒前来聆听律法受戒。委羽山又进入了一个兴盛时期。蒋宗瀚成了道教全真龙门派第二十三代传人，民国二十四年（1935）任大有宫方丈。蒋宗瀚曾自题："愧我斯形，占于人先。道恐还全，蒙诸匠手，雕琢使然。"蒋宗瀚朝夕研读古籍医书，擅长针灸和疑难杂症的诊治。1952年，他受聘于海门信孚药店，坐堂门诊。1955年开始，蒋宗瀚参加组建海门区联合诊所，次年转为海门中医院，任副院长。后他曾在温州第一医院、省莫干山医院、浙江医科大学、省中医研究所、浙江医院任针灸医师。1960年，调入省中医研究所工作。1962年，蒋宗瀚赴京担任中国道教协会副会长，曾列席中国人民政治协商会议全国委员会议。

1962年秋,经中国道协第三届常务理事会决议,升座为北京白云观方丈。1965年,因母骨折,申请回原籍,经国家宗教局批准留职告假。经中国道协同意,1966年后返回故里方便照顾久病母亲,并在黄岩第二人民医院(海门)中医科工作。20世纪60年代,曾以"迷信分子""反动会道门头子"被关押劳动改造。1975年退休。改革开放后,他虽已年迈体弱,仍坚持为人治病。蒋宗瀚自30岁开始行医,深学中医著作,潜心钻研医道,不仅精于内科,尤擅长针灸。他悬壶济世,常对贫困患者免费开方,甚至补贴药资,有时还送上自己采集的草药等等,显现医者仁心。1979年12月17日羽化,享年80岁。

二

我早就闻知第二大洞天委羽山和大有宫,还有近在咫尺的七十二福地之第四福地东仙源。为一探究竟,2020年12月4日,我专程探访黄岩委羽山大有宫和东仙源福地。时已寒风萧瑟,但灿烂的阳光下,略显几丝暖意。陪我同访的有台州市公路与运输管理中心的主任李慧、办公室主任黄林福和黄岩区民宗局局长郑毓等。

▲ 考察黄岩委羽山,在大有宫前留影,左起:牟显明道长、黄林福、李慧、作者、郑毓、杜至福道长

千年道教圣地大有宫，人称"两晋无双地，南国第一宫"。在大有宫前我见到了主持杜至福道长，其实这是我与他第二次相见了。第一次见到杜道长，是在2019年11月初，我登杭州玉皇山考察福星观，那天杜道长正好也在福星观。我们先立在宫前细细观察，宫墙大门左右侧各写着硕大的"龙""虎"两字，宫前数棵古柏高高耸立，似在向人们诉说着古宫的历史。我上前查看挂在树干上的浙江古树名木保护牌，上记载树龄为150余年。杜至福道长把我们引入宫参观，一路上给我们作了介绍。接着，我们出宫到东仙源实地察看。据《委羽山志》记载："东仙源，在洞前百余步。"北宋张君房编的《云笈七签》卷二十七"洞天福地"部记七十二福地，"第四东仙源，在台州黄岩县，属地仙刘奉林治之"。在前往东仙源的途中，我们见到了一座"第二大洞天"二柱式石牌坊，坊额是上海著名书法家任政题写的。如今牌坊的北侧已形成一条道路，南侧仍紧挨着民房。据介绍，过去这里四周皆为农田杂地，去委羽山的路便从牌坊下通过。距牌坊不远处是东仙源。

东仙源惟留下一座东仙宫。现东仙宫四周已建有大量民宅，而东仙源早已不再。据金渭迪先生编著的《道教第二洞天资料汇集》所述，东仙宫创建年代已无考，原系资福堂，年湮屋圮。东仙宫保留至今的两只瓷香炉上，有"委羽山东仙源民国三年（1914）重建，住持王至德稽首"字样，至今尚存。在东仙宫前，我看到匾额上写着"二〇〇七年春重修东仙源"。抬头可见房梁上有书写的"庚辰二〇〇〇年吉旦"。可知东仙源近年又作了重修。

三

大有宫，千年道教圣地，位于委羽山东北麓，大有空明洞前。大有宫乃羽士修炼之所，取"大有空明之天"而名，创建的确切年代无考。有关大有宫的最早文字记载，是南朝陶弘景的《真诰》卷十四《稽神枢第四》："司马季主后入委羽山石室大有宫中……"司马季主是西汉人，生卒年月难考，但据《史记·日者列传》记载："司马季主者，楚人也，卜于长安东市。宋忠为中大夫，贾谊为博士……"贾谊去世于公元前168年。而据《委羽山志》载，司马季主是与贾谊交谈后，来到委羽山石室大有宫，那么委羽山有石室大有宫约在公元前168年左右已建立。至今有2100余年历史了。

大有宫南朝梁有萧子云题额，至宋绍兴十二年（1142），邑令李端民重修，道士董大方主之，更名为委羽道观。南宋淳熙十三年（1186），邑令郑克己又修，后圮。南宋咸淳三年（1267），道士王中立重建，诏赐旧名大有宫。景炎元年（1276）毁于寇犯。祥兴元年（1278），道士王中立欲将大有宫迁印山，得里人赵崇暇地，便于印山侧重建。后又历经兴废。清康熙十五年（1676），知县张思齐将大有宫迁回委羽山宋末故址。邑绅士后延释、岳忍、慈明等僧将印山大有宫废址改建为天皇寺。同时以委羽山观为大有宫，奉宪檄于将原天皇寺田产作为香火资，拨给委羽山大有宫。

此后历代委羽山大有宫皆有修建。今存大有宫便是修建于清嘉庆、道光、咸丰年间，建筑物占地面积1571平方米。宫内有大殿、两厢、山门、侧房等建筑52间。我此番考察时随杜道长入内所见，一进是山门，入门有大天井，左侧有一古井，井栏石呈方形，称瑞井。瑞井是宋景定三年（1262）由王珏、杜文甫、李景文、李景传所凿。王珏，临海人，宋代国子博士，曾作《瑞井记》。穿过天井前行，便是二进"九天应元府"，即雷祖殿，照壁上有"委羽仙踪"四字，为当代书法家陈文天所题，殿中供奉雷祖天王，左右列雷公、电母、雨师等神像。出雷祖殿又见一个大天井和东、西厢房。雷祖殿外壁上有硕大的"无量寿"三个大字，系樊川教师陈斗满先生书写。三进主体建筑灵霄宝殿，为大有宫主殿，单檐坡顶五开间，面宽17米，进深11.5米，抬梁式结构，石板地面。殿门悬挂着"灵霄宝殿"匾额，落款为"一九八六年"，此当是大有宫重新开放时所制。宝殿古朴，保持原状。大殿正中供奉玉皇大帝圣像，左右列金童玉女，前座供刘奉林祖师，左龛奉吕纯阳像，右龛奉邱处机像。据介绍，殿内有不少旧时留存，十分珍贵，其中玉皇、吕祖、邱祖像分别为明宣德年间、康熙年间的贴金木雕像。还有清嘉庆二十年（1815）的"月白风清"匾；光绪二十二年（1896）中营游击兼管带练军、世袭云骑尉刘贤斌等人敬赠的"其尊无对"匾和"海宇澄清""万世仙翁""玄风振动"等清、民国时期的匾额。

灵霄宝殿西，有一丹井，水深不及五尺，旱不减、涝不增，一年四季水位不变。相传，古代取此井水炼丹，宋范锜、董大方等曾用此水治疾。井水味甘醇，如今村民仍汲此井水酿酒。灵霄殿后面是三清阁，上悬"方丈"大字匾，系民国二十二年（1933）天台山刘文琦书。二楼供奉玉清、上清、太清神像。三清阁后面，便是位于委羽山下的大有空明洞，即"羽山洞"。

《委羽山志》记："《真诰》皆云：'委羽山，天下第二洞，号大有空明之天。'旧传有道士负烛一箧然入洞中，行数日，烛尽，然指继之，闻橹声而返，疑与东海相通云。"《委羽山续志》有《空明洞记》，认为委羽山以刘奉林升仙得名，则洞之名亦是此时定之。"空明者，道家之本也。夫物空则明，明则无所不通。"

洞口原有碑，刻刘奉林像，今已不存。此番我考察委羽山，随杜道长来到位于大有宫后的大有空明洞。入内见洞壁为裸岩壁，高二三米，洞内清幽，行十余米，见洞口被铁栏门封住。应是防人擅入，以保安全所设。我试着往里看，见立着一块石碑，上刻有"委羽山洞"和"此洞通东海，有缘到龙宫"字样，显见乃是今人所立。

据《委羽山志》和《委羽山续志》中记载，在委羽山洞前曾建过一座"委羽寺"，乃三国吴赤乌中建，名东源寺，因此地有七十二福地东仙源而名，岁久圮废。元延祐间，有无住禅师居之，州人皆慕师之风。元至顺二年（1331），无住重迁寺于山阳，黄溍作《重迁东源寺记》。明永乐四年（1406）毁于火灾，次年复建于旧址，明万历十年（1582）复修，现已湮没无考。至今已湮没的古迹还有大有亭，原位于大有宫前，清乾隆二十一年（1756），知县刘世宁建，汪度书额，后圮。

四

历代文人墨客纷至沓来，委羽山成了问道、探胜之佳处。同时，他们在这里也留下了大量文章、诗篇。此当是第二大洞天宝贵的历史文化记忆，千古流传，弥足珍贵。清《委羽山志》、金渭迪编著的《道教第二洞天资料汇编》里有收录众多，因篇幅所限，今摘录如下。

东晋潘端明，乐清人，官至中大夫、守尚书、右卫将军、上柱国，食邑五万户，有诗《游委羽山》，曰："借问仙游子，何年上玉京。至今称委羽，灵秀似蓬瀛。"

南朝会稽人谢灵运，曾任永嘉太守、侍中、临川内史等职，时经黄岩委羽山，作《题委羽山》诗，曰："山头方石在，洞口花自开。鹤背人不见，满地空绿苔。"

唐代著名诗人顾况，海盐人，官著作郎，有《委羽山》诗，曰："昔日乘鹤玉京游，翾遗仙洞何幽幽。我来寻觅空夷犹，烟霞万壑明清秋。何当骑麟翳风登瀛洲，倏忽能消万古愁。"

唐朝处州（今丽水市）人杜光庭有诗《题空明洞》，曰："窅然灵岫五云深，落翾标名振古今。芝术迎风香馥馥，松怪蔽日影森森。从师只拟寻司马，访道终期谒奉林。欲问空明奇胜处，地藏方石恰如金。"

南宋理学家朱熹有诗《委羽山怀古》，曰："山藏方石烂，门掩薜萝深。道像千年在，衣冠照古心。"

南宋状元、乐清人王十朋，官龙图阁学士，有《委羽山》诗，曰："龟峰软翠日开屏，羽客逍遥此闭扃。早起留云闲放鹤,夜来伴月静看经。岩前方石有多好,灶里丹砂且是灵。应有赤城鸾凤过,一声长啸入青冥。"

南宋著名江湖派诗人、黄岩人戴复古有《委羽山》诗,曰:"秋老山容瘦,云闲自去来。野人相对此,尘念倏然开。"

南宋国子博士、临海人王珏,曾开凿瑞井并作记,亦有《委羽山》诗,曰:"瑶草琪花半已空,洞门寂寂自春风。千秋只鹤无时返,安得蓬莱有路通。"

明初文人张羽,有诗《应辟辞归重游委羽山》曰:"凤阙辞归复入山,空明洞静欲烧丹。只愁白发生来易,却使黄芽变去难。晴日牵花春正暖,何人雕雪昼生寒。玉书倘得神仙授,芝馔从今岁岁餐。"

胡应麟,浙江兰溪人,字元瑞,明代万历四年(1576)举人,学问渊博,有诗《大有山房为黄上仲赋》,曰:"何来江夏客,半榻抱云眠。赋割中原地,书藏大有天。全光荧乱石,玉乳映飞泉。笑我华阳洞,群羊隔暮烟。"

清乾嘉时期代表诗人、散文家袁枚诗《黄岩阻雨停潘秀才拉游城外委羽山》:"道书第二洞,云是委羽山。及予冒雨往,其小如弹丸。朱子曾读书,地域以人传。道人献丹石,状若骰子然。铁色精且坚,足抵青琅玕。想见井公博,钗玲鸣金盘。我将携此具,招同玉女看。"

赵之谦,绍兴人,晚清艺术大师,集绘画、书法、篆刻于一身的宗师。38 岁受聘于黄岩书院时,漫游委羽山,有诗《陈子馀司马招同王子函程云九吉子振饮委羽山洞即和子振原韵》,曰(摘录):"昔我游天台,再宿石桥寺。路旁盖竹洞,视此足比志。俗士强标目,山僧惊指示。无能剔荒芜,岂合益文字。桃花方笑人,风前弄沉醉。独鹤何处飞,得无故乡思。且拾方石归,是块亦天赐。"还有,清康有为《题委羽山》诗,曰:"松竹幽幽委羽山,空明洞口我来还。玉书金简如可见,别有天地非人间。"

清应溯颖,曾列出委羽十二景:丹炉方石、琪树垂珠、洞口朝霞、大有晨钟、淇园避暑、凤竹鸣莺、仙源夜月、秋江暮帆、鲤岩晚钓、鹤亭古梅、樵居积雪、丹井占天。

五

近代以来,委羽山道教逐渐衰落。1950 年 5 月后,由于历史原因,委羽山下大有宫道士被遣散返家,宫观殿堂改为民居。20 世纪 60 年代间,大有宫前的山门,即清同治十年(1871)所建的"第二洞天"石牌坊被毁,仅剩"第""天"残额,现有两方残额尚存委羽山洞右侧。通往山门前的"迎仙桥",乃清中晚期古迹,也在"破四旧"时被毁。

改革开放以后,为落实党的宗教政策,1985年当地政府拨款整修第二大洞天。道人们把当年悄悄保存的玉皇大帝、三清真人像等一批明清神像,从藏匿在宫内天花板上取了出来,供奉于宫内各殿。1986年,"第二洞天"石坊重建。1986年1月20日,经黄岩县人民政府批准,大有宫作为道教活动场所对外开放。1987年3月24日,黄岩县道教协会在大有宫成立,选举大有宫主持陈宗绪道长为会长,协会会址设在大有宫。1986年2月,经当地政府批准,将康熙十五年(1676)重建的大有宫列为黄岩县文物保护单位,2007年6月7日又列为台州市文物保护单位。2017年1月13日,经浙江省人民政府批准,列为第七批省文物保护单位。

大有宫成为对外开放道教活动场所后,宫内的住户陆续处迁,并逐年修葺宫舍。1992年,重建了三清阁等建筑,道士也逐年增多。2018年2月27日,得到当地党委、政府和统战、民宗部门的关心、支持,第二洞天大有宫正式移交给道教教职人员管理。荒芜数十年的委羽山大有空明洞天,迎来了复兴。

近年,由于第二大洞天的悠久历史和在道教界的地位,愈加得到道教界、社会各界的重视和关注。近年来,黄岩区委、区政府遵照习近平总书记关于中国传统文化"创造性转化、创新性发展"的指示精神,十分重视委羽山道教文化的传承和挖掘。决定依托第二大洞天委羽山建设"委羽山公园",打造一处道文化主题公园。委羽山公园是黄岩城市南片的"绿心",公园南北走向,北端黄岩商业街区,两侧为沿河绿化带、文化中心,规划总用地面积1150亩(含河道)。为确保高标准、高质量规划建设,当地委托中科院院士、同济大学常青教授团队对委羽山道文化公园进行概念规划和道文化公园遗址修复,及大有宫修缮方案设计。目标是将委羽山道文化公园打造成人与自然和谐共处,并具有文化传播、休闲旅游等功能丰富、布局合理的地标式城市文化公园。

此番我考察大有宫时,听到了有关规划建设委羽山道文化公园的介绍,也查看了道文化公园的规划图,确实令人振奋。黄岩区民宗局局长郑毓还告诉我,设计团队在考察周边环境和建筑物时,惊奇地发现位于城区的黄岩孔庙轴线向南的延伸线,正对着2.8公里以外的委羽山。一般浙江地区建筑通常选择的最佳朝向为南偏东,而测绘结果发现,黄岩孔庙的轴线却是南偏西8度,这说明,当年建造孔庙时,就已将委羽山作为孔庙的对景了。如今道文化公园规划内的土地已经作规划控制,部分建筑物也将逐步拆迁。我返杭后,得知大有宫周围建筑物已开始按规划设计要求拆迁改造,委羽山道文化公园建设已然启动,可喜可贺!

千年仙居括苍洞

道教十大洞天中，浙江省台州市境内有三处，即第二大洞天黄岩委羽山洞、第六大洞天台县赤城山洞、仙居第十大洞天括苍山洞。唐杜光庭《洞天福地岳渎名山记》记述云："第十括苍洞成德隐真天，广三百里，平仲节所治，在台州乐安县。"乐安县，即今仙居县。东晋时析始丰南乡置乐安县，至今已逾1600余年。乐安县曾并入临海县、始丰县，亦曾改名为永安县。宋真宗景德四年（1007），改永安为仙居，沿袭至今，亦已逾千年。

一

括苍山脉地处浙东中南部，南接雁荡，北应天台，西邻仙都，东瞰大海。据史书记载，登之见苍海，以其色苍苍然，接海，故名括苍。括苍洞，地处括苍山米筛浪峰下，米筛浪峰高1382米，坐落在仙居县城东20公里的下各镇羊棚头村西山。括苍洞是天然岩洞，相传此处洞中有洞，有45个洞之多，故而当地人称"四十五洞"。括苍山洞的主洞深宽各为29米，洞顶高6米。洞口朝东，面对巍峨的括苍山。

《嘉定赤城志》引《宝藏名山记》云："括苍洞，周回三百里，徐真人所治。真人名来勒，尝得道上升。至东汉，为太极法师，莅职洞天，总司水旱罪福之籍。唐天宝七年，有庆云覆洞，太史奏'有真气见于台宿'。诏建洞宫，榜曰'成德隐玄'。"宝历中，道士叶藏质重修之。

唐宋时期，道教兴盛，皇帝对括苍洞十分重视，先后有六代帝王曾对括苍洞敕名赐物。北宋真宗天禧二年（1018），重新修缮括苍洞，赐名"凝真宫"，并投"金龙白璧"。北宋徽宗崇宁二年（1103），奏闻括苍洞真人徐来勒治理有成效，追封他为"灵应真人"。北宋末年，括苍洞凝真宫毁于寇乱。南宋高宗建炎元年（1127），重建"凝真宫"。南宋孝宗天禧九年（1182），赐凝真宫道士陈会真《道藏》等经卷。南宋光宗尚为储宫时，便亲书"琼章宝藏",赠括苍洞陈会真道士。南宋宁宗未登基时,就赐括苍洞以自己的手画和金铸星官像。

据《嘉定赤城志》记载,当年括苍洞管辖的有宫田1169亩、宫地1276亩、山林1858亩,合计达4303亩。在当时的寺观中,是首屈一指的。据仙居县地方志办公室原主任杨总灯先生编著的《括苍咏道》内记,凝真宫管辖范围:南边与双庙乡为界。南宋绍兴辛巳年九月(1161),凝真宫知宫立的石碑界牌至今仍屹然矗立在两乡交界山地。

元朝,道教受到打压,明清以后,括苍洞道教渐趋衰败。明朝后期,佛教融入括苍洞,一度佛道共处。明万历年间,僧侣曾在括苍洞建造僧舍。清顺治初年,禅僧在括苍洞建凝真禅院讲坛。康熙后期,括苍洞道教观宇也被用作僧居,然宫中葛玄等道教神像依然奉立。乾隆年间,住洞道士将宋代遗迹的凝真宫作过修葺刷新。同治年间,仙居县令余丽元在任三年间(1867—1870),将括苍洞的宫田拨入仙居安洲书院,以作"洞宫学租"。

20世纪60年代,洞中佛、道塑像等均被毁。1970年11月至1979年,在括苍山麓修建括苍水库,水库蓄水达850万立方米。在水库建设期间,位于水库旁的括苍洞略加整修后,成了一个天然的会堂,可供200余人开会,也是接待外来参观人员的场所。如今成了一个风景秀美的山谷镜湖,是供游客旅游观光的好去处。

在括苍洞下的山脚下,清乾隆四十六年(1781)曾重修过的凝真宫老房子至今尚在。在栋桁上写着的文字仍十分清晰:"乾隆肆拾陆年岁次辛丑孟冬中浣穀旦,中宪大夫知台州府事费符彩、文林郎知仙居县事徐延翰、儒学教谕姚日煜、训导冯华、典史刘廷梅重兴。比丘道福,从心华、心光、心静、心成。"

二

改革开放以后,当地政府为弘扬道教传统文化,致力于道教第十大洞的发掘,积极推动旅游事业和地方经济的发展。20世纪末和21世纪初,仙居有识之士意欲开发括苍洞,但未能如愿。2006年1月,年轻的闻玄真道长和他的弟子赵悟真入天台桐柏宫。2007年初,闻玄真道长来到了仙居,他考察括苍洞后,有意筹划重建括苍洞凝真宫道观,得到了仙居县领导的重视和社会各界的大力支持。

闻玄真,俗名闻世良,1962年10月出生,大学文化,祖籍浙江温州,曾居黑龙江哈尔滨市。1979年,闻玄真正式参加道教组织。2007年5月,任凝真宫住持。闻玄真的祖父闻理朴（1892—1997），于民国二十一年至民国三十一年（1932—1942），曾任天台桐柏宫崇道观方丈。闻玄真从小随祖父学道习武，经三十余载的修炼，深悟道家文化及道家拳法、医学等，也是道家丹法、武当拳的正宗传人。他曾在华中师范大学、海南大学、釜山大学等从事过武术教学工作或担任武术教练。1989年至2001年执教于解放军某部。

2007年4月3日，经仙居县民宗局批准，成立了"中国道教第十洞天凝真宫修复筹备组"。次日，经台州市民宗局批准，第十大洞天凝真宫成为"道教其它固定活动场所"。"中国道教第十洞天凝真宫修复筹备组"组长为浙江省道教协会副会长、台州市道教协会会长、温岭市道教协会会长蔡信德，闻玄真、郭金星为副组长，成员有仙居县离退休干部李成义、郑世炉、徐光彩、杨总灯、宋汝拱、张忠法等。后蔡信德道长因道务繁忙，全权委托闻玄真担当凝真宫的修复重任，行使凝真宫法定代表职权，并任修复后凝真宫的住持。

凝真宫修复工程从2007年5月动工，至2008年11月一期工程基本竣工，倚括苍洞建成了毗连的两幢道教宫观，建筑面积达2016平方米，投入资金200余万元。令十大洞天括苍洞凝真宫的道观风貌再现，受到道教界的赞誉和社会的好评。

三

2021年4月26日，我结束天台山道教"洞天福地"考察后，下午便与台州市交通运输局调研员马德胜先生一同前往仙居县。此行即为考察第十大洞天括苍山洞。当晚得与当地交通运输局局长应再琪、副局长曹焕贵等交通同仁相见，大家相谈甚欢。次日一早，我就和马德胜、曹焕贵等一同前往括苍洞。途经下各镇时，又相邀两位镇干部一同上山。车沿着上山公路行进，不多时便来到括苍洞凝真宫。凝真宫住持闻玄真道长外出未归，道观里闻道长的徒弟诚禾等几位年轻道士接待我们一行并作介绍。

新建的凝真宫气势不凡，与山体相依相衬，显得十分壮美。凝真宫为两宫观相连，一座观宇依括苍洞而建，为三层，一楼挂着"中国道教第十大洞天凝真宫""仙居·中国道教第十大洞天凝真宫管理委员会"的牌子等。与其相连的另一座观宇为四层，一楼为管理用房，二楼为"十大洞天养性院"，门侧还挂着"仙居县道教协会"牌子，其旁有两块铜牌，分别为"道教第十大洞天凝真宫"的"道医院"和"道学院"。三楼为"三星殿"，供奉福、禄、寿三尊站立的神像和一尊观音坐像。四楼为六角形的楼宇，

▲ 作者与马德胜、曹焕贵、当地镇干部等，考察第十大洞天仙居括苍山洞凝真宫

悬挂"三清殿"匾额，入内后见到供奉着上清、玉清、太清三尊坐像，金光灿灿。诚禾道士介绍到，这三尊三清像借鉴了佛教神像的色彩和镀金，色泽明亮，形象生动，是饱含创意的精心之作，很受信众的欢迎和赞赏。

我们登上楼梯，通过三层进入括苍洞，洞口上方挂着"紫气东来"四个镀金大字的匾额，但见洞体宽敞，洞内供奉葛玄等神像。括苍洞洞中有洞，诚禾道士领我等进入其侧的另一小洞，指着其中一处开挖过的土坑说，这里便是发现金龙白璧之处。2009年2月23日，凝真宫住持闻玄真道长弟子张悟至（俗名张真源）等人在清理括苍洞内土墩、渣土时，发现了金龙白璧。后送浙江省文物鉴定审核办公室鉴定，并出具鉴定意见：金龙长11厘米，高7厘米，与其他地方出土的唐宋时期金龙造型相近，制造工艺类似，具有典型的时代特征，金龙表面的出土痕迹明显；白璧为白石质，一件长22.5厘米，宽8厘米，厚1厘米，中间已断裂，另一件长12.5厘米，宽8厘米，厚1厘米，表面风化严重，可见制作年代久远。其实，"金龙白璧"也可称"金龙玉简"。我此前考察缙云仙都时，在缙云博物馆也见到过，是1997年6月在仙都金龙洞出土的金龙玉简。鉴定意见还称，根据对器物的鉴定及现场勘察，认为器物之间时代关系相符，瘗埋坎穴清晰可辨，且与《嘉定赤城志》中有关记载相吻合，因此金龙白璧应为宋代文物。《嘉定赤城志》卷二十二记：仙居括苍洞"国朝天禧二年（1018），投金龙白璧"。

此时，天淅淅沥沥下起了雨，人站在三楼外的阳台上，遥望四周群山笼罩在茫茫烟雨中，若隐若现。向右侧眺望，则可见括苍水库一角，此时水库的水光山色亦尽在朦胧之中。烟雨中，福星山括苍洞凝真宫也悄然融于其中，平添了几分静谧。

参观考察后，我们在二楼"十大洞天养性院"稍坐，听取诚禾道士的介绍，并作交流。

考察期间，我们还有幸见到了观内保存下来的一些文物古迹，如置于二楼"十大洞天养性院"的南宋镇山石一块。镇山石长50厘米，宽40厘米，石已裂为两块，上面凹刻的文字"大宋乾道五年九月十日，福星山住持行法马自善立，□□投径法箓永镇名山"。后我查杨总灯先生编撰的《括苍咏道》内亦有记此事。在宫观的墙边，立着的数块石碑，其中一块是《凝真宫新建楼居助田记》，石碑字迹虽较模糊，但能辨认出"天启丁卯菊月立"，应为明朝熹宗天启七年（1627）九月立。还有一块是清《凝真禅院仙居县凝真讲堂记》，石碑从上到下也已裂成两块，经拼合立在墙前，字迹尚清晰，上有"大清国顺治肆年（1647）小阳月吉旦"立，"钦差镇守台州等处总兵官右军都督府冯用撰"，"仙居知县尹国桢、典史周朝兴仝勒石"等字样。

四

括苍洞历史久远，文化底蕴深厚，在道教界具有较高地位和影响，特点明显。

其一，到此修真的高真众多。据史料记载，除汉代的徐来勒率先到此外，还有汉代的王远，三国时期的左慈、葛玄、蔡经，晋代的郑思远、平仲节、羊愔，唐代的叶藏质，宋代的陈会真、马自善、王崇祐等。《嘉定赤城志》内有记："王远，东海人，字方平，举孝廉，官至中散大夫。……后至括苍山与蔡经会焉。"蔡经，括苍山下各车塘人，其故居有隐真宫，建于梁天监五年（506），旧名隐玄宫。

清顺治四年立的《凝真禅院仙居县凝真讲堂碑》中记："台郡属邑仙居乡东有凝真宫，相传汉左慈暨葛洪真人修炼处耳。"从葛洪在《抱朴子内篇·金丹》中的自述得知，葛氏之道的传承起于左慈，为左慈—葛玄—郑隐—葛洪。《嘉定赤城志》内载："吴左慈，庐江人，字元放。李仲甫弟子，葛玄之师也。吴赤乌二年（239），尝与玄游括苍洞，炼九华丹，服之得道。"又记："葛玄，丹阳人，字孝先，洪之从祖。初在赤城，后入括苍、盖竹等处。"《云笈七签》卷三《灵宝略记》内亦载：葛玄"入天台山学道，精思遐彻。未周一年，感通太上，遣三圣真人下降，以《灵宝经》授之。……三真未降之前，太上又命太极真人徐来勒，为孝先作三洞法师。孝先凡所授经二十三卷，并语禀请问十卷，合三十三卷"。《灵宝经》全称为《灵宝无量度人上品妙经》，列《道藏》首篇。

此外，据凝真宫道士介绍，括苍山周遭有多处葛玄炼丹遗迹。对面山腰处还有葛园村，据传葛玄曾居此。

其二，留下的文物古迹甚多。除了我前面考察时所了解和见到的宋代金龙白璧、南宋镇山石、明《凝真宫新建楼居助田记》石碑、清《凝真禅院仙居县凝真讲堂碑记》石碑外,据杨总灯先生编撰的《括苍咏道》内所记,还有:唐小篆摩崖石刻"真源"两字,刻石平面长56厘米,宽28厘米,是2007年3月11日由闻玄真道长在括苍洞北端200多米的山坑一块大卧石下方发现的。此小篆石刻工整,笔划圆匀,乃一难得佳作。宋风火宋樟,树冠达17米,树龄在800年以上,樟树下段空心。1995年秋,树干下段空心处失过火,然至今仍蔚然常青,故人称"风火古樟"。宋代的石刻《洞宫界》石碑3块、摩崖石刻《六十四卦》2处和木制匾额"别有洞天"一块等。此木匾据说保存在山下村中,经镇政府两位工作人员联系后,因保管者不在家,我等亦无缘目睹此珍品。此外,还有当年宫观留存的清朝石雕连体脸盆、石雕长方形石槽、石雕神龛和田野文物条石拱形访仙桥等等,大件达21件(处)。这些对于研究括苍洞、凝真宫的历史文化,都是十分珍贵的实物资料。

其三,留下不少诗篇。第十大洞天括苍洞在中国道教历史上的地位很高,唐玄宗敕名为"成德隐玄之天",宋真宗赐名"凝真宫",投放金龙白璧,令括苍山道业兴盛。加之其环境幽美,吸引历代朝廷官员、社会贤达、文人墨客和信众游客纷至沓来,留下了诸多吟咏佳作。今选录如下。

之一,宋吴芾,进士,历任吏部、礼部侍郎,龙图阁直学士。游括苍洞时有《括苍洞》诗曰:

> 欲游此地已多年,今日同来亦偶然。
> 洞里真人虽羽化,苍苍旧岭自参天。

之二,宋代刘光,字袭明,绍圣二年(1095),知仙居县。建炎元年(1127)任台州郡守,后官至都督。曾游宿括苍洞,有《括苍洞》诗曰:

> 古洞藏真不记年,翠崖苍壁故依然。
> 怪来一夜清无梦,身在仙家第十天。

之三,宋代吴咏,进士,知西安县,终宣教郎,《游括苍洞》诗曰:

> 玉灵隐隐夸层空,路曲溪山一径通。

夜半弥明诗太捷，古来常曰道难穷。
桃源花涨门前水，石壁流云洞口风。
妙处苦为容笔舌，尚能收拾付胸中。

之四，宋代章凭，台州府通判，游括苍洞，作诗《凝真宫》曰：

昔人腾碧落，余地扫岩隈。
石壁云长在，松梢风自来。
暗扉通浩荡，古蔓接崔嵬。
更欲穷幽隐，仙源路已回。

之五，宋代张无梦，字灵隐，陕西人，天台山道士，有诗《凝真宫》曰：

五云深锁洞门深，蹑履攀萝特地寻。
烟霭不藏尘外路，神仙遗下水中金。
喜游汗漫华胥宅，重忆崆峒至道心。
不得方平同一醉，红霞零落我樽琴。

之六，元代吴淳，字世洪，东洲人，隐居不仕，设义塾，人称"一斋先生"。游括苍洞有诗曰：

五云深处即蓬莱，岩谷嵖岈十洞开。
瑶草丹霞连羽委，桃花流水接天台。
斗坛月落鸾笙远，珠馆风清鹤驾回。
洞里仙人如有待，春明朝罢早归来。

之七，明代徐崇点，贡士，安庆教谕，游括苍洞作《括苍洞》诗曰：

洞口寂寂静尘埃，旧日仙翁去不回。
夜月每怜丹灶冷，春风时见碧桃开。
僧留灯火传衣钵，苔没碑文卧草莱。
往事凄凉宁可数，前身谁复说天台。

寻迹温岭两福地

浙江省台州温岭市地处浙江东南沿海,三面临海,全市陆域面积 1926 平方公里,海域面积 1079 平方公里。明成化五年(1469),置太平县,县以境内太平岩名,属温岭建县始,治所在太平乡泉溪。太平县属台州府。民国三年(1914),因县西温峤之别称"温岭",而改名温岭县。1994 年 3 月,撤县设市。

一

温岭建县于明成化五年,而道教在当地传播历史可追溯至汉代。据《温岭道教志》载:"汉周义山,字季通,汝阴(今安徽阜阳)人。自幼好学道,登黄岩委羽山,遇司马季主,受石精金光、藏景化形之术。在温岭方城山(今大溪之方山)绝顶缚茅趺坐,所种田号'仙人田'。后又登桐柏山,遇王乔,受《素书》,道成为紫庭真人。"《温岭道教志》还记,民国二十二年(1933),黄岩委羽山大有宫蒋宗翰方丈主持开坛传戒时,全国有 12 个省 133 名戒子参加,其中温岭有 37 名戒子。20 世纪 50 年代初,全县有宫观 42 处。

党的十一届三中全会以后,为贯彻落实党的宗教政策,1986 年长屿中岗道源洞召开温岭道教第一次代表大会,成立了温岭县道教协会,选举蔡信德为会长,另有尚诚岳、程至青理事。第一至第五届理事会,蔡信德连任会长。2007 年,温岭县道教协会组织编纂了《温岭道教志》,其中记述经政府登记过的道教场所 61 处,暂时保留的场所 117 处和已废宫观 42 处。

温岭道源洞,位于新河镇长屿中岗道峰山腰,始建于清光绪十五年(1889),有道士林明江,看中了这处采石留下的洞窟,喜其幽僻,甃石庀材,构后洞以资修养。后因游人麇至。光绪二十五年(1899)冬,开拓前洞以接待游客。洞内现存摩崖石刻碑记,乃是邑人林汤撰,光绪二十七年(1901)道士林明江立。

历史上长屿道源洞历经废兴,1947 年蔡理庭在此任住持。"文化大革命"期间,被毁。1979 年,蔡信德道长返回道源洞任住持,在他的带领下,经过十多年的不懈努力,在一片废墟上重建道观,令道源洞面貌焕然一新,香火渐旺。信众问道、旅游观光、慕名到访者甚众。1989 年,经批准道源洞为正式对外开放的道教场所。如今,道源洞已建有灵霄殿、玉皇殿、三清殿、吕祖殿、王母殿、观音殿等殿,以及生活配套设施。1998 年以来,连续多年皆被评为台州市宗教场所先进集体,2003 年被评为省宗教场所先进集体。温岭市(县)一至五届道教协会会址均设在道源洞。道源洞道观重兴,蔡信德道长功不可没。

蔡信德道长 1930 年出生,1946 年入道,师从张诚就道长,1979 年到道源洞道观任住持。他从道 60 余载,爱国爱教,身体力行,德高望重,深受道界和社会人士的敬重。

在道教七十二福地中,温岭有两处福地,即第五福地西仙源和第八福地青屿山。因此,我于 2020 年 7 月 21 日,专程赴温岭,寻访两福地。同行者还有省公路与运输管理中心二级巡视员吕新龙。此行得到温岭市交通运输局和民宗局的帮助,温岭市交通运输局总工程师王谦、乡村办公室主任农村路专班负责人孙建萍,还有温桥镇服务专员许莘辉、温桥镇村镇办主任林劲等陪同寻访。市民宗局为我们提供了有关资料,当地相关人员热情接待,我自十分感激。现据考察寻访所得并查询史料,分别记之。

二

宋张君房《云笈七签》卷二十七有记:"第五西仙源,亦在台州黄岩县峤岭,一百二十里,属地仙张兆期治之。"西仙源与张兆期有关,据《嘉靖太平县志》记载:"唐张兆期,天宝初在温岭西原山寓坐二十年,后得道去,今山顶有丹灶、丹井云。"张兆期,温岭温峤人,在西仙源修道期间,为当地造桥修路、济贫帮困,深得百姓赞颂。西仙源山并不高,不过百余米。正因为是道教第五福地,道教隐修之处,令其誉满天下,真可谓"山不在高,有仙则名"。

温岭峤山有东西两峰,东大西小,故有大小岭之名,与乐清分界。《嘉定赤城志》载:"西山,在县南九十里。旧名西原,与峤山相望,世传仙人炼丹之地,绝顶有池尚存。"西仙源有山有水,景色清幽,故成为道士清修之地,引得不少文人雅士为之讴歌。《嘉定赤城志》的作者、宋陈耆卿《访赵公戴》诗云:"西原仙境即西山,流水桃花隔世间。自笑重来湖海客,红尘惹到白云关。"乾隆四十六年(1781),进士、温岭泽库(今泽国)

寻迹温岭两福地 | 077

人戚学标,曾题诗曰:"西源之山高嵯峨,松溪交流涵清波。仙人张公身骑驴,云中悠扬升天歌。丹成飞车从东罗,黄金炉遗山之阿。"又有清末温峤人王行健题诗《西源丹灶》,曰:"修身养性我真入,茅舍烧丹东海滨。救济筑桥兴嫁宙,花心坐蜕离凡尘。"

我们车行至西仙源山脚下,途经一石桥,此石桥是后人为纪念张兆期,遂将石桥命名为"张老桥",其所在的村庄称"张老桥村"。穿过张老桥村,行过一段不远的山路,就到了紫云宫前。负责紫云宫管理的钮罗元道长等接待我们并作介绍。

相传紫云宫始建于唐天宝年间,距今已有1200余年历史。至清末已经败颓不堪,时有道士金明鹤至此,重建紫云宫。20世纪五六十年代,屡有毁损。据介绍,当时尚有刘至昌道长在紫云宫内修炼、守护,实属不易。1990年,由本地人、道教龙门派二十四代蔡诚兰道长,看到紫云宫的残破不堪,她发愿重建,便会同当地信众捐资,重建紫云宫,并阐道弘教,修真养性。从此西仙源福地面貌有了很大改观,信众、游客往来络绎不绝。《中国道教》曾报道了西仙源古老胜迹在当地的努力下,重建紫云宫一事,受到社会各方的关注。2016年经批准,紫云宫成为对外公开活动的宗教场所。

蔡诚兰道长,1929年出生,温岭本地人。1956年,在楼旗山天后宫出家,礼蔡宗音为师。1993年至2006年,她在原来的基础上,又重修了三清殿,2015年又重修玉皇殿。在山30余年间,为西仙源紫云宫的重建、管理和弘扬道教文化,做出了重要贡献。蔡诚兰道长于2015年羽化。

紫云宫依山而建,隐于青葱林木间,显得十分宁静。倒是每当清晨,观前的空地上,会有不少上山晨练的乡民在锻炼身体,平添一时热闹。山门前有4棵樟树,其中一棵曾在根部被锯去,重生后的树干已然茁壮挺拔,也起码有七八十年历史。

▲ 考察第五福地温岭西仙源,在大山头道观紫云宫前留影,前排左起:吕新龙、作者、罗元道长;后排左起:许莘辉、王谦、孙建萍、林劲

紫云宫的大门两侧有联，曰："紫云自有琴书增道气；花芯且将艺术伴闲身。"横批："有仙则名。"联中"花芯"，便是指"花芯堂"，传为当年张兆期修道处，位于山正峰之上，其地形宛如荷花开放，故当地人亦称紫云宫为花芯堂。紫云宫内的殿柱上亦有联，写着："缨珞垂珠，三花盖顶庆云现；太极图开，两仪生象放华光。"

我等随罗元道长进入山门后，依次看到玉皇殿、三清殿。紫云宫内供奉三清祖师、纯阳真人和张兆期塑像。道观虽然规模不大，却是古色古香，为福地西仙源延续着一脉道源。

玉皇殿前天井内保留的一口古井，据称是唐天宝初，张兆期居西仙源炼丹所用之遗存。井口约68厘米，深约2米。井水清澄甘洌，终年不涸，可供数百人饮水。平日里，山下张老桥村的村民也常来取水。据说，2020年当地引水工程在其下方近处开挖隧道，此井便一时无水可汲，最近井内又复见水涌，堪称奇事。

站在天井处，我回首看到大门后面挂着"紫云宫"的匾额，殿前石砌的龛内供奉王灵官像。据介绍，"紫云宫"的匾额和所供的王灵官像，皆属清光绪年间之物。更有令人惊奇的是，墙角长着的一棵野生的何首乌，藤蔓沿着墙壁往上一直爬到屋顶，地上的根茎很大，露出部分起码有一二十厘米，地下不知还生长有多大多深。据罗元道长说，何首乌的根茎可能已有七八公斤重。资料显示，何首乌10年才长三四百克，如按此推算，此何首乌也许有200多年了。

在紫云宫各处参观后，我们随罗元道长来到客室稍坐，顺便再了解一些古观的情况。钮罗元道长，20世纪80年代出生，俗名钮杰，江苏人，嗣龙门派第二十五代。2009年，罗元道长来到紫云宫拜蔡诚兰道长为师，现继承衣钵，成为紫云宫的当家。闻道他勤于修炼，还学过中医，平时常带着徒弟小陈到周边山中采药，且学会制药，常助周边百姓治病去疾。罗元道长与当地民众关系甚好，每当举办法事以后，他会邀乡民、信众在观内共制同食斋饭。他尚年轻，爱国爱教，并为传承道教、弘扬传统文化而努力。

三

青屿山位于温岭温峤镇的西南，这里山峦叠嶂，山清水秀，环境幽美，堪称一方清静之地。自古以来，这里佛、道两教皆盛。唐杜光庭《洞天福地岳渎名山记》内亦称："青屿山，在东海口。"宋张君房编《云笈七签》卷二十七，"七十二福地"内记："第八清屿山，在东海之西，与扶桑相接，真人刘子光治之。"据孔令宏先生等著《浙江道教史》内载："第八福地青屿山，在东海之西，与扶桑相接，今为台州温岭县青屿乡的青屿山。据传古仙人刘子光在此修道。"另据温岭市民宗局提供的资料显示，清嘉庆年间，第二大洞天黄岩委羽山大有宫杨来基宗师下第九弟子夏合通嗣师，分支于温岭圣屿山（今青屿山），创建会玄宫。因避讳，后改称会元宫至今。

2020年7月21日，我们寻访西仙源后，即驱车来到青屿山。其实青屿山并不高，面积也不甚大，却因是第八福地，而名声远播。山下有青屿村，依山而建，错落有致，全村约有1500人，过去曾经是青屿乡政府所在地。2018年，该村由原青屿村、半山村、下金前村合并而成，仍以青屿村名。

这里有一座会元宫，为2003年重建。我见到宫内墙上嵌镶着一功德碑，刻着当年捐助重建会元宫出资人的名字。殿前有一个偌大的院子，中间有一口古井，称是清嘉庆年间建会元宫时建的，井水清凉甘甜，井的护栏石是新加上的，上刻着"古井"字样。现在这里是经批准的一处民间信仰的活动场所。

现负责会元宫管理的周美娟引领我们参观会元宫并作介绍，在场的有村原支部书记，期间还特地请来了一位86岁长者刘宗岳先生，帮助回忆一些当年的事。据介绍，这里曾经佛道共存，建有寺院三头堂、道观会元宫，也住过僧尼和道士。后逐渐衰落，人去楼毁，现仅存重建后的会元宫和旁边的一座观音殿。

玉环岛上有福地

玉环岛上有七十二福地的第七福地玉瑠山。唐杜光庭著《洞天福地岳渎名山记》内记："玉瑠山，在温州海中。"宋张君房编《云笈七签》卷二十七内有记："第七玉溜山，在东海，近蓬莱岛，上多真仙居之，属地仙许迈治之。"孔令宏、韩松涛、王巧玲著《浙江道教史》内亦记："第七福地玉瑠山，在东海近蓬莱岛上。台州玉环县珠港镇的玉环岛，旧称玉瑠山或木榴屿。南朝陶弘景于天监七年至十一年间（508—512）曾携弟子居此，并遍游大雷山。"

一

玉环地处浙江东南沿海，早在商周时期，玉环岛就有先民繁衍生息。曾为东瓯乡、永宁县、乐成县（后改乐清县）、太平县（今温岭市）属地。明洪武二十年（1387），因倭寇扰边，明廷强令楚门港以南岛屿居民内迁。清顺治十八年（1661），为平定南明政权和反清势力，清廷强令玉环全境居民内迁。清雍正五年（1727），浙江巡抚李卫奏请展复玉环。次年，始设玉环厅，政务直隶省，此为玉环独立行政建制之始。民国元年（1912），改玉环厅为玉环县。1949年4月，玉环解放，隶属温州专区。1959年4月，玉环并入温岭县。1962年4月，玉环县恢复建制，隶台州专区。2017年5月，玉环撤县设市。

玉环，别名木榴屿、玉瑠山，因避吴越王钱镠名讳，改称玉环。玉环岛是浙江第二大岛。被誉为第七福地的玉环，留下诸多道迹，更添几分灵气和神秘。相传在此留下了诸多高道、名士的踪迹。清光绪《玉环厅志·杂记志》"存疑"里，称："玉环有大小苦竹岙，其地多竹，一名普竹，近接西青山，旁有仙人洞，又名小霞洞，相传张小霞隐此飞升，或疑即张鸢也。附识俟考。"清朝王献猷《仙人洞》诗中曰："地辟玉环留旧号，品题仙洞有鸿才。"张鸢，东晋乐成人，隐居不仕，觅有苦竹数十顷，便构屋于其中。据 1994 年出版的《玉环县志·大事记》记载："王羲之来苦竹岙（今玉环大普竹、小普竹一带）寻访乐城县隐士张廌，张避之。"

如今，仙人洞遗址尚存，文人雅士留下了不少赞美仙人洞及玉环的诗文，皆可引发后人追寻的足迹，从中得到感悟和启示。宋王十朋《次韵宝印叔观海》诗曰："榴屿何年改玉环，望中犹是旧青山。遗民不记当年事，惟有潮声日往还。"元陈高《清港渡》诗曰："清港矶头坐夕阳，萧萧只影寄他乡。天边不尽青山色，若比羁愁愁更长。"清汤大宾《漩门》诗曰："风清八月桂初花，奉使来登海上槎。盛世版图沧溟外，环山千里遍桑麻。"

二

为寻迹第七福地玉瑠山，2022 年 7 月 20 日，我专程赴玉环。刚退休的老同事、浙江省公路管理中心原二级巡视员吕新龙先生，欣然与我同行。玉环市交通运输局局长史炜荣为我考察作了安排。这一天，在玉环市副市长柯寿建、市交通运输局副局长林成才、办公室主任徐梦俊和市民宗局副局长潘明贤等陪同下，顺利完成考察，令我感激。

按照预先安排，我们考察位于龙溪镇凤凰村的大山头道院。道院坐落于风景秀丽的丫髻山上，这里是玉环道教的发祥地之一。据传，大山头道院始称吕祖庙（或吕祖殿），创建人汪明化系全真龙门派下第二十代弟子，在黄岩大有宫出家。道院由汪明化及其徒弟任至升和徒孙徐理衡、王理扬，于清同治后期在原玉皇楼的遗址上修建。道院殿宇坐西朝东，依山而建，自下而上有吕祖殿、老吕祖殿、玉皇殿、三清殿，除老吕祖殿为木石结构外，其余皆为混合结构。

历史上大山头道院几经毁兴，古时的玉皇楼毁于兵燹。20 世纪 60 年代，除老吕祖殿外，其他殿宇皆遭毁损。1979 年落实党的宗教政策，修建吕祖殿，恢复宗教活动。20 世纪 80 年代，玉环县道教协会会址设于此。1992 年，修建玉皇殿。此后，又陆续修建了厢房、客堂、斋房和三清殿，还修建道院历代先师墓，修通了上山公路，令道院面貌焕然一新。2010 年开始，新建吕祖殿五间大殿。如今，道院占地面积 5400 平方米，建筑面积 3200 平方米。1997 年，大山头道院被批准为浙江省宗教固定活动场所。

我们驱车上山，路虽不算宽，但整洁平整，不一会，就到了大山头道院。山门两侧有联，十分醒目，联曰："指迷特辟髻山路；寿世长留桔井香。"大门上额书"众妙之门"。道院依山而建，有四进，渐次升高。进入大门，见到的第一进便是吕祖殿。吕祖殿主奉纯阳帝君，两侧为王重阳和丘处机祖师像。殿前有高大的五层铸铁香炉。还有一口古井，即桔井，据称是当年道观始建时的留存，井水清洌，终年不涸，观内和周边不少住户皆以此井水为饮用水。井旁有一石上面刻着两行字，已很模糊，勉强识得是："一水印天心，指月证三生之果；六根无我相，饮泉清万劫之尘。"一进的院内还有一棵樟树，胸径逾一米，枝繁叶茂，树干上有2018年玉环市人民政府挂牌标明此树已有150年树龄。

接着，我们继续参观第二进建于清代的老吕祖殿。老吕祖殿木石二层建筑，占地面积187平方米，五开间，两披向前凸出，形成耳房，使建筑物呈"凹"字形，底层挑檐成廊，地面均铺设石板，前廊木制构件雕刻精美。全国第三次文物普查时登记为宗教祭祀建筑。第三进玉皇殿，供奉玉皇大帝，建于1992年，创建者为大山道院住持、坤道梁信芳道长。第四进三清殿，主奉玉清元始天尊，两侧为上清灵宝天尊、太清道德天尊、梵天斗姥天尊、金容玉相天尊。

梁信芳道长，本地人，全真龙门派第二十五代弟子。1987年来到大山头道院，从此她怀着一颗爱国爱教、虔诚善行的心，开启了艰辛的重兴道院之路。她积极筹措资金，并得到民宗部门、当地和信众的支持、帮助，于1992年首先重建玉皇殿。此后又陆续

▲ 在玉环大山头道观前留影，前排左起：柯寿建、作者、梁信芳道长、张理义道长；后排左起：林成才、王维琴、吕新龙、潘明贤

新造三清殿和吕祖殿，以及完善观内其他设施。同时，梁道长遵照教规戒律，依法开展活动。2011年，大山头道院被评为全国和谐寺观教堂先进单位。

老吕祖殿是清代留存的文物古建筑，折回再路过时，我等与梁信芳道长、玉环市道教协会副会长王维琴一同在殿前合影留念。

从大山头道院参观出来，我们继续前行去大雷山考察，因为那里有座清虚宫。据《玉环厅志》转引清乾隆《一统志》云，葛玄曾在此修行、炼丹。从大山头道院下山要经过玉环湖畔，那是漩门二期围垦后由西漩门湾蜕变成的人工湖。玉环湖的东岸有连接玉环岛和楚门半岛的大坝。此堤坝建成于1977年，大坝建成后带来了交通的方便，车辆可以直通大陆和玉环岛之间。如今，其旁又建设了一座"月环桥"。

大雷山位于清港镇北界，乃玉环和温岭的分水岭，其主峰海拔高443米。元代进士陈高有诗《入山》，云："入山惊道险，上岭觉天低。日碍危峰过，云依翠壁栖。幽花如血染，怪鸟学儿啼。避世须来此，桃源路已迷。"不久，车驶过山脚下的荣幸村后，便开始沿着大雷山上的公路上山，其间有一段路较难行，真有点"入山惊道险"的感觉。一会儿过了山顶，在下行不远处停车，便见到了一座道观，即清虚宫。

清虚宫位于大雷山的西支，人站在道观前，视野开阔。清虚宫背靠后山，左右高坡，中间落凹，如稳稳地坐落在太师椅上。据传，三国时葛玄曾遨游括苍、南岳、罗浮诸山，居大雷山修身炼丹。南朝梁天监十一年（508），陶弘景自海道来到永嘉，择近海孤岛木榴屿炼丹，曾携弟子周子良游大雷山。

大雷山清虚宫始建于何年代，已无史载考证。清同治年间，玉环芳杜人赵至贤在大雷山清虚宫出家，成为全真道龙门派第二十一代弟子。光绪初年，他又云游至乐清雁荡山，成为北斗洞的创始人。可见，清同治以前，就已有清虚宫，这是无疑的。民国年间，清虚宫毁于火灾，后残墙又圮于风灾。20世纪60年代，清虚宫神像被毁，后来宫舍一度作为生产队的临时仓库。1979年落实党的宗教政策，归还庙产。1987年，修建宫舍5间，建筑面积300多平方米，后年久失修，宫舍破败不堪。2015年底，为保护历史古迹，玉环县道教协会拨专款修复宫舍。

清虚宫大门两侧有一对硕大的石狮子，甚是威武。进门后，见殿前立着一座方形的铸铁香炉。重新修复的清虚宫五开间，古色古香。殿门两侧有联，曰："迷途速返，逢迎达道通途；恻悲思惠，忠恕感应慈悲"。我们来到殿旁，看到一口井，称是当年葛玄炼丹时留存之物。

经过一天的寻访，究竟第七福地玉瑠山在哪里？陶弘景到近海孤岛木榴屿的时间并在此起屋居住、炼丹的具体地点又是何处？回来后，我又反复查询史料，回忆考察时所见所闻，还与玉环市民宗局副局长潘明贤先生等电话交流，作了如下一番梳理。

最早记录玉环与木榴屿（木溜山）及其先人在此岛上活动的，当数南朝梁陶弘景撰《登真隐诀》。其云："壬辰年六月，便乘海还永嘉。木溜屿有乃大有古旧田塍，孤立海中，都无人居，甚可营合。八月，至木溜，见其可居，始上岸起屋。"另据贾嵩《华阳陶隐居内传》记载："天监十一年壬辰（508）到永嘉，择近海孤岛木溜屿炼丹。"以上典籍记载，准确地说明了陶弘景到近海孤岛木溜屿的时间并在此起屋居住、炼丹的这段史实。可以确认，我们寻迹中的第七福地，就是玉环山，且定是"近海孤岛"，即美丽富饶的玉环岛！

又《云笈七签》言玉溜山"属地仙许迈治之"。据《晋书》等有关史料记载，许迈，字叔玄，一名映，丹阳句容人，家世士族。许迈少时恬静，且博学多才，但不慕仕进。不到20岁，就拜访过著名高士郭璞。时南海太守鲍靓隐迹潜遁，许迈前往候之，探其至要。初时，家父母健在，他就在余杭悬雷山自立精舍修道，以便常回家探亲。待父母亡故后，劝说妻子还家，又著诗十二首，表明出家修道的志向。随后，他便携同求道者云游名山，曾在桐庐采药，又曾居临安修道，后告别临安来到赤城山，拜道士王世龙为师，再迁居临海盖竹山修炼。后居玉瑠山修道，故玉瑠山成了"属地仙许迈治之"。

如今1500多年过去了，许迈修道、治之所在，已早无踪迹。连木榴屿、玉瑠山的地名也已不见于正传。一说，或是今大头山道院所在的丫髻山，这里山色葱茏，面对大海；又说，或是在玉环城区旁的西青山，称其古为玉环山第一胜境，"游者拟之为方壶、蓬莱岛"。清雍正九年（1731），玉环厅首任同知张坦熊之子张云留下《环山胜景记》，道出了一个美丽的西青山。不过此处一度成为采石场，亦早也无迹可觅。是焉非焉，各为一说。但有一点是肯定的，许迈修道、治之所在，一定在今玉环岛上起伏群山中的某一处。

四明三千里　朝起赤城霞

浙江余姚四明山，是道教第九洞天和第六十二福地之所在。四明山自然风光秀美，唐代大诗人李白曾以诗《早望海霞边》赞美，诗曰：

> 四明三千里，朝起赤城霞。
> 日出红光散，分辉照雪崖。
> 一餐咽琼液，五内发金沙。
> 举手何所待，青龙白虎车。

余姚，历史悠久，人杰地灵。东汉建安五年（200）始筑县城，为浙江古县城之一。宋为望县，东南名邑。余姚历史上名人众多，历史上有东汉著名隐士严光（子陵），明代大儒、思想家、军事家王阳明（守仁），明末清初经学家、史学家、教育家黄宗羲，近代著名教育家蒋梦麟等。

余姚四明山也称金钟山，其腹地大部分在余姚，此外，还跨嵊州、上虞和宁波的海曙、奉化等县（市、区）。《剡录·山水志》记载："四明山境四周围八百余里……"四明山山峰平均海拔在 700 米左右，主峰在嵊州市黄泽镇北部，海拔 1018 米，若以高度计，余姚的复船山为最，达 1020 米。四明山层峦叠翠，林木茂密，山奇水秀，各种鸟兽出没，生态环境优越，是休闲避暑的好地方。

一

四明山有四明洞天，是道教三十六小洞天的第九小洞天。《道藏》中所收《四明洞天丹山图咏集序》言："唐置州治今余姚，又因以明名郡，宋改庆元旧治，更置县，本朝升州，而山属余姚，在州南百里。图则山麓祠宇观所刻也。其一曰元建观之图，其二曰唐迁观之图。概言之，则曰四明山也。木玄虚云，天下洞天三十有六，四明第九，其号'丹山赤水'是也。"唐杜光庭《洞天福地岳渎名山记》亦曰："四明山，丹山赤水洞天，一百八十里，在越州余姚县，刘樊得道。"此言"刘樊"即刘纲、樊云翘夫妇。

据《四明洞天丹山图咏集》记载，东汉时，有下邳（今邳州）人刘纲，原为上虞县令，因喜爱四明山水，便弃官偕妻樊云翘，拜白公为师，学道炼丹，留下许多佳话。唐天宝三年（744），玄宗以祠宇险远，命道士崔衔、处士李建，将大岚山的祠宇移建到潺湲洞外的刘樊故居。

▲ 第九小洞天四明山赤水丹山远眺

此后，历代四明山道教很是兴盛，隐居在山上修道之人甚多，如唐代著名文人施肩吾。施肩吾，字东斋，号栖真子，睦州府分水人（今富阳），宪宗元和十五年（820）进士。因他早有慕道之意，唐长庆年间，退隐洪州西山，终身不仕。他常游四明山，与隐士道家相习。著有《西山集》十卷、《闲居诗》百余首。《道藏》收有"栖真子施肩吾述"的《养生辩疑识》一篇。他隐居四明山时有诗《同诸隐者夜登四明山》，曰："半夜寻幽上四明，手攀松桂触云行。相呼已到无人境，何处玉箫吹一声。"

唐末五代道士闾丘方远，舒州宿松（今安徽宿松县）人，29岁问大丹于香林左元泽，34岁受法箓于天台山玉霄宫叶藏质。唐昭宗赐号"洞玄先生"。闾丘方远也曾隐居四明山。唐代诗僧贯休有《寄四明闾丘道士二首》，一曰："淮海兵荒日，分飞直至今。知担诸子出，却入四明深。衣必编仙草，僧应共栗林。秋风溪上路，应得一相寻。"二曰：

四明三千里　朝起赤城霞 | 087

"三千功未了，大道本无程。好共禅师好，常将药犬行。石门红藓剥，柘坞白云生。莫认无名是，无名已是名。"

还有张若海，号悟微子，五代时期人，遇从天台来到四明山的云光先生传授三洞科教，道业大增。后云游四方，精通三洞科教。后晋天福八年（943），悟微子编撰成《玄坛刊误论》一卷，后收入《道藏》。

唐代有诸多名人雅士到此揽胜抒怀，唐代诗人李白、刘长卿等曾入山访道，新昌竺岳兵先生主编的《唐诗之路唐诗总集》中，在"四明山"一栏里，就录有唐诗35首。还未包括李白赞誉四明山的《早望海霞边》一诗。

宋朝宋徽宗甚是信仰道教，自封"道君皇帝"。北宋政和六年（1116），宋徽宗亲题四明洞天额曰"第九丹山赤水洞天"，并建玉皇殿，封刘纲为"升玄明义真君"，封其妻樊云翘为"升真妙化元君"。南宋绍兴中，岁度道士一人。嘉熙初，赐金龙玉简，藏于宫观。

南宋时，有道士吕处仁隐居四明山。据《康熙绍兴府志》载："吕处仁，余姚人，次姚子。嘉定间隐居四明山，得异术，祷雨及为人祈禳甚验，尊为演教尊人。"

元代道士毛永贞，信州路上饶人，字善卿，元末隐居余姚四明山，来到丹山赤水主持祠观。他见洞下石滩开阔，便开荒种地，名"石田"，还试种水稻，并在一侧建山房，焚香修道。

二

浙江省文史研究馆为响应省委、省政府提出打造浙江诗路的决策，先后数次组织馆员对唐诗之路的干线、支线作走访考察、采风和创作。2020年1月11日，我们循着浙东唐诗之路，考察四明山，来到了余姚。余姚市人大常委会原副主任韩永丰和市文化旅游局副局长王建军等陪同考察。

如今，四明山当年的宫观已不复见，但道迹犹存。我们用了整整一天时间考察。一路走来，所见所闻不少，现择要记三处。

第一处，白水山，又名白山。因当年白道士在此修道，因而得名，如今，当地人也称其为道士山。白山峻峭兀立，一山苍翠。山上有冶山、屏风、石屋、云根四峰。在石屋峰和云根峰之间有一帘飞瀑，从53米高的半山垂落，泻入山下深水潭中，伴随着轰鸣声，激起阵阵水花。这便是白水飞瀑，俗称白水冲。据称在瀑布出口处附近的山岩上还有洞穴。史料记载称潺湲洞，又称水宫，相传是白道士修炼之处。

明代大儒王阳明于正德八年（1513）五月，从上虞入四明山揽胜探幽，写下了《归越游诗五首》，其中有《四明观白水二首》，其一曰：

> 邑南富岩壑，白水尤奇观。
> 兴来每思往，十年就兹观。
> 停骖指绝壁，涉涧缘危蟠。
> 百源旱方歇，云际犹飞湍。
> 霏霏洒林薄，漠漠凝风寒。
> 前闻若未惬，仰视终莫攀。
> 石阴暑气薄，流触溯回澜。
> 兹游讵盘乐，静养意所关。
> 逝者谅如斯，哀此岁月残。
> 择幽虽所得，避时时犹难。
> 刘樊古方外，感慨有余叹！

其二曰：

> 千丈飞流舞白鸾，碧潭倒影镜中看。
> 藤梦半壁云烟湿，殿角长年风雨寒。
> 野性从来山水癖，直躬更觉世途难。
> 卜居断拟如周叔，高卧无劳比谢安。

白山之峻峭，白山冲瀑布之壮观，引得历代诗人探胜吟唱，故有诸多佳作传世。如晚唐诗人皮日休《潺湲洞》诗，曰："阴宫何处源，到此洞潺湲。敲碎一轮月，熔消半段天。响高吹谷动，势急喷云旋。料得深秋夜，临流尽古仙。"唐代诗人陆龟蒙亦有《潺湲洞》诗，曰："石浅洞门深，潺潺万古音。似吹双羽管，如奏落霞琴。倒穴漂龙沫，穿松溅鹤襟。何人乘月弄，应作上清吟。"

历代诗人留下吟白水冲的诗还有很多，如元代赵澹山称："玉龙吼山山为开，怒涛迸出翻崔嵬。回风便可作飞雨,共听万壑鸣春雷。"明代沈明臣的诗句"潺湲吹古雪,倒卷入银河"等等。

第二处,丹山赤水。丹山赤水在四明山上。早在2001年6月,我在浙江省交通厅任职期间,因考察公路省道"浒溪线"而上山,到过此地。丹山赤水在四明山大岚镇的柿林村东边,一座连绵数里长的峭壁,因岩石多含铁质,峭壁呈红色,故称为丹山,在峭壁下流淌着一条溪,丹崖倒影在溪水中,溪水似成红色,故名赤水。坐落在丹山赤水旁的四明山上的柿林村,平均海拔500余米,是中国历史文化名村,建村已有600余年历史。该村秉承重教兴学,耕读传家的传统,如今也是余姚市文明村庄之一。柿林村盛产红柿,当地称"吊红柿",每年秋天,漫山柿树上挂满红柿,十分壮丽。

柿林村民风纯朴,邻里和谐。柿林村中有一口古井,乃是建村始祖沈太隆在此定居时开凿的,至今已有600多年了,被誉为宁波十大名泉的第一泉。因水源充沛,水质好,全村千人皆以此井水为饮,故有"一村、一井、一心"之美誉。

我那年考察柿林村时,曾在一村民家的大门内稍息饮茶,微风吹过,甚感清凉,于是口占《柿林佳景》诗一首:

> 赤水丹山悬倒影,柿林一井饮千丁。
> 年年十月秋风起,漫野青枝吊柿铃。

此次考察丹山赤水,故地重游,感慨良多。除了专事寻觅一览柿林村古井外,还再次察看了丹山赤水。虽然历史上的恢宏道观已然不再,但此地胜景仍令人流连忘返。

我站在半山腰上,面对丹山赤水凝望、沉思许久。如今,公路早已直达柿林村,为适应旅游开发需要,从柿林村后侧的山顶坪地处,架起一座玻璃桥,直通对面丹山赤水峭壁上方的山顶。游客可从桥上直接徒步来往,一路观赏丹山赤水的美景和柿林村村貌。我站在桥侧,遥望丹山赤水峭壁,是那么苍翠雄伟;俯瞰柿林村,那鳞次栉比的民舍,在四周大山的围护之下,显得那么古朴、宁静。此地此景,头顶着寥廓的云天,这不就是一个真真切切的洞天吗?

第三处,四岩窗。四岩窗位于四明山大岚镇大俞山巅,与丹山赤水相距约12公里。大俞山巅有一座呈长方形的岩崖,上有一个大洞,洞高2米左右,深约3米,宽约20米。洞中隔三石,分为四洞,每洞与外部相通,宛如四扇明亮的窗户,可透达日月之光,故称"四岩窗"。大洞可容十余人,与三洞相望,皆可倾身可过。石洞内石乳倒悬,形状怪异。中有一室,悬石如鼓,题有"悬鼓"二字。洞口悬石如磬,题有"悬磬"二字。还有两洞口顶上削壁处,题有"片云"字样。唐代诗人刘长卿有《游四窗》诗,其中有句曰:"四明山绝奇,自古说登陆。苍崖倚天立,覆石如覆屋。玲珑开户牖,落落明四目。""落落明四目",正是"四明山"的出处。宁波古时称"明州",亦渊源于此。

人们常说四岩窗有三绝:一是险,在大岚山的高山之巅,高空索行,鸟道万丈,既壮又险。二是奇,自下往上望崖,犹如楼有四窗。人站在洞口远眺,四周山峰耸立,白云氤氲;往下凝望,如临深谷,清泉环流。三是神,相传此地是汉代刘阮遇仙的地方,故而平添神奇。

历代文人雅士登临四明山者甚众,唐代诗人皮日休《奉和鲁望四明山九题》之《石窗》诗曰:"窗开自真宰,四达见苍涯。苔染浑成绮,云漫便当纱。棂中空吐月,扉际不扃霞。未会通何处,应连玉女家。"陆龟蒙亦有《石窗》诗,曰:"石窗何处见,万仞倚晴虚。积霭迷青琐,残霞动绮疏。山应列圆峤,宫便接方诸。只有三峰客,时来校隐书。"

三

余姚四明山还有道教第六十三福地茭湖鱼澄洞。此前考察四明山白水冲、丹山赤水和四岩窗后,因行程安排,来不及前往鱼澄洞。2020年11月9日,为访宁波的道迹洞天,我又一次来到了余姚。与宁波市交通运输局原总工程师胡跃军、余姚市文化旅游局副局长王建军和余姚市交通运输局副局长吴东共、原副局长余福良等结伴前往。一同寻访的还有余姚市社科联副主席杨鹏飞、余姚博远文化公司的总经理诸建波先生等。

据杜光庭著《洞天福地岳渎名山记》载,第六十三福地为"四明山,在梨州,魏道微上升处"。王纯五先生在其后的注释中称:"四明山,在唐代的梨州。其地今为浙江省宁波市,山体横跨宁波、绍兴两市辖境。"余姚梨洲(州),位于四明山区南麓。梨洲的典故,源自东晋时会稽人孙绰与族兄孙统同游四明山,偶得梨数枚,环顾左右,人亦杳然,疑为仙人所遗,此地后得名"梨洲山"。

我们一行在梁弄镇用过中餐后,便驱车前往茭湖村。车在弯弯曲曲的山区公路上行走,途中我们还在一处当年绍兴通往宁波的古道处稍作逗留。古道在两侧青山间延伸,右侧还有一条清溪,台阶皆由一块块的石板铺筑。我等踏着石阶行走,仿佛穿越时空,似与数百年前的人同行。接着,我等继续前行,沿着往茭湖村的山间公路,越向上行,公路越是弯弯曲曲。约莫个把小时,终于到达茭湖村,村主任何先定先生已在村口等候。

梨洲茭湖村找到了,那么鱼澄洞在哪里呢?何先定告诉我们,村里有座纱帽山,犹如古代的乌纱帽,高高隆起,山顶有数个洞穴。他称自己儿时经常上山玩耍,洞有七八米深,洞内用火烧时,可见烟从另一洞口冒出来,可见洞洞相通。人在山上走,能发出咚咚声音。于是由何先定引路,我们徒步攀登纱帽山寻迹鱼澄洞。近年当地在登高坡道上砌起了石阶,行人可拾级登高。行不到半小时,我们便登上了山上的一块坪地,人站在此处,登高望远,但见群山叠翠,在阳光下熠熠生辉,这便是四明山脉。俯首往下望去,山间溪流顺着山脉走向蜿蜒而去,溪边还散落着零星的村舍。

我们再往右前行便到了纱帽岩,其旁矗立着两块巨石,几乎同高,两巨石间石面如刀削般的平整。同行的市社科联杨鹏飞先生称其为"锯开石",倒也有些相像。绕过"锯开石",见纱帽岩侧面的山体多为岩石,其间确有数个洞穴,面积不大,洞内堆积着不少砂土。我近前探究,人倒可以入内,但恐不能展身,更立不直身。兴许是多年无人问津,洞内山体坍落淤积。其内是否还有大的洞体,深度多少,皆不得而知了。

这就是第六十三福地鱼澄洞吗?返程后,我查阅典籍史料,与考察的情况反复比较。《四明山志》卷三"灵迹"中记:"茭湖福地鱼澄洞。"而四明山以茭湖命名的地方有两处,一为余姚茭湖,二为奉化茭湖。此外,《云笈七签》内亦记:"第六十三茭湖鱼澄洞,在西古姚州,始皇先生曾隐此处。"

姚州在历史记载曾有两处:一处是江南西道姚州。唐武德四年(621),划出部分句章地及余姚故地置姚州,并复置余姚县为治所,辖境今浙江余姚市大部及慈溪西部地,七年(624)废。另一处是剑南道姚州。唐武德四年(621),因此地人多姓姚,置姚州和附郭县姚城,治所在今云南姚安县西北旧城。

云南姚洲,我未到过,倒很想探访,以作比照和认证。期盼有文史研究者对此作研究考证。但有一点是明了的,关于道教第六十三福地,已有不少史料指证着唐武德四年(621)置姚州的余姚、如今的余姚梨洲街道茭湖村,这是不可忽视的。这里,不妨再举一证,晚明余姚人黄宗羲(1610—1695),字太冲,号南雷,别号梨洲老人、梨洲山人、鱼澄洞主等。黄宗羲把"梨洲山人""鱼澄洞主"作为自己的别号,可见他认可第六十三福地梨洲山和鱼澄洞作为家乡余姚之所在。400多年过去了,今人尚在苦苦寻迹梨洲山、鱼澄洞,这也许也是为了认证、弘扬和传承吧。

宁波道迹和葛洪后裔

宁波位于浙江省东部沿海，是国家历史文化名城。宁波也是我国东南沿海重要的港口城市，是古代"海上丝绸之路"东方的始发港之一。我在省交通厅任职期间，1996年5月6日，宁波第一条国际集装箱运洋干线——美东一周班航线开通，我参加了在宁波港举行的开通仪式。近年来，宁波港有了新的发展，其业绩之骄人，发展势头之良好，令世人瞩目。

一

宁波历史悠久，自汉末始，道教、佛教就在宁波发展。三国东吴赤乌二年（239），在慈城慈湖边创建了浙江最早佛教寺院普济寺，而两晋、隋唐时又有众多寺院兴建。我在《浙江古寺寻迹》一书中皆作过介绍。当年宁波市民宗局刘靖先生曾陪我造访其中数座寺院，此番，我拟访宁波道迹，便又与他取得联系。他给我提供了正在编纂的《宁波宗教志》第二章"道教"的初稿，供我参考。

宁波道教历史悠久，名道辈出，对浙东学派的形成和发展有较大的影响。秦时，徐福将黄老道教思想带入宁波。徐福，齐人，是秦朝著名方士，道家名人。秦始皇遣徐福下海求长生不老药的故事，流传至今。汉司马迁《史记·秦始皇本纪》内有载："齐人徐市（即徐福）等上书，言海中有三神山，名曰蓬莱、方丈、瀛洲，仙人居之。请得斋戒，与童男女求之。于是遣徐市发童男女数千人，入海求仙人。"又载："方士徐市等入海求神药，数岁不得，费多，恐谴，乃诈曰：'蓬莱药可得，然常为大鲛鱼所苦，故不得至，愿请善射与俱，见则以连弩射之。'"关于徐福的出海地点，历来众说纷纭。据《浙江方志》1989年第三期载《浙江省志丛书·大事记》（征求意见稿）内称："秦始皇三十七年（前210）始皇上会稽山，祭大禹，住鄞县三十余日。始皇遣徐福入海求神药。"鄞县，公元前222年秦设置，其区域包括今宁波江东区和鄞州区东部、北仑区及舟山群岛。县治设在鄮山同谷,今宁波市鄞州区五乡镇同岙村。

在宁波活动的道教思想人物不少。如东晋来到浙江的王、谢两家,乃道教世家,他们在浙东一带留下诸多道迹。东晋著名道士葛玄、葛洪,也曾在浙江活动。葛洪曾在杭州临安大涤山洞霄宫留迹,《晋书·郭文传》记"余杭令顾飏与葛洪共造之"。葛洪在宁波也有遗迹,《四明山志》和《慈溪县志》皆记载了慈溪县南乡大隐(今属余姚市),有纪念东晋诗人谢灵运的谢山庙,庙内一棵千年古樟,树下称有葛仙翁炼丹的"丹井"。还传葛洪在宁海留迹甚多,东晋咸和初,葛洪赴广东罗浮山炼丹时,大儿子葛渤随行,次子葛勋定居今宁海岔路平原。宁海目前尚存的数十部葛氏宗谱,皆奉葛洪为世祖。

唐乾封元年(666),唐高宗尊老子为太上玄元皇帝,命各州置一观一寺,宁波始建道观。唐开元二十六年(738),置开元宫于鄞县县治东南。唐天宝二年(743),在鄞县东南建紫极宫,后改名为冲虚观。此后宁波周边地区开始兴建道观。

至宋朝,宁波道教进一步发展。宋徽宗崇道,四明山道教甚兴。前文已述,此不赘。元朝政权建立后,统治集团为缓和矛盾,倡导宗教,宁波道教又进入了一个新的发展期。据《宁波宗教志》(初稿)记,元代自至元十八年(1281)至元末的90年间,共新建圣德观、佑圣观、助顺宫、紫虚宫、紫阳宫等宫观17座,是宁波道教极盛时期。

明末清初以后,宁波道教开始衰落,孔令宏先生在《道教概论》中言:"明末政治动乱……道教的政治地位每况愈下,到嘉庆年间被完全赶出朝廷,道教从此与政治隔绝。失去了政治的支持,道教教团组织的发展也就不再强盛了。"据《宁波宗教志》(初稿)显示,清光绪年间,宁波地区尚存道教宫观56所,其中鄞县18所,余姚9所,慈溪6所,镇海6所,奉化9所,宁海3所,象山5所。到1950年,宁波老市区仅存道教宫观7处,即佑圣观、极德观、冲虚观、吕祖殿、荧镇观、关帝庙、朱天庙,有道士50人。1953年,宁波市道教小组成立,1957年市道教小组停止活动,仅剩道士8人。至1990年,宁波全市无道观,道教活动基本停止。据介绍,如今宁波市域内无获准对外活动的道教宫观。

宁波还有两处道教文保单位,一是江北区慈城镇东门外的清道观;二是海曙区古林镇的青阳观。于是,我专程实地访迹,现将所见所闻并结合查证史料所得,记述如下。

二

清道观,位于慈城古镇,原为慈溪县的县治所在,1954年10月慈城镇划归余姚县,1960年10月又划入宁波市江北区至今。清道观历史悠久,始建于唐天宝八年(749),

后屡有废兴。南宋绍兴三十年（1160）由道士叶景虚重建。时在道观右侧建东岳行宫，请尚书楼钥题"列仙游观"匾额。明洪武二十四年（1391），道士王智静将附近"至道""崇寿"两宫并入，改称"清道观"。20世纪50年代，清道观保存尚完好。1971年被拆除，山体也曾被采石。

如今当地政府十分重视慈城古县城的保护和开发。清道观作为慈城古县城保护开发建设的重要工程，2004年至2007年间，在原址上用传统的建筑风格、材料和工艺，设计布局重建。重建的殿宇包括山门、仪门、雷祖殿、东岳殿、东岳退居殿、戏台、玉皇殿、三清殿、关圣殿、十王殿等建筑，古朴典雅且十分庄重。

2011年10月，为撰写《孔子后裔在浙江》，我第一次来到慈城，时任宁波市江北区文化局局长孔宇先生是孔子后裔，"庆"字辈七十三世孙。作为文化部门的领导，他曾负责慈城孔庙的修葺、保护，对相关情况十分熟悉，那天，他全程陪同我考察了孔庙。2017年2月，为撰写《浙江古寺寻迹》，我再次前往慈城镇，他又一次为我提供了方便，让我顺利完成了位于慈城镇的普济寺和宁波保国寺的考察，令我感激不已。此番我再度赴慈城考察清道观，便又联系上了时任江北区政府办公室主任的孔宇先生。

2020年11月9日下午，结束余姚梨洲街道茭湖鱼澄洞的寻访，我便直接驱车来到慈城，与我一同前往的有宁波市交通局原总工程师胡跃军。当我们抵达慈城镇清道观时，孔宇先生和江北区交通运输局原局长刘红雁也已抵达。

站在清道观前，首先映入眼帘的便是矗立在道观前的一座高大的青石牌坊，额书"清道观"三个大字。清道观建成后，现已作为旅游景点对外开放。我等入内，在景点讲解员的引导下，步行过山门前的石桥，石桥两侧是两个方形的水池。过桥后，便见到与一片绿色树木相映的山门，显得宁静清新。山门两侧悬挂着一副楹联，上书："道生一，一生二，二生三，三生万物；人法地，地法天，天法道，道法自然。"这是《道德经》中的集句。

我们进入山门后，便到了雷祖殿前，雷祖殿供奉道教信奉的雷神。雷神乃是弘扬正气之神，受到社会的敬畏。殿前的老君台上，树立着一尊老子的青铜像，由中国雕塑院首任院长、中国当代著名雕塑家吴为山教授设计。设计采用抽象的手法，体现伟大的思想家、哲学家那深邃、高远的神韵。老子像周围所有的大地景观，以黑色钢管排列组合成迷宫般蜿蜒曲折的通道，地面上铺设白色石子，一黑一白，其组合甚显大气、深沉，寓意"道可道，非常道""大道难求"，令人对中华民族的先贤肃然起敬。

清道观的建筑依山而建，层楼垒阁，十分壮观。依次排列着东岳殿、东岳退居殿、戏台、玉皇殿、三清殿、关圣殿、天王殿等。东岳殿供奉主神东岳大帝,有金童玉女侍于左右。东岳泰山居五岳之首,因而东岳大帝其位极尊。殿前供奉朱雀、玄武之神。东岳殿与东岳退居殿之间还有戏台、炳灵殿、斗姆殿、元君殿、钟楼、鼓楼等建筑。东岳退居殿是东岳大帝的内室,主供东岳大帝及帝妃。殿内两侧有大型壁画《东岳大帝启跸回銮图》。

在参观中,我们驻足在一巨型木制转轮藏(或叫转幢)前,转轮藏其形似一个立体的罗盘,可轻易转动。其功能一是储存道教经典,二是进行八卦卜算。

我们逐级向上行进,来到了清道观的最高处,遥望对面的那座石山,发现两山一侧尚有部分连在一起,中间形成的偌大空缺,正是当年采石造成的。我们所到之处,所见的殿宇皆为仿古传统建筑风格,建筑质量及建筑艺术堪称上乘。观内供奉的主要神像为优质桧木精雕而成,可见建设者的一片匠心。待我们返程时,不知不觉间,日已西下,塔山上的清道观沐浴在晚霞里,更显清静庄肃。

▲ 考察宁波道迹,在江北区慈城镇清道观前留影,左起:孔宇、作者、胡跃军、刘红雁

慈城清道观留下了不少文化遗存和众多文人的诗篇,今录若干,以飨读者。

明黄宗羲《登清道观遇冯令仪留宿张炼师道院》:"小舟风浪泊江干,邂逅良朋上翠峦。云割山川皆半面,天分肥瘦觉千般。送春始听鹃声早,话旧何妨酒量宽。道院重修须记事,莫将顽石一般刊。"明陈茂义《秋夜宴清道观》:"十载怀人梦,冲胸此夜开。忆从京国别,同说瘴乡来。月色流仙馆,秋声入酒怀。明朝风日好,携手更登台。"明徐一忠《清道观览眺》:"野色遥连嶂,江流曲抱沙。天开青帝座,地隐赤松家。缓步随芳草,长歌送落霞。俳徊未忍去,返照渐归鸦。"

冯开,字君木,慈城人,近代文学家。1925年后寓居上海,与吴昌硕等交往甚密。著有《回风堂诗文集》,有诗《重建清道观落成》,曰:"一览苍苍生郁陶,楼台横插天高高。

灯火千树万树月,鼓钟前山后山涛。奇构天然非人力,后时清兴属我曹。仙夫窈窕不可访,云窗雾阁吾其遨。"此诗所纪重建(修)清道观落成,是在清光绪二十年(1894)。

重建后的清道观虽已非传统道教敬神祀仙、道士斋戒礼仪、修身养性之场所,而作为一个旅游景点对外开放,倒不失为是一处传承传统文化的场所。

三

我与宁波市文化遗产管理研究院文博研究馆员楼学军先生通了电话,当年我撰写《浙江古寺寻迹》作实地考察时,他曾陪同我走访宁波古寺、古塔,此番我则是向他了解宁波市范围内道教遗存文物的情况。他告知,原鄞州区现因区划调整为海曙区的青阳观,属区级文物保护点,并介绍我与该区文管所文博研究馆员、原鄞州区文管办主任谢国旗先生取得联系。

2020年11月10日,我与宁波市交通局原总工程师胡跃军相约,一同来到青阳观所在地古林镇仲一村。村主任崔文兵先生已接到通知,在门口等候我们。仲一村由原郑家漕村和石家桥村合并而成。青阳观位于仲一村石马塘老街东端。据介绍,青阳观是宁波地区遗存中唯一保存完整的道观,道观由街西迁此,始建于乾隆六十年(1795),距今已有200多年历史。2009年9月,鄞州区文管办在第三次全国文物普查中,发现铺在地上的一通清乾隆年间古碑,碑记证实了道观的这段历史。青阳观的大门右侧立着"宁波市鄞州区文物保护点"和"宁波市海曙区文物保护点"两块碑,是因该地区划调整,先后公布而立的碑。

我们进内参观,见建筑物古朴,为青砖、黛瓦的砖木构件。青阳观主体坐北朝南,青砖斗墙砌筑的合院式建筑,为前后进、左右厢,大殿歇山顶结构。前后进面阔五开间,大殿明、次间抬梁结构。除近年维修中发现损坏严重的大梁已调换外,其余皆为原物。我们在大殿西梢间里,看到了那根调换下来的、搁置在地上的大梁。大殿宽畅,两侧立柱上挂着一副联,上联为"观筑马塘,千秋留胜迹",下联为"地邻羊庙,万世佑群黎"。

村主任崔文兵告知,2012年村里自筹150万元,在鄞州区文物管理委员会办公室谢国旗主任的指导下,修缮了青阳观。在修缮中,坚持"维持其原真性"的原则,对该道教文物建筑还其以历史原貌。重修后,墙上张挂着一些介绍道教的资料。我看到有"道教的起源简述",介绍道教是中国本土宗教,以道为最高信仰,以黄老道家思想为理论根据，承袭战国以来的神仙方术衍化形成。东汉末年出现大量的道教组织，著名的有太平道、五斗米道，距今已1800多年历史。还称，全国现在道士3万余人，全国登记开放宫观2000余座。另外，还介绍了青阳观中的东岳大帝、比干、王天君等尊神。此外，现青阳观内还存放、展示村民捐赠的古物，显示出仲一村的文化底蕴。

四

葛洪（283—363），字稚川，号抱朴子，东晋丹阳郡（今江苏句容）人，我国著名的思想家、道学家、炼丹家、化学家和医学家。东晋咸和初，葛洪闻交趾产丹砂，求为勾漏（今广西北流）令，赴广东罗浮山炼丹，率大儿子葛渤和侄葛望、葛世随行，为广州刺史邓岳所留，止于罗浮山炼丹，后卒于罗浮山，归葬江苏句容西山。葛洪学问广博，一生著作丰厚，主要有《抱朴子》内外篇、《神仙传》等。他的后代先后迁徙宁海等地，在那里繁衍生息。是宗谱记载最详的葛洪后裔聚居地。其中在宁海就有四支：西阳葛氏、西阳支脉、泉水葛氏、前山葛氏。宁海目前尚存的数十部葛裔宗谱，皆奉葛洪为世祖。

我欲专访宁海葛洪后裔聚居地，然而因疫情影响，一直未能成行。于是，我通过宁海交通运输局副局长章立尧，联系上了宁海县岔路镇分管宣传、统战工作的党委委员章建斌先生，他为我提供了不少有关葛洪后裔聚居地情况的资料和照片。2023年2月22日，我来到宁海，重点寻访葛洪后裔的聚居地。同行的有我妻孙满琴和中国交通报社驻浙江记者站负责人贾刚为先生。我们一早从杭州出发，车行两个多小时就到达宁海岔路镇湖头村。湖头村是葛洪次子葛勋六世孙葛常之迁居之地。我们先后察看村容村貌，参观了葛洪文化研究中心，古井、古宅和葛氏宗祠等，还听取了当地有关文化人士的介绍。为我考察提供方便并陪同考察活动的，还有岔路镇镇长伍未望，原岔路镇党委书记、现任宁海统战部常务副部长葛欢善，宁海交通运输局局长章开望、副局长陈卫慧、调研员章立尧等。

返程后，我据考察的所见所闻，并查询史料，将宁海葛洪后裔聚居地的概况作一介绍。这里，我特别要对当地镇、村和交通部门的朋友为我提供的帮助，表示感谢！

宁海葛洪后裔有四支，当以西阳葛氏为主，又分西阳葛氏、西阳支脉两支，泉水（东阳）葛氏和前山葛氏。下面分别作介绍。

西阳葛氏。据明代嘉靖十五年（1536）李廷横写的《西阳葛氏宗谱序》记："葛氏先世，自晋咸和间，有谓洪字稚川者，博通经史，广修道德，辞司徒著作之荐，求为勾漏令。自丹阳句容偕二子，游炼于宁川桐柏山，继返罗浮。次子谓勋者，遂家西阳。创制度，立家法，而成巨族……延袤数十里，其地不能容，分居泉水、前溪者亦成望族。"葛洪次子葛勋，"遂家西阳"，其后六世孙葛常之迁居岔路。《宗谱》记载："葛常之子庆云子仲霖，娶丹山鲍参军女。生三子，长冲侍、次冲侑、三冲仪。寿六十八，卒石柱岙。"还记："第八世冲侑，字伯纯，梁大通时为廉访使。"梁大通年间为527年至529年，由此可见，六世孙葛常之迁居岔路的年代，应在南朝梁之前。

西阳即西洋，位于宁海西南部今岔路镇、前童镇所在的白溪（即天河）流域小平原。为区别于宁海城北平原的泉水（东阳）葛氏，而称西阳葛氏。现在，这一带的西阳葛氏已经连成一片，分五大派，皆从二十五世分立：日华为后山葛氏，文会为前溪祖，文龙为小汀祖，文藻为湖头祖，弥坚为上葛祖。《宁海县地名志》内记载其葛氏人数有8600余人，其中超过千人的有：岔路镇湖头村1424人，上畈、隔潭、花堂三村2869人，前童镇1438人。

西阳葛氏最大支脉是葛常之的十三世孙小三，为泉水葛氏始祖。小三传至二十五世孙午炎，生下了日、奎、壁、参、翼五子，成了分迁至水车、横路葛、花山、下宅、塘头的宗祖。其中，次子奎之二十九世孙约迁西店横路，为西店横路葛氏始祖；次子奎之后三十二世孙逢炎，为水车葛氏始祖；三子壁，为花山葛氏始祖；四子参，为下宅葛氏始祖；五子翼，为塘头葛氏始祖。《宁海县地名志》记载人数逾6200人，仅花山一地就有1302人。

四支中还有两支，即泉水（东阳）葛氏和前山葛氏，分别是葛洪从祖葛原习和葛洪长子葛渤的四世孙葛丕侍的后裔。泉水（东阳）葛氏。清嘉庆丁丑（1817）宗谱中称"东阳派孙"，始祖为葛洪从祖葛原习。汉末，有文明公，与葛玄的祖父升台为亲兄弟，文明公生子讳霖，霖生原习，世居丹阳。葛玄为葛洪从祖，故葛原习也是葛洪的从祖。

明代赐进士状元及第、翰林院大学士、礼部尚书、临海人秦鸣雷在《泉水前宅东园葛氏宗谱》的序言：葛原习"官历咸关军事参军，因诸葛破曹，公知汉为正统，而曹乃僭越，怀忠义之心，仕之非理，遂弃职游于湖海。至于宁海泉水之区，静观山水，以其东有帽峰之灵，西有大中之秀，南近城廓之嘉，北依溟海之利。其土沃地饶，可耕可钓，诚隐居之所也。遂构堂作室，而循迹焉"。葛原习弃仕魏军职，定居宁海之泉水，为最早迁徙宁海的葛氏。据《宁海县地名志》记载，泉水（东阳）葛氏在西洋村及分徙至发佳何镇葛、下葛村，三地合计为2087人。

前山葛氏。南朝齐梁间，葛洪长子葛渤的四世孙葛丕侍，字安理，由吏掾任福州仓官，转升宁海浮门巡检司，卒于宁海任上。其后裔定居宁海南峿（今属三门），繁衍生息。葛洪第二十五世孙昶申公迁至前山，为总祖。今分居与前山头岗和王爱山东岗等村。据《宁海县地名志》记载，前山葛氏人数亦逾千人。

葛氏后裔繁衍至宁波各地，还迁居天台、三门、临海、黄岩、绍兴、嵊州和云南等地。如今，宁波各区以及余姚、奉化、象山等地均有葛洪后裔聚居。

葛氏宗祠里的墙上张贴着不少资料，其中《世芳录》一栏里，我看到历代名人中，除宁海当地的二十五世孙葛和中、三十八世孙葛一麟和四十二世孙葛学斌（中共浙江省委宣传部副部长）外，还有二十八世孙度翁迁居诸暨枫桥镇葛村之后的五十一世孙葛慧君（现任山东省政协主席、原浙江省政协主席）。

▲ 宁海市岔路镇湖头村葛氏宗祠前留影，左起：葛更槐、葛增校、章立尧、葛俊俏、伍未望、葛欢善、作者、孙满琴、章开望、贾刚为、章建斌、陈卫慧、张雯雯

据宁波天一阁藏鄞县《四明葛氏宗谱》记载，宋宣和元年（1119）正月十六日，宋徽宗敕封葛氏宗族如下：宁海大通宣威府、鄞县大通宣显府、鄞城大通宣尹府、余姚大通宣真府、慈溪大通宣原府、定海大通宣承府。文房分住宁海珠开乡新宁，行房分住鄞县西南光同、句章，忠房分住鄞城坊隅、余姚龙泉、慈溪西屿和金川、定海灵岩。

如今，在宁海岔路镇湖头村里，悬挂着一块据传是当年宋徽宗御敕"大通宣威府"的匾，颁发时间是宋宣和元年。一千多年过去了，湖头村里600多户人家，百分之九十五以上为葛姓。

在宁波留下了诸多葛洪文化遗存，其中，有三件事值得一说。

一是，文化遗迹众多。如宁海岔路镇的"学士坪"尚存葛洪丹房遗址和丹井。南宋褚国秀《宁海县赋》内有称"子曰桐柏则有葛稚川之丹房"即指此。对于葛洪在学

土坪炼丹一事，当地不少宗谱中亦多有记载。

此番寻访，我们参观了村口与葛氏宗祠隔河相对的文昌书院。文昌书院门口挺立着一棵高大的樟树郁郁葱葱，树前立着一块石碑上，刻着"冲虚"二字。文昌书院现已经成为中国葛洪文化宁海纪念馆，我们入内参观。纪念馆展出分葛洪其人与葛洪文化、医学成就和传承、化学成就、道学成就和传承、其他成就、后世诗画欣赏、宁波葛洪文化遗存及研究和全国葛洪文化遗存，共8个部分。展馆面积虽不算很大，但内容丰富，令我深受教益。

下午我们继续参观湖头古村，其中有千年古井，座落在村中的大场门，自葛洪后裔始居以来，全村人丁都饮用两口井水，古井水源充足，水质清洌。此番寻访时，我等在古井前停留，见圆形的石井圈经千年以来的磨损，已经明显凹凸不平了。提水的竹竿头部带一铁钩，长年累月搁置在井圈上，便形成了一个深深的凹坑。井旁的墙壁上有两块凸出的石块，据介绍，是用来让取水人搁置挑水扁担的，石块明显有被磨损的痕迹，都显示了古井的历史。

我们参观村里的古时民宅，还在一座新建的抱朴讲堂前停留。最后，我们来到了西阳葛氏宗祠。历史上，西阳葛氏宗祠是葛氏家族祭祀先祖葛洪神圣的场所，也是各地葛洪后裔来宁海的寻祖之地。祠堂的一楼设置了"大通宣威府葛洪文化廊"，分前言、葛洪生平介绍、葛洪主要成就、葛洪家世、宋徽宗敕封葛氏家族、后世葛洪诗画、宁海葛洪后裔、宁海葛洪源流、葛氏宗谱序选读和结语10个方面内容。二楼分区设置全国各地葛洪后裔来宁波寻源的展示区。

二是，葛洪的民间信仰不少。相传葛洪隐居北仑旧瓶壶山炼丹时，宁波瘟疫流行。葛洪采集草药，为民防病治病，挽救百姓生命。因称颂葛仙翁的灵丹妙药，古称捣药山岩为"灵岩"，山名"灵峰"，山上灵峰寺内有葛仙殿。灵峰寺的葛洪信仰，据记载最晚自唐代就已经形成，千百年来信众朝拜长盛不衰，香客大多来自浙东镇海、鄞县、慈溪、余姚、象山、上虞、宁海和舟山等地。2012年，宁波葛洪民间信仰被确认为浙江省非物质文化遗产项目，现正在组织申报国家非物质文化遗产项目。

三是，葛洪文化研究兴盛。2003年11月7日至10日，由宁海县和浙江大学文学院联合发起，并经中宣部和国家文化部批准，"首届葛洪与中国文化国际学术研讨会"在宁海天河生态风景区举行。来自世界各地的近200名葛洪研究专家、学者及葛洪后裔参加会议，共同探讨葛洪与中国文化、葛洪与宁海等学术文化专题，会上收到中文交流论文113篇，英文论文9篇。会议协商成立"中华葛洪文化研究会（筹委会）"，有力促进了葛洪文化的研究。根据此次会议达成的共识，此后，又陆续在江苏句容、浙江杭州、广东罗浮山召开了全国性的研讨会，继续推动各地对葛洪文化的研究工作。

在葛洪后裔主要聚居地宁海，从 2016 年起每年举办葛洪文化节，还将文昌书院改建成"中国葛洪文化宁海县纪念馆"。全面介绍了葛洪医药学、道学等方面的成就，显示了葛洪文化的魅力，其中还展出了元代画家王蒙的《稚川移居图》，令人耳目一新。

如今，当地政府重视，民间也积极行动，正在深入研究和传承葛洪文化，以促进宁海经济和旅游事业的发展，造福当地人民。

海天佛国访道迹

舟山市位于浙江东北近海，有岛屿1390个，像大大小小的明珠镶嵌在东海的万顷碧波间，闪耀着灿烂的光辉。

春秋时期舟山属越，时称"甬东"。战国时期，楚灭越后，归属楚。秦王政二十五年（前222）后，甬东为会稽郡望县东境之地。隋开皇九年（589），废会稽郡，鄞、鄮和余姚三县合为句章县，甬东为句章县地。唐开元二十六年（738），甬东地始置翁山县，下辖富都、安期、蓬莱三乡。北宋熙宁六年（1073），改称昌国县。元至元十五年（1278），昌国县曾升为昌国州。明洪武二年（1369），复为昌国县。清康熙二十三年（1684），开海禁，移定海镇总兵于舟山定海，建舟山镇。

1950年5月17日，定海解放。1953年10月10日，经国务院批准，析定海县为定海、普陀、岱山县，并划入嵊泗县，先后设立过舟山专区、地区。1987年1月，撤销舟山地区，设立舟山市至今。

一

舟山道迹也可追溯到秦汉时期。定海道教开始于东汉末年，有单奇于马岙中峰洞修道，后人称为单奇洞，至今尚存。历史上也曾建过道观，如定海城南的道隆观、沥港大鹏山的福星观等，然历经岁月沧桑，现今已无存。

道隆观之名与舟山得名相关。追溯舟山之名由来，舟山其实是一座山，据宋孝宗乾道五年（1169）编纂的《乾道四明图经》载："舟山渡，去县南五里，趋城由此出，山形如舟，故名。"康熙帝也曾以"山名由舟，则动而不静"，诏改"舟山"为"定海山"。可见"舟山"实指定海城南的一座小山，其位置在今定海区人民南路与东海东路交叉口。

相传，此山即名道隆山，因山上有道隆观而得名。传说宋高宗南下避金兵于此观，得免于难，此后名声大振，引众文人雅士前往。元代文学家吴莱曾泊道隆观，有诗《登岸泊道隆观》记之，其中有句："檐楹偶潜伏，部伍争遁逃。将施攻城火，尚见斫柱刀。"传为当年宋高宗避难道隆观，金兵入内刀砍屋柱，却显血涌，大惊，遂退兵。后道隆山也因其谐音，民间称之"稻桶山"，20世纪，道隆山已被夷为平地，如今仅留下了"道隆山新村"，依然见证着这段被尘封的历史。

在舟山还流传着安期生、徐福和葛洪、梅福等四位仙道的故事，也留下了道迹，并见诸众多史料。

二

此番为撰写《浙江道迹洞天》，我向舟山有关部门和相关人士了解情况，得知舟山尚无对外开放的道教活动场所，也未成立道教协会。时任舟山市民宗局局长周开龙，曾在交通部门工作过，我便通过曾任舟山市交通委主任郑惠明先生联系，周丌龙先生专门请舟山市民间文学家协会原主席张坚先生撰写了一份资料，题为《舟山道教的起源——安期生、徐福及诸仙道在海上神山》，供我了解和参考。此外，我又通过原舟山地区文物管理办公室主任王和平先生的介绍，请舟山国际海运学院孙峰教授提供了相关资料。

据上述提供的资料，我又查询史料，梳理出8处道迹，分别是：桃花岛安期峰仙人洞、普陀山梅福庵灵佑洞、普陀山葛洪井3处道家遗迹，定海区白泉镇崇圣宫、普陀区六横岛东岳宫、岱山县东沙镇东岳宫、岱山县衢山镇桃花东岳宫、岱山县衢山镇乍门东岳宫5处民间信仰场所。

2022年7月26日，我从杭州乘车，直趋岱山。此行我邀请了老同事郑惠明一同前往，他曾任舟山市交通委主任，2001年调任浙江省港航局局长，后来又任浙江交通职业技术学院党委书记直至退休。尽管天气炎热，为了早日完成实地寻访，我还是冒暑出行了。感谢舟山市及有关县、区交通部门的同仁为我提供帮助，经过两天多时间，便圆满完成了8处道迹的实地寻访。以下分别记之。

之一，徐福出海首登蓬莱岛。相传徐福奉秦始皇之命，率童男童女数千人乘船出海，结果一去不复返。关于徐福出海的时间、地点和途径，旧史料也有一些载述，如《四明图经·昌国县》内所述："蓬莱山，在县东北四百五十里，四面大洋，耆旧相传，秦始皇遣方士徐福入海求神仙灵药，尝至此。"汤濬编纂于1918年的《岱山镇志·总志》内载："岱山本以乡名，自唐以来，即称蓬莱乡。"

如今，岱山摩星山的一濒海山顶上，已建成了徐福东渡纪念馆。馆内展示了蓬莱岛、徐福求仙活动的一些史料和近年研究成果。当年全国政协副主席、中国佛教协会会长赵朴初临岱山时，曾当场书写"蓬莱仙岛"四字，如今高悬在岱山慈云极乐寺之门楹。

之二，安期生炼丹桃花岛。相传秦时安期生在舟山几宝岭东侧岩洞中炼丹，岩洞入地3米余，现有洞额"万福来潮"，为清光绪二十九年（1903）四明杏村干姓居士捐资砌井并题额。清汪世泰有《仙人井》诗，云："闻说仙人井，山深彻骨寒。泉甘浑似醴，久旱不能干。"洞旁建有圣岩寺，至今已有400余年历史。

舟山市普陀区桃花岛，面积41.7平方公里。明洪武十九年（1386），桃花岛属昌国县安期乡，清康熙初建安期乡桃花庄，光绪年间为定海安期乡，民国时改称桃花乡，现为桃花镇。据《四明图经》载："桃花山，在县东南一百二十里，耆老相传安期生学道炼丹于此，尝以醉墨洒于山石上，遂成桃花纹……故山号桃花。"

桃花岛上有舟山群岛第一高峰安期峰、第一深水港桃花港和第一大石大佛岩。我多年前曾登上桃花岛，岛上奇洞怪石，林木葱茏，山花烂漫，风光旖旎。徜徉在碧海波涛间的美丽海岛，加之美丽的传说，令人流连往返。此番为寻访安期生在桃花岛对峙山上的炼丹古洞而来，也无心再探看岛上美丽的风光。一下船便跟随当地桃花岛镇党委委员吕红军，驱车直接上山。吕红军是部队转业到地方工作的，曾在普陀区文化部门工作，对当地情况十分了解，为我一路上介绍情况。不知不觉间我们就到达对峙山圣岩禅寺前，炼丹古洞就在圣岩禅寺的上方。

清光绪《定海志》载："圣岩寺在对峙山巅，同治四年里人创建。"后经查询，是山西的仙根法师协同里人依洞筑殿，创建圣岩堂。石洞面积约20平方米，有一巨石为顶，此洞相传是安期生修道炼丹之处。光绪十年（1884）改称圣岩寺。洞有殿堂、配房6间，1986年重修圣岩洞，供奉佛像。

1990年，在距安期生修

▲ 舟山市桃花岛安期峰上圣岩寺旁，有葛洪炼丹井遗迹

海天佛国访道迹 | 105

道炼丹石洞下约200米处，另建圣岩寺。寺院依山而建，从低到高有七层，渐次提升，气势恢宏。第一层为山门牌坊；第二层是放生池；第三层为天王殿，两侧配建寮房；第四层是圆通宝殿，东西配殿20余间及千佛殿；第五层是待建的大雄宝殿；第六层为安期生炼丹洞；第七层次为中华立柱和钟亭。现除第五层待建的大雄宝殿外，其余已经全部完工。

我们登上第一个平台，站在山门牌坊下，见放生池后面的岩壁上书写着一个巨大的"佛"字。登上第三层时，住持瑞通法师已在那里等候，但见法师个子高挑，浓眉大眼，一脸慈祥。接着我们便随法师一道，一边听他的介绍，一边继续沿着石阶一层一层地向上前进，如此一直登上第六层，来到了相传为安期生炼丹洞中。炼丹洞所在位置已接近对峙山巅，坐落在一个小院子里。据法师说原来洞侧仅为破旧不堪的草房，1990年以后重建成砖瓦房的。洞口只要稍低一下头便能轻松出入，进得洞内，可以看到洞面积在20平方米左右，洞顶离洞底面高度约有三四米，洞内除洞口透入光线外，没有其他进光处，现洞内已供奉神像并安装了电灯。在如此高山顶上的石洞内修炼，该是何等的艰苦啊！

参观结束，我们原路返回，来到第三层的客堂内，住持瑞通法师请我等落座、品茶，并介绍圣岩寺。瑞通法师，俗姓林，名俊六，福建福鼎人。他1980年出家，皈依信文法师，1981年在福建雪峰寺剃度。1986年云游到浙江，先后在普陀山普济寺、宁波天童寺数年，1989年来到桃花岛驻锡圣岩寺至今。瑞通法师驻锡圣岩寺时，寺院仅有三间破旧殿舍。法师虔诚正信，誓愿佛地重光，重修古刹。从此他不辞辛劳，克服困难，率领众僧伽、信众，共建道场。累30余年之功，终于建成了殿宇、寺庙设施，其难度是何其之大，着实令人叹服。瑞通法师住持圣岩寺以来，坚持勤修三学、纯正信仰，秉承爱国爱教、弘法利生宗旨，引导四众弟子为构建和谐社会作出贡献。获得了舟山市五好宗教活动场所、舟山市第二届宗教慈善奖、普陀区星级宗教活动场所等荣誉。

之三，梅福修道普陀山。汉代南昌尉梅福，字子真，九江寿春（今安徽寿县）人。晚年修道普陀山梅岑山西巅，居洞炼丹。后人为纪念他，建梅福庵，初创时间已无可考。据《四明图经》等记载，相传汉儒梅福在此炼丹。明万历年间，普陀寺住持如迥禅师于旧址重建庵院。万历末，有陆宝来游，题名"梅仙庵"，清康熙年间改名"梅岑庵"。至光绪元年（1875），殿宇历久颓圮，由普济寺住持隆璋和尚与徒妙昌等重建，复名"梅福庵"。1980年，经普陀山妙善大和尚主持筹集资金，全面修缮。2001年起，又复重修大殿，重铺明堂，翻修东西厢房。禅院建筑面积2292平方米，殿宇63间。

禅院大殿东侧后有炼丹洞，亦名"灵佑洞"，相传为梅福炼丹处。洞广约4米，内壁岩石嶙峋，壁间常年渗水不息，人称"仙水"，洞中塑梅福像。清忻文郁有《梅子真隐居》诗，云："解组归来不染尘，梅山小隐已全真。半间石室乾坤大，一路云乡草木新。丹灶药炉成胜概，青鞋布袜足闲身。阿谁漫说神仙事，如此风流岂世人。"

2022年7月27日，我们从朱家尖客运码头乘坐班船抵达普陀山，上岸后便换乘汽车来到梅福庵。但见大山门上写着"梅福禅院"，殿宇周围是一片高大的树林，显得十分幽静。梅福禅院规模不很大，但殿宇古朴，庄肃清辉。我们在寺僧引领下入寺参观。小山门上写着"华藏庄严"，院内正面是大雄宝殿，大殿檐下挂着弘一法师题写的匾额"慧日普照"，左右两侧是厢房。我们来到西侧独立的一座内院前，大门上写着"观音殿"三字，字乃是西泠印社副社长韩天衡先生题写的。穿过内院，便是灵佑洞，洞门上有清康熙年间学者吴瞻泰题的"灵佑洞"

▲ 普陀山梅福庵侧灵佑洞，当年梅福隐居炼丹处

额。门旁立着一块石碑，上面有民国戊辰岁（1928）住持宏顺重刻的碑文，其中有云："汉儒梅福，隐此修真。炼丹济世，方便利人。远近人士，莫不欢临。"墙边有一口古井，即梅福井，井围呈方形，井水清澈见底，味甘，传为当年梅福炼丹留存的丹井。明末清初鄞县人万言有《丹井》诗，云："丹灶无存汞已灰，一泓泉水碧山隈。须知当日乘槎意，不为求仙海上来。"

承蒙梅福庵监院华藏法师提供方便，为我们打开了灵佑洞的铁栅栏大门，让我等入内参观。洞十余平方米，内供奉梅福仙翁像，其侧有一泓清泉流出，石壁上有己丑（1949）冬的摩崖石刻，字迹清晰。联想到这里曾是梅福晚年虔诚修道之处，两千年来流传至今，不由得顿生敬意。

访灵佑洞后，我等来到客堂坐定，华藏法师很客气地请我等品茶、食用供果。交谈间得知，华藏法师，宁海人，1992年入庵，拜梅福庵监院清了长老为师。同行的郑惠明先生回忆道，他十几年前曾到访梅福庵，见到过清了长老，那天在庵中用餐，还是她亲手炒菜做饭。现梅福庵由华藏法师继任监院，她继承师父的遗志，率众潜心修行，弘扬佛学，爱国爱教，为促进社会和谐作出积极的贡献。

之四，葛洪井。传晋时葛洪曾来到普陀山，有炼丹井留存，称葛洪井。葛洪井位于普济寺后麓，灵鹫峰东侧。1997年建造普济寺后停车场时已被填没，今只存遗址。南宋袁燮有《葛仙丹井》诗云："竹屋虚明卧古松，葛仙丹井留遗踪。日长无事同僧话，指点云边三四峰。"

普陀山葛洪井已经消失多年，究竟在何处？此番我按照资料提示，在普济寺周围找到数人询问和指认，包括巧遇当年寺院建设亲历者、现为普陀山佛教协会常务副会长的普济寺智宗法师指点。最后，确认葛洪井的遗址是在普济寺后，现已成停车场和公路，旁边也建起了房舍，已无丝毫遗存。

三

舟山尚有一些属于民间信仰的宫观，据民宗部门提供的资料显示，舟山市有经登记的民间信仰场所计409处。有的年代较久宫观，尚存遗址。有的近年又在原址重修、重建，都属于民间信仰场所。

我此番选定5处宫观作实地考察，其中，东岳宫有4处。舟山尤其是岱山，东岳宫庙为"合境主庙"，与两晋时人口大南迁时的"侨置"有关，"岱山"为东岳泰山之别称，称"海岱"也。

现将5处宫观的考察所见所闻，并据史料记载，分述如下。

一是衢山镇桂花村东岳宫。桂花村东岳宫始建于清嘉庆四年（1799），1921年、1943年曾先后维修扩建。

衢山镇位于衢山岛，距岱山本岛华亭镇27公里，面积约59.94平方公里，人口7万，是岱山县的第二大岛。当年我在交通厅工作时，为考察海岛交通曾去过。退休后，为作社会调查，我又到过。此番我们到岱山的当日下午，便从衢山镇出发，不到一小时，就到了衢山岛。我等上岸后，已有镇党委委员赵世军和镇宗教管理员林碧红在等候我们。一番寒暄后，即随当地两位干部驱车直奔桂花村东岳宫。

桂花村村容村貌整洁，经维修后的东岳宫规模不算大，基本保持原貌。据村民们告知，东岳宫山门是清代的遗存。山门前的池中荷花盛开，在夏日的阳光下鲜艳夺目。我们进入宫内，就听到音乐声阵阵，绕到后面，见戏台上正在演戏，后院里坐满了看戏的村民，大都为年长者，足有三五十人。这里正是村民参与文化娱乐活动的场所，即当地的文化礼堂。为不影响他们观看，我等悄悄地在东岳宫内边走边察看。见到有光绪三十二年（1906）四月立的《勒石永禁碑》，大意是，有人为得私利，在村后山上乱翻挖石头，捕捉蜈蚣，以作药材卖，导致石块滚落，屡屡毁屋伤人。众村民到官府申告，要求禁止。官府采纳并告示严禁，如违犯，重惩不宽贷，故勒石永禁。

通过现场考察和与当地干部村民的交谈，不仅让我认识东岳宫，还让我了解到桂花村的一些基本情况。桂花村经济以盐业为主，是岱山盐业的产地之一。兼营农业、渔业和水产养殖业，村民淳朴、勤劳。改革开放以后，在党和政府的领导下，桂花村经济有了很大发展。进入新世纪，乡镇工业蓬勃发展，村级经济逐年增长，人民生活已经实现了从温饱向总体小康的历史性跨越。

二是衢山镇乍门东岳宫。结束桂花村东岳宫的寻访，我们继续前往衢山镇万良社区乍门村。当我们来到乍门村办公楼前，一打听，方知道东岳宫就在办公楼的后面。据光绪《定海厅志》记载，乍门东岳宫始建于清嘉庆二年（1797），后历经废兴。原有建筑面积1240平方米，布局为三进，分前大殿、中大殿万年台，后大殿及东西厢房。乍门东岳宫历来是衢山下半岛群众娱乐集会的地方，也是信众宗教活动的场所。1958年前大殿、中大殿万年台被拆，1964年后大殿及东西厢房亦被拆除。2002年由民间筹资重建东岳宫大殿，现有大殿三开间，其旁还有两间公用房。

大殿内主奉东岳大帝男女双神像。大殿门额"东岳宫"，其上还挂一匾，上书"岳宗泰岱"。大殿门两侧有联："山水常明华夏有九州英明大府；泰岱登封位置抑五岳中庸长青。"殿前有一片空地，与殿相对是一个戏台，平时在这里放映电影，演出戏剧节目等。在新建大殿的柱础中，我看到有古时留下了的旧石柱础。围墙墙脚处，还有弃置的几个旧石柱础。村党支部书记戎其苗称，下一步打算与其前面毗邻的村办公楼移地改造，以扩建东岳宫。2009年6月，岱山县人民政府公布，乍门东岳宫为县文物保护点。临走时，我见到了路旁竖立着镌刻着"东岳宫县文物保护点"字样的一块石碑。

三是东沙镇司基东岳宫。岱山东沙镇司基东岳宫始建于宋宣和年间，清道光十九年（1839）毁，二十七年（1848）重建。20世纪60年代再毁，1997年复建。东岳宫坐北朝南，占地面积2000平方米。现有山门、前后大殿、左右厢房及戏台等建筑物。后大殿5开间，单檐硬山顶，明间抬梁结构用9桁，其余穿斗结构。1988年9月岱山县

政府公布东岳宫为岱山县文物保护单位。

我们一行在东沙镇党委书记张鋆的引领下参观了司基东岳宫。修葺后的东岳宫山门傲立，宫观古色古香，保留着原传统建筑的风貌。山门对面的墙壁上有不少文字和画图，介绍东岳宫的历史。从山门入内，见院内宽敞、整洁，大殿前立着几方石碑。有岱山县委、县政府1985年10月立的纪念碑。

▲ 岱山县东沙镇东岳宫留影，左起：张鋆、郑惠明、作者、江建能、胡健、林栋

我们结束岱山考察，便在东沙镇海边的一处农家乐用餐，有幸还与岱山县政协原副主席蔡松岳和岱山县文旅局原局长陶和平相逢。蔡松岳曾任岱山县交通局局长、县委常委兼衢山镇党委书记、县政协副主席，与我是老同仁、老朋友。为了给我介绍岱山道教遗迹，他特意请陶和平先生与我相见，晚餐时我们作了交谈。陶先生还送我一本他的著作——《舟山海神研究》，供我参考，我连连致谢。

四是定海区白泉镇崇圣宫。次日一早，我们前往定海区白泉镇，寻访崇圣宫。据《白泉镇志》记载，崇圣宫地处十字路东南偶宫门畈田中央，初建于宋建隆年间，本祀关帝，宋宝元元年（1038），神照和尚改奉佛像，名崇圣庵。至清代，八庄民众更祀东岳大帝，改为东岳宫。清同治十年（1871），厅同知左澄与士民集资拓建，时占地面积约十亩，分山门、大殿、后殿三进，中有戏台，左右偏殿，四周围墙，为东乡诸庄赛会迎神之所。1949年存大殿5间，宫前有放生池（又称太平池），面积500多平方米，四周石块砌筑。

据1975年参加治理河道的白泉公社发展大队团支部书记王和平先生（后任舟山地区文物管理办公室主任、文博馆员）回忆，当年崇圣宫大殿尚存，四周有围墙，是作为白泉青年突击队存放农具的场所，但已十分破旧，房屋严重倾斜。在崇圣宫西侧开挖河道时，还发现过宋代船只，可惜年代久远，发现时已经腐烂。1994年12月于宫基

挖出清光绪年间石碑一方，现存白泉镇政府大院内。

白泉镇党委委员陈正斌带领我等前往，到后一看，眼前是一座新建的宫观。举目望去，见宫观前道路开阔，门前立着一座四柱石牌坊，上有三层石挑檐，二层挑檐居中位置上有一额，上书"遵道修德"四个字。牌坊四柱上有重建发起人王信良先生所撰的两副楹联："数百里地面好风卷银涛碧浪；几千年古迹时雨润老树新花。""燕语鸟啼争传天南地北舒心事；山欢水笑盛赞古往今来如意年。"牌坊前方两侧各有一六角石亭。

进入观内，我们边走边听陈正斌先生介绍，崇圣宫为山门、前殿、后大殿三进。前殿大门上有额"崇圣宫"，此三字是高信一道长所书。前殿大门两侧有联："云行雨施，注崇土境界；理大物博，丰阜圣气方位。"前、后殿间的左侧有一石砌的方池，名"血湖池"，上架一"仙桥"。

据王和平先生介绍，崇圣宫易地重建于1998年6月，由时任崇圣宫文化乐园负责人王信良带领众义工，筹集资金、组织设计、准备材料及开工建设，经过近两年时间的努力，于2000年初基本完成重建工作。崇圣宫占地面积四五亩，资金投入数百万。2012年开始，崇圣宫又进行了一次改造提升。由第二任崇圣宫文化乐园（崇圣宫管理小组）负责人姜其松带领义工，经过五年的多时间努力，对前大殿、慈航殿、十殿及地藏殿等进行了改造和重建，令崇圣宫面貌有了较大的改观，设备设施也更为完善，其占地面积亦增加至十亩左右。2016年，经上级政府宗教管理部门批准，崇圣宫成为信众民间信仰的场所，同时也是当地村民文化娱乐的一个阵地。

五是六横镇东岳宫。位于舟山市普陀区六横镇嵩山村的东岳宫，背靠嵩山，三面环山。东岳宫始建于清嘉庆十八年（1813），民国十年（1921）重修，当时有前后大殿各5间，东西厢房各9间，宫外生活设施用房10余间，建筑面积1500平方米，占地面积4500平方米。正大殿供奉东岳大帝，东侧为速报殿，西侧为五祖殿，前大殿为灵官殿。

1956年，东岳宫改建为六横中学。1990年底至1997年，岛内外一些老者、信众自筹资金，在原东岳宫旧址后面建起了与原规模、宫形相同的东岳宫，历时五六年建成。2009年因火灾被毁。在上级宗教部门和当地政府的关心支持下，当地再次捐资重建，于2010年农历十月底完工，其规模、造型、建筑工艺超越前宫，还相继建设了聚星亭、逍遥亭和九龙壁等。现东岳宫建筑面积2800平方米，占地面积7900平方米。

此番舟山考察的最后一站，便是普陀区六横镇嵩山村东岳宫。2022年7月28日一早，我们从住地出发，前往六横。舟山市交通运输局办公室主任方其，送我们到达码头，然后由舟山市交通运输局副调研员李旭东陪同我们上六横岛考察。

李旭东先生是六横镇人,对当地情况熟悉。在他和六横分局局长乐小勇的带领下,我们驱车来到嵩山村东岳宫,当地镇政府已经有人在那里等候。我在入口处,就看到了高大挺拔的石牌坊,牌坊后面的路旁,还有不少有关六横的历史记载,图文并茂。继续往前走,我们来到东岳宫前。果不其然,原来的东岳宫遗址上已经建起了学校,校舍规整,周围是围墙,看上去规模不小。重建的东岳宫位于原址后面,中间隔着一条路。东岳宫大门敞开,大门旁边的墙上挂着金黄色的牌子,上有:"浙江省民间信仰活动场所东岳宫,浙江省民族宗教事务管理局监制"字样。我们进入其内,从前殿到后殿依次参观,但见场地宽敞,殿宇是皆按原宫观的形状而建的仿古建筑,红墙黛瓦,雕梁画柱,飞檐凌空。

▲ 寻访舟山道迹,在六横岛东岳宫石牌坊前留影。
左起:杜爱松、作者、郑惠明、李旭东、乐小勇

中餐毕,完成舟山道迹的寻访、考察,我们径直乘轮渡,从舟山六横码头抵达宁波郭巨码头,再经杭甬高速公路返回杭州。

第二辑

大运河诗路上的道迹洞天

抱朴道院葛岭上

在杭州西湖北侧，高耸的北山，沿湖自东边的宝石山向西边的栖霞岭蜿蜒延伸，横亘数里，葛岭就在宝石山和栖霞岭之间，抱朴道院就在北山的葛岭上。这里山色葱茏，湖山辉映，闹中有静。抱朴道院东面有保俶塔，西挨初阳台，北靠牛背脊，山后是黄龙洞。

抱朴道院，因东晋著名道士葛洪曾在此建抱朴庐，炼丹修道而得名。后人便将他住过的山称为葛岭，并建葛仙祠奉祀。元代因遭兵火，祠被毁，曾改称玛瑙山居。此后，历经多次毁建、修葺，后以葛洪道号"抱朴子"而改称抱朴道院至今。旧时抱朴道院与黄龙洞的黄龙祠、玉皇山的福星庵合称为西湖三大道院。现抱朴道院是全国对外开放的 21 个重点道观之一。

一

葛洪（283—363），字稚川，自号抱朴子。东晋著名道教学者、炼丹家、医药学家。其生平详见前《宁波道迹和葛洪后裔》一文，此不赘述。据《晋书》记载，葛洪曾"于余杭山见何幼道、郭文举，目击而已，各无所言"。这是最明确的他到过杭州的记录。今抱朴道院内尚有葛仙庵、炼丹古井、炼丹台等古迹。南宋诗人董嗣杲有《葛岭》诗曰："白云几叠翠岚重，往往疏钟出梵宫。石骨谁人镌佛像，岭头何处觅仙翁。楼台水月丹青地，帘幕莺花锦绣丛。游子莫支苍竹去，风雷容易起虚空。"

据称杭州西湖旁有四处葛翁井，一在葛岭上，二在仙芝岭，三在翁家山，四在天竺山下。明万历《杭州府志》中记："葛井，在西湖北，赤霞岭东，昔葛洪炼丹之所。宋贾似道赐第于此，有别墅名'养乐园'，久废。萨天锡诗：'炼丹仙子渺茫间，一夕乘风去不还。火冷炉头灰已尽，云封洞口岭长闲。千年瑞气生瑶草，半夜天风响珮环。真境空明自今古，烟尘依旧隔瀛寰。'"

晋建兴二年（315），葛洪返回家乡，隐居深山继续从事《抱朴子》的创作。建武元年（317），元帝念葛洪旧功，赐爵关内侯，食句容二百邑。因他才华出众，友人荐葛洪为散骑常侍，皆辞而不就。咸和二年（327），葛洪听闻交趾产丹砂，自行请求出任句漏（今广西北流）县令。获准后，葛洪遂携家小南行赴任，途经广州，会晤刺史邓岳。由此可见，葛洪应是在建兴二年（314）至咸和二年（327）隐居家乡的十三四年里，方得游至余杭、钱塘等地，还见过何幼道、郭文举。晋有余杭县、钱塘县，分别隶吴兴郡、会稽郡。《晋书·郭文传》亦记载："余杭令顾飏与葛洪共造之，而携与俱归。"说明这段时间，葛洪确实来到了余杭、钱塘（今杭州），才有了如今杭州葛岭一带的葛洪修道、炼丹的古迹。因葛洪在此炼丹修道期间，常在山上采药治病，时发瘟疫，他在井中投放丹药，饮者不染时疫。为方便行人往来，他还开通山路，因此后人称其住过的山岭为"葛岭"。

二

抱朴道院的前身是葛仙庵，或称抱朴庐，还有旧名福地院、涵青道院、玉溥宫等。历史上几经兴废，据马晓坤著《灵府琼馆留凡间——记杭州三大道教宫观》记，至唐代刺史李泌建殿宇祀之，初名葛仙祠，祠堂门额书"初阳山房"，当时曾建一石亭，谓初阳亭。宋代兴道教，这里曾兴建道观。葛洪后裔也曾捐资重建过葛仙庵，明代《重建葛仙庵碑记》记："仙翁后裔葛栋，同男志淳、成纬、成纶、侄正荣，捐资囗地，拓山重建楼宇。上祀仙翁，下奉祖考宗亲。"

抱朴道院所处葛岭，山色迷人，林木掩映，清静雅致，因而南宋时宋高宗曾将其作为御花园。据周密著《武林旧事》记载，南宋朝廷在临安（今杭州）的御花园有十余处，此处称"集芳园"，宋理宗时将此御花园赐贾似道，并赐御书"清静道场"。元代，部分宫观毁于兵燹，祠庙被毁。明初重修，此后历代皆有毁建。民国二十六年（1937），抱朴道院由玉皇山福星观接收主管。

20世纪60年代初，抱朴道院仍为道教活动场所。我还依稀记得，在浙江大学读书时，周末同学们会三五成群到西湖游览。有一次，我和几位同学曾到过抱朴道院，在那里坐下来喝过茶。当时院内显得有点冷清，尚有少数坤道接待我们，并送上茶杯、茶叶和暖水壶，由我们自行沏茶、添水。此后，由园林部门使用管理。1983年落实党的宗教政策，抱朴道院归杭州市道教协会筹委会管理。此后，由杭州市道协主持修复道院殿宇、神像雕塑。2003年1月11日，正式向信众游人开放。

现抱朴道院有正殿葛仙殿，东侧为半闲草堂，南侧为红梅阁、抱朴庐、元辰殿、救苦殿，其旁还有炼丹古井、炼丹台、葛仙庵碑等古迹。

三

为撰写《浙江道迹洞天》一书，我登葛岭重访抱朴道院。从西湖边的北山路到达葛岭脚下，首先看到一座砖石结构赫黄色的穹门，穹门正面题额"葛岭"，两边有联，上写："初阳台由此上达；抱朴庐亦可旁通。"两侧分别写着"抱朴""道院"大字，穹门后面题额"黄庭内景"。穿过穹门，行过一段平缓的石径路，便开始上山。一路拾级而上，树高景幽，中途经过"流丹阁"石亭，折个弯，再循级往上，便可抵达抱朴道院山门。山门前方下侧，有一石上刻着"流丹千古"四个大字，字壮硕有力。道院围墙色黄，瓦盖如鳞，若游龙起伏蜿蜒。山门前立一尊高大的铁香炉，山门侧的黄色围墙上书写着硕大的"抱朴道院"四字，十分显目。

2019年9月9日，我与浙江省民宗委处长楼剑涛、省道教协会秘书长周军先生一同访抱朴道院，抱朴道院住持王崇坤道长接待我们。王崇坤道长，温岭人，师从高信一道长，为全真道龙门派第二十六代，现为杭州市道教协会副会长。她向我们介绍了道院的基本情况，以及原道院住持高信一道长当年带领道众克服困难，重修道院的情况。她还给了我一份她撰写的有关高信一道长的资料，供我参考。

我们一一参观了抱朴道院，从红梅阁、半闲堂、抱朴庐、葛洪殿到山门，以及道院的仿宋代园林假山、明代《重建葛仙庵碑记》和炼丹古井等遗迹。

道院的主殿是葛仙殿，供奉葛洪以及吕洞宾、朱天君。葛洪殿前挂着"抱朴道院"额，是1985年夏由沙孟海先生题写。两侧有抱柱联，由陆俨少先生书写，联为："三生宿慧全真性；一路清阴到上头。"还有朱关田、俞建华先生题写的联额等。此外，殿外墙上还挂有中国道教协会制的铜牌，上面标示"重点宫观，抱朴道院经国务院（83）60号文件定为全国道教对外开放21座重点宫观之一"。

炼丹古井在殿宇后院墙外，我等仔细察看，井已废弃，一个磨损严重的石井圈尚在，看得出历经沧桑。其旁立着一碑，镌刻着"炼丹古井"四个大字，丙寅年（1986）由书法家葛德瑞先生题字。旁边便是文物考古时发现的"半闲草堂"的遗址。

这次寻访，收获很多，遗憾的是没遇见高信一道长。不久后我寻访临安洞霄宫时，当地人介绍说20世纪40年代后期，高信一道长曾担任过洞霄宫的住持。高信一道长俗名长根，1934年4月生于浙江省杭州市，道号一愚山人，为全真龙门派二十五代弟子。曾任杭州市政协委员、杭州市道教协会负责人、中国道协常务理事及副秘书长等职。1999年，被选为浙江省道教协会第一届会长。2013年7月，他被礼请为浙江省道教协会名誉会长。

2019年12月9日，我再次登上葛岭，遵约到抱朴道院拜访高信一道长。那天，是高道长中医门诊接诊日，我去时，因正好有病人在就诊，他请人给我施茶并示意我稍等。我便在一旁静候，待到为候诊的病人一一诊治并开方完成后，他便热情地接待了我。看得出高信一道长很爽朗，且身体清健，八十多岁高龄依然行动敏捷，精神矍铄，说起话来中气十足。

▲ 登葛岭，访杭州抱朴道院，在道院前作者与高信一道长（左）留影

高道长自幼父母双亡，6岁就度入道门，在杭州玉皇山福星观出家学道，随师长们学习诵经修道，学医习武。9岁那年，他来到余杭洞霄宫。由于他从小机灵好学，进步很快，得到全山道众的喜爱，是同辈师兄弟中的佼佼者。尤得李理山道长的赏识，常将他带在身边，亲授道义。14岁那年，高道长担任洞霄宫住持，他依靠道众，把洞霄宫管理得井然有序。1951年，高信一道长应师父李理山道长之召，回到杭州玉皇山福星观，任杭州玉皇山福星观住持，为杭州道教协会（筹）常务委员。后来道观活动停止，由于他精通医道，便在杭州市卫生局领了证，开设了当时杭州唯一一家私人诊所，成了杭州一名名中医师。1983年，落实党的宗教政策，杭州市园林部门将抱朴道院归还杭州市道教协会筹备会。1984年3月抱朴道院对外开放，1985年4月杭州市道教协会成立。由于道院长期关闭，殿宇破旧不堪。高信一道长接手道院修复工作后，便与十几位志同道合的老道长，并带领年轻信众，克服困难，历经二十余

载努力，重新修整抱朴道院，令道院面貌焕然一新。高信一道长教导青年道众要爱国爱教。他经常说："修道必先立德，千万不能做无德无才、有才无德、害人害已的教门败类。"

2001年，抱朴道院不幸遭遇火灾，刚刚修复的道院部分殿宇又遭毁损。道众继续筹划复建山门、葛仙殿、半闲堂，并修复红梅阁、抱朴庐等。至2003年全部竣工。为方便香客、游人上山，道院道众自己动手，修通了从山脚到道院的路——166米高的登山台阶。

早年，山上缺水，道院要组织人挑水上山，供饮用和消防之需，工作量很大，也十分辛苦。为此高信一道长带领大家在道院内山坡的岩石上，一连开凿了13个可储存800多吨水的蓄水池。又按照规划和设计，逐步在蓄水池上盖上钢筋混凝土盖板，先后在地基上面兴建部分建筑。如此，既建了蓄水池，可供应道院饮用水，满足道院消防之需，还解决了道院部分建筑的建设用地。这种在"螺蛳壳里做道场"的顽强精神，得到社会人士的赞叹！道院为节约资金，得到了有关部门支持，将修建西湖大道时拆下来的金华将军庙许多木料搬运上山，重新使用。在院内还建起了茶室，既方便游客歇息、赏景、品茶，很有特色，同时也为道院增加收入。抱朴道院坚持勤俭节约，不乱花钱。高道长一言以蔽之："道士，出家人，简朴就好。"

四

20世纪80年代初，在高信一道长的主持下，在爱国爱教思想的感召下，抱朴道院集聚了不少德高望重、道艺超群的道长，致力开创道务的新局面。其中有通晓斋醮科仪的，有明达乐理、乐器的，有习武养生的，都发挥各自特长。同时，注重培养年轻一代的道长，组成一支以青年道众为主体的经韵队伍。1992年6月，成立了抱朴道院音乐团（后改为法务团）。由于道教音乐都是师徒口传身授的方式传承，没有统一的乐谱。于是由年长的道长们先记下原工尺谱，然后再翻译成简谱，用于日常学练。后来又请徐宏图、曹本治教授根据道长们的吹、拉、弹、唱的录音，整理归纳形成一套具有江南丝竹特点的乐谱。收录于《杭州抱朴道院道教音乐》之中。杭州抱朴道院的经韵玄音以独有的杭州韵为特色，具有浓厚的宗教文化特色和感染力。

1992年，中华首届大庙会在深圳罗湖举办，杭州抱朴道院乐团作为全国道教唯一参加的道乐团,在首届大庙会精彩亮相。那荡气回肠的道教音乐,让海内外同胞耳目一新。演出结束后,抱朴道院音乐团受到时任全国政协副主席程思远先生的接见,并现场题字表扬:"弘扬华夏民族文化,祝贺抱朴道院音乐团演出成功。"1993年,杭州抱朴道院法务团赴北京参加中国道教协会举办的罗天大醮法会活动。2004年,应邀参加新加坡第四届道教音乐会。让抱朴道院新一代道众在参与活动的过程中,得到历练和成长。

2007年11月,第一届"长江三角地区道教论坛"在苏州召开,会上杭州市道协与江苏、上海道协共同起草了关于道教自身戒律建设的长三角地区"道教清规榜"和"宫观管理共识"。2011年杭州西湖申遗成功,抱朴道院与道教文化被列入西湖景观世界名录。

在美丽的西子湖畔,静静隐匿在葛岭一隅的抱朴道院,承载着千年历史文化的积淀,如今依然与青山白云为伴,清香袅袅,道音幽幽,显得那么淡雅、宁静。应着了《道德经》第十九章里说的:"见素抱朴,少私寡欲。"然也!

玉皇山巅福星观

杭州玉皇山巅有一座千年古观——福星观。福星观历史悠久，始建于唐，发展于宋、明，兴于晚清，盛于民国。

一

玉皇山，初名界石山，后又名龙山、卧龙山、玉柱峰、龙华山、育皇山等。万历《钱塘县志》载，玉皇山又名育王山，俗称锅子山，因顶有玉皇殿，后人称玉皇山，明清称"玉皇山"至今。玉皇山在杭州古城之南，南临钱塘江，北观西子湖，东接凤凰山，西南连着南屏、大慈诸山。玉皇山海拔240米，山体挺拔，一山披翠，山顶常有云雾缭绕。1985年杭州评选新西湖十景时，得景名"玉皇飞云"，成为新西湖十景之一。

玉皇山南是杭州名胜古迹集中，文化积淀十分深厚之处。由政协杭州市上城区文史资料委员会、杭州市玉皇山南综合整治工程指挥部编撰的《玉皇山南话沧桑》一书里有记载，如钱王祭天的吴越郊台、五代吴太后墓、吴越钱元瓘墓；如国家重点文物保护单位梵天寺经幢、慈云岭造像等历史文化遗存，吴越古寺梵天寺、南朝古刹栖云寺遗址；如老虎洞官窑址、南宋官窑乌龟山官窑遗址。还有浙江第一码头之称的钱塘江南星桥码头、钱江第一桥的钱江大桥；玉皇山下的八卦田、吴越时期的灵鳗古井与金井、依山傍水玉皇山南的民居、行业会馆；开近代教育先河的之江大学。再有，五代时吴越钱王曾建坛祭天，后明朝时于此处建成了规模宏大的天真书院，到了清朝书院又变成了一座寺庙，50多年前废圮无存，但仍留下了历史的印痕。

二

2019年11月8日，我相约浙江省社科院哲学研究所所长陈永革先生，由他驾车，

▲ 访杭州玉皇山顶福星观，董中基道长（中）与作者（左）、陈永革（右）合影

一同来到玉皇山福星观。车停在观侧的停车场，我们到观内稍候片刻，福星观住持董中基道长就过来接待并作交谈。董中基道长是浙江省道教协会会长、中国道教协会副会长。

随后，董道长陪同我们参观了道院各处。

玉皇山福星观始建于明正德十年（1515），内主殿供奉玉皇大帝，俗称玉皇宫。清咸丰末年（1861），福星观毁于兵燹，同治九年（1870）重建。昔日玉皇山有南天门，入南天门向西的主轴线上，依次是山门、真武殿、大罗宝殿、斗姥阁。大罗宝殿又称灵霄殿，是福星观的主殿。大罗宝殿前庭院中左右各有一井，左日井，右月井。庭院东侧是客堂，西侧是祖堂。福星观建筑群中轴线两侧各有三进院落，自南至北，东侧有茶房、厨房、丹房、过廊、斋房和三清殿等；西侧有客房、十方堂、丹房、白玉蟾井、过廊、厢房和三官殿等。今道观大都是在原基础上修建的。近年来，在政府有关部门重视、指导下，得到社会各界的支持，并通过道众的努力，福星观殿宇、园林已修葺一新，还兴建了登云阁、望湖楼，供游人远眺。2004年7月，作为道教活动场所，恢复对外开放。2008年11月6日上午，玉皇山福星观举行了殿宇重辉暨神像开光法会。按道教规制举办水陆法会、斋醮科仪，还举办了传统道教音乐演奏、道教养生活动等，展示了道教文化的魅力。

告别董道长，离开福星观后，我们决定到观下方、位于玉皇山半山腰的七星缸和紫来洞寻访。七星缸就在紫来洞旁边。七星缸侧有1997年8月杭州市园文局凤凰山管理处立的碑，上镌刻着《七星缸简介》，称："七星缸，始建于后晋天福二年（937），缸以北斗星座排列而名。相传，旧时杭城火患频频，前人信形家之言，谓玉皇山山势如'龙'所致，乃铸缸七口，置于玉皇山紫来洞东北角，以镇'离龙'，消除火灾。据载，由于历史之由，七星缸屡建屡毁，仅清雍正至光绪年间就达五次。丁丑之年（1997）园文局耗资四十万元再次置之，旨在恢复'铁缸列宿'景观以飨游人。"按古代五行理论，离卦属火，坎卦属水，把火龙请到坎地水盛之处，火龙被水灭了。这便是杭州民间一个传说，七星缸镇住火龙，使杭城无虞。杭州还有一句老话："七星钉飞火，只差水一桶。"

接着我们继续下行，来到了紫来洞。紫来洞是西湖七大古洞之一，洞口以下有三个不同洞室，是清代福星观的紫东道人据山势开凿扩大而成。在紫来洞左侧的斜壁上，刻着"紫气东来"四个大字，是著名书画家、中国美院教授陆俨少先生的手迹。进入洞内，宽敞开阔，大洞套小洞，洞顶还有通天洞口与外接通。洞前有一个偌大的地坪，设有茶室，人们可以在此饮茶品茗。站在坪上，俯首可观玉皇山麓的古迹八卦田。那日天气晴朗，我们向下望去，八卦田显得十分清晰。

▲ 杭州玉皇山腰的七星缸

作为南宋古都的杭州城，留下的古迹、遗存甚少，八卦田则是难得的一处地面遗存。明朝田汝成在《西湖游览志》卷六内记："宋藉田，在天龙寺下，中阜规圆，环以沟塍，作八卦状，俗称九宫八卦田，至今不紊。"现在，这里已成了集中展示我国传统农耕文化的一个游览区——八卦田遗址公园，门口立起一个石碑坊上镌刻着"风调雨顺"四个大字。

三

返回后，我查证众多史料，回忆寻访时的所见所闻，试记福星观的沧桑变迁。

据清人卓炳森《玉皇山庙志》记载，福星观初建于唐开元年间，相传有一位上山采松花的老人，路遇一道人，问之，则曰"特朝三清道祖"，说罢即隐。一时间传扬开来，于是有人开山启建了玉龙道院，院内建大罗宝殿，供奉三清教主。五代时，吴越王钱镠曾从明州（今宁波）迎阿育王像供奉山上，故玉龙山又称育王山，成了佛教胜地。

历代有名道来此修炼，据《杭州玉皇山志》载，相传五代刘海蟾亦曾到此面壁九年，并留偈："参出真空不夜天,娘是我来我是娘。无为一体主人翁,玄妙消息永无穷。"

宋仁宗年间,敕建玉龙道观。南宋名道白玉蟾（1194—1229）到临安府（今杭州市）传教,颇得宋理宗赞誉,奉皇命主管御前道观太乙宫,赐封"紫清明道真人"。他曾到过玉龙道院炼丹,现福星观内尚存"玉蟾还丹井"。明初名道张三丰也曾在玉龙道山修道。由于众多名道的到来,在明代以前,玉龙道院的声望也日益提高。

福星道观之名始于明代中期。有道士罗普仁在此修行13年,大悟超凡。正德十三年（1518）,他扩建玉龙道院,正式取名为"福星道院",又称"福星观",罗普仁也因此被尊为福星观的开山祖师。

清代福星观进入了发展期,雍正年间,浙江总督李卫在山顶开日月池,置铁铸七星缸、建七星亭于山腰,以制杭城火灾。福星观同治中兴。同治三年（1864）,天台山崇道观全真道士蒋永林,来到杭州玉皇山,见此地山明水秀,便结茅而居,发愿重修玉皇宫。他不管风霜雨雪,日行数十里。化缘数载,终于感动地方官府和当地民众,得到支持和资助。当时浙江巡抚杨昌濬与布政使卢定勋、杭州知府龚嘉俊,以及钱塘、仁和知县等慷慨捐资,经过近十年的努力,至光绪元年（1875）告成,悉数修复了旧观的殿宇,如大殿、二殿等,还恢复了七星铁缸和七星亭。后又募建南天门、石碑坊、三清殿、三官殿、斗姆阁、报本堂、客堂、方丈室等。并将山顶日月池开浚,水量充沛。福星观呈现一派丛林之风,应各处绅耆来请,往余杭、临安二县之洞霄宫,杭城之佑圣观、镇海县之渊德观、嘉兴之玄妙观、四乡之东岳庙,助其整顿,后均派徒分往住管。

据民国《杭州玉皇山志》记载,蒋永林（1836—1896）,号四为,别号长青子,金华东阳人,自幼持斋好道,后至天台山崇道观出家,二十八岁由天台来到玉皇山福星观,为龙门派第十九代宗师。光绪二十二年（1896）羽化,并留下偈曰："谁能独立苦坚心?皇天不负一志诚。大罗殿内清静客,赤足大仙下凡尘。"

继蒋永林之后,福星观由紫东道人李理山主管庙务,李理山（约1873—1956）,江苏南通人,福星观弟子,中年云游四方,参学各地大山名观,后返回福星观。民国八年（1919）,道众公推李理山为福星观方丈,此后受任长达30余年,为福星观和浙江道教事业发展作了贡献。李理山受任后,首先重修观殿堂亭阁等建筑,重修了白玉蟾还丹井。此井相传为晋代郭璞所凿,后白玉蟾到此炼丹故名。李理山重修后水泉涌出,大旱不竭。李理山还修建了一条一丈五尺宽的上山公路,开辟紫来洞,建造七星亭、月保亭等。美化玉皇山福星观周边环境,使之环山竹木葱茏、花卉芳丽,玉皇山顶的福星观成为杭州登高望远的佳处。民国丁卯年（1927）夏,管华（恭裕）夫人上山进香，见山上水源缺乏，捐款建池，三载告成，取"天一生水"之义，取名天一池，李理山为之撰记及跋。民国文人来裕恂赋诗一首，曰："管华夫人信道坚，怜山水乏火防然。捐赀池凿祈灾免，天一留名万古传。"

同时，福星观积极倡导并践行为社会多做善事，此亦是道教的优良传统。李理山率道众共同努力，聘请两名教员在慈云洞的客堂内，开办了慈云小学，接收了从上海转来的河南灾民12岁以下儿童40名。坚持办校五年，后终因经费无着而停办。日军侵占杭州期间，据许圣元先生《洞霄宫》载，福星观曾三次收容上山难民，第一次为3000余人，第二次为1200余人，第三次为1400余人。一日供米粥两餐，任其饱食，茶水不断，供给衣服。还备有医药，为之治病。观内房屋不够用时，又在玉皇山东南首山腰隙地搭建庐舍，为时长达一年之久。

晚清民国时期，时局不稳，民生凋敝，道教也在风雨飘摇中衰微，难以为继。各地道观纷纷求助于福星观，希望归属福星观主管，李理山方丈尽力帮助，先后接管了10处道院，其中城区6处：金鼓洞鹤林道观、葛岭抱朴道院、吴山南麓玄妙观、吴山第一峰伍公庙、仁和仓桥朱天庙、西大街火神庙。外地4处：余杭金筑坪天柱观、大涤山洞霄宫、镇海县渊德观和武康县筹山升元观。此外，抗日战争期间，还设福星观上海分院，设立平安道场，举行祈祷全国平安和世界太平大会，还特设八一大醮，超度全世界阵亡将士英魂。显现杭州福星观李理山道长"抱普济慈心，负规为钜责"。

随着杭州福星观的声望越来越高，渐成东南地区道教中心。民国二十六年（1937）4月，杭州市道教协会成立，会址在十五奎巷玄妙观，李理山当选首任会长，并兼任福星观方丈，一直继任至50年代。

四

玉皇山顶福星观，千百年来，不仅有道众、信众问道访观，也引得众文人墨客寻迹登山，留下了诸多宝贵的文化印痕，下面摘录些许。

相传唐代吕洞宾云游至此，题下一诗：

> 七宝庄严五色丹，六通四达出尘埃。
> 个中滋味神仙喻，遇有缘人笑口开。

宋代白玉蟾驻道院，为炼丹而拓井取水，后此井称"玉蟾还丹井"，他曾有诗：

> 玉皇有敕问神霄，谁去骑龙乱作妖。
> 自别雷城一回首，人间天上已相辽。

清代郭祖翼有《九日登玉皇山》诗，曰：

> 猿鹤何劳漫见猜，偶随同队踏崔嵬。
> 路从落叶堆中辨，人自群山缺处来。
> 石笋屡妨游屐折，菊花多傍寄筵开。
> 题糕无句酬佳节，权向西风醉一回。

福星观重建后，多处张挂的楹联，也极大增加了道教文化的氛围。玉皇山慈云岭的石牌坊的两柱联为当年住持蒋永林所题，联曰：

> 夫玉皇山者，山感天下之首灵；
> 于福星观者，观为世上之阴骘。

福星观入口处称南天门，是道观第一门，匾额上书"南天门"。两边楹联，是龙门派道士陈明俊所题：联曰：

> 望彻尘寰，远近江山悬一画；
> 南连云汉，东西日月跳双丸。

由南天门折西，便可望见山门，山门两边的对联为：

> 俯观星辰，如游碧落；
> 高超云汉，恍接苍穹。

观内各殿都有楹联。其中，大殿柱朝外的对联是清代卢定勋撰：

> 帝德高明，临下有赫；
> 天心仁爱，保民无疆。

大罗宝殿的殿额为时任浙江巡抚杨昌濬手书。大罗殿内的柱联中，也有描写自然环境的，如内柱的一副对联，曰：

> 丹阙仰巍峨，揽湖带江襟，自是人间福地；
> 青山作屏障，看云蒸霞蔚，居然天上青宫。

三官殿有一联，曰：

> 道贯三才，共沐神庥照赫濯；
> 德敷四海，新崇庙貌仰巍峨。

吕祖殿有联为：

> 古圣临凡，普济群生观自在；
> 天仙启派，主持三教大宗师。

当游人登玉皇山，访福星观时，一路之上可见的，不仅是山林木葱茏，还有处处古迹胜景。玉皇山福星观，不愧是中华传统文化、道教文化氛围浓郁的一座江南名山古观。

吴山道迹和老玉皇宫

吴山在杭州市区,西湖的东南面,山势绵亘起伏,东北起市区鼓楼,西南连万松岭。吴山有紫阳、云居、七宝、峨眉等十多个小山峰组成,高约百米。明田汝成《西湖游览志》内记:"吴山,春秋时,为吴南界,以别于越,故曰吴山。或曰以伍子胥故,讹伍为吴。"吴越争霸时,吴国大臣伍子胥因忠谏遭杀,后人为纪念他,在山上立有"伍公庙",故又称胥山、伍公山。南宋时,山上始建城隍庙,后来香火日盛,为吴山第一大庙,故又称"城隍山"。

站在吴山顶上,向东南一览奔流激荡的钱塘江,向西北俯瞰美丽的西子湖,向北则可领略杭州城区的繁华。吴山山巅江湖汇观亭的亭柱上,有明代文人徐渭的一副对联,曰:"八百里湖山,知是何年图画;十万家烟火,尽归此处楼台。"置身此处,江湖秀色,青山葱绿,杭城美景,尽收眼底。

吴山不仅山青石秀、洞幽景美,而且多古迹,是杭城一座历史文化名山。特别是当年南宋皇宫靠近吴山、玉皇山,南宋崇道,因而吴山周边便留下了不少道教的遗迹。

我通过杭州市政协副主席张仲灿先生,联系上了杭州市民宗局的有关领导,并相约于2021年12月31日寻访、考察吴山道迹。同行者有浙江省道教协会会长董中基道长、杭州市民宗局调研员吴元欣、杭州市西湖风景名胜管委会凤凰山管理处的洪俊主任和黄溢曲、王兴臣等。此番乃是专访吴山道迹,其中有几处是第一次见识。尤其是作介绍的西湖风景名胜管委会王兴臣先生知识面很广,对吴山各处的历史掌故了如指掌,故而此番一路行来,收获不小。想不到吴山还藏着这么多珍贵的道教古迹,令我惊叹不已。以下按考察的行程分别叙述如下。

一

东岳观,又名东岳中兴观,始建于北宋大观元年(1107),时称东岳大帝行宫。《咸淳临安志》内记："中兴观，在吴山。大观中建东岳行祠，规置略具。"南宋初拓为道观，即《咸淳临安志》记："二十九年（1159）有茹氏者捐资讫成之，翼以道观。"宝祐元年（1253），宋理宗赐额"东岳之殿"。此后，历代多有毁兴。元毁，明景泰年间重建。清咸丰十一年（1861），毁于太平天国战火，同治年间重建。20世纪50年代后，改为民舍。2002年，按清代格局重修东岳观。2006年据吴山综合保护工程（一期）要求，又对东岳庙作了重新修葺布置，同年对外开放。

东岳庙坐西朝东，现有建筑为山门、正殿、后殿三进，五开间，占地面积2470平方米。门额"中兴东岳庙"由当代书法家朱关田先生题写。进入山门便可见一照壁，上有硕大的"善恶照彰"四个大字。体现道教"普济劝善、惩奸除恶"的传统文化思想。两侧立着铸铁的"灵应、福佑、忠正、顺佑"四尊太尉像，杭州人称"铁哥哥"。

▲ 寻访吴山道迹，在东岳庙前留影，左起：张扣根、吴元欣、作者、董中基道长、李东、王兴臣

照壁后为戏台，正对二进正殿。戏台为清代遗存，20世纪70年代曾作修葺。一进和二进之间的庭院中间，立着旗杆、灯晃，还有两棵树龄达530年的楸树。两侧长廊壁以瓯塑"吴山庙会大观"和"吴山戏曲文化博览"。通览"吴山庙会大观"，其场景、人物皆十分生动，可让人们了解吴山庙会，不仅有鼓乐焚香、仪仗列队、抬神出殿的场景，

还有市民娱乐、饮食的展示。"吴山戏曲文化博览"则是展示如杭州评话、昆曲、越剧、京剧,以及小热昏、西洋镜、江南丝竹、木偶戏、皮影戏等,集戏剧、曲艺、滑稽、杂戏于一体,皆为市民喜闻乐见的艺术门类,令人耳目一新。

二进正殿前有檐廊,檐廊有一对高浮雕石蟠龙柱,蟠龙雕刻得十分生动,在一般寺观内很少见到,乃是清代遗物。正殿内正中供东岳大帝坐像,其旁有炳灵公和碧霞元君陪祀,两侧壁上分别是《起跸图》和《回銮图》。

三进为后殿,即五福殿,有金彩木雕的"福、禄、寿、喜、财"五神,偏殿正中有吴山全景大型沙盘,两侧为八个壁面展柜,内展示吴山八个不同场景的风土人情。

2000年7月,东岳庙被公布为第三批杭州市级文物保护单位。

二

伍公庙,又称伍相祠、忠清庙等,位于吴山东北巅市民民俗风情景区内,供奉伍子胥。伍子胥(?—前484),春秋时吴国大夫、军事家,因楚平王信谗言杀其父伍奢,子胥投奔吴国。在吴越争战中,伍子胥曾力谏吴王,未被采纳,后终亦因谗言被夫差赐死。《史记》载伍子胥死后,尸体"浮之江中,吴人怜之,为立祠于江上,因命曰胥山"。吴山上的伍公庙始建年代不详,唐元和十年(815),刺史卢元辅重修伍公庙,并作《胥山铭》,称"千五百年,庙貌不改"。

伍公庙屡经毁建,清咸丰十一年(1861)毁于战火,同治十三年(1874)拨款复建,规模甚宏。后庙宇日趋衰败,仅残存一进。民国期间曾由福星观接收管理,后改为民居。2006年,杭州市政府以清代格局重修之。

现伍公庙坐西朝东,为三开间、四进。一进为山门,门额由中国书法家协会原主席沈鹏先生题写。门两侧有当代上海书法家周慧珺女史题写的联,曰:"海天色相无边界;吴楚东南第一峰。"门内厅院一侧为观景台,另一侧为长廊,廊壁镌刻《史记·伍子胥列传》篇。二进两侧分别为4幅石版画,描绘出清代《伍公山图》和《伍公庙图》。后庭院两厢,有记述伍子胥一生传奇的12幅铜版画。三进为主殿,正中供奉伍子胥像,为香樟木彩绘,两侧分立历代对伍子胥六次封祀祭文碑。四进为后殿,即潮神殿,主供伍子胥手执钢鞭立于潮头之上的铜像,背景为"素车白马"深浮雕石刻,两侧列彩绘陪祀的"十八路潮神"像。

2003年10月,伍公庙被公布为第一批杭州市市级文物保护点。

三

城隍庙在吴山之巅。我们从伍公庙出来，沿着景区道路行走，经过药王庙、状元及第石等，一路上但见林木高大挺拔，道路宽敞整洁，尤以古樟令人瞩目。吴山上有几株古樟乃是"宋樟"，树龄逾千年，如今依然葱茏。

据林正秋先生《杭州道教史稿》载，城隍庙"始建于北宋，初在凤凰山，南宋绍兴九年（1139）迁此。绍兴三十年（1160），敕封城隍神为'保顺通惠侯'。明永乐年间，明成祖敕封浙江按察使周新为城隍之神"。故后又称周新祠，时成为吴山第一大庙。明成化十年（1474），寝殿因火灾遭毁。次年，浙江左、右布政使宁良、杜谦重建。弘治十六年（1503），镇守太监麦秀、巡按御史夏景和重修，杭州太守杨孟瑛撰记。历史上城隍庙屡有毁建，清乾隆皇帝南巡时，曾数次到庙里拈香，还御书"福庇南黎"匾额。庙于20世纪50年代被毁，仅留下遗址。

20世纪90年代，我曾在城隍山下的城隍牌楼小区居住过，有时清晨徒步登山锻炼，山巅的平地上城隍庙遗址处，看到过留下的墙基和柱础等痕迹。不久我搬离此地，待2000年再次上山时，城隍阁已建成并对外开放。城隍阁与西湖周边的雷峰塔、宝石山上的保俶塔遥相呼应，似成佳景。

城隍阁为七层仿古建筑，地下一层，地上六层，高41.6米，建筑面积3789米，顶部飞阁凌空，气势颇雄，让人联想到"龙飞凤舞到钱塘"之传说。城隍阁建筑地上六层，一楼有反映南宋杭城的风土人情、西湖民间故事和历代与西湖有关的名人工艺品。三楼以上至六楼，则有茶室等休闲设施，亦是居高临下观赏杭城风景之佳处。其旁，则是与城隍阁同时建设的城隍庙及仪门、戏台、文昌阁等建筑。

城隍庙供奉周新（？—1412），明代广州府南海县人，建文元年（1399），以乡贡进士身份进任大理寺评事。明永乐六年（1408），任浙江按察使。周新为官清正廉洁，他善于断案，疾恶如仇，铁面无私，人称"冷面寒铁"。明永乐十年（1412）遭锦衣卫指挥使纪纲诬陷，蒙冤而死。永乐十四年（1416），纪纲伏法，周新冤案昭雪，明成祖追封周新为浙江城隍之神。

城隍庙大门前横额上有"冷面寒铁"四个大字，是当代书法家朱关田先生所写。内有当代画家何水法先生书写的"城隍庙"额。

城隍庙殿内供神像三尊，中间一尊为周新，左右胁侍为执印鉴与兵器的文武官员，祠庙内外两侧壁上有反映周新勤政爱民、刚正不阿的故事，如"执法如山，冷面寒铁""救灾免税，惩治贪官""生为直臣，死为直鬼""微服私访、洞察民情""治理湖面，勤俭持家""错杀好人，梦见城隍"等。如今周新祠也成了"吴山清风"廉政文化教育基地。

四

南宋时期，在都城临安府（今杭州市）改造和新建了十大御前宫观，即东太乙宫与西太乙宫、佑圣观、开元宫、龙翔宫、宗阳宫、四圣延祥观、三茅宁寿观、显应观和万寿观。三茅宁寿观，即为其中之一。

三茅宁寿观位于吴山七宝山东北，供奉三茅真君，初名三茅堂。相传汉代茅盈、茅固、茅衷三兄弟，修道于茅山（今江苏），为茅山派祖师。南宋绍兴二十年（1150），朝廷赐名"宁寿观"。宋高宗又赐宋鼎、唐代澄清观钟、华盖宝剑、褚遂良书法、吴道子墨迹等七件宝物，故而三茅观所在的山，因此称"七宝山"。元代诗人萨天锡有诗曰："扬子江头春水涨，三茅观里碧桃开。道人不问天南北，夜半月高骑鹤来。"

三茅宁寿观初毁于元至元辛巳（1341），观内珍宝被掳一空，"七宝"亦无存。明洪武初重建，成化年间于正殿之左建昊天宝阁，并建钟楼。明嘉靖三十五年（1556），明世宗赐建"真武殿"。嘉靖戊午年（1558），总督胡宗宪改三清殿为玄武殿。万历年间孙隆重葺，并建钟翠亭。明代名臣于谦早年曾寄读于三茅观内。

1937年，日本侵略军占领杭城，拆毁三茅观，运走砖石木料去筑炮台。此后，庙宇衰落，仅剩一进，后改为民居。2008年，杭州市实施吴山综合保护工程（三期），对三茅观进行考古发掘，发现两组叠压关系的建筑遗迹堆积层，中有正殿部分柱础基石、三个神龛基座、中殿铺地砖及偏殿墙基等。如今此地已布置成"遗址公园"，并在其侧建三间展室和管理用房。

我等入内寻访，行走在石桥上，抚摸着石桥的石栏，细细品味。在主殿遗址处，近期建了一个铜鼎，称是仿当年七宝之一的宋鼎制造的。铜鼎置于两层铁制的底座上，底座上有八卦图。铜鼎上铸有凸起的篆书铭文，一边为记述当年南朝宋孝武帝孝建元年（454）作鼎以祀太室的铭文，曰："惟甲午八月丙午，帝若稽古，肇作宋器，审厥象，作牛鼎，格于位室，从用飨亿宁神休，惟帝时，保万世其永赖。"沧桑岁月，七宝已不存。存思书院赠此鼎，为2018年杭州儒道文化创意有限公司定制。

我还在遗址前的岩壁上看到了"宋三茅观尚书省牒碑"，此碑记在当年三茅观被毁时幸存下来了。此碑在清阮元编《两浙金石志》内亦有记。碑文记写了宋绍兴二十年（1150）尚书省奉敕，赐宁寿观额，碑文由明嘉靖十八年（1539）右布政刘储秀重刻。三茅观遗址公园东侧岩壁上，还有"三茅观界"的摩崖石刻，面积0.5米×0.2米，字径0.1米×0.1米，楷书阴刻。

在其旁不远处，还有一处"吴山第一峰"的摩崖石刻十分显目。据称此题刻有来历，当年宋高宗仓惶南渡，在临安（今杭州）建都。然而，金王朝第四代金主完颜亮登上王位后，意在统一南北。尤其当他听闻当时流传柳永的《望海潮》："东南形胜，三吴都会，钱塘自古繁华。烟柳画桥，风帘翠幕。参差十万人家。……有三秋桂子，十里荷花。……"更是激起他"投鞭渡江之想"。于是命画工潜入临安，返后画成一幅西湖图，金主完颜亮题诗于其上，曰："万里车书尽会同，江南岂有别疆封？提兵百万西湖上，立马吴山第一峰。"不久，金主完颜亮领兵悍然入侵江南，奈何在南宋军民的英勇抵抗下，以失败告终。后有人将"吴山第一峰"镌刻于吴山之上，留存至今。明田汝成《西湖游览志余》卷十内有记。

▲ 杭州吴山三茅观侧，有"宋三茅观尚书省牒碑"摩崖石刻

五

通玄观位于紫阳山东南麓，现杭州紫阳小学一带。通玄观早已无存，遗存的通玄观造像，1989年12月被公布为浙江省文物保护单位。我等从吴山下山后，即前往位于太庙遗址旁的紫阳小学，寻找通玄观造像遗迹。

南宋绍兴二十年（1150），内侍刘敖乞一道观终老，高宗允其入吴山三茅宁寿观典领事务，赐法名"能真"，并赐福牒、紫衣。绍兴三十年（1160），刘敖择吴山一隅紫阳山东南麓建通玄观，还相继建了茅君庭、玉清殿、谒斗台、放鹤亭、钵室、山门、经房丹屋等。两年后通玄观建成，宋高宗御书"通玄"二字，作为门额，刘敖撰并书《创建通玄观记》。元至治二年（1322），通玄观道士俞行简重修通玄观。元季又遭兵燹而毁圮，明成化六年（1470），道士徐渊澄领任住持，由其弟子徐道彰按原址重建，时有季琮作碑记。嘉靖九年（1530）再次遭灾，又由徐道彰之徒孙郁存方修复，虞元良撰碑记。清康熙年间道士朱闳绪重建三清殿，咸丰年间毁于太平天国战火。

通玄观的遗物，如今留下的一是明万历七年（1579）《通玄观文昌祠记》石碑一方，现收藏于杭州孔庙碑林；二是位于紫阳小学内崖壁上的通玄观造像，该岩壁上自西向东依次雕凿着刘真人像、玉清元始天尊像、三茅真君像等四龛六尊道教造像及十余块碑刻。

紫阳小学依吴山而建，其前方正是杭州南宋太庙遗址。南宋太庙始建于绍兴四年（1134），后圮。1995年9月，杭州市考古部门在建设工地上发掘出南宋太庙东围墙、东门址和大型建筑台基。为保护历史文物，杭州市决定停建原工程项目，建成一个展示南宋皇家宗庙园林风格的绿地广场，按太庙遗址原样仿制的一段残墙，耸立在广场中间，其正面有石刻南宋皇城图，供市民、游客参观。

紫阳小学校长庞科军引领我等穿过校园登上台阶，来到西南角的一处山崖边，看到紧挨一教学楼后面的造像和碑刻。其旁立着两块石碑，一块是杭州市园林文物管理局立的浙江省重点文物保护单位《通玄观造像》碑，另一块是《通玄观造像》简介的刻碑。通玄观造像，有道教人物造像四龛六尊，仙鹤造像一组，雕鹿一只，碑刻十余块。中间一龛为三尊立式造像称"三茅真君像"，中为大茅真君，左为中茅真君，右为小茅真君。其右上方为一龛坐像，头戴黄冠，身着道袍，端坐于莲花座上，是"玉清元始天尊像"，最西边一是"皇宋开山鹿泉刘真人像"，最东边的坐式造像为"大明重开山元一徐法师像"。部分造像面部轮廓风化严重，有的曾经有损而局部缺失。

崖壁上还有南宋绍兴三十二年（1162）七月中元刘敖撰并书的《创建通玄观记》、南宋何宗亮刻《宋高宗御书三诗》、元至治二年（1322）孟春俞真静（俞行简）《重修通玄观记》等摩崖题刻十余处。然而因年代久远，风化严重，已字迹难识，如要了解上述题刻只得凭借史料了。为保护造像和题刻，在其上方已架起了仿古建筑的人字屋顶。

紫阳小学院址曾是紫阳书院，始建于清康熙四十二年间（1703），由两浙都转盐运使高熊征及盐商汪鸣瑞等捐资建造，初名"紫阳别墅"。咸丰十一年（1861），院舍毁于兵火。同治四年（1865）重建，更名为"紫阳书院"。光绪二十八年（1902）改为仁和县高等小学堂，今为紫阳小学。

庞校长给我们作介绍时说到，因通玄观造像在校园内，如今学校在配合文物园林部门做好保护的同时，还重视历史文化的传承，把此造像题刻也作为教学内容向学生作介绍。一路上我们还看到了校园围墙壁上画着、写着的《紫阳书院全景图》和《诗意满紫阳》诗词介绍等。此外，途中见到在现代建筑上有原紫阳书院的题额，其中有当代书法家朱关田先生题写的"观澜楼"。所到之处，校园内散发着浓郁的文化气息，显示出学校传统文化教育的良好氛围。

六

上午结束吴山道迹的寻访考察，不觉间已是中午时分。董中基道长邀我等就近来到玉皇山福星观用素餐，在那里我见到了杭州西湖风景区管理委员会凤凰山管理处的陆海根主任。下午，我与杭州市民宗局调研员吴元欣、李东博士等，从福星观步行下山，来到了慈云岭。映入眼帘的是慈云岭巅老玉皇宫与一亭隔道相对，近前察看，亭额为"慈云亭"。亭侧有摩崖石刻"乾坤一望"四个大字，雄浑大气。据介绍，传为刘伯温所书，后据最新研究表明，称是明代洪珠题写的。洪珠，福建莆田人，曾在杭州岳王庙墓道前的照壁上书"尽忠报国"四字。

老玉皇宫，古亦称慈云宫，位于玉皇山东侧的慈云岭上。据《杭州的寺院教堂》一书介绍，慈云宫前身是龙德元年（921），由吴越王钱镠所建的登云台。明成化年间，毒蜂禅师重建该宫。清雍正年间，改建为慈云道观，奉祀道教王灵官，又称慈云宫。清咸丰末年，灵官殿与灵官塑像一并毁于兵燹。同治末年，浙江巡抚杨昌濬重修灵官殿，增辟玉皇宫，俗称老玉皇宫。

老玉皇宫地处龙山玉皇山和凤凰山相合和之处，登顶，南可闻钱江涛声，北能览西湖碧波。相传南宋时，有河南商贾随高宗南渡，定居玉皇山下，闻知时临安（杭州）尚无月老祠，遂请人仿制商丘月老祠月老之像，供奉于老玉皇宫内，一时间临安善男信女闻知，纷纷来到老玉皇宫求取姻缘。久而久之，遂形成到老玉皇宫拜月老、求姻缘的习俗。

在老玉皇宫，王崇华道长引领我等到院内各处参观并作介绍。王崇华道长，江西九江人，1987年来到杭州抱朴道院，拜高信一道长为师，后来到老玉皇宫。

老玉皇宫殿为二进，第一进为头殿，供奉王天君。王天君，即王灵官，是道教护法神。王灵官的塑像为红脸三目，身披铠甲，手执金鞭，是威武将军的形象。二进为大殿，供奉玉皇大帝、文昌帝君、关圣帝君。大殿前有一祭台，祭台前方呈半圆形，由石板叠砌，上部有卫护栏板，每块栏板皆有龙凤雕琢的图案，据介绍为旧物。祭台两侧为石筑台阶，登阶便可达大殿。

老玉皇宫依山而筑，外有石墙围护，院内还有假山、叠石和洞穴、幽泉。大殿旁有一个观音洞，据王道长介绍，洞内有摩崖石刻，近年因洞顶凸露的石块时有剥落，屡生险情，为确保安全，故而用木栏栅将其隔护，游客暂不得入洞。

老玉皇宫下方，慈云岭的南坡有一处全国重点文物保护单位，即慈云岭造像。我们从宫内出来后，即徒步前往参观。造像前有一方杭州市人民政府2007年6月立的石碑。西湖南山造像之慈云岭造像，为天福七年（942），吴越王钱弘佐时镌刻，是杭州现存吴越时期的石刻精品。造像主龛为西方三圣，本尊阿弥陀佛居中，左右分别为观世音和大势至菩萨像。两侧有菩萨和金刚力士，皆采用圆锥技法，上部浮雕飞天和迦陵频伽。主龛左侧有摩崖石刻，为篆书："新建镇国资延遐龄石像之记。"下有北宋绍圣元年（1094）惟性和尚镌刻的正书《佛牙赞》。2006年，与天龙寺造像、烟霞洞造像合称"西湖南山造像"，后经国务院批准为全国重点文物保护单位，并入第二批重点文物保护单位"飞来峰造像"。我仔细观察造像，造型面目端庄，保存也较完好，难能可贵。

大涤山麓洞霄宫

在杭州临安与余杭的交界处，有一座大涤山，大涤山分龙于天目山。《临安县志》记载："临安西有九仙天目，东有九锁天柱，壮我县之形势者，此也。"明万历《杭州府志·大涤山》载："此山清净，大可洗涤尘心，故名"。与大涤山对峙的有天柱山。清嘉庆《余杭县志·山水》内载："天柱山，四面陡绝，中突一峰，耸翠参天。"我国道教七十二福地中，天柱山为第五十七福地。张君房《云笈七签》在"七十二福地"中记："第五十七天柱山，在杭州於潜县，属地仙王伯元治之。"大涤山麓有大涤洞天，为我国道教三十六洞天中的第三十四洞天。《云笈七签》"三十六洞天"中记："第三十四天目山洞，周回一百里，名曰天盖涤玄天。在杭州余杭县，属于姜真人治之。"

《中国名胜词典》载："洞霄宫，在临安县汪家埠大涤山中峰下。西汉元封三年（前108），建宫坛于大涤洞前。唐高宗弘道元年（683）奉敕建天柱观。唐昭宗乾宁二年（895），时任镇海节度使的钱镠曾改建。北宋真宗大中祥符五年（1012），奉敕改名洞霄宫。"宋时凡辅政大臣去位者，常授以洞霄宫提举衔。南宋时居相位的李纲、张浚等皆曾提举洞霄宫。元、明、清以来，洞霄宫曾历经多次毁建。全盛时，殿宇宫观范围达80余亩。现宫观已废，遗迹尚存。

一

为撰写《浙江道迹洞天》，我与临安市政协原副主席陈有根先生联系，相约前往洞霄宫遗址考察。2019年10月10日，我自驾从杭州出发，车驶出杭黄高速公路青山湖出口处，便与先行抵达的陈有根等人会合。

临安青山镇洞霄宫村，原名宫里村，现属青山街道。我们来到洞霄宫遗址，进入眼帘的便是九锁山。九锁山其势九折，萦行相续，行路并溪，屈折者有九，古有天关、藏云、飞鸾、凌虚、通真、龙吟、洞微、云敖、朝元"九锁"之名。一路行来，但见漫野苍翠，绿树成荫。当我们来到大涤洞前，感觉豁然开朗，环顾四周，乃是青山相拥，所立之地为平坦谷地，显然是一处清幽之地。

同行者有临安机关退休干部印振武先生，他祖籍临安青山湖街道石泉村，妻子是相邻的宫里村，现两村合并为"洞霄村"。多年来，印振武先生研究洞霄宫"洞天福地"，还撰写了《洞霄宫历史故事》一书。途中，他给我指明了洞霄宫的遗迹处，通往洞霄宫遗迹"官道"、步入上大殿的石路，石块、石条铺设起来的路和台阶尚清晰可见。还称，宫后旧时取水时的三口水井，仅存遗迹，因被管理者上了锁，故未能进去观看遗迹实物。

宋开禧元年（1205），陆游撰《洞霄宫记》，并书丹题额，记曰："临安府洞霄宫，旧名天柱观，在大涤洞天之下，盖学黄老者之所庐，其来已久矣。至我宋遂与嵩山崇福独为天下宫观之首。"

据《洞霄图志》记载，大涤洞应在洞霄宫西北半里，"洞杳不可测"，是历代朝廷遣使投放龙璧之处。大涤洞口顶石上刻有"大涤洞"三个大字，已被油漆描红，落款可见"俞海题"。据称，"大涤洞"三个大字原为杨烈题写。大涤洞口两侧和洞顶皆巨石叠成，洞不是很大，据称深不见底。洞侧处石壁上嵌镶一石碑，字迹不清。后我查阅俞金生先生编著《南宋行宫洞霄宫》，得知此为清乾隆三十五年（1770），余杭知县汪皋鹤诗并书："石磴风烟幻，松门岁月长。白云藏紫府，呼吸到华阳。庚寅初春为大涤洞作。"

▲ 考察临安洞霄宫遗址，在大涤洞前留影，左起：印振武、陈有根、作者、陈熊滨、陈国松

大涤洞侧另有一洞，称可往下探达深处。据同行印振武先生介绍，1958年左右，此洞内有大批蝙蝠栖息，村民为取蝙蝠粪便作肥料，曾经入洞挖出大量粪肥，用拖拉机一车一车运走。洞口外边，有一水池，水清澈见底，据称即使遇到干旱，水也终年不枯，若遇汛期连续下雨，池内水位也不见提高。

大涤洞已久无人入洞了，我等也未能入洞，只好在洞外及周围观察一番就怏怏作罢。

在我们返回的路上，但见大涤山、天柱山一片苍翠，路旁修竹夹径，生态优美。途中，我注意到有2002年建起来的九峰拱秀石坊、天下名山坊（方志恩题字）和祭天坛基座等，有的还未竣工，现四周杂草丛生。据称，2002年在原址上重建了"翠蛟亭"，乃是当年宋高宗临此有兴，赐钱建造，亭取苏东坡诗句"亭下留泉翠蛟舞"而名。在天柱山顶，还建了天柱山亭，其侧有天柱泉，有《天柱泉》碑立在天柱山亭内。

二

追寻天柱山的历史记忆，可上溯至秦始皇欲移天柱填海的传说，元代隐居天柱山的邓牧所撰的《洞霄图志》，其中有"仙迹岩"的记述："去宫一里，在行路隔溪崖石上，按记云，秦始皇驱山岳拟塞东溟，尝役鬼移之，山势欲动，忽有仙人叱鬼，以身扼崖石使不得去。今崖上有肩帔簪冠，隐然遗迹，温润光泽，苔藓不生，以手摩拭良久，作古桂香云。杨杰有诗曰：'祖龙求仙徒用力，驾海欲驱山下石。神人倚柱不与行，留得岩前隐仙迹。'"杨杰，安徽无为人，乃宋礼部员外郎，出知润州，除两浙提点刑狱。曾作上《题咏大涤山》诗，全诗还有前四句，曰："大涤洞天玉为室，真官典校长生籍。金关九锁明明开，老尽碧桃人不识。"

邓牧《洞霄图志》内记，汉代，武帝元封三年（前108），始建宫坛于大涤洞前，投龙简为祈福之所。钱镠在《天柱观记》内亦记："自汉武帝酷好神仙，标显灵迹，乃于洞口建立宫坛。历代祈禳，悉在此处。"

唐高宗弘道元年（683），天柱山潘先生奉敕建天柱观，且严令千步以内禁樵采，以为长生之林。唐中宗恩赐建观庄一所。宋真宗祥符五年（1012），因时领浙江曹使陈尧佐奏准，将天柱观改名为"洞霄宫"。宋仁宗天圣四年（1026），诏定天下名山洞府二十处，杭州洞霄宫大涤洞为第五，每年投龙简。政和二年（1112），住持都监何士昭，奏请朝廷拨帑重建昊天殿东庑、后殿等。

由于历代王朝的重视，天柱山下、大涤洞旁曾建过汉宫坛、知天坛、洞霄宫、天柱观、虚皇殿、三清殿、璇玑殿、佑圣殿、龙王仙官祠，以及白鹿山房、法堂、方丈库院、斋堂、通真门、九锁山门、外门、双牌门等，形成一个偌大的庙宇祠观建筑群。

三

历史上北宋是继唐朝以后道教兴盛的又一时期，洞霄宫也得宋真宗皇帝赐改宫名，仁宗皇帝诏道院定天下名山洞府为第五，徽宗皇帝不仅赐钱，还批度牒三百道，命两浙转运司经办修葺洞霄宫，令其一新。到了南宋高宗定都临安（今杭州）后，洞霄宫更得朝廷重视。宋高宗听说洞霄宫被野火烧尽，实为叹息，并速复建之。邓牧《洞霄图志》有《洞霄宫碑》，记曰："建炎中又废于兵火，高宗皇帝中兴大业，闻之，当宁叹息。乃绍兴二十五年（1155），以皇太后之命，建昊天殿，钟、经二阁，表以崇闳，缭以修庑。费出慈宁宫，梓匠工役，具于修内步军司中，使临护犒赐狎至，既不以命有司，而山麓之民亦晏然不知有役。一旦告成，金碧之丽，光照林谷；钟磬之作，声摩云霄。见者疑其天降地涌而神运鬼输也，可谓盛矣！"

高宗皇帝退位后，于乾道二年（1166），自德寿宫陪同太皇太后乘舆行幸山中，驻跸洞霄宫累日。还"敕太官进蔬膳，亲御翰墨书《度人经》以赐"。《洞霄宫碑》文赞叹曰："自有天地，即有此山，殊尤之迹，今乃创见。"淳熙八年（1181），孝宗陪同太上皇和太皇太后再次来到洞霄宫，驻跸累日，高宗还赐给洞霄宫《道德经》一部。孝宗在俞延禧画的《古涧松》上题诗一首，诗曰："荦确奔流泻玉虹，凛然云干拟蟠空。红尘车马稠如织，梦入苍烟万壑风。"

宋宁宗绍定二年（1229）拨内帑，召优秀工匠，铸就巨钟一口。朝议大夫、权尚书刑部侍郎曹叔远撰《洪钟记》中，称："宫宇宏壮，独阙巨钟。……绍定己丑宿月丁亥有旨，命铸，仲秋己未告成。"此文经皇上特赐冲妙大师，洞霄宫都监兼主管昊天殿焚修龚大明立石。嘉定五年（1212），宁宗皇帝临幸洞霄宫，见到新建法堂，大喜，即御书"演教堂"三字作为堂匾。

宋理宗亦对洞霄宫亦倍加关注，划拨乌程、归安两县的官田给洞霄宫，后住山主持孙处道将其连成片，取名"万年庄"。淳祐七年（124），据孙处道的请求，宁宗御书"洞天福地"四个大字以赐。然历经沧桑，后来洞霄宫外门被火焚毁，题匾亦亡。《洞霄宫》一书的作者许圣元先生，在文中曾记道："笔者幼年，曾住在洞霄宫方丈内十余年，见到方丈山门口大围墙高处，有'洞天福地'四个大字，白底黑字，楷书，非常大，每个字大约有二米见方。过元同桥向上弯进，老远望云，庄严肃穆，高墙里面，就是深院方丈了。一直到解放以后还醒目可见，当时不知哪位名人将理宗皇帝御书题字给放大到墙上去的，后来就自然风化，目前右半边围墙还在，但字迹已模糊不清，后人再也见不着了。"

历史上洞霄宫屡有毁建。南宋末年，咸淳十年（1274），洞霄宫因失火而尽毁。元至元十五年（1278）十一月，名道舒元一任副知宫事，到至元二十一年（1284）洞霄宫又重现金碧辉煌。然在将要竣工时，宫观又被大火吞噬，几乎烧尽。道众、乡邻见状皆声泪俱下，痛心不已。时道士郎如山、舒元一等人立志再兴，又发奋劳作十年，到元贞元年（1295）三月，终于告成，洞霄宫再现金碧瑰丽、照映林谷。邓牧《洞霄图志》内有记："再新宫宇，规模视昔愈壮，专一为国焚修，告天祝寿，每遇天寿圣节，道场依列，就宫建散。"可见，当年洞霄宫的辉煌。

元末，洞霄宫毁于战火。明初，再行复建，先后历近30年时间。清嘉庆《余杭县志》中，明知政殿学士、国子助教王达撰《重修洞霄宫记》内有记。

四

洞霄宫自汉武帝建坛后，历2100多年，虽屡经毁建，然盛况空前。究其原因，一是，这里是道教"洞天福地"之所在。五十七福地天柱山与大涤山相对，巍然矗立，青山披翠，谷地清幽。大涤山下第三十四洞天大涤洞，"龙麟异景，花木鲜繁"，洞内有"日月分精，金堂玉室"。难怪唐大历十三年（778），中岳道士吴筠在《天柱观碣》中称："天柱之号，潜霍及此，三峰一称矣，盖以其下擢地，纪上承天维，中函洞府之谓，岂唯蕴金碧，宅灵仙，所贵兴云雨，润万物也。"

二是，历朝皇帝权贵重视关照，屡派高官任提举洞霄宫。南宋赵构南渡后，历代帝王宗奉佛教、道教。洞霄宫也正是在此时得到高度的重视和发展，还让不少告老的、落职的或者罢黜的宰相、大臣，去任洞霄宫的提举官。林正秋先生著《杭州道教史稿》内，列举了《宋宰辅编年录》和《宋史》以及《洞霄宫志》等制定的南宋丞相提举洞霄宫名录，有李纲、赵鼎、张浚等，共计28位。据许圣元先生《洞霄宫》一书内记，南宋左、右丞相及参政知事（副相）有60多位曾提举洞霄宫。当然，有的任提举后又重返朝廷，也有遣外地为官的。一意依附蔡京的吴执中，年老后改提举洞霄宫，后复拜御史中丞，自请礼部尚书。吕好问，曾为尚书右丞，兼门下侍郎，后请辞，以资政殿学士出知宣州，提举洞霄宫，是南宋第一个提举洞霄宫的宰相。右丞相许翰，曾八次上章请辞，后罢尚书右相，提举洞霄宫。终生主战的张浚，绍兴九年（1139）被贬，以观文殿大学士提举洞霄宫，后宋孝宗又启用张浚，隆兴元年（1163），任枢密使，进位右丞相，次年又被罢相,再次提举洞霄宫。大儒朱熹也曾因受南宋权相韩侂胄的打击,指称为伪学,晚年仕途不畅,提举洞霄宫。洞霄宫有紫阳夫子(朱熹)遗像,并祀之。《余杭县志》还记载,朱子祠在洞霄宫西庑,明万历三十年(1602)知县程汝继建,三十八年(1610)知县戴日强重修。俞金生先生在《南宋行宫洞霄宫》一书内,照录列出了嘉庆《余杭县志》中"祠官"一章,所载洞霄宫提举达160人。而到过洞霄宫的皇家、官员、学者就更多了。

三是,洞霄宫历代都有道法精进、学养深厚的高道相辅、相传。邓牧《洞霄图志》在"人物门"的"列仙"传和"高道"传中,列出了晋灵曜郭真君等,共计30余位仙真高道,篇幅有限,此处不能一一介绍,下面仅记写几位高道。

东晋郭文举,河南洛阳人。十三岁离家来到华阴山石窟,在那里他见到了刻在石上的《神虎内真紫元丹章》。后因晋室内乱,便来到余杭大涤山,在此居住十余年。他"伐木倚林苫覆为舍,不置四壁"。他在此修心修道,同时也开地种菽麦,或采摘箬叶,到市场上去兑盐回山,有余即施舍给穷人。此时山中有猛兽害人,独他无虞。有一天,有一只猛虎张口对着先生,他见虎口内有一条骨头横在虎的嘴里,便用手将其取出,次日此猛虎叼来一只鹿,送到先生的舍外,以示感谢。此后那只猛虎顺从先生如同仆从一般,每每先生外出,猛虎负箬随行,先生入城时,将其置于凤凰山侧,而遇到先生买药买货迟归,虎便在那里吼叫,后名其地为"嗥亭"。先生在舍旁植三株松树,让虎游息树下。朝廷闻知,便派人去迎他入京,先生不乘舟车,挑担徒步而行。

入京后,大臣王导安排他在西园居住。有官员前去看他,他"颓然箕踞,旁若无人"。将军温峤问先生:"人皆有六亲相娱,先生弃之,何乐?"先生答道:"本行学道,不谓遭世乱,欲归无路尔。"又问:"饥思食,壮思室,自然之理,先生独无情乎?"先生答曰:"情由忆生,不忆故无情。"又问:"先生独居穷山,死为乌鸢所食,奈何?"先生答曰:"埋藏者食于蝼蚁,复何异?"又问:"猛兽害人,先生独不畏邪?"先生答曰:"人无害兽心,则兽亦不害人。"又问:"世不宁则身少安,先生不出济世乎?"先生答曰:"非野人之所能知也。"后来,先生复逃归吴地,也即回到大涤山。

据清宣统《临安县志》载,郭文举墓在沿西南十五里郭山,亦称由拳岭,为余杭、临安交界处。有时任湖州刺史孔彭撰墓碑。碑上写着:"高山琴萼,睿濑潺湲。飙生林下,云兴岩端。先生存殁,安于此山。"《洞霄图志》内记:"梁乾化三年七月,封灵曜真君。今临安冲虚宫、武康郭林、余杭天真仙洞,亦各有遗迹。"

许迈,字叔玄,后改名玄,字远游。丹阳句容人,东晋著名道家。梁陶弘景撰《真诰》记载,许迈生于晋永康元年(300)。据《晋书》卷八十载,许迈"年少恬静,不慕仕进。

未弱冠,尝造郭璞学筮"。父母双亡后,他便将妻送回家,遂携同道遍游名山。《晋书》载,永和二年(346)(《洞霄图志》称永和八年),来到临安西山,即大涤山,他"登岩茹芝,眇尔自得,有终焉之志"。许迈与王羲之父子,为世外之交,多有诗书往来,也论及修道养生之事。《晋书·王羲之传》中记,常与许迈共修服食,"采药石不远千里,遍游东中诸郡,穷诸名山,泛沧海"。

邓牧《洞霄图志》还记载,在山中许迈曾拜王世隆为师,"著诗十二首,论神仙事"。初许迈以书告别妻,妻以书答之。后来,其妻亦入山得道。许迈年"四十八,于大涤山中峰丹成,天降玉童白鹿下迎而去"。梁乾化三年(913)被追封为"归一真君"。元时在天柱山峰还有升天坛,宋政和年间,临安县尚有遗址多处。

唐时有潘先生创建天柱观于天柱山大涤洞前。邓牧在《洞霄图志》记:"先生不知何许人,亦不详其名字。遍游山川,爱天柱止焉。自郭、许二君仙去,泉石荒芜,元封古坛,亦且湮没。先生慨然发愤,请诣朝。唐高宗夙闻其名,为敕创天柱观……先生乃建为宫观,传道至今。"唐弘道元年(683),潘先生奉旨建天柱观于天柱山下告成后,宫观辉煌,并规定四周千步内禁止砍伐。邓牧《洞霄图志》有记,赞曰:"元封建坛不可复稽,晋人遗迹烟草离离。先生得道,志寻幽栖。一旦金碧照映山溪,名林长生,樵采莫窥。登览长慨,神游何之。"

任洞霄宫的住持,也皆为当时的名道,宋代以前记载不全,从南宋绍兴年间开始,至德祐乙亥(1275)元军占领南宋首都临安前一年止,共有13位,经尚书省奏旨降敕,并有赐号,他们是凝妙大师金致一、虚靖灵一大师叶彦球、明素大师李洞神、凝和大师陈希声、虚靖灵一大师叶彦球(再任)、葆光大师潘三华、冲虚大师高守中、虚一大师王居实、冲妙大师龚大明、冲素大师王大年、灵一大师贝大钦、明一大师杨大中、演教大师龚文焕、通妙大师郎道一。

五

名宫,千百年来天柱山、大涤山、洞霄宫不仅得到历代帝皇的关注,还有大量名道、官员来到这里,同时也吸引不少文人墨客,在这里留下了众多名篇佳作。俞金生先生编著的《南宋行宫洞霄宫》一书中写道:"孟浩然、罗隐、苏轼、林逋、陆游、赵孟頫、萨都剌、魏源等一大批文化人士在洞霄宫留下了1000多首游览诗文。钱镠、陆游还撰写了《天柱观记》和《洞霄宫记》碑文。"

下面仅摘录下些许，让人们对闻名于世的"洞天福地"天柱山、大涤洞和洞霄宫增加一些印象。

之一，唐孟浩然游历天柱山留诗篇。孟浩然（689—740），湖北襄阳人。唐代杰出的田园诗人。唐开元十八年（730），他从洛阳出发，漫游各地，到过浙江建德、桐庐、临安，也到过洞霄宫，清宣统《临安县志》内载有孟浩然从临安去天台时的诗《将适天台留别临安李主簿》：

枳棘君尚栖，鲍瓜吾岂系。
念离当夏首，漂泊指炎裔。
江海非惓游，田园失归计。
定山既早发，渔浦亦宵济。
泛泛随波澜，行行任舻枻。
故林日已远，群木坐成翳。
羽人在丹丘，吾亦从此逝。

之二，苏东坡三次到洞霄宫，留下了诗篇。苏东坡（1037—1101），字子瞻，自号东坡居士，眉州（今四川眉山）人。苏东坡曾两次到杭州，在杭期间，疏浚西湖，督开运河，捕蝗消灾，深得百姓爱戴。在杭期间曾三次来到洞霄宫游览，留诗《洞霄宫》：

上帝高居愍世顽，故留琼馆在凡间。
青山九锁不易到，作者七人相对闲。
庭下流泉翠蛟舞，洞中飞鼠白鸦翻。
长松怪石宜霜鬓，不用金丹苦驻颜。

苏东坡二度游洞霄宫时，留诗《和张子野见寄三绝句·过旧游》，诗曰：

前生我已到杭州，到处长如到旧游。
更欲洞霄为隐吏，一庵闲地且相留。

有一次，苏东坡来到洞霄宫，道士李欣画了一幅春山横轴赠他，他写《李欣秀才善画山以两轴见寄仍有诗次韵签之》诗答谢，诗曰：

> 平生自是个中人，欲向渔舟便写真。
> 诗句对君难出手，云泉劝我早抽身。
> 年来白发惊秋速，长恐青山与世新。
> 从此北归休怅望，囊中收得武林春。

之三，李纲是罢相，提举洞霄宫，曾几度留诗。李纲（1083—1140），字伯纪，北宋徽宗政和二年（1112）中进士。北宋亡，南宋赵构即位后，召其任右丞相兼中书侍郎，后又任左丞相。一贯主张抗战的李纲到任后，提出首议十事和"迎还二帝，报仇雪耻"等，赵构不受，后被罢官，同年，李纲以观文殿大学士提举洞霄宫。心系着国家危亡的他，赋《渡浙江》诗一首：

> 理棹适桐江，随潮过鱼浦。
> 山寒雪犹积，江迥月初吐。
> 御气凌烟霄，乘槎渡星渚。
> 空濛老龙吟，仿佛翠蛟舞。
> 境清人自愁，夜静气尤古。
> 独坐不成眠，霜晴听津鼓。

绍兴四年（1134），赵构用张浚为相，张推举李纲，高宗任李纲为江南西路安抚大使兼知洪州。绍兴七年（1137），李纲又被罢官，第二次提举洞霄宫。绍兴九年（1139），高宗想再次启用李纲，心灰意冷的他，上疏力辞。留诗词两首，其中有《减字木兰花·读神仙传》：

> 茫茫云海，方丈蓬壶何处在？拟泛轻舟，一到金鳌背上游。
> 琼楼珠室，千载蟠桃初结实。月冷风清，试倩双成吸玉笙。

之四，两任杭州知府赵抃游洞霄宫。赵抃（1008—1084），字阅道，号知非，浙江衢州西安（今衢州市柯城区）人。进士及第，北宋名臣。赵抃在朝为官一身清正，"弹

大涤山麓洞霄宫 | 145

劾不避权倖，声称凛然"，时称"铁面御史"。卒后，追赠太子少师，谥号"清献"。

也许是洞霄宫的名声大，赵抃曾在梦中游览洞霄宫，之后他来到洞霄宫时，回想梦中之境，作诗《应梦游》，诗曰：

> 龙穴藏身稳，泉源抚掌清。
> 红尘人久隔，白日世长生。
> 我分谙冲寂，谁能顾利名。
> 梦中休指笑，又作洞霄行。

他还为将提举洞霄宫的章岵赋诗《送章岵少卿提举洞霄宫二首》。

> 秘馆红尘外，瑶京白日边。
> 樽中不空酒，琴面已无弦。
> 晓上朝真阁，春耕负郭田。
> 优游大自在，何处更神仙。

> 使节罄忠勤，东南两见春。
> 清宵多假寐，白发半忧民。
> 金阙遥辞宠，琳宫去谒真。
> 羡公谁最甚，我是欲归人。

章岵，宋建州蒲城（今福建蒲城）人，字伯望。北宋宝元元年（1038）进士，历知扬州、苏州。

时代更迭，岁月沧桑，洞霄宫历经辉煌和衰落，如今只留下依稀可数的遗址、痕迹。但是，虽辉煌不在，其积淀深沉的文化，仍留在天柱山下、大涤洞前，留在千古浩瀚的史料、诗文中，留在世世代代人的记忆里。

寻访湖州古梅花观

古梅花观,又名纯阳宫,坐落在湖州金盖山桐凤坞。古梅花观是道教全真龙门派在江南的活动中心,也是当年江南最大的道教子孙丛林之一。清嘉庆元年(1796),道士闵苕敷(一得)入金盖山,建纯阳宫,额称"古梅花观",尊陆修静为开山祖师,以太上混元圣师为道祖,以纯阳帝君为道宗,史称金盖山闵派。清嘉庆五年(1800),获皇帝御笔敕赐"玉清赞化",嘉庆九年(1804)获敕赐"燮元赞运",影响愈来愈大。

一

湖州历史悠久,是一座具有2300多年历史的江南古城,宋戴表元有《湖州》诗曰:"山从天目成群出,水傍太湖分港流。行遍江南清丽地,人生只合住湖州。"

2019年11月16日,我与省社科院哲学研究所所长陈永革先生相约,一同来到了古梅花观。循着导航的指引,车行至湖州市道场乡境内,缓缓驰近了金盖山。首先映入我眼帘的是"下菰城遗址"的一个标志性建筑物。菰城,也是湖州的旧称,史载这里是战国时期春申君黄歇的封地。楚考烈王十五年(前248),春申君在其封地内筑城,由于当地多菰草,故而得名。《太平寰宇记》引《吴兴记》云:"春申君黄歇于吴墟西南立菰城县。"据考古发掘,城墙保存基本完好,分内外两重城垣,城址总面积约68万平方米,是当时江南地区最大的城址之一。

2001年6月25日,国务院公布其为第五批全国重点文物保护单位。如今虽不见下菰城旧貌,然而却有诸多诗文留世,如宋姜夔《下菰城》诗:"人家多在竹篱中,杨柳疏疏尚带风。记得下菰城下路,白云依旧两三峰。"又如元末明初诗人张羽,有《下菰长烟》诗,诗曰:"坡陀废垒青山侧,至今传是春申宅。三千剑客化为尘,蔓草荒烟但萧瑟。停舟吊古望眼迷,平沙漠漠斜阳低。荒凉茅屋樵径小,惟有古木寒鸦啼。"

我们继续前行,前往古梅花观。人说古梅花观深藏不露,车又拐了几个弯,还未见到古观。最后，终于看到了一座跨路而立的牌楼。我们下车察看，牌楼高大挺拔，上额为"古梅山庄"，两侧四个柱子上书写着楹联，其一为"依金盖采群山清气，林茂竹翠；傍东苕集百川秀色，鸟语花香"。我一看，便认出楹联是著名书法家郭仲选先生书写的。

我们穿过牌楼继续前行，车再拐了几个弯，古梅花观忽现眼前，坐落在碧青山下。红墙黛瓦的古观，古朴清雅，大门上额曰："古梅福地。"门两侧挂着由吴昌硕撰写的篆书楹联："云排谷口神仙出；巢隐松间鸾凤栖。"门右侧立着两块石碑，一块刻着由湖州市 1994 年 10 月公布古梅花观为"市级文物单位"的字样，另一块石碑上刻着："光绪已丑三月六日，翰林院侍读、浙江提学使南海潘衍桐游。"大门左侧立着一块石碑，上刻着："浙江省文物保护单位纯阳宫，浙江省人民政府 2005 年 3 月公布，湖州市人民政府 2005 年 6 月立。"

▲ 湖州古梅花观

梅花观住持吴圆康道长因故负伤，正在康复中，观中嗣龙门派二十代弟子闻明相等陪同我们参观。我们所到之处，见宫观整齐、环境清幽，高大的古树名木郁郁葱葱，见证着古观的历史。我关注到，有树龄 135 年的梅树，树高 5 米；有树龄 115 年的紫薇，树高 8 米；还有一颗无患子树，树龄已达 815 年。每棵树上都挂着铭牌，记录着树的属性、特点、树龄等，落款均为"吴兴区人民政府，2018 年"。

古梅花观主体建筑设在三条横线上，历史上曾历经毁兴。我们如今看到的则是 1989 年 9 月经湖州市人民政府批准，古梅花观重新开放时重修的殿堂和塑像。主持重修和开放的是住持丁元林先生，派名永能。在当地政府和信众的帮助下，他带领弟子自力更生，募集资金，重修道观主要殿堂，重塑了塑像，还对观园内古树名木进行精心护理，使得古观重新对外开放。

参观后，我们一同在客室里就坐，听闻明相、沈明况两位道长给我们作介绍。我注意到他们说到的几件事：

一是古梅花观自清嘉庆十五年（1810），闵一得祖师继沈一炳祖师之后主持金盖山古梅花观，修缮宫观，振兴教派，道场的影响越来越大。

二是闵一得祖师提倡儒道结合，在山上潜心修道、著书立说，整理出了《金盖心灯》《道藏续编》等，名扬海内外。

三是20世纪80年代末，古梅花观恢复宗教活动，得以重新开放。全真龙门派十八代丁永能道长住持，除修建道院、重塑神像外，还把龙门派十七代中尚健在的道士接上山来，广开宗源。丁道长83岁那年，传住持位于吴圆康道长。2017年丁道长仙逝，享年87岁。

考察古梅花观后，我们还在道观左侧庚辰（2000）重建的"玄帝阁"和"姻缘阁"前停留参观。接着，我们来到隔壁的一座四合院式建筑，称"古梅轩"，现在仍归有关部门作为旅游接待之用。

结束走访后，我等便离开古梅花观，前往位于湖州市区的"问禅堂"，拜访正在康复疗养中的住持吴雄白（圆康）道长。据称，吴道长是在观里的一次活动中，因登木梯挂横幅时，不慎摔倒致骨折。

我等进入堂内，吴道长坐在轮椅上与我们打招呼，请我们入座用茶。吴道长年纪40岁上下，个子高大，气宇昂轩，身着缁衣，一派道家风度。他介绍，在党的宗教政策指引下，古梅花观这几年修葺道院，提倡"在家出家皆修道，忠孝节悌尽神仙"的大旨，注重读书、修研，道儒释三家同修。他还说到古梅花观自古是清静福地，金盖山不以法事谋利，坚定不移反对宗教商业化。何况全真教是以修行为善、济世度人为真行，而建一座清修道场、文化道场也是他的夙愿。在回忆金盖山古梅花的沿革历史时，他说民国时期，曾设立金盖山古梅花观董事会。这是古梅花观的一个兴盛时期，当时全国全真道士有3多万人，金盖山有近1万人。北京中央道教协会吴兴分会就设在古梅花观。民国十六年（1927），江南道嗣龙门派已经有分坛七十二处。他说龙门派有明显的特点：一是忠孝、仁义，二是法正、心真，三是实修、实证。

▲ 湖州古梅花观住持吴雄白（圆康）道长在问禅堂与作者（右）、陈永革（左）合影

吴雄白道长，派名圆康，1969年出生于湖州吴兴区，经历曲折的人生后，师从全真教嗣龙门正宗十八代丁永能道长，为金盖山嗣龙门派第十九代传人。2014年，遵师命接任金盖山古梅花观监院职。

二

古梅花观，俗称云巢庙，清时改称梅华观，又称拨云精舍或纯阳宫。追溯古梅花观的历史，最早为吴赤乌年间，盐铁尹屈桢和其叔屈东生、友韩珊珊、田玉册等，曾一同在金盖山居住。东晋葛洪慕金盖山林木葱茏，修竹万竿，环境适宜炼丹，于是在金盖山腰桐凤坞（即今古梅花观前）结茅垒灶，架炉炼丹。东晋时又有何克正，名楷，字克正，为吴兴郡守，《金盖志略》称其"开读书堂于金盖也"，于是"四方从之学者众"。何楷所开的读书堂在金盖山西北麓，因而金盖山亦名何山。苏轼曾有《游道场山何山》诗，其中有句："道场山顶何山麓，上彻云峰下幽谷。我从山水窟中来，尚爱此山看不足。""出山回望翠云鬟，碧瓦朱栏缥缈间。白水田头问行路，小溪深处是何山。高人读书夜达旦，至今山鹤鸣夜半。我今废学不归山，山中对酒空三叹。"宋末元初大书法家、吴兴人赵孟頫，曾因其兄之孙好学，屡屡向他求字，为嘉之，便将苏轼这首诗书写成一帖与之。现此《道场诗帖》珍藏于北京故宫博物院。

南朝宋元嘉初，道士陆修静爱金盖山有灵气，前来隐居修道，所居为梅花馆，即后来的梅花观。他在山上植梅三百株，匾曰"梅花岛"，有联云："几根瘦骨撑天地；一点寒香透古今。"其间编写斋戒仪范一百卷，后被尊为古梅花观开山祖师。

唐天宝中，有张志和，号玄真子，晚年寄居何山读书堂。元至正间，乌程晟舍望族闵牧斋修真养身，隐居金盖山云巢。明英宗天顺三年（1459），龙门第五代沈顿空宗师来到金盖山，挂瓢于书隐楼，从此金盖山开始有了龙门法脉。明时，金盖山属归安陶氏，陶氏辟为净居。

金盖山梅花观历史上也曾几经毁兴。清顺治年间，屋宇倾塌，道众星散，幸有峨眉陶靖庵弃业来游，他寻访梅花观旧址，"翦茅辟径，葺而居之"。乾隆五十三年（1787），有朱熹后裔、归安县荻港春阳朱烜来到金盖山，他曾建吕祖殿、神将殿、崇德堂等，供奉纯阳帝君。

从赤乌年间到明末清初，历代在金盖山凤桐坞有人建了如梅花馆、读书堂和静心庵、崇德堂等宫观建筑，但尚未完全形成规模和道观规制。

清嘉庆元年（1796），闵苕敷入金盖山，在春阳朱烜原建崇德堂的基础上，大兴土木，拓建纯阳宫。《光绪金盖山志》"纯阳宫"有记："闵苕敷旁拓徐庵、净心庵地，与桐乡鲍廷博、乌程闵鹗元、归安陈阳复史吉、姑苏洪铣、浦江徐德晖等创建。"使之成为规模宏大的纯阳宫。并尊陆静修为开山祖师，从此始称为"古梅花观"。次年，因连降暴雨，大水突发于山墙垣，诸墙倾圮，满目苍凉。时大雪盈山，两日无炊。后值故人林公琅来访，解囊相助，遂得以买米充饥。此后闵苕敷继续拓建宫观，崇构殿庭，整修道路。清嘉兴七年（1802）秋，他考虑到山径崎岖，恐慕道者裹足不前，从吴沈埠河口进山二里许，得携李（现属嘉兴市）童姓老者倡议并募资，砌筑石路，还建云香桥于寻真溪之上，极大方便了往来行人。同时，他还在殿庭的空隙之地广植梅花。由于闵苕敷的努力，引得社会各方人士共襄其事，"或以力施，或以财帛施，皆有功于金盖者也"。

金盖山古梅花观的声誉逐渐扩大，清朝数位亲王、名公巨卿也纷纷书题匾额，有定亲王书"太虚真境"，郑亲王书"古梅福地"，成亲王书"弥罗宝阁""蓬莱方丈"，并联句云："在在寻声扶妙道，心心相印锡通灵"。

此后，古梅花观又历经毁兴，特别是咸丰十一年（1862），遭太平天国兵燹，殿庭建筑物遭毁损，古梅被砍伐，仅崇德堂，幸免于难，今所存者为原构。后又经修复扩建，至同治十三年（1874），重建后的纯阳宫落成，前后用了十一年时间。

清末著名学者俞樾（1821—1907）亦有诗记载了古梅花观的毁兴，诗曰："昔贤高咏处，乱后竟如何？见说梅花馆，荒凉榛莽多。风流剩图画，景物失岩阿。岁岁重阳节，无人载酒过。""中兴吾及见，且喜又逢君。试泛玉湖月，重寻金盖云。前游半春梦，老辈尽秋坟。援笔题斯卷，凄凉感旧文。"光绪二十九年（1903），湖州富商俞世德在古梅花观主体建筑西南建"怡云院"，为四合院式楼房，其中供奉玄帝，故亦称玄帝阁。南浔富商出资在殿宇旁建房数幢，以供信众、游客寄宿等。

民国初年，北京中央道教协会吴兴分会设在古梅花观的净尘庐，古梅花观还设董事会。民国八年（1919），有吴兴人潘益寰，行商沪上多年，在沪筹款，于吴沈门河埠建起云巢石牌坊，画家王震书联"沧海云鹏，天光干舞；老松巢鹤，远来洞参"。1930年后古梅花观董事会由富商高古声任董事兼主持，得到社会各界支持，道观面貌日新，教徒也发展迅速。此时，已设全真门派浙沪道教总坛于古梅花观，总坛下设各七十二分坛，在湖州城里就有荫云坛、依云坛、遗云坛。菱湖、双林、织里、下昂也有分坛。此外省内德清、武康、孝丰、长兴、嘉兴也有分坛。在上海也有觉云坛、会云坛、一善社、位中堂、集云轩等分坛。入道人数逾万。古梅花观似成了全真龙门派在浙沪一带的演教中心。

日寇侵占湖州时,古梅花观遭摧。由于连年战乱,道观的土地、房产收入,仅可维持驻院道士生活开支及日常香烛费用。如遇殿宇大修或做大法事,则向外界捐募。

1949年后,古梅花观曾一度停止活动,道士下放到附近龙巢村劳动,殿宇也先后被用作吴兴县干部疗养院、县"五七"干校、湖州第三中学学生学农基地,1980年后,由鹿山林场接管。期间神像等皆被毁,观里仅存一件金神像被盗。吴沈门河埠建起的云巢石牌坊,也于20世纪60年代被拆除。

1986年,根据党的宗教政策,观内开始集聚道士。1989年,落实党宗教政策,古梅花观作为道场的一个活动场所,重新对外开放。全真龙门派第十八代传人丁云林,派名永能,和散居在外的道士陆续回观,信教群众亦有了一个宗教活动场所。

古梅花观开放后,1990年杭州抱朴道院当家、浙江省道教协会副会长兼秘书长高信一道长,为古梅花观送去了一尊神像,即吕纯阳祖师像,现祀于巢鸾阁中。龙门派第十八代传人丁云林任住持,带领弟子在当地政府关心、指导和众善信的帮助下,自力更生,重修道观主要殿堂并塑像供奉。同时,对观内名贵树木、花卉加以精心护养。2014年,丁永能道长的高徒吴雄白,派名圆康,接任金盖山古梅花观监院。吴圆康道长致力于将古梅花观打造成清修道场、文化道场,做了大量的富有成效的工作,使古观新辉。

三

古梅花观高道、名人云集,下面据《光绪金盖山志》、闵一得《金盖心灯》等典籍和有关资料,略述如下。

陆修静(406—477),字元德,南北朝时吴兴东迁(今浙江湖州吴兴东)人。早年出家修道,遍访道教名山。南朝宋大明五年(461)来到庐山,在庐山修建道观,还撰写了很多道教方面的著作。陆修静认为斋醮是求道之本,复以礼拜,课以诵经,即能成道。他因爱金盖山有灵气,便入山隐居、修道,所居为梅花馆,即后来的梅花观。晋宋之际,道团曾出现组织混乱,科律废弛的状况,陆修静不仅整顿道教组织、完善斋醮仪式,还深研道教经典,编写斋戒仪范,刊正《灵宝经》,编撰灵宝经目,并总括"三洞",奉敕撰写的《三洞经书目录》是我国历史上第一部道教经书目录。南朝刘宋开明元年(477),陆修静在建康(今南京)景德观仙逝,享年71岁,谥简寂。正因为他对道教及道教理论的发展作出的重要贡献,又曾在金盖山下隐居、修道,创建梅花馆。因而,闵一得入山开创古梅花观时,尊陆修静为开山始祖。

闵苕敷(1749—1836),原名思澄,字谱芝,又字补之,号小艮,派名一得,别号懒云子。幼聪颖而体弱,乾隆三十二年(1767)他师从全真龙门派第十代高东篱宗师,为全真龙门派第十一代,于桐柏宫留数载,授以导引之术,体始充强。他资性绝人,读书穷理。高东篱仙去后,他以师礼侍沈轻云。后曾出游名胜,足迹半天下。先后遇金怀怀、李蓬头等,与往复讲论,多所契合。所至,名公贤士争相推重。清嘉庆元年(1796),闵苕敷49岁,其母去世,处理丧事后,离家入金盖山,后重建纯阳宫,主持金盖山教务。闵苕敷为人纯静,平易近人。他的内丹以修性为主,性中兼命,其说不同于诸家。他是继王常月后,乾嘉年间江南全真龙门派最有影响的人物之一。

闵苕敷一生勤于著述,撰《金盖心灯》八卷,辑《古书隐楼藏书》二十余种,曾编纂《道藏续编》,还撰写了《金盖志》等著作。同时,他演教传宗,"以儒释之精华,诠道家之说",融儒释道为一体,自称"金盖山人"。清人吴锡麟撰《金盖山纯阳宫碑记》,详细记述了闵苕敷拓建纯阳宫事,此碑今仍嵌镶在古梅花观讲堂的墙壁上。

道光十六年(1836),闵苕敷仙逝,享年八十九岁,葬金盖菡萏山东麓。

此后梅花观住持:费拨云,派名阳熙,字养和,号少房,一号真牧,自号拨云,湖州道场山人;陈樵云,派名阳复,字樵云,获冈人;姚守梅,派名来鉴,字守梅,浙江乌程(今湖州)人;郑养云,派名本铎,号宇壶,道号养云,吴兴不昂人;高古声,派名合静,号古声,吴兴戴山后林人;汪达夫,派名合义,字明泉,号达夫,嘉兴人;李善之,派名合芹。

风月清虚烟霞观

烟霞观，位于湖州市德清县。据《嘉靖武康县志》《道光武康县志》载，烟霞观源起于南宋年间，南宋初年，有河南籍道士刘士颖结庐修道于烟霞坞，名曰"烟霞庐"，并广植梅花，绵亘数里。后成为武康八大古景之一"烟霞洞天"。

一

2021年11月23日，我从杭州出发，赴德清专程考察烟霞观。湖州市市交通运输局副局长倪建国与德清县交通局总工朱舟平、办公室朱昭红、德清县宗教事务所所长徐国春等同往烟霞观。

▲ 德清烟霞观前留影，左起：朱昭红、朱舟平、陈大慧道长、作者、倪建国、徐国春

烟霞观位于德清县塔山森林公园内的烟霞山上。俟我等乘车驶入园内，见山脚下立着高高的牌楼，正面额书"塔山公园"，背面额有"烟霞洞天"大字十分显目。正面两侧的柱联为："乐静烟霞坞，传闻颖士结茅，尘湮遗迹逾千载；登高云岫山，回望余英胜画，风起放歌飞雨间。"是德清县政协主席、中国书法家协会会员、湖州市书法家协会副主席王顺章先生题写的。

我们一路行来，满山林木葱茏，不多时便来到了烟霞观前。

烟霞观住持陈大慧道长已在观前等候，我等见面相互施礼后，便立在观前凝望，蓝天白云下，烟霞观前殿高大挺拔，飞檐凌空，大门横额写着"灵官殿"，其上方高挂着竖额"烟霞观"。殿宇建筑古色古香，陈道长告诉我们，重建时按照以旧修旧的原则选料和用色，倒符合烟霞观本来面貌，受到一致好评。观前左侧有老子骑牛雕塑像，其旁依立着一童子像。观前右侧不远临崖处有一大片山体缺口，得知乃是20世纪80年代开山取石留下的痕迹。居高临风，俯视山下，山脚下有一湖，波光粼粼，似成一景。远处高高低低的楼房，鳞次栉比，延伸开去，一派生机。公路、街道上车辆川流不息，显现一片繁华。

接着我们步入观内，边看边听陈道长介绍道观的情况。烟霞观占地面积达20余亩，建筑面积6000余平方米。观内建筑分三进，依山随势而筑，上下高差达10米以上。第一进为灵官殿。殿外门两侧有联曰："福地名山，无点真心难到此；蓬莱胜景，有些诚意自可游。"殿内正中供奉王灵官神像，两侧供马、赵、温、岳四大元帅，后侧供奉朱天君。殿内正面左右两柱有联，曰："大道无私，疏而不漏；人心有过，改则为安。"皆为警世之言。第一进对面有一巨大的照壁，上有浮雕松鹤、祥云，还有鹿、蜜蜂、猴和飞鸟等图案。据陈道长介绍，此壁曾遭毁，因主体尚好，故而经拼接粘合后，仍立在此处。

我们沿照壁两侧的台阶逐级向上攀登，登上又一平台，来到第二进玉皇殿。玉皇殿内供奉玉皇大帝，还有三官大帝、玄帝、雷祖、天师，两边供奉玉皇御前十帅等神像。玉皇殿东西两侧分别为文昌殿和财神殿，两侧楼上安置钟、鼓，还供奉地母、太乙真人等神祇。我注意到财神殿里悬挂着的匾额，上书"道正财茂"，道出了生财必须道正，即"取之有道"之意。平台的栏杆旁，我们看到了几件武康石雕刻的柱础、灯台、塔顶之类的石质旧物，据称不知是何年之物，如能鉴定出年代，对考证烟霞观的历史或许有益。玉皇殿后有一古井，年代不详，现仍是观内饮用水源。井后的廊屋内，放着一只直径约2米"大红桶"，桶内铺着一块红毯、一座木制仙桥。据陈道长介绍，这是德清的一个传统习俗，称"滚红桶，过仙桥"，信众欲转运、求福求子者，可在此红桶内滚上一遭、过上一遍。

再登上一层，便是第三进慈航殿，主供观音大士、王母娘娘、千手观音、送子娘娘、太均娘娘等。殿外大门两侧柱上有联，曰："云起慈门，悯彼迷情不易悟；波腾愿海，怜伊佛性了无殊。"还有"亦释亦儒亦道，三教同流；称仙称祖称师，万代攸赖"。紧挨慈航殿右侧是三清阁，三清阁一楼供奉斗姆元君，二楼为藏经阁，三楼供奉玉清元始天尊、上清灵宝天尊、太清道德天尊神像。第三层平台东侧有防风大帝殿和东岳城隍殿，供古防风国国君、治水英雄防风氏、东岳大帝、武康城隍土地等。东侧还有斋堂，西侧有住持院、综合楼、观城庐等，旁边一幢在建中的是乾楼。

我等一行随陈道长在殿内一一参观后，一同来到住持院客室就座，一边品茶，一边听陈道长介绍烟霞观的历史。

陈道长，道号大慧，俗名金伟，是正一天师派第二十九代。他是德清武康街道五龙村人，出生于1972年。因小时体弱多病，1980年奶奶便将他送进了烟霞观，从此他在观内长大，并于近处的秋山小学、中学读书。17岁那年，受传于正一二十八代郑鼎春道长，接任烟霞观当家。

2003年，烟霞观经批准成为合法道教场所以来，落实观属土地，开建上山的道路。先后重建了灵官殿、玉皇殿、钟鼓楼、慈航殿、三清阁、东殿等，完成烟霞观三进的主体观宇建筑。今年又开始建设乾楼。据说，今后还将按照国家审批程序，规划建设第四进伏羲、神农、轩辕三皇殿、三教堂、祖堂和其他相应设施等，使烟霞观功能更加完善。

2017年，经省道协董中基会长等多次调研考察并同意，同年12月烟霞观承办了省道教协会举办的第一届正一派传度活动，来自全省各地约80人参加传度。按照正一派授予道士经策法职的科仪和功德行持的情况，入教者皈依后，必须经过传度、授箓、升箓。

德清烟霞观十分重视教众队伍的建设，2012年观内的第一批教职人员得到认定，现观常住有15人，其中有4人正在省道教学院就读。除常住外，还有几位年龄较小的道童。参观道观的途中，有一小道童在协助拍照。在住持院客堂里，另一位道童频频为我们续添茶水。结束考察临行前，我与她交谈之中得知，她大学刚毕业，是特意来到烟霞观静心清修一段时间的。

在陈道长的带领下，烟霞观道众们时常学习国家宗教事务条例和时事政策，参加各类培训和慈善事业，旨在让烟霞观道众努力成为拥护中国共产党和社会主义制度，爱国爱教，团结进步，有品德、有学识的道教团体。陈道长自己平时勤奋好学，2018年曾入中国人民大学研修班学习4个月，现为德清县道教协会会长、湖州市道教协会副会长，省道教协会副秘书长、中国道教协会理事、德清县政协委员。烟霞观还多次被评为县五好宗教场所、省市先进宗教场所和全国宗教先进集体。

二

史载烟霞观自南宋道士刘士颖结庐修真于"烟霞庐"以来，一度兴旺。古代武康县曾列有"八景"，即"桂枝春水、前溪落花、东野古井、莫干剑池、响潭瀑布、烟霞洞天、铜官石燕、仙台丹灶"，"烟霞洞天"便是武康八景之一。《嘉靖武康县志》有记："烟霞洞天，即烟霞坞，《余英志》云，宝溪刘士颖秀叔之别墅也，中有龟岩，岩上有亭，曰藏春。岩前瀑泉下注，声激如雷。有桥亭，名挂云。壑外，梅花绵亘数里，今荒废。"历史上烟霞观屡历毁兴，几易其名。元大德二年（1298），道士沈常充重修。明末崇祯年间，坤道徐大云重修，改额"拥翠道院"。烟霞观历代有正一、全真道士住栖。民国二十三年（1934），德清就已经成立道教协会。陈道长向我出示了一张当年协会会徽照片，会徽呈圆形，为铜质，上面有"浙江省德清县道教会会员证章"字样。20世纪50年代末期，烟霞观遭毁。1985年后，原烟霞观老道长郑鼎春等纷纷回山。后在陈道长的主持下，延袭祖师香火，重修观宇，烟霞观得以重兴。

历史悠久的德清造就了烟霞观，也引得历代众多官宦、文人和信众、游人登临，在此留下诸多诗文佳作。今录些许如下。

宋朝衢州江山籍的毛滂（1056—约1124），元武元年（1098）任武康知县。在任期间，面对武康的秀美山水，写下了不少赞美的诗篇，如《下渚湖》诗中如是写道："春渚连天阔，春风夹岸香。飞花渡水急，垂柳向人长。远岫分苍紫，垂波映渺茫。此身萍梗尔，泊处即吾乡。"字里行间可见诗人对武康山水人文的情深意切，早已把此地视为第二故乡，坦言"泊处即吾乡"。

宋淳熙十二年（1185），武康县令程九万有《烟霞坞二首》，之一曰："山深何限好，客到辄同登。泉壑岚光冷，烟林雾色凝。韵艰诗益健，杯数量难胜。老矣功名稳，何须叹沔渑。"之二曰："鬓发几星星，风霜抑饱经。年华轻过鸟，身世俯危亭。寒碧还相照，飞湍盖暂停。平生爱山眼，分外为渠清。"

明朝德清举人唐铿赋《烟霞洞天》诗曰："昔人留别墅，窈窕白云边。风月清虚地，烟霞小洞天。幔亭山影合，略彴水声悬，种得金光草，居人想地仙。"又有《烟霞坞》诗曰："何年洞口饭胡麻，谷口犹传隐士家。石似覆舟藏大壑，泉如奔峡折三巴。春山窈窕溪光静，夜月虚无梅影斜。惆怅夫君一去后，高风岁岁自烟霞。"

明崇祯十二年（1639）举人，康熙元年（1662）武康县知县吴康侯，亦有《烟霞洞天》诗，曰："昔人此地老烟霞，修竹清湍处士家。梅影已随寒涧净，泉声犹傍暮烟斜。空山猿鹤啼深雪，古壁虬龙卧断槎，一自洞天寥寂后，春风岁岁落苔花。"

清康熙九年（1670）进士、邑人骆仁埏，有《烟霞坞》诗："员峤方壶拟结庐，仙人长自爱楼居。岭梅傍有琪花种，闲共瑶芝插满畲。"

我等寻访烟霞观那天，正值天气晴朗，气清景明，面对古观重建后的一派胜景，感怀良多。相信有当地政府和有关部门及各级道教协会的关心，以及社会各界和信众的支持，地处塔山森林公园景区、烟霞山顶的烟霞观会打造得更加美好，成为既是正常道教活动场所，也是一处大众修真养性、提升身心健康的福地，旅游观光的佳处。

湖州府庙和元明观

历史上湖州境内佛教、道教皆盛。东汉晚期至三国时期，道教兴起和繁荣。浙江省考古研究所原所长、省文史馆馆员曹锦炎先生在《湖州出土道教封泥考》一文中，介绍了2017年在妙西乡大山顶进行考古和发掘，在清理春秋至战国时期的土墩石室墓时，出土了数件封泥，印文有"斩鬼使者""天帝杀鬼之印"，以及近年湖州地区已发现过的东汉朱书道符，皆显示了当地早期道教流行的史实。据省民宗委一处处长楼剑涛提供的2006年确定的浙江省十大重点道观名单，其中湖州有古梅花观、湖州府庙和元明观。在浙江省文物局编的《宗教祭祀建筑》中还有湖州天医院道观旧址。

2022年6月23日，我一早从杭州出发，前往湖州，考察湖州府庙、元明观和湖州天医院道观旧址。同行的有湖州市交通运输局副局长倪建国和湖州市民宗局处长孙绪会。除湖州天医院旧址在本书《千秋胜迹紫霄观——兼记浙江部分道教祭祀建筑与遗址》一文中另有记述外，现将寻访湖州府庙、元明观所得，并查阅史料，撰文记述如下。

一

明代以前，湖州府庙称湖州府城隍庙，位于现湖州市区人民路和北街间。1994年1月，经湖州市人民政府批准，公布为湖州市文物保护单位。

城隍乃是我国宗教文化中普遍奉祀的地方城池保护神，大多是有功于当地的名臣或英雄人物。湖州府庙始建于五代后唐吴越国国王、两浙节度使钱元瓘任内。据清同治《湖州府志》引《五代会要》记载，五代后唐清泰元年（934）十一月，"从两浙节度使钱元瓘奏"，"敕湖州城隍神封阜俗安成王"。其址亦因城隍神名，称"阜安坊西"。后又重建于南宋初，南宋嘉泰《吴兴志》载，绍兴十八年（1148），知州事赵叔浑重建庙宇。

历史上湖州府庙曾奉三代城隍神，第一代便是五代后唐敕封的"阜俗安成王"，第二代是明洪武十年（1369）敕封的威灵公，第三代是明万历元年（1573）尊奉湖州府城隍劳公神，并在庙内专修"劳公神庙"，即俗称"庙里庙"。

劳公，即明成化八年至十二年（1472—1476）任湖州知府的劳钺，字廷器，江西德化（今九江）人。明景泰元年（1450）进士，历任江浦（今属江苏南京）、山东临清、陕西山阴知县，明成化八年（1465）任湖州知府。他在任上剿灭太湖盗匪，治理蝗灾，兴修水利，开办府学以及修编《湖州府志》等，政绩颇丰，深得地方百姓拥戴。劳钺卒于明成化十二年（1476），后葬于老家江西德化劳家垄，然其后裔仍居湖州，其后裔中有劳溥、劳堪等历史人物。劳堪乃是劳钺的五世孙，曾历任山东右布政使、福建巡抚、都察院左副都察御史。正因为劳钺在湖州知府任上为民造福，故被尊为湖州府城隍神，在原府庙内专修劳公神庙（俗称劳公祠），奉祀劳钺神像，万历元年六月立湖州府城隍庙劳公神庙碑于府庙内。自此，府庙便有了"庙里庙"之称，成了"湖州三绝"之一。

我们站在湖州府庙前，见府庙周围已都是民用建筑，独一座高大的牌坊十分显目。牌坊为四个石柱立地，重檐飞挑，煞是壮观。牌坊横额是曾任中国书法家协会主席沈鹏书写的"国泰民安"四个大字，柱上有联，云："市中集市，适得其所；庙里修庙，妙不可言。"据称，府庙的山门和牌坊原在北街口，后来才移至此。

在湖州府庙前，我们与府庙住持、浙江省道教协会副会长、湖州市道教协会会长王水江道长和湖州市道教协会秘书长韦鑫建、湖州市文保所所长陆斌相见，并在的牌坊前留影。我们随王水江道长等参观湖州府庙。府庙是一座四合院式的建筑，共三进，一进是山门，供奉王灵官、朱天官，左右为马、赵、温、岳四大元帅神像。二进是城隍庙，庙大门两侧

▲ 考察湖州城隍庙，在城隍庙的牌坊前留影，左起：孙绪会、韦鑫建、王水江道长、作者、陆斌、倪建国

有柱联，云："红日无私，贫富一样照应；青天有眼，善恶两种看待。"城隍庙后厅供奉城隍神，庙内又有一庙，即"庙中庙"，供奉湖州府城隍神劳公。三进是三清殿，供奉玉皇大帝及太清、玉清、上清神像。

一进和二进之间，是一个硕大的天井，天井以大石板铺地，显得十分平整、开阔。庙内有戏台和水井等设施。自五代后唐始建后，府庙曾历经多次修缮。其中，明代嘉靖三年（1524）重修，三十九年（1560）又重修，万历七年（1578）再重修。清代历经康熙三年（1663）重修。乾隆五十三年（1788），时任湖州知府雷轮再次重修，并撰《重修湖州府城隍庙》一文，后于五十七年（1792）立碑于庙内，今此碑仍存。天井的一侧有一座四柱石亭，乃是清光绪七年（1881）重建时之物。亭内有一口古井，为清同治年间的遗存。另一侧是一座六角亭，亭柱有联"亭内钟声唤醒三千客；庙外道法广传亿万年"，亭内挂着一口铁钟，寓意"警钟长鸣"。据王道长介绍，当年有中央领导来此，十分赞赏此寓意，告诫广大干部应牢记执政为民，廉洁奉公，警钟长鸣！

历史上湖州府庙由道士主持，作为道教活动场所，还曾御祭过湖州城隍神。同时，旧时湖州府庙也如同南京夫子庙、杭州城隍庙等一般，除了举行宗教活动外，也是一处民间娱乐场所，常年有江湖艺人来此演出。20世纪30年代，湖州府庙还办过国货商场，内有各式小吃、百货，星相卜卦、测字算命者也会在此设摊。

改革开放以后，落实党的宗教政策，先后经过了三次修复。据王道长回忆，1993年他来到湖州府庙时，仅剩几间空房子，便自筹资金将其买了下来。1994年开始重修府庙，并于1996年元旦对外开放。重修后的府庙前新建楼阁牌坊一座，牌坊四根石柱旁置抱鼓石十块。府庙有三孔大门，门前有石狮一对。大殿后东西两侧各建四角攒尖重檐亭一座，西侧的四角亭内立1995年《重修湖州府庙记》石碑。东侧四角亭内立乾隆五十三年（1788）《重修城隍庙记》石碑。

为进一步弘扬传统文化，提升我国本土道教，2015年在中共湖州市委统战部和市民宗局的指导下，湖州府庙住持王道长带领道众，不忘初心，秉承爱国爱教宗旨，同心协力，经多方筹集善款，对府庙及庙内较陈旧的设施又进行全面翻修改造，令湖州府庙焕然一新。

二

元明观，位于湖州市吴兴区妙西镇石山村王部院，周边青山翠竹，景色清幽，主殿奉祀江西龙虎山嗣汉天师府第四代张天师神像，属道教正一派宫观。

元明观，原名元明庵，始建于元末明初，故有"元明"之名。此后，元明庵几经废兴，抗日战争期间毁于兵燹。抗日战争胜利后，里人重建三间庵堂，奉祀张天师、观音和地藏王神像。

▲ 湖州元明观

1998年5月，经湖州市政府民宗局批准，成为合法的道教宗教活动场所，并正式命名"元明观"。1999年3月开始，赖信众的资助，拆除原三间土石结构的旧庵，重建元明观。至2002年6月，陆续建成了有山门、天师殿、观音阁、祖师殿、佛祖殿、厢房和办公用房等建筑的一座崭新观宇。元明观占地十亩，背靠后山，建筑物依山而建，殿宇壮观。2004年，又建成了八间占地550平方米的三层仿古寮房，底层设置斋堂，二楼、三楼两层为善信住宿用房，为前来朝拜和旅游休闲、观光者提供了极大的便利。2006年被公布为浙江省十大重点道观之一。

我们一行进入元明观，环顾四周，果见青山与殿宇相映成趣，真是一处问道修炼、旅游观光佳处也。观旁有一榉树，高大挺拔，枝繁叶茂，郁郁葱葱。吴兴区道教协会会长、元明观住持陆立新和陈根先道长陪同我等到各处参观，并作介绍。天师殿内供奉张天师，其旁供奉四大天王。殿内张天师像前，挂张着"威灵远播"四个大字，据介绍，这是2002年春，第四代张天师（张盛）圣诞时，由龙虎山天师府住持张金涛敬题的。考察后，我们还在客堂里稍坐，听取介绍。观内现由陆立新住持，另有吕掌珠居士及管委会成员、六名正一教道士共同配合，各项工作依法依规、有序开展，受到地方宗教管理部门和社会好评。每年农历三月十六日，是观内供奉第四代天师张盛的圣诞大典，信众聚集庆祝，敬香烛，吃斋饭，成了元明观大型的特色宗教活动。

群山怀抱、茂林修竹中的元明观，风光旖旎。重修后，古观道风延绵，既是一处传承中国道教的文化胜地，也成了旅游、休闲佳地。

嘉兴道迹揽胜

浙江省嘉兴市，别称禾城、秀州等，位于浙江省东北部沿海，是杭嘉湖平原腹地，也是浙江大湾区的核心城市之一。嘉兴建制于秦，为由拳县。嘉兴自古为繁华富庶之地，有"鱼米之乡""丝绸之府"之美誉。嘉兴人杰地灵，文化底蕴深厚，历史上嘉兴名人辈出。

一

嘉兴道教，始于汉末，盛于吴越。宋、元、明、清期间，曾屡建道观，清末始渐衰，以正一派道士为多，俗称"火居道士"。据1936年《浙江新志》载，仅嘉兴一县，尚有道士151人。

据嘉兴市民宗局原副局长陈林根先生提供的资料，得知如今嘉兴开放的道教场所两处，一处是海宁盐官城隍庙，另一处是平湖城隍庙，其余仅存道观遗迹。

2022年6月30日，我从杭州出发，先后寻访了两处道教场所和几处道观古迹，同行者有浙江省公路管理中心正处级调研员施明。

之一，海宁盐官城隍庙。

海宁盐官，始建于2000多年前的西汉。吴王刘濞设司盐之官于此，地以官名，称"盐官"。盐官曾为历代海宁州（县）治所在地。海宁盐官城隍庙，始建于北宋天圣元年（1023）。城隍庙供奉的城隍庙神姓罗名俊，宋代杭州转塘人，任两浙路金坛县令时，因擅自开仓赈济治内灾民，获罪而死。他博古通今，怀才抱德，深得当地百姓爱戴，后被奉为城隍神。现盐官城隍庙内供奉城隍神、文昌君、财神和火神、雷神，两侧偏殿供十殿阎王并设有地狱场景。山门后设明式戏台。庙内按时举行城隍祀典，已成为当地习俗。

我们寻迹来到海宁盐官镇，刚卸任的嘉兴市交通运输局局长顾国强和局办公室副主任吴健民、海宁市交通运输局副局长那国庆陪同前往考察。

我们步行穿过即将完工的旅游接待中心，走过旅游小镇古色古香的临河街道，来到盐官城隍庙前。首先映入眼帘的是一座高大的四柱石牌坊，牌坊有额，上书"无边风月"四个大字。不巧，城隍庙正在维修，因而不能入内参观。城隍庙门前分别立有6个石鼓，石鼓面上有双狮戏球浮雕。大门两侧柱上一联，曰："正直为神，万古景仰；无私守土，四海咸钦。"侧面墙上挂着标牌，显示盐官城隍庙为1982年2月16日公布的海宁市文物保护单位。

▲ 海宁市盐官城隍庙前，左起：那国庆、施明、作者、顾国强、吴健民

我环顾四周，这里应处盐官古镇的老城区内。城隍庙前静静流淌着的是堰瓦河，河水流经护城河，汇入州河。跨河架着一座石拱桥，名为东兴桥，乾隆年间始建，后经维修，至今保存完好。行过东兴桥，隔河与城隍庙相对有一尊大香炉，香炉后面是画着麒麟的巨幅照壁，虽然图面已显见褪色且有斑驳脱落，但尚能识出麒麟形象。

之二，平湖城隍庙。

结束盐官城隍庙考察后，我等即前往平湖市，访平湖城隍庙。平湖市交通局局长戚红炳、局党委委员沈华元，平湖市民宗局副局长朱新达、局工作人员马筱芮等为我们提供了帮助。

平湖城隍庙正殿位于平湖市区当湖街道城隍弄内，始建于明宣德五年（1430），在明宣德五年（1430）、成化十六年（1480）和嘉靖年间，先后经王简、李智、顾廷对等三任知县的努力，完成了始建和完善，形成一定规模。后又经明万历二十一年（1593）知县黄焰、清乾隆五十三年（1788）知县王恒及清光绪二年（1876）当地乡人等三度重修，才得以延续保存至今。历经数百年的沧桑岁月和战火洗礼，城隍庙仅存正殿，当是平湖市域内现存年代最早，也是价值最高的一处砖木结构传统古建筑。殿前留存宋代古柏一棵，距今已有600年的历史。1985年11月4日，城隍庙正殿被公布为平湖市文物保护单位。近年，平湖城隍庙正殿已整修一新，正殿为二层楼阁，红色的外墙和镀金飞檐凌空，在蓝天白云下更显金碧辉煌。正殿的大门前立着四根雕龙的青石柱，更显气宇不凡。

我们随城隍庙监院薛兰刚道长入内参观，现城隍庙有三进，一进为山门，二进为城隍殿，三进为三宝殿。二进城隍殿内高大的方石柱很不一般，且保存完好，引起大家的注意。薛兰刚道长介绍，此等方石柱，其他城隍殿没有，在全国应是惟一的。三宝殿后面，设讲经堂，据称是由中国道教协会副会长王崇阳帮助设计的，将讲经、法会、打坐三种功能融为一体，上下两层可容纳千余人。

参观毕，我们来到二层客房稍坐，边饮茶边听薛道长介绍。薛道长是陕西人，少小离乡，曾上武当山修炼。2005年来到浙江，先入杭

▲ 考察嘉兴平湖城隍庙，前排左起：顾国强、作者、薛兰刚道长，后排左起：吴健民、沈华元、戚红炳、施明

州抱朴道院，拜高信一道长为师。后曾任海宁盐官城隍庙监院，2010年来到平湖城隍庙任监院。薛道长热衷修道和传播道教文化，爱国爱教。他常鼓励弟子树立信心，克服困难，勤奋劳动，诚实守信。

完成考察临行时，我特别留意到殿宇之间的宣传栏里，一组题为"西行拜谒路线图"的照片和文字。那是2021年薛道长率弟子、信众20余人，怀着对华夏文明的崇拜，对道教的虔诚信仰，西行寻根、拜谒、学习，一路祈愿国泰民安、风调雨顺、五谷丰登、世界和平、华夏永昌。从路线图上可以看出，他们到达的第一站便是湖北武当山，接着，他们分别去到陕西汉中青龙观、汉中天台山；陕西周至楼观台，拜老子，观讲经台；西安户县（今西安鄠邑区）重阳宫，乃是道教全真派三大祖庭之首。还去了延安轩辕黄帝陵，并赴革命圣地延安杨家岭、枣园参观学习。还到过河南洛阳关陵、河南三清

宫以及淮阳太昊伏羲陵等处。一路之上，风雨兼程，用他们自己的话来说："用脚步丈量祖国的大地，用信念跨过陡峭的山坡。"

二

嘉兴历史上道教宫观曾一度兴盛，现在大部分均已毁圮，除上述海盐城隍庙、平湖城隍庙两处道教开放场所外，仅留下一些道教古迹，其中有玄妙观。嘉兴玄妙观，元大德五年（1301），由杨道录重建于天星湖。元至正十八年（1358）遭兵燹。明洪武元年（1368）道士赵云轩首建三清祠，永乐十年（1412）住持赵宗纯重建，正德丁丑（1617）住持周景常修葺。历经沧桑，玄妙观的殿宇早已无存，现院内还残存一棵古银杏，树龄达200余年。

明崇祯七年（1634），在玄妙观东南一角，由明末秀水县令傅汝为捐俸创建冷仙亭，以纪念冷谦。冷谦，字启敬，嘉兴人，号龙阳子。据《画史会要》卷四记载，元中统初从沙门海云禅师游，博学多通，尤邃于《易》。冷谦擅长画法，曾学习炼丹之术，隐居吴山修行。他还善音律，明洪武初出任协律郎。冷谦也是医家，善养生之道，著有著名的养生保健专著《修龄要指》，流传至今，其中的养身理论，被越来越多的健身爱好者所接受。

几年后，秀水县令傅汝为调离。到崇祯十四年（1641），由海盐人钱公先出资续建，冷仙亭得以完成。为此，钱公先写了一篇《冷仙亭记》。康熙十年（1671），里人朱鑨对冷仙亭进行重修。清道光八年（1828）和同治十年（1868），当地曾两次重修冷仙亭，清代嘉兴进士沈维鐈曾撰《重建冷仙亭碑记》。现此碑尚存，镶嵌在今仙家殿的外墙上。咸丰十年（1860）冷仙亭毁于太平天国战火，同治七年（1868）复建。光绪十年（1884），冷仙亭改为"药师禅院"。

到20世纪60年代初，此处尚有仙家殿、玉皇殿、斗姆殿等建筑，殿前有一剑池，小桥轻架，水中有鱼。冷仙亭内还有一口古井和一棵树龄300余年古黄杨木，亦证明此地乃是明玄妙观内道纪司的遗址。冷仙亭属道教茅山派道观，奉祀老子。后仙家殿和玉皇殿改为民居，斗姆殿留存，改成了佛教禅院，面积很小，四周皆为民房。冷仙亭经修复，留下一殿和一座两层的僧房。

2022年6月30日，我们从平湖来到嘉兴市区，考察玄妙观。此行得到了嘉兴市人大常委会原主任刘东生和嘉兴市民宗局原副局长陈林根、嘉兴市交通运输局党委原副书记洪国良的帮助,他们也一同参加考察。

历经百年沧桑,加之后来的旧城改造,玄妙观遗址虽已不存,然冷仙亭尚在,1981年10月,嘉兴市人民政府公布"冷仙亭"为市级文物保护单位。1989年,再次修缮斗姆殿。1991年,信众捐款重修冷仙亭。1993年12月,还以冷仙亭之名正式在浙江省民宗部门登记。

如今冷仙亭为佛教场所,但仍秉承道释兼容,继续传承传统文化。我们来到冷仙亭址时,大雨骤降,监院法雨法师接待我等,请我等入客堂稍坐用茶并作介绍。不一会雨停,我等即起身到院内参观。我看到斗姆殿香火甚旺,殿前那棵树龄300余年古黄杨树,被保护得很好,依然茁壮生长。

斗姆殿前方的一座建筑称仙家殿,现在已开辟"冷谦历史料陈列"。据说,当年当地文史工作者发现冷仙亭有一座居民房已属危房,将被拆除,经查勘,此民居正是仙家殿,石柱上赫然刻着"立志能成善,同心自保真"几个大字,便积极建议不拆除而加以修复。经同意并大修后的仙家殿,遂得以保存下来。我们上前察看,果然,殿宇正面两侧墙角的石柱上,镌刻着的"立志能成善,同心自保真"几个大字赫然在目,十分清晰。墙壁上还镶嵌着《重建冷仙亭碑记》(分左右两块),系清代嘉兴进士沈维鐈撰,钱塘生员祝桂荣书,清道光二十八(1848)十月初九勒石。

冷谦历史资料陈列室内有不少图片和文字说明,介绍冷仙亭的历史延革和冷谦的生平事迹。通过展览,旨在展示当地的人文历史,阐释优秀的中华传统文化,并促进社会和谐、进步。陈列室内陈放着一口铜钟,十分引人注目。这是清光绪十年(1884),似为冷仙亭改为"药师禅院"时铸的,钟高0.66米,直径0.49米,重116斤。钟体上除有"药师禅院""佛日增辉""法轮常转"等字外,上端有莲花图纹,下端钟圈上为八卦方位图形。由此,也体现了药师禅院与道教的渊源,留下了一实物见证。冷谦历史资料陈列室内图文并茂,将冷仙亭的历史延革

▲ 考察嘉兴城区冷仙亭时留影,左起:吴健民、法雨法师、顾国强、刘东生、作者、洪国良、施明、陈林根

嘉兴道迹揽胜 | 167

和冷谦的生平事迹介绍得很是生动。特别对于冷谦其人，不但介绍了生平，还介绍了冷谦之医学和养生、冷谦之音乐、冷谦之绘画、冷谦之交友，以及文学作品中的冷谦，给人们留下了深刻的印象。

参观后，我还获赠一册冷谦撰著的《修龄要指》，这是冷谦遵照《黄帝内经》和人体生理功能，对一年四季的调摄和人生活起居养生加以研究而撰写的著作。对个人养生、预防疾病、保护身体健康等，皆具有很好的借鉴意义。

三

结束寻访活动的当晚，我们住嘉兴。不料这天晚上桐乡出现了新的疫情，嘉兴市和桐乡市连夜落实防控措施。按照当时的管控要求，我们就不便继续考察桐乡乌镇修真观和濮院翔云观。第二天早餐后，嘉兴市交通运输局的领导建议可到嘉兴市区运河边看看，于是，我们一同参观了岳王祠、血印禅寺和三塔、煮茶亭。参观毕，我等径直返回杭州。

2023年春节后，我相约桐乡市民宗局原副局长周云飞先生，于2月21日访桐乡市翔云观和修真观两处道观。一早，我和爱人孙满琴从杭州出发，经沪杭高速公路在屠甸出口下，沿着农村乡间道路，来到位于濮院镇的翔云观，经过历时一个多小时的实地考察，再驱车到乌镇，简单午餐后继续考察修真观，圆满完成两观的考察后即返回杭州。

桐乡市政协原主席许彩英是我高中母校低三届的校友，她大学毕业后分配到桐乡工作，先后担任过桐乡市委常委、宣传部部长等职。此番，她亦闻讯前来，与周云飞一起陪同考察，因与我爱人为同乡，一路上她们之间交谈得倒很是投机。

现据实地考察所见所闻并结合史料，将桐乡的两处道迹略作一番记述。

之一，桐乡濮院翔云观。

翔云观在桐乡濮院，濮院的历史可追溯到宋朝的濮凤。濮凤，字云翔，山东曲阜人，官著作郎。靖康之变后，濮凤随宋高宗南渡，来到浙江，见濮院西栅河道两岸梧桐成林，环境优美，他赞叹不已，曰："凤栖梧桐，事有适府。"遂与家人落居于此，繁衍生息，渐成望族。据清《濮川所闻记》载，濮凤六世孙濮斗南，因拥立宋理宗有功，擢吏部侍郎，赐第名为"濮院"，后移作镇名。濮氏家族经过一代代的苦心经营，传至九世孙濮鉴时，家业已十分殷实。濮鉴不仅善于经营，且乐善好施，在当地修桥铺路、兴教办学、救济贫苦。其中香海寺、翔云观、东岳宫便是濮鉴捐建的。

濮院翔云观，原名玄明观。据明秀邑侯培《玄明观碑记》言："玄明观俗传创自五代悟法师，数遭兵燹，纪石淹没无考。"元至大二年（1309），濮鉴舍宅建观，仍名玄明观。至元元年（1335），邹道宁募建三清阁。明代书法家董其昌题"三清宝阁""三清宝殿"匾额。至清代康熙年间，因避讳遂改名"翔云观"。

历史上翔云观内有真武殿、三清阁、九天殿、财神殿、文昌阁、城隍殿和戏台等众多建筑。据称其三清阁为琉璃瓦、铜顶，观之金碧辉煌，登楼可眺硖石诸山。观中有翔云石，高达二十余尺，堪称名迹。清乾隆四十一年（1776）翔云观重修，咸丰十年（1860）毁于太平天国兵燹，同治间曾重建正殿，光绪元年（1875）复建灵官殿及戏台等。后渐次衰落，现独存山门。

在了解翔云观的过程中，一个偶然机会，我在某处资料上居然见到一张"翔云墙界"的照片，字迹清晰，在其说明中称：翔云墙界石，高64厘米，宽25厘米，厚5.5厘米，老青石。我自忖此石应是旧时翔云观遗存墙界石，承载着厚重的历史记忆。

如今，当地已经将正在复建的福善寺和翔云观，连同这一区域的古建筑、河道等，一并规划建设成一个"濮院古镇景区"，还相应建起了规模相当的"濮院景区游客服务中心"等游客接待设施。

我们经过景区管理中心进入景区，一路走来，河道纵横，古桥飞架，人工摇橹的小船在河中慢悠悠地划过，河两岸的古建筑房屋鳞次栉比，与小桥流水相映成趣，好一幅美丽的江南水乡画卷，人入其中，可谓移步成景。周云飞先生在民宗部门工作多年，见证了这里的变化，一路上，他边走边给我们作了介绍。

翔云观在庙桥河的北岸，历经太平天国兵燹而幸存的山门依然挺立，我近前饶有兴趣地来回察看。翔云观山门巍峨高大，基座和门框都是花岗石制作的，墙体为青灰水磨砖砌筑。山门有三扇门，正门的门额是"翔云高眺"，为乾隆三十一年（1766）六月所题，东、西两边的门额分别是"春和"和"秋爽"。翔云观山门是清乾隆重修时的建筑遗存，也有200多年历史，至今仍保存完好。1981年6月9日，翔云观山门被公布为桐乡市文物保护单位。

接着，我们绕到山门后面原翔云观址察看，见观址上一幢幢的殿宇正在重建中。我询问这些宫殿是按原来布局建设吗？告知已无旧图可循，仅按旧时史料记载而建。欣闻复建后的翔云观将与景区一同正式对外开放。

之二，桐乡修真观。

桐乡修真观位于现乌镇东栅景区的印家巷里（现名观前街），占地1000多平方米，与全国重点文物保护单位"茅盾故居"仅一路之隔。

北宋咸平元年（998），有道士张洞明在此结庐，修真得道，乃创建"修真观"。历史上，桐乡修真观地位很高，与苏州玄妙观、濮院翔云观并称为"江南三大道观"。修真观元代曾遭兵毁，明洪武年间重修，天顺年间由住持邱玉岩扩建。清康熙十五年（1676），修真观道士徐铭入都，裕亲王赐书"修真观"额。到乾隆十四年（1749）重建山门，临河辟地建戏台，至此修真观的格局基本定型，至今未曾改变。如今的修真观，虽是再次重修后留下的，但仍沿循原来格局和面貌。修真观建筑前为山门、中为东岳殿、后为玉皇阁，规模宏阔，气势不凡。山门前石板铺设的中心广场，旧时是乡人迎庙会、看社戏的地方，可称旧时乌镇的文化娱乐中心。

山门中间门额竖写"修真观"三个大字，上方悬挂着一个硕大的"算盘"。大门两侧有柱联，云："人有千算；天则一算。"观内还有联："红日无私，贫富一般照顾；青天有眼，善恶两样对待。""一盏青灯，可照无量前程；三枝福香，能解千灾百难。"修真观的这几副联倒是饶有趣味，常引得过往者驻足观赏。

修真观有一大特点，即佛道合一。进山门可见左面供奉青龙君，右面供奉白虎君，两边配殿中，右边是十殿阎王和文武判官的塑绘，正中间是地藏菩萨，左边是三清神像。再往前，进入正殿东岳殿，正中供奉东岳大帝，两旁依次是十二生肖神像。东岳殿与后面的玉皇阁之间，是一个宽敞的天井，摆放着香炉。玉皇阁分两层，上层供奉观音，下层供奉玉皇大帝神像。

修真观对面隔着中心广场的是一座戏台，它是修真观的附属建筑，始建于清乾隆十四年（1749），面积204平方米，后遭毁损。古戏台为歇山式屋顶、木构架二层建筑，飞檐翘角，庄重秀逸。梁柱间的雀替皆为精致的木雕，艺术价值很高。戏台从1919年修缮后保存至今，实属不易。1981年6月9日，经桐乡市人民政府批准，

▲ 桐乡市乌镇修真观前留影，左起：周云飞、许彩英、孙满琴、作者

公布其为市级文物保护单位。1986年耗资百余万元，再次重修。

  修真观戏台平时都有演出，有当地人喜闻乐见的桐乡花鼓戏，可谓长年锣鼓声不绝，为到修真观参观、游歇的游客、市民增添了不少乐趣。桐乡花鼓戏是以桐乡乡音演唱的滩簧小戏剧种，对白都用桐乡本地方言，现为嘉兴市非物质文化遗产。在古戏台前，我们停下脚步观看，当天演出的正是桐乡花鼓戏，台上一生一旦两位演员演得十分认真。我注意到台侧挂着的演出时间表上显示，演出从上午十点开始，每次演半小时，休息半小时，一直演到下午四点半结束。

第三辑

钱塘江诗路上的道迹洞天

金华洞元天和赤松黄大仙

金华市地处浙江中部，历史悠久，人杰地灵。金华之名源于金星、婺女星之说，即金华地理位置在天文上处于金星和婺女星的分野，《玉台新咏》有"金星与婺女争华"之句，故名金华。金华古属越国地。秦王政二十五年（前222），置会稽郡，乌伤县属之，县治在今义乌市稠城镇。汉宝鼎元年（266）十月，分会稽郡西部置东阳郡，因郡在瀫水之东、长山之阳，故名。南朝陈文帝天嘉三年（562），改东阳郡为金华郡。

自古以来，金华乃两浙交通要道和兵家必争之地，境内东阳江、金华江与兰江相接，经富春江汇入钱塘江。古代以水运为主，唐代以来，水上航运繁忙，南宋建都杭州后，金华地位更为重要，著名诗人李清照寓居金华，有诗"水通南国三千里，气压江城十四州"，是何等的气势磅礴。金华也是文化繁荣、名胜古迹众多之地。本文将重点介绍金华的道迹洞天：金华洞元天和赤松黄大仙。

一

金华山，系龙门山脉的支脉，横亘于金华市区北面，古称长山或常山，也称赤松山，俗名北山。金华山林木葱郁，自然风光奇异秀美，人文积淀深厚，是海内外闻名的道教名山，也是儒释道相容而盛的一座历史文化名山。

南朝梁天监八年（509），著名文学家刘峻，字孝标，弃官后隐居于金华山紫薇岩下著书讲学，后人称为"讲学堂"。金华山历史上儒风延绵，聚集过宋元人称的"北山四先生"，即何基、王柏、金履祥、许谦。

金华山下有千年古寺，位于尖峰山麓的智者寺，又名智者广福禅寺，至今已有1500余年历史。智者寺始建于南朝梁武帝普通七年（526），为梁代楼约法师道场，兴于唐，重修于宋，延至元、明、清，后毁。在金华侍王府内，如今还留存南宋陆游题写的《重修智者广福禅寺记》原碑，1995年被鉴定为国家一级文物。2016年5月，我曾寻访重建后的智者寺,并在金华侍王府内目睹此碑,所见所闻已记入拙作《浙江古寺寻迹》一书内。

金华山更是一座闻名海内外的道教名山,是第三十六洞天之所在。宋张君房撰《云笈七签》内记载:"第三十六金华山洞,周回五十里,名曰金华洞元天。在婺州金华县,属戴真人治之。"

历史上金华山周围还有诸多道教宫观,其中金华市区的"三清宫",位于市区将军路上。"三清宫"现由施清纯道长住持,也是金华市道教协会的驻地。据明万历《金华府志》、清康熙《金华府志》和光绪《金华县志》记载,三清宫原址在府治"冯宅岭背东",始建年代已无从考证。北宋大中祥符二年(1009),宋真宗"以天书降,诏天下建天庆观",遂将旧三清宫改名为天庆观,至今已有千余年历史。元代元贞元年(1295)七月,成宗"诏诸路天庆观改为玄妙观"。清嘉庆八年(1803),知府严荣将玄妙观迁至府治东北马驿前,即今旌孝街址。清代因避讳,玄妙观改称元妙观,清光绪二年(1897),知府继良率众资助重修道观,元妙观改称三清宫至今。

2004年3月2日,经金华市民宗局批准,三清宫为宗教活动场所。2007年6月,经批准重修重建三清宫,2009年安奉三清祖师圣像并开光。至2011年二期工程也已完工,新修建了黄大仙殿和两侧道房。现三清宫为古式建筑,坐东朝西,有三进:门厅、中殿、后殿。每进面阔和进深均为三间,天井左右有厢廊。宫内仍完好保存着清光绪二年,知府继良所撰的《重修三清宫全庙之碑记》石碑。据说,20世纪90年代,在旧城改造时,有人发现嵌镶在旧墙内的此碑,引起当地领导和有关部门的重视,三清宫才得以保护下来并重建。

道教第三十六小洞天金华洞元天,有双龙、冰壶和朝真"三洞"组成,洞洞相邻,各具特色。底层为双龙洞。双龙洞分内、外两洞,外洞高大明亮,洞高达60米余,宽深各为33米余,面积1200余平方米。洞口两侧悬钟乳石,形似龙头,故名"双龙洞"。外洞、内洞间有巨石相隔,仅以石下一水道相连通,水道长约10米,宽约3米,水面离巨石约30厘米。凡进入内洞者,得乘小船,人平躺于船舱内,随着牵引,小船从巨石下缓缓穿过,一旦进入内洞,便又豁然开朗,实属奇观。宋代叶芳有诗句:"一水穿开岩底石,片槎引入洞中天。"明代屠隆有"千尺横梁压水低,轻舠仰卧入回溪"之佳句。内洞更大,有2000多平方米,内洞顶上也有众多石钟乳和岩纹,因酷似龙状,煞是壮丽,故亦有人称"双龙洞"之名来自此。双龙洞外洞敞亮,内洞清凉,洞壁上有摩崖石刻,"双龙洞"三字传系唐人手笔,"三十六洞天"几个大字则为于右任所书,还有右壁上"洞天"

两字系南宋书法家吴琳手迹。

在双龙洞上方,不到 200 米,便是冰壶洞,如今两洞内部已经打通。冰壶洞洞口朝天,洞深达 120 余米,从洞口到洞底有倾斜而下的石阶 260 余级。洞口小,洞体大,沿石阶向下,人如处于壶中,更觉阵阵寒气袭来,故称冰壶洞。下行数十台阶,回身则可望见洞口处的瀑布从 10 余米高处往下倾泻,瀑声隆隆,震耳欲聋,身边雨珠纷飞。置身于此,着实令人震撼。1964 年 5 月,郭沫若先生在时任金华地委书记李学智等陪同下,登北山,参观冰壶洞后,题写了《冰壶洞》诗一首,诗曰:"银河倒泻入冰壶,道是龙宫信是诬。满壁珠玑飞作雨,一天星斗化为无。瞬看新月轮轮饱,长有惊雷阵阵呼。压倒双龙何足异,嵚崎此景域中孤。"此后不久,郭沫若的《冰壶洞》诗被镌刻于碑石,并立于冰壶洞口,还建了一座碑亭。据知情人士说,20 世纪 60 年代间,诗碑由景区管理人员挖坑埋入地下,而得以保存。如今,郭沫若《冰壶洞》诗碑早已取出,重立于原碑亭内,供游客浏览、欣赏。

从冰壶洞再往上行,登石阶 640 余阶,便是朝真洞。朝真洞又名真人洞,是北山三洞中最高处的洞,海拔 888 米。相传有得道真人(石真人)栖居于此。

朝真洞洞口向西,背依险峰,前临深壑。洞前放眼四望,群峰挺立,犹如朝圣求真,故名。朝真洞洞高约 10 米,全长约 250 米,由主洞和两个支洞组成。洞内曲折迂回,遍布石笋、石钟乳,其中有一柱大石笋,形似观音,称"观音大士像"。此外,洞内还有"一线天""天池""石棋盘"等景。朝真洞内干燥,可居人,传说古代来此修仙、隐居者甚多。至今仍为旅游和道教文化爱好者寻幽探胜、访迹求真之地。

晋代以来,金华山和双龙、冰壶、朝真"三洞"便闻名于世,唐、宋、明、清几度辉煌。引得官员、文人墨客纷沓而至,孟浩然、李白、王安石、苏轼、李清照等,在此皆留有佳作。明代徐霞客曾数度游金华山,《徐霞客游记》卷二中详细记述了金华山三洞,曰:"后支层绕中支,中支西尽,颓然下坠。初辟为朝真,中坠为冰壶,最下及谷底为双龙,所谓三洞也。洞门皆西向,层累而下,各去里许,山势崇绝,俯瞰仰眺,各不相及,而洞中水实层注。"

近现代,郁达夫、叶圣陶、郭沫若、艾青等作家都留有诗文。毛泽东、朱德、宋庆龄、彭德怀、陶铸、彭真等党和国家领导人也曾先后到过此地。

二

金华山不仅是第三十六洞天的金华洞元洞天所在之地，而且还是当年黄（皇）初平得道之地。唐杜光庭《洞天福地岳渎名山记》内亦有记："金华山，金华元洞天，五十里，在婺州金华县，有皇初平赤松观。"黄初平（黄大仙）的传说，流传于金华民间，也见著于古代典籍和道教著作。2008年经国务院批准，已成为国家级非物质文物遗产。

最早出现黄初平的记载，是晋葛洪撰《神仙传》，内称："皇初平者，丹溪人也。年十五而家使牧羊，有道士见其良谨，使将至金华山石室中。"后来，其兄皇初起经人指点入山寻找，兄弟相见。初起问初平："羊在何处？"初平说："羊近在山上。"初起不见羊，只见白石无数。初平说："羊在耳。"初平"叱曰'羊起'，于是白石皆变为羊"。这便是皇初平"叱石成羊"的传说。此后，初起也随初平学道。二皇君得道之后，不炫名惊世，改姓遁身，"易姓为赤，初平改字为赤松子"，后尊称"黄大仙"。金华山因皇初平牧羊、炼丹修行，也便称"赤松山。"赤松山上当年初平、初起得道修炼之处便有了赤松宫（观）。宋道士倪守约撰《金华赤松山志》内亦有记："宝积观，即赤松宫，按观碑，自二皇君因赤松子传授以道而得仙。……兹为胜地，可得忽乎？遂建赤松宫真庙。大中祥符元年，始改今额，与卧羊山相对。"

《晋书·地理志》有载："东阳郡，吴置。统县九，户一万二千。长山（金华山古名）有赤松子庙。"可见赤松宫应始建于晋，始称赤松子庙。唐代舒道纪有诗《题赤松宫》，曰："松老赤松源，松间庙宛然。人皆有兄弟，谁得共神仙。双鹤冲天去，群羊化石眠。至今丹井水，香满北山边。"据《金华赤松山志》记载，舒道纪"唐代人也，生长于婺，为赤松黄冠师"。可见，唐代赤松子庙已改名赤松宫。

宋大中祥符元年（1008），宋真宗御笔题写"宝积观"匾额，始改名为宝积观。据《浙江通志》记载，"《金华杂记》：旧宫殿庭宇廊庑甚盛，为江南道宫之冠。后钱肃王重修，东有二仙祠，南有卧羊山"。据《金华赤松山志》内记载，宋代赤松山的宫观不少，在双龙洞侧还有金华观，"在双龙洞侧，掌三洞香火，系赤松宫下院"。此外，还有云巢观、太清殿、二皇君祠、壶天真人祠、圣石仙官祠、丹山仙官祠、云台观、凝神庵等。宋代历朝皇帝对赤松宫都十分关爱，对赤松宫的道士屡有召见和赏赐。对黄氏两兄弟屡屡加封，据《金华赤松山志》记载，淳熙十六年（1189），封大君为冲应真人，小君为养素真人。景定三年（1262），加封大君冲应净感真人，封小君养素净正真人。随之，金华当地多建祠宇祭祀，香火盛旺。

据元代吴师道《金华北山游记》，他曾于元英宗至治二年（1322）游赤松宫，并在宫内住宿。明万历《金华府志》记载，至正十八年（1358）十二月，朱元璋攻打金华时，曾在赤松宫驻军。嘉靖《金华县志》："明成化戊戌,道纪余永富复建。"康熙《金华府志》记载，"万历十年（1582），县令汪可受重建"，并有碑记。

此后，赤松宫仍屡经毁圮、复建。清道光元年（1821），道士龚广佳、钱德友募捐复建。民国六年（1917），曾重修赤松宫。民国三十一年（1942），因匪患，赤松宫后进大殿3间、中进大殿1间和厢房3间被焚毁。民国三十五年（1946），赤松宫道长陈金凤募捐修葺。据陈金凤道长撰文所述，其时赤松宫仍有相当规模，有雄伟的头门；巍巍的三进大殿，供奉黄初平、黄初起神像和王灵官、三清神像；大殿左右宽敞的厢房，还有宿舍、厨房、膳厅等。

自从晋代建观以来，逾1600年，历史上赤松宫高道辈出，本文据《金华赤松山志》及有关史料记载，略录数位大德尊师。

之一，唐代舒道纪，婺州（金华）人，为赤松宫黄冠师，存心养生之外，惟以文墨自娱。自号华阴子，与禅月大师贯休为莫逆之交，多有诗书往来。

之二，北宋董惟滋，好学笃文。宋神宗曾"召试诸经，理义敷畅"，而赐度牒封其为赤松宫黄冠师，继赐"冲真师"号及紫衣，还命其执掌东京"太乙事"（道教事务）。宋哲宗元祐间，董惟滋奏请回归家山，朝廷嘉之，复敕领宝积观事。

之三，南宋赤松宫住持黄彦达，字行可，本地人，其家离宫二十里。博学群书，精于唐宋诗词，还曾"遇至人授以秘术，于是诸大法无不参行，救人疾苦，祈祷响应，四方归向"。在绍兴年间，"主观事凡三十余载"。他治观有方，还增置田亩，使宫内费用充裕。有暇时则以琴棋自娱。

之四，南宋赤松宫名师盛旷，字元放，武林人。十岁便学道于金华三洞，十五六岁迁寓赤松。喜吟咏，撰有《华松篇》。南宋高宗曾召见他，赐号"至乐先生"及金玉等物。他谢恩还山后，便在宫中筑一小庵，名"迎旸"。年七十余，趺坐而化。

之五，南宋赤松宫住持周大川，字巨济，号澄斋，金华人，自幼入道，潜心宗风。宋宁宗闻其名，诏其觐见于高士堂。他为家山申请免和买杂赋，并任职于山门道正司。他常扶贫济困，对交不起田租者，则"捐己资而代偿。"南宋嘉定年间，宋宁宗赐其象简和"冲和先生"号，他将所得御书，崇奉于冲和道院的御书阁。

之六，南宋赤松宫名师吴养浩，平生读书不倦，能"十行俱下"。游历江南，与云泉高士杨休文为文章友，"朝中公卿皆屈礼招致之"。绍定年间，宋理宗诏其觐见，并"令主太乙",即掌管道教事务,后"积阶至左街道录",即掌管道教事务的官员。年七十余而化。

之七,南宋赤松宫黄冠师朱知常,字久道,号此山,本郡人。"通儒学,明释老",对儒释道之学都有很深造诣。宝祐四年(1256),应邀召,主茅山玉晨观,不久,移镇崇禧万寿宫。宝祐五年(1257),受诏住持佑圣观,授"左街鉴义",即掌管道教事务的正职官员,又迁"凝神斋高士"。景定四年(1263),适茅山上清经箓嗣教宗师缺员,宋理宗御笔授其为茅山上清第四十一代宗师。咸淳元年(1265)他归返赤松宫,于房院之后筑"凝神庵"以静修。

之八,《金华赤松山志》作者、南宋赤松宫名师倪守约,字竹泉,号松山羽士。南宋浙江金华人,少时即舍家辞父母,入赤松宫出家,拜黄冠师朱知常为师,出家修道四十余年。他采撷源流,举其宏纲,摄其机要,于南宋度宗咸淳年间,撰成《金华山赤松志》,为金华山存录了大量珍贵的历史文献史料,被收入《道藏·洞玄部·记传类》,后又收进《四库全书》。该书对于后人研究南宋前的浙江道教史具有重要的参考价值。

之九,民国期间赤松宫住持胡维新。据陈德松先生《江南道宫之冠——金华赤松宫》一文介绍,民国期间赤松宫的最后四位住持,依次是蔡绍昌、陈友莲、胡维新、陈金凤。

胡维新,又名胡海牙,绍兴人,1914年出生,从小母父先后谢世,由年逾古稀的外祖母抚养并送入私塾读书。14岁那年,因外祖母家生计艰难,无力供他继续读书,忍痛退学,后入绍兴东关人寿堂药店当学徒,从绍兴名医邵佐卿先生学习中医,深得医药之道。20岁时,从孙孟山先生学习古琴、金石书画。还与同事入山学道,1934年信奉道教后,遍游名山寺院,寻访高真大隐,学习修炼之法。民国三十年(1941),游金华赤松宫时,被住持陈友莲挽留,入宫静修,并请他接任主持宫务。1942年日寇侵占金华、衢县等要地,胡维新曾被土匪所抓,释放后便去了浦江、兰溪一带行医,时求诊之人甚多,一时声名鹊起。后来他又到杭州,在银洞桥29号开设诊所行医。1946年,胡惟新正式拜道教大师陈撄宁先生为师,还在杭州佑圣观举行了收徒仪式。1957年,陈撄宁至北京任中国道教协会会长,胡维新任中国道教协会研究室研究员,1959年调北京医科大学第一医院内科、针灸科任主任医师、教授,此时他已更名为胡海牙。此后他研究中医理论、著书立说。

为兴修水利,1958年赤松宫所在地开始筑坝建水库,1966年水库建成蓄水,以坝下山口冯村之名,称"山口冯水库"。从此,历经千年的赤松宫旧址沉入水底,只留下了一口铸铁古钟和部分石碑。后来,为纪念黄大仙,当地百姓亦称山口冯水库为"大仙湖"。1992年9月,在山口冯水库西北岸近原赤松宫遗址处,钟头村的村民重新复建了已废多年的二仙殿。二仙殿背靠赤松山,面朝山口冯水库,殿内供奉黄初平、黄初起二仙,两壁绘有赤松宫图的壁画。宫内存民国六年(1917)铸造的古钟,钟上铭"金华山赤松宫"六个大字。宫内还存"录福碑""赤松宫黄冠师墓碑""重建赤松宫桥碑"等数方各代的断碑。

据《浙江道教通史》记述,直到元、明、清,金华民间对黄大仙的信仰衰减,祠院荒芜,香火不再,然而,此后黄大仙信仰却渐传至岭南,1915年再传至香港。我于20世纪80年代去香港时,曾到香港啬色园访赤松黄仙祠,我看到黄仙祠的门额上写着"金华分迹",香火很旺,特别是经商者尤为尊崇,渐成了香港著名的宗教名胜地。1987年前后,我在金华市委、市政府工作时,曾接待过一位香港客商,他随奉一尊黄大仙像,来到金华,我还陪同他上了金华山,追寻黄大仙故地踪迹。1990年,我离开金华到衢州市委、市政府任职,后闻知金华传承赤松黄大仙道教文化,先后重建了赤松宫、黄大仙祖宫和金华观等,举办了"名山论道——金华山文化论坛",令金华山道教第三十六洞天和赤松黄大仙道教文化的弘扬和传播又添新的光彩。

三

2022年6月14日,我相约中国交通报驻浙江记者站贾刚为先生,一同前往金华。金华市交通运输局局长姜能为此次寻访活动提供了帮助。随我一同上山访道迹的有金华市交通运输局副局长张序锁、金华市公路局原局长孔毅。中午我们便在近赤松宫的山口冯水库边一农家乐用餐。金华市人大常委会副主任陈峰齐,现兼任金华山双龙风景旅游区党工委书记。他在兰溪市委书记任上时我们就相识,他也来到山上。

那天,金华市道教协会会长、黄大仙祖宫住持施清纯道长有事在外,他安排金华市道教协会办公室主任陈罗宗道长陪同我等寻访。下午,我们先后到了赤松黄大仙宫、黄大仙祖宫、金华观和二仙桥。现按寻访先后分别记之。

之一,赤松黄大仙宫。

我们一行来到赤松黄大仙宫,这里四面青山相拥,绿树成荫。二层挑檐四柱三门的山门门坊上有额"赤松宫"三个大字,乃是金华籍著名诗人艾青先生所题。两侧有联:"瑶草石羊灵洞驻;初平圣道世间传"。

1997年,香港黄大仙学会理事长罗真玉道长,感念黄大仙师"普济劝善,济世度

▲ 金华赤松宫山门门坊前留影，左起：冯根有、张序锁、贾刚为、钱得学道长、作者、张志明、陈天佐、陈罗宗道长、孔毅

人"的入世贵生精神，先后筹集善款1.8亿元，在赤松山修复赤松黄大仙宫（元机洞）。还先后修建了元初祠、老君殿、慈航殿、元辰殿、三圣殿、二仙殿、万圣长廊、万化阁、四合道院、八仙殿，及义诊楼、黄大仙文化苑等建筑。赤松宫总占地面积约200亩，其中宫观占地面积88亩。另外，赤松黄大仙宫的西北方，是黄初平当年炼丹的地方，东面是黄初平"叱石成羊"的卧羊山。2006年，省民宗部门公布其为浙江省十座重点道观之一。

从2000年开始，赤松黄大仙宫开展义诊，赠药施医，捐资助学以及救灾扶贫等活动，受到社会好评。如今，赤松黄大仙宫既是道教胜地，也逐渐成为一处集访古朝圣、旅游观光、文化交流、避暑疗养的胜地。

住持钱得学道长等陪同我等走访，并一一作了介绍。钱道长是重庆人，祖籍杭州，1996年在武当山入道，来到金华赤松黄大仙宫已20余年。步入山门后，我见道路两侧，一侧供奉着八仙塑像，神态各异，栩栩如生，另一侧张挂着不少图片和文字说明，有介绍"赤松子引导法"的，有介绍赤松武术的，有宣传平安宗教活动场所创建的，还有介绍海外黄大仙文化交流活动的，等等。在进入宫观区的路上，还有一处图文并茂十分显目的标识，上有太极八卦图，其下是两行文字为"与智慧为伍，与善良同行"，"心怀苍生，大爱无疆"。接着，一路上便看到三圣殿、元辰殿等一座座古朴典雅的宫观，坐落在林木参天的赤松山上，显得那么静幽古邃，让人顿觉淡然清心。我们边看边听介绍，行行间我等来到赤松黄大仙宫（元机洞）主殿前一个偌大的平台上，平台临崖，上竖立着一座高大的"迎神"石牌坊。我们站在平台临崖处，居高临下俯瞰，四面青山相拥着碧波荡漾的山口冯水库。同行的山口冯村原党支部书记、现任赤松山旅游设施建设有限公司总副总经理冯根有先生，望着眼前的湖山，为我等指点着当年赤松宫沉没在水下的位置。岁月沧桑，这一切早已成了历史的记忆。如今，乘改革开放的东风，赤松宫再度重建，这是弘扬我国优秀传统文化的幸事，也是赤松黄大仙道教文化传承的一件好事。

赤松黄大仙宫香火甚旺，其二仙殿内供奉着黄初平、黄初起二仙塑像。殿柱有联："叱石成羊，大仙初得道；黄泽源远，老子其犹龙。"此联是曾任杭州市文化局局长、西泠印社副社长孙晓泉先生所书。赤松黄大仙宫的东门侧稍低处还有万圣阁，内供奉中华民族自伏羲氏、神农氏、辕轩氏及至清宣统皇帝，共 426 位帝王的牌位。

结束宫观区的参观，我等踏着卵石路，随住持钱得学道长等，前往西侧的文化园区。钱住持告知，这里是信众、游客参观游览，并得到文化享受之处，也是"赤松镇和美同心之家""赤松镇乡贤协会"和"金东区和美同心书画院"的活动场所。

随后的路上，我还意外见到一处金华人宋丞相王淮的墓，2004 年 5 月 29 日已被公布为"金华市文物保护点"。王淮（1126—1189），字季海，南宋婺州金华（今赤松镇王宅村）人。绍兴十五年进士，累迁右丞相兼枢密使，淳熙九年（1182）出任左丞相，淳熙十五年（1188），曾任提举洞霄宫。淳熙十六年（1189）卒，敕赠少师，谥文定。

造访赤松宫后，我等便来到客堂落座，一边品茶，一边听住持钱道长、冯根有副总经理和金华双龙风景旅游区建设管理局局长陈天佐等介绍，如今金华市委、市政府十分重视金华山赤松黄大仙文化的传承和发展，管委会正在筹办国际黄大仙文化节等系列活动，体现金华特有的黄大仙文化，聚力传播黄大仙文化，使之不断扩大影响，进一步走向世界。

之二，黄大仙祖宫。

从赤松宫出来，我们前往黄大仙祖宫。黄大仙祖宫位于金华北山高坡上，海拔562 米处。车沿着曲折的公路绕山渐渐上行，不知不觉间我们已经到了黄大仙祖宫。因住持施清纯道长正在杭州参加会议，我已事先与他通过电话，他安排黄大仙祖宫布庆岭道长接待我们。

由于金华市委、市政府的重视，1996年，经浙江省人民政府批准，改址重建黄大仙祖宫。此举得到各有关部门的支持，经过指挥部和参建单位的共同努力，仅仅用了不到十个月时间，便于1996年9月纪念黄大仙1688周年诞辰盛典之际落成。宫观占地面积达7.9公顷，其中建筑群占地1.8公顷。黄大仙祖宫靠山，坐北朝南，面对鹿女湖，气势恢宏。宫观为七进，进深718米，祖宫共由19座宫、楼、阁、台等组成，从南到北布置，建筑物按山势自低处向高处建造。

受邀住持黄大仙祖宫的施清纯道长，浙江永康人，早年入道全真华山派。现任金华市道教协会会长，浙江省道教协会常务副会长。施道长驻祖宫二十余年来，他爱国爱教，秉承道义，严遵道规，潜心弘扬黄大仙文化，倾力将黄大仙祖宫打造成修道胜地。

此番我是专访黄大仙祖宫而至，面对如此宏大规模的宫观胜地，十分欣喜。随着布庆龄道长的指点，果见宫观背靠巍巍青山，两侧又倚两座稍低的山，犹如椅子的两把扶手，祖宫坐落得那么的稳稳当当。

首先，我们看到的是第一进山门。山门上方"仙祖道源"几个字很是显目，近观之，此四字乃是仿苏轼的字迹，十分洒脱。第二进是竖立在高台上的硕大照壁，照壁由大块的青石叠筑，上面有一幅"牧羊登仙"的雕刻图案。我们登上台阶，行至照壁后面，则见刻着两幅《赤松黄大仙自序》，一幅由金华籍篆刻家毕名望先生篆书书写，另一幅为兰溪籍著名书法家陈永源先生行草书法书写，皆十分大气、生动。第三进是"黄大仙祠"牌楼。牌楼高大庄严，上刻有"华端永祥"的字样，为志贺黄大仙1668周年诞辰盛典，是由香港谢瑞麟敬献的。第四进是灵官殿。离开"黄大仙祠"牌楼，我们走过日月池和会仙桥，再登上七个台阶，便来到灵官殿。灵官殿为歇山顶重檐结构，殿内供奉司三界纠察之责的马灵官（中）、王灵官（东）和赵灵官（西）。第五进是钟楼、鼓楼。东侧为鼓楼，鼓楼内置木鼓直径1.5米。西侧为钟楼，内置铜钟直径1.5米，重3吨。钟、鼓两楼高大雄伟，为内两层外重檐式的楼阁建筑。

接着，我们来到了天音八卦祭坛，这是祖宫内举行宗教法事活动的主要场所。天音祭坛在祖宫中轴线上，直径18米，占地265平方米，以青石为基，双层叠加构造，坛面设八卦太极图案。天音祭坛具有北京天坛的太极石和回音壁的功能，当两人分别站在祭坛的阴阳鱼眼处对话，则能听到强烈的回音和鸣声，如同空谷传声，仿佛天籁之音，故名"天音祭坛"。人称"北忆京都天坛，南登祖宫祭坛"，当为黄大仙祖宫平添了几分神秘色彩。第六进赤松宫大殿，该宫是朝真祭祀、讲经开光、消灾祈祷的主场所，是宫内主殿，占地面积 1068 平方米，总高达 21 米。殿额"赤松宫"三个大字，苍劲有力，是著名书法家沙孟海先生于九十二岁时书写的。大门两侧有联："圣地访仙踪，且向灵山餐秀色；洞天探胜迹，更从丹井漱清流"。联由张序黔撰，浙江省文史研究馆馆长、著名书法家郭仲选先生书写。宫内供奉祖师黄大仙神像，神像庄肃，其座坛高 1.67 米，像高 5 米，由 40 多立方米的香樟木精雕彩绘而成。像座前有 7.2 米长的雕花香案。大殿左右两壁为仿青铜的椴木浮雕图，生动展示黄大仙从出生到得道成仙和行善济世的 25 个故事。

再往前，中轴线上立着一通石碑，正面刻字"安期故里"，背面刻宫字"仙界明阙"。两侧花木丛中置宋皇御碑，东、西各一方。我上前仔细观赏东侧的石碑，上刻《二皇君诰》，为淳熙十六年（1189），"初起真君可特封冲应真人，初平真君可特封养素真人"的碑文。西侧的一通为宋理宗《加封诰》碑。第七进便是三清宫，为歇山顶重檐结构和二层回形布局建筑，占地 826 平方米，总高 18 米。殿内供奉道教三清道祖：玉清元始天尊

▲ 考察金华黄大仙祖宫，左起：贾刚为、张序锁、布庆岭道长、作者、张志明、陈天佐、孔毅、陈罗宗道长

（中）、上清灵宝天尊（东）、太清道德天尊（西）。宫院两侧还有东、西厢房，西厢房是近年经过改造的，面积很大，现在作为"讲经堂"，地上排放着坐垫，我等入内，就垫而坐，观看了一段介绍黄大仙祖宫的录像。

2012 年，经金华市民族宗教事务局批准，黄大仙祖宫内设立了老子学院，以学院教育、学修结合的方式，传承、弘扬道教文化，培养道教人才。在老子学院基础上，2021 年 11 月，浙江省民宗委批准设立"浙江道教学院老子修真院"。

此番有幸来到黄大仙祖宫，一路参观，一路听了布庆龄道长等的介绍，收获良多。圆满完成黄大仙祖宫参观，我们驱车下山，途中在一处公路边的"小公园"稍作停留。同行的张序锁、孔毅介绍，这里是当年修建金华山公路时的采石场地，建设完工后，

特将其绿化、美化成路旁一景,与周围山体的生态环境相融合,显得生动别致,真是别具匠心,体现了交通人的一分情怀。

之三,金华观。

金华观位于金华山双龙洞的洞口侧。倪守约在《金华赤松山志》中有记:"金华观,在双龙洞侧,掌三洞香火,元(原)系赤松下院。"《康熙金华府志》内亦有记:"金华观在县北二十里,赤松子、安期生登真之地。政和七年以洞天福地创建,今废。"金华观更早的建造时间,虽无法考证。但从上述"安期生登真之地"说,以及唐代杜光庭在《洞天福地岳渎名山记》中已记载第三十六洞天的金华洞元天,对照倪守约"掌三洞香火"、原称"赤松下院"之说,金华观始建的历史,应早于宋政和七年(1117)。

双龙洞等三洞我曾到访多次,但对金华观的印象却不深,此番则是专访金华观而来。金华观在通往双龙洞洞口路的南侧约80米处,其位置略高于双龙洞十多米。有一道石阶通往金华观,我等拾级而上,走过108个台阶,拐一个弯就来到金华观大门前。抬头望去,金华观四周林木深深,整个建筑物隐在一片绿色之中,头顶上白云在湛蓝的天空中飘动,真是一番别有洞天的胜景。

金华观为三进,进入山门后两侧分别为钟楼和芜轩。二进中厅的大门上有联:"赤松下院,香火遗千秋万代;叱石化羊,威灵传四海五洲。"三进为"赤松下宫",额上四个大字是著名书法家沙孟海先生九十二岁时所书。两侧柱联为:"碧水赤松显灵,叱石成羊,缘为万古;金星婺女争华,呼龙唤鹤,泽布十方。"乃是由中国书法家协会原主席沈鹏先生手书。大殿内供奉黄大仙像,其侧是一块叱石成羊的巨石,据介绍,此"叱石成羊"石景,是1991年金华观重修扩建时,在原址上发现的成群"白石羊",十分逼真。于是没有移去,也没有损坏,原封不动保存下来,留在观内,以成一景。

金华观现在是双龙风景区的一个景点。承蒙观内管理人员的热情接待并介绍,让我等对金华观的古往今来有了新的了解。

之四,二仙桥。

闻道金华山下二仙桥是黄大仙兄弟曾经之地,我们从金华观出来后就径直去了二仙桥。二仙桥村位于金东区西部赤松镇,一条小溪从北山下来,流经二仙桥村,往南汇入义乌江。这里是一个保存完好、别有风味的古村落,原03公路省道穿村而过,金浦古道也由此通过。老街始建于清康熙三十四年(1695),至今已有300余年的历史。如今老街上有制售烧饼、油条、豆浆和酥饼等传统特色地方食品的临街店铺。据说,二仙桥老街传统特色食品早已名声远播,远近各地的客人都慕名而来,每天早晨街上一派熙熙攘攘，热闹非凡。2021年6月份，又新开了一家金东竹编邵氏竹艺展示馆，乃是非遗文化传承，又增添老街的生机。真是传奇的二仙桥老街呵！今天，我们迈步老街，寻访二仙祠和二仙桥。

老街有一座二仙桥。相传晋时在金华赤松山修炼的黄初平、黄初起曾在此建桥，故称"二仙桥"。又据清康熙十年（1671）立于桥头的《二仙桥碑文》记："桥之南有赤松二仙祠，桥因以得名。"后来村亦以桥名，称"二仙桥村"，一直沿用至今。桥东侧有"古二仙桥"阳刻碑石，记载二仙桥的故事。

二仙祠供奉黄初平兄弟，祠坐南朝北，占地60余平方米，前后二进，屋顶硬山式。一进黄大仙祠，平房结构，明间置黄大仙寝陵，前檐辟正门，梁架五抬梁带前单步，四柱九檩，次间穿斗式中柱。虽然较低矮、简洁，却现其古朴。二进古二仙祠三开间，始建年代不详，清代重修，二进于1996年重建，现为砖混结构。现是一处经批准的民间信仰活动场所。2004年3月29日，金华市文化体育局公布市区首批文物保护点，其中有黄大仙寝陵，为清代古建筑，从此将其纳入了文物保护点进行保护、管理。

得知我等前去考察黄大仙祠，管理的负责人热情地赶过来，给我们作介绍，还提供了一些资料。为准确记述，返杭后，我又通过金华市人大常委会原主任黄锦朝先生的帮助，请金东区文物部门提供了有关文物保护点的史料，以备查证。

四

黄初平及其兄长黄初起两人的生年和姓氏，东晋葛洪撰《神仙传》内并无详载。但在宋倪守约编撰《金华赤松山志》里，则有记载，曰："丹溪皇氏，婺之隐姓也。皇氏显于东晋，上祖皆隐德，不仕。明帝太宁三年四月八日，皇氏生长子，讳初起，是为大皇君。成帝咸和三年八月十三，生次子，讳初平，是为小皇君。"由此可知，黄初平，即皇初平，一直以来，黄、皇皆有用之。关于黄初平的籍贯，晋洪在《神仙传》内称"丹溪人"。丹溪，金华、义乌虽有丹溪区和丹溪路之称谓，但历史上皆未有与黄大仙有关的史实记载，或是上古地名的遗存。而《康熙金华府志》卷二十二《仙释》内，则明确有记："晋皇初平，兰溪人。"

南宋著名理学家、教育家、诗人范浚（1102—1150），字茂名，兰溪香溪镇人。绍兴中举贤良方正，以秦桧当国，抗节不起，隐于香溪，著书明道，人称香溪先生。其著作有《香溪集》，其中有《游赤松观》诗："灵祠丹井余真迹，祠下老松森百尺。仙子骑鲸去不归，痴人犹问山中石。"

相传今兰溪市区城北的黄湓村，便是黄初起、黄初平的出生地。据清康熙、光绪《兰溪县志》载，相传兰溪城东黄大尖、石门槛、道家山、穆溪源等处均有黄大仙遗迹。明崇祯癸酉年（1633）黄湓村重修的二仙井，至今尚存。

黄湓村作为黄大仙的出生地，我早已闻知。当年我在兰溪任职时，为建设黄湓大桥和黄湓码头，曾数次到过那里。2021年5月29日，我专程来到黄湓村，寻迹黄大仙故里。同行者有时任中共兰溪市委常委、统战部部长金建荣，市委办公室主任柳卫东和市民宗局原局长叶洪甘等。黄湓村位于兰溪城区北隅，黄大仙宫在黄湓村，濒临兰江，当年始建时规模才几亩地，如今占地面积已达60多亩，建筑面积超6000平方米，令人瞩目。

▲ 考察兰溪黄大仙宫留影，左起：汪旭霞、柳卫东、金建荣、作者、叶洪甘、仇惟、连建龙

我们首先来到黄大仙宫前，但见门口挺立着高大的青石牌坊，坊额上"黄大仙宫"四个金色的大字闪闪发光，院内整洁宽敞，绿树成荫。黄大仙宫主殿中门上悬挂

着横额"道炁常存",两侧有联,曰:"炼丹济世,药井犹存,故里遗迹历历;辟谷长生,灵光普照,人间仙泽绵绵。"两边的门额分别为:"玄妙普化""大圣大慈"。传达的是道家悬壶济世、普惠生民思想。我等入内,一边参观各处,一边听取工作人员的介绍。

1993年10月28日,在社会各界和黄湓村村民的支持下,开始筹建"黄初平史料陈列馆",即黄大仙宫的前身。此后,藏经阁等亦相继开建。1995年9月17日至21日,值兰溪黄大仙宫落成开光,首届"中国浙江兰溪黄大仙风情节"在兰溪隆重举行,同时恭迎黄大仙宝像落座于新建成的黄大仙宫主殿。2015年,得到香港啬色园黄大仙祠的资助,重新修缮了黄大仙宫主殿,还新建了山门牌坊和灵官殿。

接着,我等即来到黄大仙故居。据介绍,早在1992年10月16日,黄湓村村民挖到一口古井,井圈上刻有"二仙井"三个大字,边款为"大明崇祯癸酉年(1633)吉日重修"字样。这与《光绪兰溪县志》里记载的"二仙井"内容相一致。于是引起了社会各界的关注和有关部门的重视,影响也越来越大。

黄大仙故居位于黄湓村二仙井路22号,进大门左侧便是重建的故居,砖木结构,形制简陋。数千年过去了,故居建筑物早已不知更迭多少回了,然遗址尚存,已属珍贵。屋内张挂着有关黄大仙的一些介绍和字画。园内植竹,周边卵石铺地,屋旁立着一块1995年由兰溪市兰江镇黄大仙故里开发委员会立的石碑,碑上刻着:"黄大仙故居为当年黄初平兄弟居住处,由于年久失修,故屋仅剩断垣残壁。在兰溪市委、市政府重视下,一九九五年三月,黄大仙故里开发委员会结合民间传说和史料记载,在旅游、文史、建筑等方面专家的帮助下,对古屋进行了重建。时年七月这座历经岁月沧桑的千年古屋古貌新颜,重现了往日古朴典雅的风采。为纪念特立碑以记之。"

大门的右侧,为"二仙井"。《光绪兰溪县志·水利》载:"二仙井,黄湓庄,俗传为晋黄初平兄弟所凿,泉极甘美。"现井圈安放在井台上,四周以卵石铺地,似若恢复原貌。井旁新立一石亭,内立"二仙井碑",将志书上的记文刻于其上,碑立于1994年9月28日。

兰溪市十分重视黄大仙故里历史文化的传承,社会有识之士,积极考证黄大仙史迹,调查、搜集有关史料,撰写研究文章。兰溪市人大常委会原副主任、研究员胡汝明先生,早年曾主编过《兰溪市志》,对当地的人文历史颇有研究。兰溪市政协约请他搜集有关资料汇编成册,刊印了《黄大仙资料选编》,其中,有历史典籍的记载、诗词楹联和有关条目的解释等。

南朝齐沈约《赤松涧》:"松子排烟去,英灵眇难测。惟有清涧流,潺湲终不息。

神丹在兹化,云軿于此陟。愿受金液方,片言生羽翼。渴就华池饮,饥向朝霞食。何时当来还,延伫青岩侧。"

唐陈子昂《春日登金华观》:"白玉仙台古,丹丘别望遥。山川乱云日,楼榭入烟霄。鹤舞千年树,虹飞百尺桥。还疑赤松子,天路坐相邀。"

唐末五代高僧贯休,兰溪人,善诗画,有《秋怀赤松道士》诗,曰:"仙观在云端,相思星斗阑。常怜呼鹤易,却恨见君难。石罅青蛇湿,风椰白菌干。终期花月下,坛上听君弹。"

宋苏轼《顾恺之画黄初平牧羊图赞》诗,曰:"先生养生如牧羊,放之无何有之乡。止者自止行者行,先生超然坐其旁。挟策读书羊不亡,化而为石起复僵。流涎磨牙笑虎狼,先生指呼羊伏箱。号称雨工行四方,莫随上林苉鬻郎,嗅门舐地寻盐汤。"

明太祖朱元璋有《牧羊儿土鼓》诗,曰:"群羊朝牧遍山坡,松下常吟乐道歌。土鼓桴时山鬼听,石泉灈处涧鸥和。金华谁识仙机密,兰渚何知道术多。岁久市中终得信,叱羊洞口白云过。"

明末清初兰溪人李渔诗《伊园十便·眺便》:"叱羊仙洞赤松山,一日双眸数往还。犹自未穷千里兴,送云飞过括苍间。"

近代文学家郁达夫先生有诗《双龙记胜两首》,之一:"金华山下双龙窟,湮迹人间二百年。好是黄郎身世健,镜开铜府拜真仙。"之二:"北山回首暮烟横,落日寒郊草木惊。游罢洞天三十六,归来辛苦记初平。"

除文内已引用之外,略录如上,以飨读者。

千秋胜迹紫霄观

——兼记浙江道教祭祀建筑与遗址

从 2007 年开始到 2012 年结束的全国第三次文物普查中,浙江省新发现的道教类宗教祭祀建筑有 9 处,永康紫霄观就是其中一处。其他还有杭州三茅观遗址、宁波鄞州区青阳观、玉环大山头道观三清殿、湖州天医院道观旧址、嵊州玉皇殿、东阳红阳古塔、瓯海伴云道观、临海悟真宫 8 处。其中,杭州三茅观遗址、宁波鄞州区青阳观、玉环大山头道观三清殿 3 处本书内另有文记之。

本文专记金华市永康紫霄观,同时也将湖州天医院道观旧址、嵊州玉皇殿、东阳红阳古塔、瓯海伴云道观、临海悟真宫 5 处随文一并记之。

一

紫霄观,原名招仙观,位于金华永康市芝英镇芝英八村。紫霄观历史悠久,始建于南朝梁大同二年(536),至今已有近一千五百年历史。现存建筑建于清代。《康熙金华府志》有记:"紫霄观,在县东三十里,梁大同间建,旧名招仙。"

2022 年 6 月 15 日,我专程赴永康市芝英镇,寻访紫霄观。同行者有贾刚为和张序锁、孔毅,由永康市交通运输局局长陈麟新和芝英镇党委书记陈新智引导我等,来到紫霄观。近年来永康当地重视紫霄观的保护,已开始按照文物管理部门的要求,对紫霄观进行全面的修缮。修缮工程从 2021 开始,该工程的负责人便是芝英八村村支部书记应立标,他在现场向我们一一作了介绍。

紫霄观坐北朝南,中轴线上有山门、三清殿、大雄宝殿、玉皇楼(阁),都是三开间。两侧有厢房和附属建筑,还有文昌殿、关公殿、胡公殿、慈善屋等。关公殿后侧尚存古井一口。紫霄观历经风雨,已是满目沧桑。现场看到不少柱梁破损严重,施工中则按照文物部门的要求,或保存部分或更换新料等,而石柱础和地梁石,大都较完好。

应立标先生指着东侧厢房一处地梁石说，据省文物部门来考察的人称，观内所存的梁石当是始建时留下的原物，距今已有1480多年历史，故而具有很高文物价值。我蹲下身来，仔细观察这根地梁，见其色泽较深，石质致密，应是硬度较高的优质花岗岩石，所以年代如此久远未见明显受损。门口有一块刻有《紫霄观重建记》隶书碑，十分显目。此碑乃是淳熙九年（1182）陈亮撰写，五年后，即淳熙十四年（1187），由晋安吴芊书丹，嘉定辛卯季秋，知观事赵永年立。查嘉定没有辛卯年，如确属辛卯，则应是绍定辛卯年（1231）。

陈亮（1143—1194），字同甫，号龙川，婺州永康（今浙江永康）人，南宋思想家、文学家，创立了永康学派。宋光宗绍熙四年（1193），状元及第。授签书建康府判官公事，然赴任途中卒。端平初年，被追谥"文毅"。晋安吴芊，字允成，江阴人，孝宗淳熙五年（1178）进士，南宋宁宗庆元间知临江军，官终太府寺丞。陈亮撰写的《紫霄观重建记》，记录了自南朝梁到南宋600多年间的兴衰。梁朝时，紫霄观曾兴盛一时。梁太清三年（549），信奉道教的简文帝曾朝拜紫霄观，从此其名声大振。唐代紫霄观兼具书院功能，同属永康籍的北宋名臣胡则曾在此读书。凡此等等，无疑皆增加了紫霄观的历史文化底蕴。

陈亮在《紫霄观重建记》内如是写道："殿之西偏，则有明窗净几以自启处，道经儒书更阅不休，而文墨琴棋皆所不废。客至，萧然终日，忘其为驿道居民之为可厌也。"这便是当年书院的明窗净室中，那些学子们，受到道经儒书的浸染、文墨棋琴熏陶的写照。

胡则（963—1039），永康人，芝英应氏的外甥，北宋时的一位清官。如今，在杭州狮峰山麓有胡公庙，杭州龙井十八棵御茶处有胡则墓。胡则青少年时曾在紫霄观读书，在此留下了他的身影。后胡则作《紫霄观》诗，曰："绮霞重叠武陵溪，溪岭相逢路不迷。白石洞天人不到，碧桃花下马频嘶。深倾玉液琴声细，旋煮胡麻月色低。犹恨此身闲未得，好同刘阮灌芝畦。"

紫霄观名声之大，引得众多大儒名宿、文人雅士纷纷到此，或论学传道，或吟诗作赋。如明朝黄绾、林典卿等拜访永康应典，曾在紫霄观驻留讲学数月。

清朝官员、诗人钱塘人王堃，所著《自怡轩诗存》中亦有诗记紫霄观，诗曰："梅花新染石芸香，云笈研词晋讲堂。白发诗心敦古处，紫霄道脉接仙乡。鹿车常对风原旧，鹤算初周日正长。更羡庭前双玉对，年年耕读奉瑶觞。"

陈亮的好友，南宋著名思想家、文学家、政治家永嘉人叶适，也写下了《与英上人游紫霄观戏述短歌》诗，曰："野水随路曲，东风得木鸣。景物已和柔，川原倍敷荣。

茂桑高既条，细草亦丛生。眷言云外士，及此尘中行。……"

观内墙上，在《紫霄观重建记》碑旁，还镶嵌着另一块石碑，是明朝的《紫霄观楼宇重建记》。碑仅留有题额，下面碑文已模糊不清。在紫霄观，我还看到立在观内的一块石碑，上刻有抗战时期浙江省政府及相关机构之浙江省难民染织工厂旧址之一。还称，抗战时期，此处曾作浙江省难民染织工厂准备工场。

据介绍，观内原来曾住过20多户人家，为配合紫霄观修缮工程，如今除山门侧还有少数几户待迁外，其余均已腾迁了。修缮工程已全面开工，我看到建筑工人们正在修缮工程现场忙碌着。可以想见，待修缮工程完工，紫霄观又将以崭新的面貌呈现于世，这对于传承千年古观的历史文化，将是一件幸事也。

▲ 永康市芝英镇，正在修复中的紫霄观

芝英镇是永康的一大古镇，也是国家级历史文化名镇，清朝时，已是金华地区八大集镇之一。自东晋时期建镇至今已近1700年，是古应国在南方的发源地。在芝英老集镇内有应氏祠堂近百座，现存较完整的还有53座。镇内有国家级重点文物保护单位1处，省级文物保护单位2处，还有一批市级文物保护点。

此番为考察紫霄观，再访芝英镇。所到之处，所见所闻，感到变化真大，除作为工业重镇的经济、产业有了新的发展外，还有两个方面变化明显：一是更加重视生态、环境保护和城镇绿化、美化；二是弘扬优秀传统文化，让人们愈发体会到古镇文化积淀的厚重。这一切都增添了千年古镇芝英的活力、魅力和吸引力，也给我留下了深刻的印象。

二

浙江省在第三次全国文物普查中发现的道教祭祀建筑9处，除已有专文记写外，还有5处，今随文一并记之。

之一，天医院道观旧址。

湖州天医院道观旧址，是全国第三次文物普查期间发现的一处道教建筑遗存，浙江省文物局编的《宗教祭祀建筑》内有记。旧址位于湖州市吴兴区凤凰街道陈板桥村。天医院也称天医院道院，是湖州道教四道观之一，始建于明万历三十六年（1608），清康熙五十四年（1715）、道光二十五年（1845）两度重修。后存建筑为三开间三进，重檐青瓦，屋脊正中高耸"瓶升三戟"，两端龙头高翘。殿内原供奉玉清、上清和太清三清神像。当年日寇入侵，湖州沦陷时不幸遭毁。

三进之中，一进大厅用材较小，东西两侧墙分别嵌有万历戊申年（1608）《吴兴鼎建天医院碑记》碑和雍正元年（1723）《邑侯曹公建天医院碑记》碑各一块。二进大殿用材较大，雕刻保存完好。三进为带廊楼屋。东侧有屋数间，乃是道馆道士宿舍。西侧原有假山、庭院，现已废。天医院史料记载明确，当是湖州市区保存最完整的一座道院。

2022年6月23日，我专程赴湖州寻访湖州的省重点道观湖州府庙、元明观后，原打算考察天医院道观旧址，然湖州市文保所所长陆斌先生告知，当年文物普查时尚存的天医院道观旧址，前几年湖州旧城改造时被拆除，旧址已无道观遗存，天医院道观旧址留下的两通碑记，也已整体迁移至位于吴兴区湖东街道南荡漾塘村某处。于是，我只好作罢。不过，陆所长答应，会把碑记照片和文字发给我。返杭后，我便收到了陆所长转发来的两通碑文。从《吴兴鼎建天医院碑记》得知，天医院始建于明万历二十年（1592），在湖州郡城西北隅，得地三亩余，由张翼、杨辂、吴滔、沈泾、王时钟、杨懋贤等主之，后又经刘大参、张司理两人"乃捐俸助工，遂次第告成"。此碑由赐进士、广东按察司提学副使、前礼部精膳司郎中潘士达撰文，赐进士、中宪大夫、福建提刑按察司副使朱汝器书丹，赐进士第、中宪大夫、知山东济南府事丁浚篆额。万历戊申（1608）仲春，赐进士出身、中宪大夫、浙江湖州府知府、前刑部江西清吏司主事、署郎中事陈幼学，知乌程县事陈经正，知归安县事李炳荣建立，乌程李万恭镌。从《邑侯曹公建天医院碑记》得知，湖州郡城之西北隅，向有三真君祠，因附祭十三科灵应尊者，故号称"天医院"，明万历年间，曾经兴盛，后废坠。康熙五十四年（1715），归安邑侯曹公捐俸重建天医院。曹公，名汲，号禹门，广州府南海县人。归安，古县名，北宋太平兴国七年（982），将湖州府乌程县东南十五乡分出，新置归安县。民国元年（1912），撤道废府，乌程、归安合并为吴兴县。

之二，嵊州玉皇殿。

玉皇殿位于嵊州市剡湖街道艇湖社区艇湖山，奉祀玉皇大帝，始建于清乾隆三十四年（1769），咸丰十年（1860）重修。建筑物坐北朝南，为砖木结构，一层楼平房。现存大殿三间，殿前设四级青石台阶，台阶左右施菊花图案。殿内柱础、石柱粗犷古朴。明间为五架抬梁前后单步梁，用四柱七檩。殿内存平板石供桌一张，上镌刻着"乾隆己丑"（1769）款，另有咸丰、同治年间石碑各一方。玉皇殿是嵊州境内惟一时代较早、保存较好的道教场所。

之三，东阳红阳古塔。

红阳古塔位于金华东阳市南马镇东湖村。2022年6月15日，我和贾刚为、张序锁、孔毅等上午考察了永康芝英镇紫霄道观，下午便驱车来到南马镇东湖村红阳自然村。经过村民的指点，很快就找到了红阳古塔。

红阳古塔为楼阁式石塔，中空二层，皆有挑檐。上层正面有长方形孔，上刻"文光"两字，下层正面有圆形孔，孔上方刻"太乙"两字。四面呈方形，四角立柱，上、下立层柱正面，刻有两副对联，分别为"文章司命；造化树衡"和"一画仍归太极；六书不出洪钧"。古塔葫芦状塔顶，底座四层叠石，造型厚重古朴。古塔红阳古塔为清代道教遗存，如今仍保存完好，具有一定的历史价值。

据村民介绍，红阳古塔旁原有一座灵殿，后被拆除。红阳村也因此殿，曾名"殿下村"，后更名为"大厦村"，后又复称"殿下村"，20世纪60年代间，改名"红阳村"至今。红阳村大部分村

▲ 位于东阳市南马镇东湖村的红阳古塔

民为葛姓，祖上长史公葛殷迁徙东阳，后其二十三世柱公之孙葛文标迁大厦（即今红阳）村，为始祖。

之四，瓯海伴云道观。

伴云道观位于温州瓯海区梧田街道八福山内，周边青山相拥，绿树辉映。道观始建于明代，现存建筑为民国十三年（1924）重建。道观坐西朝东，由前殿、正殿和南北厢房围合成院。建筑物为单层木构，穿斗式梁架，硬山顶。正殿面阔五间，双落翼式屋面，前殿结构与正殿相似，南北厢房均为三开间。伴云道观保存完整，环境幽静，是一处较为典型的浙南道观。

之五，临海悟真宫。

悟真宫位于临海杜桥镇市场村北。据梁间留下的纪年字样，可知为道光三十四年（1854）所建。宫西南向，三开间，占地120平方米。大殿明间五架梁，前单步后双步，用四柱，右侧次间穿斗式八柱八檩，硬山两坡屋面。大殿前梁枋有仿乾隆影板，雕花鸟走兽，廊梁间饰仿戏文及犀狮鹿虎、梅兰竹菊及八仙浮雕，通廊门顶石灰堆塑。柱础呈鼓形，地面铺筑方形石板。悟真宫形制小巧，雕工精美，在临海寺观建筑中有一定代表性。2011年9月27日，由临海市人民政府公布为第八批市级文物保护单位。

临海乃国家历史文化名城，临海有一条古街贯穿古城南北，称"紫阳街"，此处立有时任国家图书馆馆长任继愈先生题"紫阳故里"的砖砌照壁。后人为纪念张伯端，临海城内有悟真桥、悟真坊、悟真庙、悟真庵等建筑。清雍正十年（1732），在临海城关张伯端故居处和城北百步岭张伯端羽化处，建紫阳道观。

烂柯福地和梅岩洞

唐杜光庭著《洞天福地岳渎名山》中记："烂柯山，在衢州信安县"。宋张君房编《云笈七签》"七十二福地"内亦记："第三十烂柯山，在衢州信安县，王质先生隐处。"宋祝穆撰《方舆胜览》载："烂柯山，一名石室，又名石桥山，在西安，乃青霞第八洞天。"衢州历史悠久，周为姑蔑国封疆，秦属会稽，为太末县地。东汉初平三年（192），分太末县西境置新安县，县治在现衢州城区。晋太康元年（280），改新安为信安。唐武德四年（621），析婺州之西境，置衢州，州治在信安。咸通中，改信安为西安。信安、西安皆为衢州当时的县和州治的地名。

烂柯之所以闻名于世，缘于王质遇仙的一则故事。宋乐史撰《太平寰宇记》卷之九十七"衢州"内记："石室山，一名石桥山，一名空石山。晋中朝野有王质者，常入山伐木，至石室，见有童子数四弹琴而歌，质因放斧柯而听之。童子以一物与质，状如枣核，含之不复饥，遂得少停。俄顷，童子语曰：'汝来已久，何不速去。'质应声而起，柯已烂尽。"任昉《述异记》云："童子数人棋而歌。"郦道元《水经注》还称："既归，质去家已数十年，亲情凋落，无复向时比矣。"这便是王质遇仙的故事。后烂柯山列入道教七十二福地之第三十，成为道教名山，传颂至今。

一

烂柯山在浙江省衢州城南二十里。衢州地处浙西，钱塘江上游，与闽、赣、皖三省毗邻，称"四省通衢"之地。衢州人才辈出，是孔子后裔的世居地和第二故乡，素有"东南阙里，南孔圣地"之美誉。北宋灭亡后，建炎三年（1129）春，宋高宗赵构南渡，山东曲阜孔子第四十八世孙、衍圣公孔端友与族长孔传等率孔氏家族百余人，随赵构扈跸南渡，来到临安（今杭州），高宗念其忠诚，赐家衢州。从此嫡长传承的这一支孔子后裔在衢州繁衍生息，并建衢州南宗孔氏家庙，是谓"孔氏南宗"。衢州孔氏南宗家庙现为全国重点文物保护单位。正因为衢州有着悠久的历史和深厚的文化积淀，1991年10月7日浙江省人民政府公布衢州为省级历史文化名城，1994年1月4日经国务院批准成为第三批国家历史文化名城，时列全国99个国家历史文化名城之一。

唐武德九年（626），衢州城建成，全城有6处城门。历史上衢州府城墙有过毁建，现存府城墙部分是明代建筑。有水亭门等六处古城门尚存，2006年8月26日，经国务院批准，衢州古城（包括古城门、古城墙、护城河、钟楼等）为第六批全国重点文物保护单位。

烂柯山是道教名山，也是群山环绕、风景幽邃的一处风景名胜。烂柯山上，有一巨大的天生石梁，形似一座石桥，望去犹如天空中架起的一条霓虹，气贯长空，蔚为壮观。石梁下形成一洞，南北贯通，犹如巨室。《康熙衢县志》记："石室在半山，空洞弘敞，高广各二十丈许，偃若虹桥。"前有日迟亭，后临深谷。山腰裂一隙，才径寸，长十余丈，窥见山外天日，名一线天。山顶建塔其上，名曰雁塔，登上可望郡城，故又名最高顶。山顶塔早圮，遗址犹存。

烂柯山石梁下洞口岩石右侧，有一八角亭，名"日迟亭"，为明万历四十六年（1618）衢州府尹瞿溥所建，亭名取自元杨明《洞天春游》诗句"洞天春远日行迟"之意。后亭圮，

▲ 考察烂柯山天生石梁洞，前排左起：叶飞、作者，
后面左起：舒畅、虞颜、衢州籍书法家毛嘉仁

清康熙三十六年（1697），西安知县陈鹏年捐资重建，易亭名为"柯山亭"，石柱上有一楹联："两洞翠云瑶草秀；一枰红雨碧桃飞。"后又历经圮建。洞壁上镌刻着明衢州郡守杨子臣所书的"烂柯仙洞"和李遂所书的"天生石梁"题字，如今尚在。抗日战争期间，金庸先生曾在迁至衢县石梁的衢州一中读书，正因为有这段经历，在他的武侠小说里，也就出现了不少与衢州相关的地名，如"烂柯山""石梁""龙游帮"等。

烂柯山引得历代文人雅士、达官贵人和众多游客青睐，皆纷至沓来，寻迹王质遇仙之地，观赏名山名洞胜迹，也留下了众多吟咏佳篇。南朝谢灵运，唐朝孟郊、刘禹锡，宋朝陆游、朱熹、白玉蟾，明朝徐渭等，都慕名游访至此，留下了许多脍炙人口的诗篇。今录些许如下。

唐代孟郊有诗《烂柯石》赞曰："仙界一日内，人间千载穷。双棋未遍局，万物皆为空。樵客返归路，斧柯烂从风。唯余石桥在，犹自凌丹虹。"

宋代道士白玉蟾，有《烂柯山》诗，曰："擘破红尘觅紫烟，烂柯山上访神仙。人间只说无闲地，尘里谁知有洞天。竹叶影繁笼药圃，桃花水暖泛芝田。吟余池上聊欹枕，风月潇潇吹白莲。"

元钱塘诗人张雨有《烂柯图》诗，曰："一局棋残烂斧柯，山中日月竟如何？归来记得神仙着，不比人间局面多。"

明代徐渭有《题王质烂柯图》诗，曰："闲看数着烂樵柯，涧草山花一刹那。五百年来棋一局，仙家岁月也无多。"

近代以来，也有不少关于烂柯山的记述。郁达夫的《烂柯记梦》中记道："是以樵子入山，看神仙对弈，斧柯烂尽的事情，各处深山里都是可以插得进去，也真怪不得中国各地，有烂柯的遗迹至十余处之多了。但衢州的烂柯山，却是道书上所说的'青霞第八洞天'亦名'景华洞天'的所在，是大家所公认的这烂柯故事的发源本土。"《燕山夜话》中有邓拓的《烂柯山故事新解》一文，文章一开头就称："浙江省有许多闻名的山水，其中有一座烂柯山，位于衢县以南。我曾见许多朋友到浙江去就一定要看看烂柯山。"可见，当年王质遇仙故事就源于浙江衢州，正因此，现衢州的城区之一亦称"柯城区"。神奇的传说，把烂柯山与围棋结下了不解之缘，使之成为围棋仙地。"烂柯"两字也成了围棋的别称，在国内外围棋刊物上屡见不鲜。

改革开放以来，当地政府为开发烂柯山，发展文化旅游事业做了大量的工作。1989年10月在烂柯山天生石梁下，由衢州市园林管理处重建了"日迟亭"。亭高6.6米，间宽5.1米，为仿古青石八角亭，亭顶饰石雕仙鹤一只，亭内置有青石桌凳。亭柱楹联云:"岩绕葱茜约而奇,危梁通仙险化夷;鹏鸟垂翼雾现幡,洞天春远日行迟。"联由时任衢州市副市长徐邦毅先生撰并书。1989 年 5 月,时任衢州市建委副主任兼市规划局局长徐文荣先生作《重修日迟亭记》,并刻石立于石梁前一岩坡上,石的另一面镌刻着"青霞第八洞天"几个大字。1994 年,全国政协副主席、中国佛教协会会长赵朴初为烂柯山题诗:"万变风雨一局棋,烂柯盈壑未为奇。千年七日谁能证,赢得名山在浙西。"下款:"昔人句,山中方七日,世上已千年。"

1990 年初到 1995 年夏,我在衢州市委、市政府工作,有幸为衢州人民服务五年半。其间,我曾多次考察烂柯山,调查研究和听取各方面意见。1992 年 5 月,为加快烂柯山风景区的开发建设,进一步发展旅游业,改善市区投资环境,促进经济发展,衢州市委、市政府决定成立烂柯山风景区开发建设领导小组,开展了实质性的景区开发工作。1992 年至 1994 年间,先后建成了悦仙亭、烂柯山南门、梅亭、樵隐岩、悬室山门、忠壮陵园、柯山乐园、白莲池等景点设施,增添了烂柯山的文化氛围。

日月轮回,斗转星移。如今,随着衢州改革开放和经济、社会各项事业的发展,浙西大地发生了巨大的变化。"衢州烂柯,围棋仙地"传颂至今,早已名声远播。朱熹有《烂柯山》诗:"局上闲争战,人间任是非。空教采樵客,烂柯不知归。"我曾和其诗意,记诗一首:

不管人间是非事,临局一弈意如何?
千年樵客观棋处,花落花开鸟自歌。

二

2021 年 8 月 20 日下午,我再次来到衢州,此行为专访烂柯山梅岩并再访道教第三十福地烂柯山。梅岩是一处道教古遗址,我当年在衢州工作时就知晓,市里有关部门做过整修开发,于岩洞内塑立有太上老君、八仙、张天师、周文王、姜太公等神像。还将洞前仙乐台也做了修复平整,砌筑护坡和护栏,在仙乐台上刻有八卦图。梅岩古遗址的年代不详,位于今柯城区石室乡三村东面的烂柯山景区内。

梅岩,又称中岩、仙岩。据《烂柯山志》记载,明代诗人徐日炅有"洞古凄迷丹篆,关虚仿佛青牛"句,故亦称"牛岩"。据清康熙《西安县志》载,牛岩洞内有丹灶遗址,及两古冢,皆石椁。相传有两道人修炼于此,羽化后,其骸骨即葬在此椁中。据《烂柯山志》载，柯山书院（原名梅岩精舍）建于此。宋宣和年间郡人毛友、郑可简在此建精舍读书，与卢襄、冯熙载、赵令衿相与提议曰"梅岩精舍"，并据《盈川小草·梅岩精舍诗序》称，朱熹曾讲学于此。民国时期，有军队曾在此修建油库。

有关梅岩古迹，还留下了诸多诗文，今我录其中些许如下。

明应泉《牛岩》诗云："老子骑牛去不还，空余荒灶在人间。樵夫不识灵丹熟，误入青霞第一山。"

明余懋中《梅岩访古》诗，曰："青溪甲第烂成灰，别墅荒凉谢壑哀。倒地疏花寒魄死，远岩怪树战声来。仙人骐骥排云仗，词客虹霓吐殿材。安得凌霄齐握手，更铺琼海掷千杯。"

清龚士范《梅岩》诗，曰："东风吹寒梅，春色满岩谷。卜隐有晦翁，讲堂枕山麓。我欲寻余芳，携书此中读。"

清朱彝《梅岩》诗，曰："新安源可寻，精舍树何古。持此岁寒心，幽香满涧户。"

还有一位郑永禧（1866—1931），衢县人，民国时期，曾任衢县参事、湖北施恩知事，曾在县修志局主纂《民国衢县志》《烂柯山志》等，亦有《牛岩》诗，诗曰（节选）："天气新开三月三，行行深入南山南。听说仙源路可探，白云霭霭浮青岚。挈友携朋聚盍簪，料理斗酒载双柑。扁舟飞渡春水潭，枝头格格鸣鸠鹌。道旁歇脚借茅庵，碧桃花下停鸾骖。悬崖豁閜谷口谽，细径才辟蜀道蚕。牛岩如盖硿峒嵁，百头千头狞与惨。丹灶荒唐疑老聃，短笛横背小儿男。古木森森丛梗楠，忽焉胜境出精蓝。"

明代胡翰在《青霞洞天游记》内记道："问道士，故梅岩精舍何在，莫有知者。"据此可见梅岩精舍在明代早已湮没。

此番，我专访烂柯山和梅岩，着意一探究竟。同行者有龙游人大常委会主任舒畅、市交通运输局总工程师虞颜、市接待办副主任许光华，他们都是我过去在衢州工作时的老同事。我们车到达烂柯山时，负责烂柯山景区开发的市城市建设投资集团副总经理叶飞和市文化旅游投资发展公司副总经理朱屹已在那里等候我等。接着，他们便一路上给我作介绍。

梅岩在烂柯山西侧，我们沿着山路前行，首先见到立于路上的一四方形亭，名曰：悦仙亭。亭柱、亭顶全由石材料砌筑。前方左右两亭柱上镌刻着楹联，为："跨鹤归天上；乘鹿下凡间。"后方左右两亭柱上也镌刻着楹联，为："至此言劫尽；往彼论功圆。"穿过石亭，我们行走在山间小道上，一路平坦，周边树木葱茏。行不多远，就看到一座建筑物。叶飞先生告知，这是建于20世纪90年代，应是当年在整修梅岩时的工作用房，亦名"梅岩精舍",由南宗孔氏七十五世孙孔祥楷先生题写。

绕过此屋,地形豁然开阔,梅岩就在眼前。举目望去,形如一只大蝙蝠,蝠者,福也。红岩下排列着4座岩洞,主洞南北宽15米,深10米,高5至8米,其旁还有一只隐藏的"大海龟"。其余几个岩洞略小,面积达850平方米。岩洞为天生洞穴,洞外开阔,前有一个大平台——仙乐台,上有八卦,仙气袅袅。我等仔细观察,现主洞内当年整修时立的塑像仍保存完好,洞内洞外环境整洁。站在洞前眺望,前面有一山,形似红透的桃子,名曰仙桃峰,若有仙气。远处山峦起伏,满目郁郁葱葱。此地,人文景观与自然景观得到很好的结合,遂成了一方幽静的宝地,难怪当年有道人在此隐居,修行炼丹。

▲ 考察衢州烂柯山梅岩洞,左起:许光华、虞贤、作者、许畅、朱屹

如今,存世的梅岩古遗址,可供游人到此观光、寻迹揽胜,更丰富了烂柯山风景区的道教内容。

在现场叶飞还展开景区规划图,给我介绍烂柯山景区开发的总体思路,核心区为"烂柯弈梦文旅体验区",面积3平方公里。核心区内有以石梁为中心的烂柯弈梦,有宝岩禅寺、集仙观、柯山驿、棋圣阁、梅岩问道和国际围棋交流中心等景点。有的已建成,有的须完善，有的则待新建。此外，利用烂柯山地形地貌优势，依托核心区，周围还规划建设逸养归园康养度假区、石室寻鱼城旅融合区、涧水棋音农旅休闲区等。

接着，我等折回，循路前往烂柯山，路经一处平坦的谷地，行过两水塘间的堤路，再沿着石阶登山。路侧有宝岩禅寺，再往上行，就来到了烂柯山天生石梁下，洞内有不少游客在观光。旧地重游，使我感到十分亲切。

我等正着各处察看，不料天气骤变，刹时间天色由明转暗，乌云密布，狂风大作，飞沙走石，一场暴雨即将来临。见此情况，我即提议，为避暴雨，还是速速下山。于是，大家便立马快步下山，途中见狂风刮得树枝飞落，险象迭生，也顾不及了，一股劲快步前行。不多时我等便下得山来，出大门时，一边疾行，一边与景区门口管理人员匆匆告别。此时，车已开到景区门口候接，我们人刚坐到车内，暴雨骤然而下，顿时周围景物、山色全淹没在茫茫的雨幕里。

江山礼贤城隍庙
——兼记道教类省级文物保护单位

历史上,浙江道教发展过程中,形成了不少道教和民间信仰的殿、庙,留有道迹的摩崖石刻和设施等古迹。其中,列入全国重点文物保护单位的有温州瑞安圣井山石殿、仙都摩崖题刻和南明山摩崖题刻3处,列入浙江省文物保护单位的有纯阳宫、委羽山大有宫等23处,其中的江山礼贤城隍庙,本人作了考察并记述于此。

一

浙江省衢州江山市位于浙江西部,与江西省玉山县、广丰县(今上饶市广丰区),福建省南平市的浦城县毗邻,是浙江省的西南的门户和钱塘江源头之一。20世纪90年代初,我曾在衢州工作5年余,因工作需要,也常往来于江山,到过江山农村、工厂等基层单位,目睹江山经济繁荣、文化灿烂、人杰地灵,也领略过江山山川的秀丽壮美。还有,与江山人交往间,令我感受到江山人性格的正直、硬朗。

2021年6月10日,因参加省委党史办和省诗词协会组织的活动来到开化,次日下午,结束活动后,我即赶赴江山。12日我便前往江山市淤头镇的礼贤,考察礼贤城隍庙。同行者有江山市原副市长黄家驷、市人大副主任李培荣、市交通运输局局长毛舒锋和市博物馆馆长毛冬青先生。在礼贤,当地镇委副书记杨勇和礼贤村支部书记郑余通也一同考察并作介绍。

我国民间城隍庙是祭祀城隍神的地方,衢州城隍庙供奉的城隍神是杨炯,生前曾任盈川县令,衢州有盈川村,建有杨公祠,供杨炯塑像。祠内有旧联:"当年遗手泽,盈川城外五棵青松;世代感贤令,泼水江旁千秋俎豆。"

那么礼贤何来城隍庙?这里不妨略作记述。

其一,按旧规制,一般州府和县治皆建有城隍庙。了解礼贤城隍庙的由来,还得先了解江山的一段历史。

史载，唐武德四年（621），分信安县置须江县，以城南有须江也。八年（625），废，并入信安县。永昌元年（689），分信安复置须江县，隶衢州。五代吴越宝正六年（931），吴越王钱镠，因境南有江郎山，改须江县为江山县，仍属衢州。北宋沿用旧制。南宋咸淳三年（1267），江山县改名为礼贤县，仍属衢州。元至元十三年（1276），改州为路，复礼贤县为江山县，仍属衢州。礼贤县存在仅为10年，那么礼贤县曾经设过县治吗？

首先，从史志的记载来看，礼贤县曾经设县治。清乾隆《江山县志》卷二在"沿革"下有记："《方舆纪要》五代唐长兴二年，吴越改江山县，宋咸淳末改为礼贤县。"其下有注："案朱《志》，以上县治皆在今之礼贤镇，故城隍庙、关帝庙尚存，治改为太平寺。汪《志》据《九域志》周益公游记有礼贤镇谓县，自礼贤镇迁改今治，断自宋初。"同治《江山县志》卷二"建置"内云："宋咸淳末，改江山为礼贤县。《方舆纪要》、朱彩《志》以上县治，皆在今之礼贤镇。"又卷五"秩祀志"内记："礼贤城隍庙，距今县治西南四十里，唐武德初置须江县，宋咸淳间改名礼贤，即其地也。元至元丙子，徙县治，而城隍之庙犹存，迄今四百余年，肸蚃不最著。"这里不但说明礼贤设县治，而且言明元至元丙子（1276）复礼贤县为江山县，徙县治至新治须江时，礼贤城隍庙仍留在礼贤。

其次，《江山文化资源荟萃》一书称，建礼贤县时，县治在礼贤。内有记："北宋延用旧制。南宋咸淳三年（1267），江山县改名为礼贤县，仍属衢州，县治徙礼贤。元至元十三年（1276），改州为路，复礼贤县为江山县，隶衢州路，迁旧治。"

再是，现存庙内有一方乾隆四十九年（1784）岁次甲辰仲夏立的《礼贤镇城隍庙碑记》石碑，上有称"礼贤古须江县治也"。从这里亦可以看出，先前建古须江县时，县治便设在礼贤了。

综上所述，窃以为，建置礼贤县时，县治应在礼贤，这是一致的。

其二，城隍，最早指护城河，道教传为守护城池的神。历史上最早城隍庙建于吴赤乌二年（239），唐代以来，郡、县都祭祀城隍，宋后普遍奉祀城隍，因而礼贤县建城隍庙应在情理之中。

综合以上两个方面，礼贤县必有县治，建县时间也有十年。何况建县时并不知道今后何年会被撤销，故而不可能有县而无县治，或县与县治分离。正因为有县治，也必建城隍庙，这既是遵循旧制，也是历史记载的史实。

附记，江山县治的城隍庙，在县治西旁，宋绍兴年间知县鲁訔重建。而城隍庙供奉的城隍，旧志记载为邑人徐正节先生。徐正节，出身江山望族，咸淳年间为南宋国子监太学生，为人刚烈，清正气节。景炎元年（1276），京城破，南宋将亡时，誓不降元。后纵火自焚未遂，又投水井而亡。后人怀念、敬仰徐正节，故江山城隍庙将其作为城隍神供奉。

下面，让我们走近礼贤城隍庙。

礼贤城隍庙在江山市淤头镇光辉村礼贤自然村。这里有一条临须江的古街礼贤街，长达500余米，城隍庙位于礼贤街南端，距离须江礼贤渡口仅50米。城隍庙坐东朝西，平面呈凸字形，通进深29.58米，面阔20.26米，占地面积599平方米。总体布局为二进五开间，有四天井、一过厅、二厢房。庙内立有圆木柱132根，方形石柱6根。一进明间面宽4.7米，檐柱为方形石柱。近门设有三重飞檐挑角门楼，之间均有装饰性长拱承接，在梁、枋、牛腿、雀替处雕刻着人物、山水或花鸟等图案，十分精致秀美。

南宋咸淳三年至元至元十三年，江山县改名礼贤，县治徙礼贤，期间建城隍庙，以后屡有修缮。原城隍庙在清同治十三年（1874）失火焚毁，后于清光绪年间重建。1985年至2003年间多次维修。庙前原设有戏台，右前方还建有"萃贤亭"，如今仅存城隍庙。江山市礼贤城隍庙布局完整，建筑融木雕、砖雕、石雕于一体，体现古代浙西地区的民俗和宗教信仰。是如今衢州地区唯一保存完整的城隍庙。1982年被公布为县级文物保护单位，2011年1月7日公布为第六批省级文物保护单位。

我等一行在城隍庙前逗留，凝望着高大的城隍庙门楼，三层飞檐凌云，木雕精美绝伦，两侧相对三组马头墙气势恢宏，我等皆为之惊叹，也说明当地政府和百姓对文物保护工作的重视。门楼前形成一个小广场，其侧立着两块青石石碑，一块刻着"1982年5月20日江山县人民政府公布礼贤城隍庙为江山县文物保护单位"字样，一块刻着省政府"2011年1月7日公布礼贤城隍庙为浙江省省级文物保护单位"字样。

▲ 考察江山礼贤城隍庙，左起：毛冬青、毛舒锋、李培荣、作者、黄家驷、杨勇、郑余通

接着，我等步入庙内，见前殿开阔宽敞，左右近墙壁处各置铜钟和鼓。穿过过厅便来到后殿，后殿供奉城隍神，上方梁上悬挂着匾额，上书"诚至则灵"，乃是1993年重修时制作的。两侧都有天井采光，使后殿十分明亮，左右两侧有可通外但皆关闭着的门，一侧门上有"南极通耀"大字，另一侧已无字迹。

待我等返回前厅就座，当地一长者柴贤达先生给我们作了介绍。这里每年农历正月十五、十月十五为传统庙会的日子，都有祭祀活动，十分热闹。柴先生有文化，记忆力甚好，他目睹了礼贤城隍庙废兴，他通过介绍向我们展示了一个立体的礼贤城隍庙。其间，他还当场抄下了一首宋欧阳修写的《咏萃贤亭》诗，诗曰：

> 君家富山水，占胜作高亭。
> 坐听溪流响，能令醉客醒。
> 阳生群木秀，寒入乱峰青。
> 吾子东南美，人贤益地灵。

《江山文化资源荟萃》一书内介绍了欧阳修题诗萃贤亭一事。被誉为"唐宋八大家"之一的欧阳修，能为礼贤城隍庙前的萃贤亭题诗，足见当年礼贤的繁华和萃贤亭的名望。

结束城隍庙的考察，我等顺道寻迹礼贤古街。礼贤古街长500余米，街道不宽，大部分还保留着原有的建筑，开着各式店铺。古街上相邻的房屋之间，还能见得到不同主人房产之间的墙界石，上刻着文字如"周朝科墙界"，显古朴气象。也有少部分临街的建筑已重新改造过了，而古街路面还能见到铺设的条石和卵石，应是旧物。

二

除了礼贤城隍庙以外，另外还有浙江省文物保护单位、属于民间信仰的嵊州城隍庙、汤溪城隍庙、金华府城隍庙、象山石浦城隍庙、大乌石雷公庙、象山东门天后宫、柯城区天皇巷天妃宫、衢江区下埠头天后宫、温岭石塘天后宫和三门仙岩洞摩崖石刻共10处，随文简记如下。

之一，嵊州城隍庙。

该庙位于嵊州市百步街9号。始建年代失考，但至迟在南宋嘉泰年间已存在。《嘉泰会稽志》有记："在县西五十步。"明万历四年（1576）知县谭礼建造仪门及东西厢房。

清嘉庆九年（1804）募资重建，增建前楼，并取朱熹游嵊州登鹿胎山赏景时的赞语"溪山第一"为楼名。庙及楼坐北朝南，依山而建，南低北高，层层抬高。城隍庙中轴线上从南到北依次为：照壁、月台、溪山第一楼、仪门、戏台，两侧为厢房、侧屋、夹屋，厢房以北为后期复建的厢房和前殿、后殿，占地面积约2067.47平方米，建筑面积946.22平方米。嵊州城隍庙和称"溪山第一楼"的前楼多砖、石和木雕装饰，图文精美。照壁、戏台整体布局基本完整，且具有明显的时代特征和地方特色。1963年2月公布为嵊县文物保护单位，1989年12月，被公布为第三批浙江省文物保护单位。2001年在文物部门主持下，复建前、后大殿，使之整组建筑得以完整保护，并作为宗教开放场所。

之二，汤溪城隍庙。

汤溪城隍庙位于金华市婺城区汤溪镇。明成化七年（1471），割金华、衢州、处州三府的金华县、兰溪县、龙游县、遂昌县四县毗邻之地，始置汤溪县，为金华府"八婺"之一。1958年，汤溪县除衢江以北的两个乡划归兰溪县以外，其余并入金华县，2001年起属金华市婺城区。汤溪建县后的第三年，即明成化九年（1473），汤溪县第一任知县宋约始建汤溪城隍庙。清咸丰十一年（1861）四月十八，侍王李世贤攻陷汤溪时，城隍庙被焚毁。现存城隍庙为清同治五年（1866）重建。此后，于1925年至1927年曾经修缮，1991年至1996年当地又作了维修。

现汤溪城隍庙占地面积6700平方米，建筑面积3278平方米。整体建筑按中轴线布置，前后分四部分，依次为头门、大天井（有血污池、奈何桥）、正堂、寝殿。进门处设有戏台，二门面阔三间，左侧有龙王庙，右侧为达生庵。正殿面阔三间，明间抬梁式，次间穿斗式。城隍庙为仿古建筑，精细的牛腿、雀替、斗拱等木结构件上有人物、花鸟、禽兽等雕刻，柱、梁、天花板上绘制人物、山水、花鸟等彩画，建筑技艺高超。1989年12月，公布为第三批省级文物保护单位。

之三，金华府城隍庙。

金华府城隍庙坐落在金华市婺城区马路里，始建于宋治平元年（1064），重建于明洪武三年（1370），现存建筑为晚清时建造。府城隍庙坐北朝南，占地面积3892平方米，前后三进，依次为门厅、前厅、戏台、正厅。大门上的匾额上书"金华府城隍庙"，落款署"甲申（2004）孟冬吕济民书"，吕济民曾任文化部文物事业管理局局长、国家文物局博物馆专家组组长。戏台两侧柱上有联，曰："能道俗情，勿遗聪听；急须猛醒，莫太认真。"建筑物为硬山顶，梁、枋、牛腿等木构件雕刻精美。一进为门厅，二进为前厅，面阔20.4米，进深9.14米，明间抬梁式，次间穿斗式，五架抬梁连带前后廊。后廊与戏台相连，戏台为歇山顶，面对正厅。三进便是正厅，建在高1米多高的基台上，气势恢宏，正厅供奉城隍老爷。1997年8月，公布为第四批省级文物保护单位。金华府城隍庙有两处藻井引人注目，一处在门厅，进门后抬头可见，顶上的圆形藻井以百余米雕刻牡丹的枫拱盘旋至顶，十分壮观。第二处在戏台，戏台的顶部为八面形鎏金藻井，工艺精湛，既具戏台演出时扩大音量之功能，同时，也有绝美的欣赏效果。

之四，石浦城隍庙。

石浦城隍庙在宁波市象山县石浦镇，始建于明初，经清道光、光绪年间历次修缮，现存建筑为清中晚期。石浦城隍庙坐北朝南，占地面积2400平方米，有前后两进四合院式样建筑，建筑物为砖木结构，以抬梁式构架为主、混合式构架为辅。大殿面阔25.5米，进深11.8米。庙内有前后两个戏台，前戏台藻井斗拱叠涩而成，后戏台藻井以螺旋形收缩成形。建筑物装饰以木雕、石雕、砖雕和彩绘，甚为精致。石浦城隍庙虽不大，但以布局美、结构美、装饰美，显示其和谐一体，堪称浙东城隍庙中的代表性建筑，也是民众的文化娱乐活动中心，对于研究海洋文化、渔业文化、沿海人民生活习俗有很高的价值。2005年3月，公布为第五批省级文物保护单位。

之五，大乌石雷公庙。

大乌石雷公庙位于乐清市虹桥镇大乌石村。始建于清乾隆五十四年（1789）三月。雷公庙坐东北朝西南，四合院式砖木结构建筑，二进，面阔五间。戏台位于山门明间后檐，与大殿前的月台相对。戏台面阔4.6米，递进深5.5米，高4.2米，天花板为八角藻井，并绘有彩画。天井两侧以庑廊连接前后两进。月台单间四柱亭阁式，歇山顶。大殿保存完好，雕刻精美，保留了早期建筑风格，具有较高的文物价值。2005年3月，公布为第五批省级文物保护单位。

之六，象山东门天后宫。

东门天后宫在象山石浦镇东门岛上。始建年代不详，现存为清代建筑，今门楼的栋梁上有"清嘉庆二十四年重修"题识，1988年重修。天后宫坐北朝南，大殿歇山顶，五开间，面宽16.8米，进深8.77米。门楼为五开间，门楼连戏台、厢房，与大殿合成一座四合院。天后宫占地面积约2000平方米，建筑面积约1280平方米。整座建筑为穿斗式与抬梁式相结合。大殿中堂供奉妈祖娘娘立像，神态庄肃，两旁侍立者为"千里眼"和"顺风耳"二神。殿前其中有一联，曰："海上扬波，稳渡显拯遐迩；民皆乐业，遍歌母德开源。"如今东门岛上天后宫，是宁波地区保存最完好、最精美的妈祖文化旧址。

2011年1月，东门天后宫被公布为第六批省级文物保护单位。

之七，温岭石塘天后宫。

石塘天后宫包括桂岙天后宫和东海天后宫，为清、民国时期建筑，2017年1月，被公布为浙江省第七批文物保护单位。

桂岙天后宫位于温岭市石塘镇桂岙村，相传始建于明代，现存建筑为清光绪时期修建。天后宫坐北朝南，由山门、戏台、东西厢房和正殿组成，中轴线对称，结构完整。山门为三开间，中门为正门，门上方有青石匾，题"天后宫"。两侧门上亦各有一匾，分别题"海晏""河清"。戏台为歇山顶，东西厢房两层、二开间。正殿为抬梁与穿斗混合结构，面宽10.77米，进深9.2米。桂岙天后宫建筑面积仅390平方米，小巧精致。

东海天后宫位于温岭市石塘镇东海村，始建于清光绪二十四年（1898），民国六年（1917）重修，1999年再次大修。东海天后宫为四合院式建筑，坐东南朝西北，通面宽24.36米，通进深20.3米，占地面积565.67平方米，建筑面积859.43平方米。中轴线上由山门、戏台、东西厢房和正殿，中间有天井。正殿为七开间，重檐歇山顶，两侧厢房各三开间，两层楼，楼上走廊可供看戏人就座。东海天后宫结构完整，建筑物上的所绘所雕的人物、花草、动物等图案生动，有强烈的地方特色和艺术感染力。

之八，天皇巷天后宫。

天皇巷天后宫位于衢州市柯城区下街街道，又称天妃宫。天后宫为清代建筑，坐东朝西，中轴线有前殿、正殿和南北厢房，正殿为硬山顶，面宽16.3米，进深9.6米。是衢州城内惟一的天后宫。2011年1月，天皇巷天后宫被列为第六批省级文物保护单位。

之九，下埠头天后宫。

下埠头天后宫位于衢州市衢江区樟潭街道下埠头自然村，为清代建筑，临衢江而建，其中天后宫占地面积633平方米。下埠头天后宫中大门外墙为砖石结构，全部以砖雕镶嵌，图案丰富精美，外墙明间二楼"天后宫"三个楷书砖雕大字，十分醒目。据民国《衢县志》卷四记载，天后宫"一在城东十五里樟树潭，嘉庆八年建（均汀帮傅姓主之）"。中轴线上依次有前厅、天井、中厅和后厅，从后厅西面次间经过廊进入偏殿，偏殿坐东朝西。2011年1月，下埠头天后宫被列为第六批省级文物保护单位。

之十，仙岩洞摩崖石刻。

该石刻位于三门县浦坝港镇仙岩村以北石笋山的仙岩洞内。仙岩洞晋代称"法云院"，宋大中祥符元年（1008）改额为"百花清洞"。据传，此洞系仙人所凿，故又称"仙岩洞"。洞口朝南，高25米，宽27米，深50米，洞口有约200平方米的平台，筑有石围栏，石围栏望柱上有明清时期留下的狮子、白象、兔等瑞兽和仙桃等精美石雕，四周绿树翠竹掩映。迎面是正门，额书"第一洞天"，两侧有联，曰："忠祠崇福地，正气长存；丹室辟洞天，仙踪犹在。"洞壁上留有明嘉靖四十二年（1563）建"文信国公大忠祠"时的"八仙""三世尊"等石刻浮雕，尤其是洞左壁上的八仙浮雕，有近两米高，姿态各异，形象逼真。洞内还有"仙境""海天胜境""海角天涯""卫乡保国"等摩崖石刻，石刻线条粗犷雄健。

洞内还立有三块石碑，分别是明嘉靖四十二年（1563）礼部主事、临海陈锡撰文的《临海仙岩洞新建宋文信国公大忠祠碑记》，清乾隆庚辰年（1760）大学者齐召南撰文《重修仙岩洞大忠祠碑记》和清宣统三年（1911）陈卧冈撰文《重修仙岩洞大忠祠碑记》。

仙岩洞摩崖石刻雕凿于明、清两代，如此雕刻上乘的浮雕和摩崖石刻，堪称雕刻艺术瑰宝。仙岩洞摩崖石刻于1981年被公布为三门县文物保护单位，2017年1月被公布为浙江省第七批文物保护单位。

第四辑

瓯江山水诗路上的道迹洞天

春风伴我仙都行

浙江省缙云县历史悠久，武周万岁登封元年（696），分括苍县东北界及永康县南界置缙云县，因境内缙云山而名，属括州，至今已有1300余年历史。缙云山川秀美，尤以仙都为最。元朝陈性定编《仙都志》载："仙都山，古名缙云山。按道书洞天三十六所，其仙都第二十九名玄都祈仙洞天，周回三百里，黄帝驾火龙上升处。山巅有石屋，世传为洞天之门。《史记》载，缙云本黄帝夏官之名。张守节云，括州缙云县，其所封也。"现缙云仙都风景区为国家AAAAA级旅游风景区，总面积达166.2平方公里。景区内奇峰耸立，异洞星布，树高林密，风景幽美。

为撰写《浙江道迹洞天》，寻迹缙云是必须的，这里有道教三十六小洞天中的第二十九洞天，这里有纪念轩辕黄帝的黄帝祠宇，这里还出了一位唐代重要的道教人物杜光庭。同时，也可顺道寻访位于仙都倪翁洞及其周边的摩崖题刻，也是一处全国重点文物保护单位。

2021年3月11日，春暖花开，万物竞艳，我专程赴缙云。丽水市交通运输局局长叶旭勇为我此行提供帮助。我早就得知，缙云县博物馆收藏着当年金龙洞出土的金龙玉简等物。于是，我便与丽水市交通运输局副局长刘军、办公室主任萧胜和缙云县交通局总工江启法、办公室吕静等，先去了缙云县博物馆，然后再前往倪翁洞和仙都景区。景

▲ 考察缙云仙都，左起：秦巨敏、刘军、作者、江启法、吕静

春风伴我仙都行 | 215

区里还有景区管委会秦巨敏副主任和接待办丁丽敏女士同行并作介绍。

考察后，我又努力查证史料，回忆现场考察所得，将第二十九洞天、黄帝祠宇、缙云轩辕祭典、倪翁洞题刻，包括缙云人、唐著名道士杜光庭等，都汇总在一起，撰写成《春风伴我仙都行》一文。我还与缙云县博物馆副馆长吕岳群通了电话，了解金龙玉简的有关细节。经她推荐，又联系上了《缙云轩辕祭典》一书作者项一中先生，询问仙都黄帝祠宇和缙云轩辕祭典的有关情况。他们都很专业，且坦诚告知，令我心生感激。

一

仙都山，古称缙云山。《隋书·地理志》称："括苍有缙云山。"清《一统志》记："仙都山，在缙云县东二十三里，高六百丈，周三百里，本名缙云山……天宝七年有彩云仙乐之异，敕改今名。"这里的"敕改今名"，是指唐天宝七年（748）的一天，缙云郡刺史苗奉倩目睹了缙云独峰山上，彩云缭绕，仙乐飘飘，山呼万岁。遂奏报唐玄宗李隆基。玄宗惊闻，便挥笔写下两个大字"仙都"。自此，缙云山便改名为仙都山。宋张君房编《云笈七签》"三十六小洞天"内记："第二十九仙都山洞，周回三百里，名曰仙都祈仙天。在处州缙云县，属赵真人治之。"

如今仙都山境内有九曲练溪、十里画廊，有奇峰一百六，异洞二十七。整个景区由仙都、黄龙、岩门、大洋四个风景区，鼎湖峰、倪翁洞、姑妇岩、水赤壁、芙蓉峡、仙水洞、凌虚洞等300余个景点组成。

我们步入景区内，沿练溪而行，不多时，便看到了鼎湖峰。鼎湖峰高170.8米，状如春笋，巍然屹立，直刺云天，堪称"天下第一笋"。峰巅的苍松翠柏下有一片湖，即鼎湖，其水常年不竭。《仙都志》载，进士徐凝有诗曰："天地茫茫成古今，仙都凡有几人寻。到来唯见山高下，只是不知湖浅深。"远远望去，鼎湖峰倒影在练溪上，与周围山峰相映成趣，组成一幅极其秀美的图画。如遇云雾缭绕的细雨天气，高大的鼎湖峰在云雾里若隐若现，其婀娜多姿的万千变化，又是一番新的景象了。有道是：鼎湖峰立群山中，晴雨雾中各不同。

相传中华民族的始祖轩辕黄帝在此铸鼎炼丹，后乘赤龙升天。唐杜光庭《洞天福地岳渎名山记》内亦记："仙都山，仙都祈仙洞天，三百里，在处州缙云县，黄帝上升。"《仙都志》载，唐代白居易有诗赞曰："黄帝旌幢去不回，片云孤石独崔嵬。有时风激鼎湖浪，散作晴天雨点来。"相传，西汉初年开始便在仙都峰下祭祀轩辕黄帝，以纪念黄帝在此驭龙升天，寄托炎黄子孙对始祖轩辕黄帝的崇敬。据《仙都志》载，自天宝戊子（748），唐玄宗李隆基敕改缙云山为仙都山，周围三百里内禁樵采捕猎，并建黄帝祠宇。由时任缙云县令、著名书法家李阳冰撰额"黄帝祠宇"四个大字，刻碑立于祠前。自此，把民间的祭祀活动上升为官府祭祀。宋代，宋真宗、宋仁宗等曾派员到缙云仙都祭祀黄帝。天禧四年（1020），宋真宗派员到仙都祭祀黄帝时，还投放了金龙玉简。宋英宗治平二年（1065）下诏，敕改黄帝祠宇为"玉虚宫"。咸淳三年（1267），两浙转运使潜说友拨款扩建宫宇，缙云仙都玉虚宫达到鼎盛时期，其时总共占地30多亩，建有殿、堂、祠、宫、轩、廊、亭、门共计99间。后逐代衰落，清初，玉虚宫毁于战火。

1994年，按《仙都风景名胜区总体规划》，并经国家建设部批准，为传承和弘扬中华传统文化，凝聚中华民族精神，缙云县人民政府决定重建"黄帝祠宇"，以恢复中华民族始祖黄帝的南方祭祖地。1995年，在仙都鼎湖峰下，原玉虚宫旧址上重建"黄帝祠宇"的工程正式启动。1998年农历九月初九"黄帝祠宇"落成，并举行了缙云各界祭轩辕黄帝大典。如此，便与陕西黄帝陵相呼应，形成了"北陵南祠"的祭祖格局，成为一处中国南方祭祀中华民族始祖轩辕黄帝的重要场所。

传承的缙云轩辕氏祭祀为民祭，一年分春（清明）、秋（重阳）两祭。

▲ 缙云仙都黄帝祠宇

形式有黄帝祠宇大殿祭祀，还有各地宗祠或自家天井里设道坛"祭拜"等。黄帝祠宇祭祀礼仪设击鼓、撞钟、恭读祭文、献三牲五谷、献黄酒鲜花和献祭乐祭舞等，气氛热烈而庄重。

为寻访道教第二十九洞天仙都山洞和黄帝祠宇，我等随着导游进入景区，沿着练溪边的路行走一段后，就走过横跨练溪的鼎湖桥。人站在桥头，眺望鼎湖峰煞是巍峨壮观。南朝诗人谢灵运《游名山记》曾记："缙云山旁有孤石，屹然干云，高三百丈，三面临水，周围一百六十丈。顶有湖，生莲花。有岩相近，名步虚山。远而望之，低于步虚；迫而视之，步虚居其下。"如今身临其境，着实令人赞叹不已，好一幅壮美的山水画卷啊！随着导游的指点，我们看到立于鼎湖峰一侧的步虚山，山顶有一座亭。谢灵运《游名山记》还记："古老云，黄帝尝炼丹于此。"黄帝炼丹之地传说尚有数处，谢灵运此说，倒是为缙云作了一个认定。

据介绍，古时有刘隐真道士曾在此入洞修炼，后人称"隐真洞"。《仙都志》中记："隐真洞在步虚山巅，与独峰相对，洞口岩石玲珑，宛若窗牖，峻绝难跻，罕有到者。按郡志云，唐刘隐真先生修炼之所。"我随着导游指点，仔细观察，果然见步虚山巅下的崖壁有几个洞口。深感当年道士攀崖登高，到此等峭壁上的洞内隐居修炼，实属不易。

进入黄帝祠宇建筑群区，首先见到的是鼎湖峰前的仰止亭。在此立定，再仰望高大的鼎湖峰，令人顿生敬畏，故名"仰止亭"。原亭毁于清初，重建的亭为十二柱式。再往前行，来到一大池边，池水碧绿清澈，各色金鱼戏水逐波。对岸有一临池建筑，乃是驭龙亭，由时任中国书法家协会副主席、浙江书法家协会主席朱关田先生题额。我们沿着池塘绕到驭龙亭后边，便是黄帝祠宇建筑群的入口处。

登上入口处的台阶，迎面而来的是用汉白玉雕刻而成"龙腾中华"浮雕，浮雕右侧有介绍："龙，炎黄先民之图腾，华夏民族之象征。今仙都之龙，昂首飘须，雄姿勃发，其盘旋腾飞之状，有若中华版图，此形则为天下独步，故名'龙腾中华'。"左右两侧可登阶而上。黄帝祠宇建筑群有四进，第一进黄帝祠宇山门，第二进轩辕殿，第三进缙云堂，第四进怀祖堂。

站在黄帝祠宇前一个开阔的平台上，可见黄帝祠宇山门上挂着"黄帝祠宇"四个大字竖匾，是据当年李阳冰书写的黄帝祠宇石碑拓片制作而成。大门两侧的柱联为："黄钟大吕丰碑，祠雄南北；帝业鸿图华夏，宇冠古今。"此联为嵌字联，把"黄帝祠宇"四个字嵌在联内。此联为项一中先生所撰，由中国书法家协会主席苏士澍先生手书。平台左侧还有转廊，平台右侧边上立着三块石碑，分别是："国家非物质文化遗产缙云轩辕祭典""浙江省海峡两岸交流基地""中国华侨国际文化交流基地"。

继续拾级而上，便来到黄帝祠宇主殿"轩辕殿"。轩辕殿外呈两层屋檐，红柱黛瓦，古朴庄重。殿额为篆书，两侧的柱联为："万域独尊，八方共主；千秋一帝，四海同宗。"由西泠印社执行社长、中国美院教授刘江先生手书。大殿中央供奉轩辕黄帝立像，高大威严，万民共敬。

第三进是缙云堂，门侧的楹联为："鼎湖可见缙云影；峰笋已凝黄帝身。"堂内中间是一尊硕大的青田石雕，雕刻着黄帝一生的历史和传说，巧妙地运用青田石的本色，把人物、场景处理十分得体。右侧石色有一处黑褐色，正好雕刻出仙都兀立的仙都鼎湖峰，中间还有青淡色的浮云挂在峰上，真是巧夺天工！据介绍，此石原由青田籍华侨项雄军先生所收藏，后经国家工艺美术大师张爱庭精心设计雕刻。项雄军先生等华侨还出资建设了黄帝祠宇山门、缙云堂、怀祖堂、腾龙阁、游龙轩以及黄帝祠宇长廊等建筑。缙云堂内沿壁四周立着黄帝和另外颛顼、帝喾、尧、舜四帝的石碑，还有历代皇朝的简介石碑，是对中华民族历史延袭脉络的一个展示。

步出缙云堂大殿，进入最后一个大殿怀祖堂。匾额上书"昭穆有序"，此四字由中国文联副主席、西泠印社副社长兼秘书长陈振濂先生书写。两侧门联为："骨肉同根，万代宗源十四姓；山河错落，九州脉系一条龙。"此联由曾任浙江省书法家协会主席、省文物局局长鲍贤伦先生手书。我立在怀祖堂后，举目望去，身边正是高高的步虚山。导游指着步虚山后的一条道路对我说，沿着此山路步行一小时便可达金龙洞，但近日天雨，今日才雨过放晴，路滑不宜前去，只好作罢。金龙洞，是浙江省第三次全国文物普查时确定的古遗址。此前，我已经到缙云县博物馆，见到了1997年6月从金龙洞出土的金龙玉简等文物，讲解员为我等作了详细的介绍。我也查阅了有关资料，在《丽水道教文物和古遗址》一文中有记述。

二

仙都山不仅山水灵秀，风景旖旎，有轩辕黄帝在仙都飞升之传说，是道教第二十九洞天之所在，还有历经千百年风霜的摩崖石刻，留下了诸多历史文化遗存。历代文人名士徜徉其间，留下吟咏，也留下了题刻。如唐朝的李阳冰、宋代叶清臣、苏舜元、王廷老、沈括、杨杰、留元刚、郭磊卿、赵立夫，明代樊献科、龚勉、郝敬、常居敬、李鋕，清代谷应泰、袁枚、何遂，近现代的楼村、曾养甫、茅盾、沙孟海、陆俨少等，纷纷留下了书法佳作。现存摩崖石刻和题记125处，分布在仙都风景区的初阳山、小赤壁、鼎湖峰、仙水洞、铁城5个景点，为仙都的自然风景增添了深厚的历史气息和文化内涵。

仙都有两处唐代摩崖石刻，一处是唐乾元元年（758）篆书名家、缙云县令李阳冰的"倪翁洞"三字篆书，另一处是唐建中元年（780）高元和等的游记。另有宋代摩崖题记55处，明清题记32处，民国时期题记15处，还有当代题刻10处。题刻内容有游人的题词，包括诗赋和散文，或抒胸襟，或纪游迹，或志景仰等。题刻的文体有篆、隶、行、楷、草等，各具神韵。2001年6月25日，"仙都摩崖题刻"经国务院批准，成为第五批全国重点文物保护单位。

在仙都景区各景点中，摩崖题刻分布最为集中的是初旸山，共有65处。初旸山在好山前，与鼎湖峰、玉虚宫、步虚山隔好溪相望，融山水泉石、田园风光于一体，乃景区的又一胜地。据中共浙江省委宣传部、浙江省文物局编著《浙江国宝：浙江省全国重点文物保护单位》载，明万历年间，有刑部尚书、都察院御史李鋕在此读书。同时，还有福建巡抚樊献科退归林下，在此闲居；万历年间曾任山东巡抚、山西宣大总督、兵部侍郎的郑汝璧曾在此闲居十二年。

山的东边有一个可容纳上千人的天然山洞，"当启明时，日光先射"，故名旸谷洞，现称"倪翁洞"。相传古代越国大夫范蠡的老师计倪曾隐居此洞，李阳冰因之写下了"倪翁洞"三字，从此得名。此后，历代在洞内洞外留下了众多游记、诗文题刻。此番寻访仙都山，我有幸遍访倪翁洞。车在近洞的好溪边的路上停靠，下车后，仙都街道总工程师柯丽江和景区的导游讲解科科长丁丽敏带领我们进入景点，并作讲解。

首先映入我眼帘的是江边的一个四方亭，亭子正在维修，周围搭着脚手架，这便是问渔亭。据介绍，当年有一学士乘舟沿好溪寻访倪翁洞至此，向一位渔翁询问倪翁洞在何处，渔翁答此处即是。他心中欢喜，取出银两相赠，渔翁坚辞不受。于是学士说，那就将此银作资，在此修个亭子，让来往行人"望亭识路"。后渔翁便在江边筑起此亭，名曰"问渔亭"。问渔亭前的路边巨石矗立，据说建设五壶公路时，把此处与初旸山连在一起的山体凿开了，江边才留下一块独立的大岩石，称"君子石"。君子石上竖刻着"问渔亭"三个大字。旁边刻着民国二十二年（1933）仲春重建的字样，还有明万历庚寅岁（1590）刻的"山亦萍踪"四个大字，其侧原有"李伯春题"四字，亦因当年山体凿开时毁损了。公路另一侧初旸山的岩壁上，横刻着"枕流漱石"大字，字直径85厘米，下方小字为："明万历己丑春，龚勉偕同年郑昆岩来游题此。"龚勉（1536—1607），江苏无锡人，隆庆二年（1568）知嘉兴，廉明而有政绩。郑昆岩，即郑汝璧，号昆岩，缙云人。

继续前行，在初旸山岩壁上有近年开发景区时刻的一幅"倪翁图景区示意图"，下面岩壁上镶嵌着一块黑色大理石碑，上面刻有"全国重点文物保护单位仙都摩崖题记"字样。我们进入摩崖石刻群。随着导游引领，我等来到倪翁洞。倪翁洞由灯盏洞、米筛洞、读书洞三洞相连，洞内景观奇特。洞口有一个石柱亭，我们在亭内稍停，然后穿过一个石洞通道渐渐往上,来到了上一个天然山洞。回望所经之路居然看到三个圆形的通孔,据称,清晨某个时间,阳光可透射三洞,故而有"当启明时,日光先射"之说。洞体硕大,可容纳上百人,这就是倪翁洞。洞内一侧有一巨大的卧石像,似看书状,怀里还抱着一只白猿。导游说,这是倪计雕像。旁有介绍:倪翁,姓辛,字文子,名计然,亦名计倪。春秋葵丘濮上人。先拜老子为师,博学,尤善计算。周游列国,后入越拜为大夫,助勾践图强。《史记》称"计然之策七,越用五而得意(灭吴)"。范蠡师事之,后用策施于家。相传古时越灭吴后,计倪在此隐居修炼。因李阳冰题下"倪翁洞"三字后,游客以此为题材,留下了众多游记诗文。现存题刻共计63处,其中唐代2处,宋代11处,明代22处,清代1处,民国15处,近代3处。在倪翁洞处我见到了民国三十年(1941)时任缙云县县长何宏基题"朝华焕采","民国廿三年五月二十一日,宁乡刘济才挈眷并邀同刘汲之来游"。

接着,我们来到初旸谷凭虚阁下一大石块处,此处题刻正是"倪翁洞"三字。字朝南,竖书一行,字径45厘米,幅大为50厘米×170厘米,字迹清晰。李阳冰,字少温,赵郡(今河北赵县)人,官至将作少监。乾元初,任缙云县令。李阳冰善篆书,后人有"唐三百年以篆称者,惟阳冰独步"之赞誉。如今缙云县博物馆尚存李阳冰书《城隍庙》(宋宣和五年,缙云令吴延年得民间纸本重刻)和《黄帝祠宇》(1980年,据博物馆保存的拓片重刻)两碑。清阮元主编的《两浙金石志》内也有《唐城隍庙碑》、唐李阳冰倪翁洞题字《倪翁洞》和《黄帝祠宇》(李阳冰书,丹阳葛蒙勒石)之记载。

我们继续前进,来到初旸谷东北边,面朝鼎湖峰的一处洞口,有横刻一行的"天然泉石"四个大字,幅大120厘米×140厘米,乃是民国三年(1914)陈骏业题刻。接着,又见到不少题刻,有明嘉靖四十二年(1563),樊献科题"同憩此洞"。樊献科,号斗山,缙云人,嘉靖二十六年(1547)进士,官至广西参政,后解官归隐仙都,曾住旸谷洞,著有《旅游吟稿》《山居吟稿》《诗韵音释》等。

我们继续前行,看到"旭山"两个大字镌刻于初旸山的高崖上,下有明万历甲辰(1604)樊问德题记。记录了李鋕少时游初旸谷,爱此朝阳出处之景,自号旭山。李鋕,缙云人,明万历二年(1574)进士,官至刑部尚书。"旭山"题记下方,还有民国七年(1928)何叙诗刻和民国十年(1921)江瑞文题名。从旸谷洞下来的落地处,有嘉靖末年(1566),竖写的篆书"斗山洞天",为开化余曾题记。

我们行在山脚下,看到离地面不远的岩壁上,镌刻着民国廿三年(1934)曾养甫题的"仙都"两个大字,字径达105厘米,楷书,字迹清晰。据介绍,因当年溪边尚未修筑公路，题刻离开水面还有很大的距离。后来修筑公路，填土筑基、铺路面，地面便提高了，此题刻才显得如此贴近地面。曾养甫（1898—1969），广东平远人，时任浙江省建设厅厅长，1934年曾发起并负责兴建钱塘江大桥。

导游引我们看另一处"仙都"的题字，见到远处高高的岩壁上，题刻着沙孟海书写的"仙都"两个大字，并称现在"仙都"两字，平时使用最多正是由曾养甫和沙孟海书题写的字。折回路上，还见到一座三边亭，亭子独特，由三个立柱支撑，亭额上有当年中国美院教授陆俨少先生题字的"见三亭"三个大字。

一路边走边观赏，看到了仙都摩崖题记分布的重点景区初旸谷中的几乎所有题记，粗粗一算，有50多处，真是大饱眼福。似同与千百年前的人物近距离交流，享受了一次文化大餐，令人欣喜不已。

从初旸谷出来，导游引我们顺道去隔壁的独峰书院一看。书院近山而筑，周围树木葱茏，幽雅静谧。书院前立着几块石碑，我上前仔细观看，独峰书院乃是浙江省政府2011年1月公布的省级文物保护单位。

独峰书院背倚好山，面临好溪，为宋元八大书院之一，是宋朝著名理学家朱熹在仙都讲学的纪念地。淳熙七年（1180）朱熹讲学仙都，嘉定中叶嗣昌创礼殿于笋川伏虎岩麓，咸淳七年（1271）潜说友广而新之。明洪武间，被知县朱成远毁。清同治年间，缙云南乡百姓选今址重建。书院为晚清风格，占地12000平方米，主体建筑三间三进，左右厢房各十间。北厢房外，还有禄祠，现为孔祠，供奉孔子像。书院古朴，院内有棵800年的银杏树，见证了其悠久的历史。我在院内还看到晦翁书写的"正气"匾额和沙孟海先生题写的"晦翁遗迹"匾额等。院内整洁宽敞，壁上张挂着不少字画作品，文化气氛浓厚。据介绍，现在这里经常有讲座、展览等活动。古老的书院，已然成了一处青少年的教育基地，也是供游客参观并接受传统文化熏陶的场所。此亦是仙都风景区之一角，故而一并记之。

三

唐代中国道教史上出了一位重要的人物——杜光庭，他是浙江缙云人。杜光庭（850—933），字圣宾，号东瀛子。唐宣宗大中四年（850），杜光庭出生于处州（今丽水市）缙云。杜光庭自幼勤奋好学，学业精进，博通经、史、子、集。唐懿宗时考进士未中，唐咸通十二年（871）杜光庭在天台山入道，成为天台山高道刘处静好友应夷节的入室弟子，为司马承祯的第五代传人。他在天台山潜心读经、修炼。

陶弘景、司马承祯、刘处静等在天台山弘道之后，天台山道教名声大振。杜光庭是司马承祯一系的传人，应夷节最有成就的弟子，此时的杜光庭在道教界已崭露头角。唐僖宗初年，被举荐而入长安。僖宗授为麟德殿文章应制，赐紫服象简，后又升为上都太清宫内供奉，负责皇室祭天祀祖、祈福禳灾等活动。唐乾符三年（876）后，杜光庭数次入蜀，足迹遍及蜀中各地，最后一次是光启二年（886）正月，杜光庭随僖宗入蜀后便留了下来。自东汉后期创立道教以来，巴蜀乃是道教较活跃之地。前蜀皇帝王建崇奉道、佛两教，为了巩固政权，广揽天下人才，在蜀地，杜光庭得到了前蜀皇帝王建的赏识和重用，曾任户部侍郎、谏议大夫、光禄大夫、检校太傅太子宾客等职，先后赐号"广成先生""传真天师"。王建对杜光庭"礼加异常，事越常伦"，不仅授职赐号，还降旨让杜光庭每遇起居朝贺，独入引对，不与"道众僧人齐班"。王建的礼遇，令杜光庭十分感激，他也为王建巴蜀政权的巩固做了不少工作，除了弘道、著作外，他还常为王建对重大事件出谋划策。王建死后，王衍继位，杜光庭受封为"传真天师"，兼崇真馆大学士。不久，杜光庭请辞归隐青城山白云溪。后唐长兴四年（933）十一月，杜光庭升堂趺坐羽化，终年84岁，归葬于青城山清都观。

杜光庭对于道教发展的贡献甚大，孔令宏、韩松涛、王巧玲著《浙江道教史》、孔令宏编著《道教概论》和张勇著《杜光庭》等著作内作了详细的阐述。他一生修炼、弘道，而且著述颇丰。杜光庭著述的科教仪范、经诰注疏、章词表式、诗歌杂文小说等有数百卷之多。如编著《太上黄箓斋仪》《道门科范大全集》《金箓斋启坛仪》《广成集》《太上老君说常清静经注》《洞天福地岳渎名山记》，以及道教传记《墉城集仙录》《神仙感遇传》《录异记》《道教灵验记》等。《全唐诗》内还收录了杜光庭的诗20首。

杜光庭厘清了以前各教派最高尊神不一的情况，受陶弘景《真灵位业图》的影响，确立"三清尊神"为道教的最高尊神。"三清神"即玉清元始天尊（也称玉清大帝）、上清灵宝天尊（也称太上大道君、上清大帝等），太清道德天尊（也称太上老君、混元老君、太清大帝等）。在道教哲学思想方面，杜光庭的《道德真经广圣义》，从宗教信仰和学术思想两方面诠释《老子》，成了他老子学说方面的代表性著作。他还是"三教融合"的倡导者，信奉"三教圣人所说各异，其理一也"。儒、释、道在教理教义上和修行方法虽有区别，但儒家"博施济众"、佛教"普渡众生"和道教"救苦拔罪"的终极目标是相一致的。杜光庭整理黄箓斋仪文献，制定道场戒约，清理归整斋醮科仪，为道教斋醮科仪系统化、规范化作出了贡献等。杜光庭堪称晚唐时期对道教建设作出多方面贡献的集大成者，当时有人评价他"词林万叶，学海千寻，扶宗立教，天下第一"。

杜光庭是缙云人，他乘游览之兴，曾赋诗《题空明洞》，诗曰："窅然灵岫五云深，落翮标名振古今。芝术迎风香馥馥，松怪蔽日影森森。从师只拟寻司马，访道终期谒奉林。欲问空明奇胜处，地藏方石恰如金。"

春风伴我仙都行，此行让我再次欣赏仙都山水的壮美，领略黄帝祠宇的久远历史和今日传承之重大意义，感受仙都倪翁洞及其周边摩崖题刻文化记忆的古朴深沉，耳闻目睹道教第二十九洞天的千古传奇，还初识缙云人、唐代重要的道教人物杜光庭对道教的重大贡献。足矣！

第三十洞天太鹤山

太鹤山，原名青田山，又名丹山。位于青田县鹤城之北。唐杜光庭《洞天福地岳渎名山记》称："青田山，青田大鹤洞天，四十里，在处州青田县，叶天师居之。"宋张君房编《云笈七签》中也记："第三十青田山洞，周回四十五里，名曰青田大鹤天。在处州青田县，属傅真人治之。"太鹤山，历代以鹤而闻名。光绪《青田县志》"青田山"记载："有双白鹤，年年生子，长便飞去，故又名太鹤山。"南北朝时的梁元帝萧绎《鸳鸯赋》亦曰："青田之鹤，昼夜俱飞。"唐代大诗人杜甫的《通泉县署壁后薛少保画鹤》诗中，曾有"薛公十一鹤，皆写青田真"之句。青田太鹤山产鹤历史弥久，因而"青田山"便成了"太鹤山"，山下的县城也称为"鹤城"。

青田县，位于浙江东南部，瓯江中下游，因山多地少，素有"九山半水半分田"之说。青田历史悠久，春秋战国时期属瓯越地，两汉时期属会稽郡，三国孙吴政权时属临海郡。东晋太宁元年（323）后，属永嘉郡。武周景云二年（711），分括苍县之地设立青田县，为青田建县之始，隶属括州。唐大历十四年（779），改括州为处州，后青田县隶属处州（即今丽水市）。青田人杰地灵，有"石雕之乡、华侨之乡、名人之乡"之美誉。如今约有33万余人生活在世界120多个国家和地区。华侨热爱祖国、热爱家乡，成了促进当地经济和社会事业发展的有生力量。

一

2021年3月11日，我结束缙云仙都洞天寻访考察后，傍晚乘高铁赶赴青田。次日早上，丽水市交通运输局副局长刘军、局办公室黄伟和交通老同仁、县交通运输局局长叶建勤等，相约来到太鹤山下。在谢桥亭前还与青田文化人士孙红华先生会合，孙先生对青田文化特别是太鹤山洞天文化甚有研究，今天是特意请来同登太鹤山的。

当年，谢灵运任永嘉郡守，时青田属松阳县，由永嘉郡辖。相传有一年因青田大旱，谢灵运率众在太鹤山上下苦苦寻找水源，终于如愿以偿，挖出一泓清泉，青田城内百姓闻讯，纷纷前来取水，人们将其旁的一条巷挤得满满的，于是后来便将此巷称为"担水巷"。后人为了纪念谢灵运，就把这口水井称为"甘露井"，还在井边的石桥上建起一座亭，称"谢桥亭"。光绪《青田县志》有记："甘雨亭，本名问丹，在县三坊，昔贤游丹山者皆憩于此，又名谢桥亭，见《浙江通志》。嘉庆中，孔令龙章祷雨辄应，改名为甘雨亭。同治元年，毁于兵，十二年王令承霖重建。"如今"谢桥亭"三个大字为时任民盟中央主席、中国对外文化协会会长楚图南所题。桥柱上的楹联为国务院原副总理方毅题写，上联为"春晓绿野秀"，下联为"岩高白云屯"。

如今太鹤山已辟为公园，相传唐朝道士叶法善在此炼丹试剑，为道教三十洞天。景区集古松、奇石、摩崖碑刻、宗教庙宇、亭桥楼阁为一体，自然风景幽美，文化内涵丰富。太鹤山主峰高144.1米，总面积200余亩，为圆锥形山体，周边山体陡峭。举目望去，太鹤山高高耸立在蓝天白云下，熠熠生辉，一派生机。

我等缓步拾阶登山，山坡上高高下下的古松奇石处处可见。山上多植马尾松，据称太鹤山上百年松龄的古松有200余棵。其中最大一棵古松高达24米，树龄约800年。当然，山上也间有其他树种，我目睹了盛开于松间的红杜鹃，鲜艳夺目。太鹤山植被的覆盖达85%以上，上得山来，空气清新，令人心旷神怡。行不久，我们穿过一个跨溪的凉亭，亭额上"迎翠"两字，系全国人大常委会原副委员长胡厥文所题，亭柱上有联："溪上风清月白；山中鸟语花香。"再往上，又经过了由沙孟海先生题额的"问鹤亭"，亭上的柱联为："何事别寻仙界境；此山旧是鹤家乡。"

上山的路挺宽敞，一级级的石阶皆由花岗岩石铺设。我等走走停停，虽未气喘吁吁，但也不轻松。说话间，来到一处硕大的摩崖石刻前，石上正面刻着"太鹤胜迹"四个大字，由沙孟海先生手书，题字苍劲挺拔，大气磅礴。其旁一块大岩石上，镌刻着原国务院副总理、国务委员兼国防部部长张爱萍题写的"山川孕秀"四个大字，字迹潇洒秀逸。题刻左侧为环翠寺，寺坐北朝南，建筑面积达1800余平方米，始建于明末清初，曾是青田最大的佛教活动场所。

途中，见路侧的一处小平台上有"沧浪亭"，乃是一个很有特色的茶亭，有解渴清火的太鹤山凉茶和意大利浓缩咖啡可供游人品尝。青田是著名侨乡，其中有不少侨居意大利等欧洲国家，归侨返乡者众，久而久之，也把这意大利浓缩咖啡引入了青田，且得到顾客的欢迎，这两者倒成了太鹤山上的特色饮品。茶亭边上有一碑，上刻"青田县重点文物保护单位，青田山摩崖石刻，青田县人民政府一九八四年七月廿九日公布"

字样。原来，同刚才途中看到的"太鹤胜迹"和"山川孕秀"一般，我们已进入了太鹤山摩崖题刻群了。果然，在我们登顶途中，一路上看到山崖耸立的巨石上，有不少题刻。如 1983 年大将粟裕题"装点关山"、著名诗人艾青题"印月池"、明崇祯年间张兆曾书"海上奇观"等。接着，我们看到"抚松石"和"石抚松"的题刻，这正是太鹤山古松与奇石相映成趣的写照。太鹤山摩崖题刻，不少是历代文人雅士游览太鹤山时，率性而发所留下有情有景的作品，弥足珍贵。

在即将登顶前，我们在混元峰东南面岩壁上，见到一处密集的题刻，有明天启三年（1623）郑奎光画刻的"杨枝观世音"像，刻像清晰，形象端庄大方，像高达 3.8 米，宽 1.6 米。如此大型的杨枝观音刻像，实属罕见。有题刻"长松介石"、顺治癸巳（1653）任守阳城王崇铭题"灵山法石"、光绪乙未（1895）六月刻石的"叶法善得道处"、光绪丙申（1896）江都郭钟岳题的"太鹤洞天"、光绪壬辰（1892）四月泒州张尊三题石的"试剑石"等等。旁边还立着一块刻有 2005 年 3 月 16 日，浙江省人民政府公布太鹤山摩崖题刻为浙江省文物保护单位的石碑。

太鹤山摩崖题刻汇集了历代文人雅士、官吏之佳作，有题名、题诗和人物刻像三类，正、隶、魏、行、草、篆等书体皆有。太鹤山摩崖题刻具有极高的历史价值和艺术价值，既见证了太鹤山的历史，也丰富了道教三十洞天的文化内涵。

在观摩和欣赏一处处摩崖题刻后，我们一鼓作气登上山顶。山顶上有一处开阔的坪地，此时将近中午，上山锻炼身体的市民大都已返回，见到几位仍滞留山顶的市民、游客。坪顶一侧有一座跳檐六角亭，正面亭额上书写"欲浮"两个大字，两亭柱上有联："一路松声长带雨；半空岚气总成云。"皆为原中宣部部长陆定一所题。

与此亭相对的南边临崖处，便是名为"试剑石"的一块巨石，我们攀爬到石上，果见石分两边，中间是一条整整齐齐的裂

▲ 考察青田太鹤山，在摩崖石刻前留影，左起：黄伟、孙红华、作者、叶建勤

纹，足有二三十厘米宽，酷似巨石被一刀劈开留下的痕迹。这便是传说中叶法善在此炼丹试剑所存之石了。试剑石是太鹤山顶峰的最高处，人立于其上，举目四眺，山下的青田县城及其近旁的瓯江一览无余。山高人为峰，想到这里曾是道家修炼之地，为第三十洞天。如今星换斗移，物是人非，也早已旧貌换新颜，白鹤衔着芝草早已飞逝，真人炼金丹亦渺无踪迹，太鹤山已成了人们揽胜歇息的公园，此情此景，令人感慨不已。

二

说到太鹤山，自然联系到历史上两位人物。一位是叶法善（616—722），括州括苍县（今浙江松阳县古市镇卯山后村）人，唐代道教宗师，相传曾隐居在青田太鹤山修炼，与太鹤山结下了不解之缘。杜光庭撰写的《洞天福地岳渎名山记》"三十六洞天"内就有记载，青田大鹤洞天"叶天师居之"。又据同治庚午年（1870）重修的《括苍叶氏宗谱》记载："诏授玄真护国天师，后辞归隐于芝溪清溪玄鹤洞天，炼丹修真、辟谷导引，道成试剑砍石。"青田又名芝田，这里表明了叶法善在青田太鹤山居住及炼丹修道的行迹。明成化《处州府志》有记，唐玄宗曾以《步虚词》赠叶法善，曰："清溪道士人不识，上天下天鹤一只。洞门深锁碧窗寒，滴露研朱点周易。"如今太鹤山上仍有点易亭，是近年在旧址上复建的。亭柱上有浙江省文史馆馆员、湖州籍著名书画家谭建丞先生书联："长松露下研周易；高石霞分比叶师。"

光绪《青田县志》卷五内记："点易亭，旧志：在混元峰下，以叶法善明《周易》，唐玄宗有'滴露研朱点周易'赠句，故以名亭。久废，康熙甲子，令张皇辅即故址重建。"亭建成之时，太鹤山上有乡贤端木国瑚埋《周易指》书稿的"易冢"，至今尚在。其后人还在山上题刻的石壁下的"易冢"处，立起了一块《易冢铭》碑，同治乙丑（1865）秋重刊，由会稽宗稷辰撰文。此碑1954年后毁坏。现"点易亭""易冢""白鹤洞""试剑石""孝顺岩""公鸡岩""丹井"等，都成了太鹤山公园里的著名景点。

另一位就是刘基。刘基（1311—1375），字伯温，出生于元代青田县九都南田山之武阳村（今浙江文成县南田镇武阳村）。当年刘基曾在青田石门洞求学。在刘基的文章和诗词中，记写青田的有，如《二鬼》一诗中，有"身骑青田鹤，去采青田芝"。虽未直接写到"石门洞"三字，不过仍有可见石门洞踪迹的诗，如《冬至日泊舟戈溪》，戈溪正是在石门洞旁，诗曰："日薄云阴雪在山，野寒溪静客舟还。乾坤簸荡逾三载，风俗乖张似百蛮。废井衰芜霜后白，空村乔木晓余殷。独怜节序逢冬至，不得安栖学闭关。"

太鹤山麓有纪念刘基的刘府祠，山下后，我等便在孙红华老师引领下，来到刘府祠。"刘府祠"是俗称，正式名称为"刘诚意伯庙"。刘府祠屡遭毁坏，清乾隆四十一年（1776），青田知县吴椿奉旨重修，更名为"忠节公祠"，祭祀刘基。据称，民国时期刘府祠有四进，随山势而筑，依次有忠节牌坊、门台、刘璟忠节祠和刘诚意伯庙，占地面积约3000平方米，大门前还有刘府祠的田产。后渐毁，仅留存第二进忠节祠。现在的刘府祠是为了纪念刘基诞辰700周年，2009年青田县人民政府决定，在原址上按原建筑风格建造。于2011年落成，为二进四合院式仿古建筑，由于受地形限制，总占地面积仅1275平方米。主体建筑依次为门厅及辅助用房、忠节祠（祭祀刘璟）、诚意伯庙（祭祀刘基）。

我等进入复建后的刘府祠参观。祠内有两方古碑，引起我的兴趣和关注。一方是刘瑞《祭祀诚意伯》碑，是明正德十三年（1518），浙江司副使提督学政刘瑞（字德符，四川内江人，弘治九年进士）所撰祭文。按时间推算，此时刘府祠尚未建成，其祭祀场所应为翊运元勋祠内，待嘉靖末刘府祠建好后才移至现址。据浙江省青田县政协文史资料委员会编《青田文物——青田历史文化遗产品读》记载，该碑为青石，高155厘米，宽68厘米，碑额乃四周浅刻方纹，碑文14行，102字，楷书阴刻。另一方碑是《明诚意伯刘文成公故里》碑，乃是清乾隆五十七年（1792），青田知县王觐光所刻立。此碑原立于县城（清溪门）官埠头，外来的官员、游客坐船到青田登岸，便能见到此碑。20世纪60年代间，碑被移到官埠头附近的一豆腐厂，作为加工豆腐的案板，为方便排水，还在石碑正面四周凿出一条沟槽导水，出水口正好置于顶部，后石碑被保存下来了。20世纪七八十年代，文物普查时发现此碑，即加以保护，后移入刘府祠。如此两方古碑，实为弥足珍贵，虽历经沧桑，如今仍保存完好，甚幸。

诚意伯庙内供奉刘基像，内悬挂"德侔天地""帝师""王佐"等匾额，墙上挂着明洪武三年（1370）的《诚意伯诰》和《赠太师刘基》的字牌，以褒扬这位辅佐大明开国的一代功臣，也反映了青田人民对曾经出生于青田的诚意伯刘基的无比崇敬。

整整一个上午，登太鹤山、访诚意伯庙，识道教第三十洞天太鹤山，收获良多。返程后，除了与我一同考察太鹤山、刘府祠的孙红华老师给我提供资料外，曾在青田县教育局教研室工作的朱老师，也给我发来了资料。同时，我参阅了光绪《青田县志》等诸多史料，并结合实地考察所见所闻，撰成《第三十洞天太鹤山》一文以记之。

卯山一叶　松阳千年

叶法善（616—722），松阳县卯山人。一个山区不大的县，松阳，却是千年古县。一座不高的山，卯山，当称道迹名山。千年松阳历史文化遗存不少，过去，我也曾走访过全国重点文物保护单位松阳延庆寺塔，还知道南宋时松阳曾出过一位叫张玉娘的女词人，著有千古绝唱《兰雪集》。历历往事，至今如在眼前。然而，当我寻觅浙江道迹洞天，查询史料，深入了解唐代松阳高道叶法善，道迹名山卯山，以及省级文物保护单位"松阳三庙"时，方知对松阳历史文化的了解还是太少了。

2021年7月19日，我专程赴松阳考察古市卯山和寻访"松阳三庙"。同行者有我当年在衢州工作时的同事——龙游县人大常委会主任舒畅。事先承丽水市交通运输局局长叶旭勇的关心，联系上了松阳县交通运输局局长周景伟，请他为我考察提供帮助，他特别邀请了对松阳历史了解，对卯山叶法善有研究的几位领导和学者，一同考察并作介绍。他们是松阳县人大常委会原副主任、卯山文化研究会执行会长叶绍兴，松阳县文化局原局长、卯山文化研究会会长、世界叶氏联谊总会常务副会长叶平等。考察中，他们向我作了详细的介绍，还给我提供了资料，使此番考察得以圆满。

据考察及查阅有关史料，形成以下文字，以介绍松阳叶法善及其在卯山的遗迹。

一

松阳县地处浙西南，隶属丽水市。松阳历史悠久，东汉建安四年（199），析章安县南乡置松阳县，属会稽郡。此后隶属多有变化，三国吴太平二年（257），置临海郡，松阳隶之。东晋太宁元年（323）属永嘉郡。隋开皇九年（589）松阳县东乡地置括苍县，同年置处州，松阳属处州。十二年（592），处州改括州，松阳仍隶之。大业三年（607），改括州为永嘉郡，松阳属之。唐武德四年（621），改松阳为松州。八年（625），复改松州为松阳县。乾元二年（759）析松阳县南乡地置龙泉县。五代后梁开平四年（910），改松阳县为长松县，后晋天福四年（939），改长松县为白龙县。北宋咸平二年（999），白龙县复改为松阳县，沿用至今。1958 年，松阳县撤销并入遂昌县。1982 年，复置松阳县。

松阳地处浙西南山区，全境四面环山，中部盆地，并以其开阔平坦称"松古平原"，面积达百余平方公里。瓯江支流松阴溪发源于遂昌县安口乡，穿越松古平原，滚滚东流汇入瓯江。松阳既有高山，又有松古平原，加之气候适宜，松阳不仅产粮食，还盛产茶叶。据史料记载，唐代松阳茶已进京成了贡茶。入宋，松阳饮茶成风。2018 年 9 月，原新华社高级编辑、《半月谈》主编、书法家、诗人林双川访松阳，得诗数首，其中有："茶道松阳盛，于今有遗风。相沿仙骨乡，出自卯山中。"

作为有 1800 余年种茶历史的松阳，千百年来，孕育了松阳传统的茶文化。如今，茶业已成松阳经济的重要组成部分，农业生产的总收入 60% 来自茶业。在传统工艺基础上，研制生产的"松阳银猴"茶，2004 年被评为浙江省十大名茶之一。此外，还有如"黄金芽""紫鹃"等品种。松阳茶色泽光润，香高持久，鲜醇爽口，深受国内外客户青睐。松阳县先后获得中国绿茶集散地、全国茶产业示范县和中国十大生态茶县的称号。2008 年 3 月 14 日，经原国家质检总局批准，对"松阳县茶"实施地理标志产品保护。

松阳历史悠久，留下了众多文化遗产，如松阳县城内的明清古街。古街商肆林立，古韵依旧，明清时期的建筑物至今仍保存完好。自唐以来，号称五里长街的明清古街是松阳的商业中心，人行在古街上，可以看到沿街的商铺生意兴隆，有铁匠铺、金银铺、锡箔铺、炭烛铺、草药店等，不少店铺在其他地方已是不多见了。这是我省保留较好的古街区之一，近年来还形成了非遗馆、中医药文化广场等文化旅游示范项目。

位于松阳县城西塔下村的延庆寺塔，是全国重点文物保护单位。延庆寺始建于南北朝，后在寺旁建塔。此后的历史长河中延庆寺几经废兴，1998 年由县佛教协会负责，众信捐资重建。如今延庆寺塔傲立依然，成了一处历史文化古迹。据史料记载，该塔始建于宋咸平年间。延庆寺塔总高 38.32 米，为楼阁式砖木结构，六面七层，塔由基座、塔身和塔刹三部分组成。塔中空，由梯阶可登塔顶。每层设壶门六个，二至七层外壁设平座、塔身、塔檐，从副阶入塔可登至七层。如今为了安全，游人只能登临至四层。历经千余年风霜雨雪，延庆塔已现倾斜，人们称其为"东方比萨斜塔"。20 世纪 90 年代当地政府及有关部门重修了木结构部分并作加固处理，多年来，塔身稳定，倾斜度并未改变。现题榜的"延庆寺塔"由我国书法泰斗沙孟海先生手书。年复一年，塔伴随着松古平原的四季轮回，尽现山水风光和文化古迹的融合之美。难怪宋代松阳文人沈晦如此赞叹："惟此桃花源，四塞无他虞。"

二

唐代著名道教人物松阳人叶法善，字道元，一字太素，隋大业十二年（616）出生，括州括苍县（今松阳县）人。其祖叶俭从句容徙居松阳之卯山。《松阳县志》载："唐叶俭，字静能，会稽人。遍游天下名山胜地，至松阳登卯山，即大喜，遂卜居焉。"

叶法善少时，性纯洁，不茹荤，潜居好学，志愿修道。唐玄宗《叶尊师碑铭并序》内称："先生幼有奇质，长标特操，神照体外，骨秀形表。"还记，叶法善十五岁时，中毒而死，又见青童得救而生，不觉顿悟，"遂乃杖策，游诸名山，远访茅君而遇"。后寻访名师，曾赴四川青城山，拜赵元阳道士为师，"受遁甲、步玄之术"，赴中岳嵩山拜韦善俊学"八史云蹻之道"。又曾到过广东罗浮山和浙江括苍山，还来往于海上仙山蓬莱等。

叶法善从十五岁到四十岁，除外出云游、访师外，大部分时间均在松阳卯山修道，故叶法善亦被称为"卯山道士"。明末清初著名剧作家，曾在松阳县任训导的孟称舜有诗《卯山道士》，其中有句："地上天下一只鹤，下至黄泉主碧落。花外隐隐舞霓裳，云间渺奏神仙乐。卯山道士法术奇，出入乘风载云旗。滴露研朱坐朝夕，不点黄庭点周易。"

叶法善四十岁后才来到京师。《旧唐书·叶法善传》内记："显庆中，高宗闻其名，征诣京师，将加爵位，固辞不受。求为道士，因留在内道场，供待甚厚。"至于叶法善进京究竟在哪一年，史书资料中尚未确切记载。周伟华、王一军著《叶法善年谱》中，认为叶法善为朝廷所征并于显庆二年（657）夏秋之际入宫。是年，叶法善四十二岁。

叶法善为人正直，敢说真话。高宗令广征诸方道术之士，合炼黄白（即炼丹）。法善上言："金丹难就，徒费财物，有亏政理，请核其真伪。"高宗采纳叶法善建言，遂停合炼黄白之举。叶法善得唐朝数代帝王的信任，特别是叶法善襄助玄宗李隆基平定宫内谋逆等，立下大功，得到玄宗的礼敬，称"朕可推而尊之，不可得而臣也"，授紫金光禄大夫、鸿胪卿，后封越国公。玄宗又追赠叶法善父叶慧明歙州刺史。叶法善舍卯山西南祖宅为观，帝赐额"淳和"，即淳和道观。唐玄宗开元二年（714），是年叶法善已九十八岁，奉旨南下浙江，主持"会稽龙瑞宫投金龙玉简仪式"。开元四年（716）二月，已百岁高龄的叶法善，一个月内三次向玄宗皇帝呈上《乞归乡上表》《乞归乡修祖茔表》《乞回授先父表》。虽未得准归乡，然唐玄宗褒扬之，又追赐叶法善祖父叶国重"有道先生"之号。开元五年（717），由括州太守李邕撰文并书《唐故叶有道先生神道碑并序》，刻碑立于浙江括苍（今松阳）。同年，括州太守江夏李邕撰、国子监太学生韩择木书并题的《大唐赠歙州刺史叶公神道碑并序》，也立碑于括苍全塘口宣阳观侧。

开元八年（720），叶法善在长安（今西安）羽化，年百七岁。留下遗诗三首以及遗书《报弟子仲容书》，称："汝将吾诗及书进上，不得求官。当奉诏监丧，归葬括苍。"弟子仲容，即叶法善的侄子叶玄墟，字仲容。唐玄宗下《赠叶法善越州都督制》，追赠他为"越州都督"，并命叶仲容扶叶法善灵柩回括苍归葬。

开元二十七年（739），为悼念尊师，唐玄宗亲撰《叶尊师碑铭并序》，并令太子题额，后又命道士尹愔到景龙观宣敕御碑。在碑文的末尾，唐玄宗是如是表达他对叶法善尊师的怀念之情的："乘化而往，彼则悠哉。不忘旧情，纪诸事迹。仙山海畔，碑石依然。"

以下录叶法善遗诗三首：

> 昔在禹余天，还依太上家。
> 悉以掌仙录，去来乘烟霞。
> 暂下宛利城，渺然思金华。
> 自此非久住，云上登香车。

> 适向人间世，时复济苍生。
> 度人初行满，辅国亦功成。
> 但念清微乐，谁忻下界荣。
> 门人好住此，翛然云上征。

> 退仙时此地，去俗久为荣。
> 今日登云天，归真游上清。
> 泥丸空示世，腾举不为名。
> 为报学仙者，知余朝玉京。

唐玄宗还评价叶法善，称："先生幼有奇质，长标特操，神照体外，骨秀形表。故万先生目之曰：'子书成仙格，方自仙宫，吾将及尔为同僚也。'信哉！《易》曰'君子或出或处'，出者无山林之逸，处者无轩冕之贵。虽道同则应，而迹异难兼。先生养神太和，观妙玄牝，君子或处之盛也！金印袭贵，紫绶方来，君子或出之盛也！非夫道臻博大，德合神明，其孰能与于此也！"

三

为撰写《浙江道迹洞天》，迎着盛夏的高温，我来到松阳古市卯山，访道觅迹。卯山立于松古平原上，海拔高度431米，相对高度在300米上下，与松古平原四周环立的群山遥遥相对。山不在高，有仙则名。卯山因唐代著名道士叶法善祖辈在此修道，而成了道教名山。卯山孤峰独峙，古树漫山，苍翠欲滴，一派胜景。松阳卯山现已成为国家森林公园。

车行不多时便上了山，我们首先来到俭公祠侧的空地上。俭公祠是松阳叶氏后人为了纪念始祖叶俭而建，始建于南宋咸淳二年（1266），重建于清代。俭公祠坐北朝南，面阔三间，单檐硬山顶，祠堂正中供俭公塑像。梁上有"松阳县湖溪林场丙戌年（2006）七月重修"字样。修旧如旧，今观之仍显古色古香。四周墙上张挂着叶氏先祖的介绍。俭公祠现由古市镇人民政府和湖溪林场共同负责管理。1944年，此地曾创办过俭公中学（现松阳二中的前身），墙角处有一通为纪念俭公中学创办人、校长叶芳而立的碑，以表彰他募资兴学，造福乡梓的功绩。

俭公祠隔壁的山岩下有一小渠，渠水清澈，岩壁上刻着"天师渠"三个大字。据介绍，传说当年叶法善有恩于龙王，因卯山崖下缺水而求于龙王，而得一道水渠，泉水流淌，终年不涸，后人称之为"天师渠"。我等来到俭公祠南门外贴墙的一条小路上，叶平先生指着路坡下方的林地称左边有俭公墓，右边是俭公父亲叶琚之墓，两墓地的左边的一片树林即为原俭公中学操场。回身时，叶平先生又指着俭公祠一处墙脚，称是当年俭公手植银杏之地。银杏早已无存，但见在此立的一块石碑，上刻"叶俭手植古银杏树遗址"。

我们回到俭公祠，顺着原路返回，再从俭公祠东门离开。叶平先生指着俭公祠外停车的平地说，此地原为青溪观，叶法善修炼之处，后改为寿圣观，南宋时改为广福观。并称当地正在筹划，经批准后，将重建广福观。

我等继续前行，来到不远处的天师殿。天师殿旧时在古市镇上，是原叶法善故宅，后叶法善舍宅为观，观名"淳和仙府"，后改"永宁"。据称，当时的淳和仙府规模宏大，有三清殿、大殿、玉皇阁（三层）和大钟楼等建筑。后历经兵燹天灾，殿亦曾经毁建，至清嘉庆二十一年（1816）原址重修天师殿,以祭祀道教宗师叶法善。直到清末民国初时,仍保存完好。古市镇上的天师殿,1986年5月被公布为县级文物保护单位,归古市小学管理使用。20世纪90年代初,适逢古市镇旧城改造,天师殿拆迁。为保护此文化遗产,欲在卯山选址重建。把拆下的构件原物全部完好保存。直到2006年,由湖溪林场主事,县、镇两级政府及民间合力,将天师殿原拆下的构件原物,移至卯山俭公祠现址重建,令千年古殿的文化遗迹移地留存,成为叶法善身后的一座祀祠,其意义甚大。

我仔细察看,见门口墙侧镶嵌着一块《重建天师殿碑记》碑,由2006年松阳卯山国家森林公园立。重建后的天师殿占地面积153.7平方米,坐北朝南,面阔三间,前后设双弄,抬梁穿斗混合结构,楼屋重檐,明间设楼井。旧时楼井内悬挂铜钟,现址铜钟无存。硬山顶马头墙,方砖铺地。"天师殿"三字为西泠印社社员、武义人叶一苇先生九十岁时所书,殿内供奉叶法善像。

现在回过头来说说前面提到的铜钟。其实,这口铜钟是大历十二年（777）,宣阳观置。宣阳观,又名冲真观,原在松阳县全塘口村,是叶法善的外祖家,故而也称是叶法善的两处故宅之一（另一处即古市的天师殿）。明景泰三年（1452）分松阳、丽水、武义三县部分相邻地,置宣平县,属处州府。松阳宣阳观所在地全塘口村,此时便划入宣平县。宣平县治所在为今浙江省武义县西南柳城畲族镇。1958年撤销宣平县,其行政区域大部分划归武义县,小部分（曳岭区）划归丽水县（今丽水市莲都区）管辖。千余年来,大历钟遭遇过多次劫难,也多次易地。大历钟曾置现武义柳城冲真观,清咸丰十一年（1861）战乱,冲真观被毁,大历钟移置憨慈寺。后憨慈寺被毁,由附近村民将其移置武义柳城郑回村内保存,直到冲真观重建,大历钟重返冲真观。后大历钟又被移至武义县文化（馆）站内,20世纪80年代初移入武义延福寺内至今。

铜钟通高1.28米,腹径0.88米,壁厚5厘米,重达1500斤。自上而下有七匝箍径,拦腰环束七线宽带,中间有葵状锤脐。铜钟外表光润,制作工艺精湛,具道教素雅脱俗的风格。俗传为叶法善的遗物,其实非也,因大历十二年制钟时,距叶法善羽化的开元八年,已过去57年了。2016年11月26日,为撰写《浙江古寺寻迹》,我考察国家重点文物保护单位武义延福寺时,见到了此大历钟,还摄有照片。难能可贵的是千年过去了,大历钟除钟纽受损外,钟体保存完好,上面铭文"维唐大历十二年岁次丁巳正月甲寅朔廿五戊寅,宣阳观奉为圣化普及道俗存立,敬造洪钟一只,用铜一千五百斤"的字迹仍清晰可见。

看罢天师殿,我等来到天师殿前方不远处的御碑亭。此亭是2006年重建,内存放唐玄宗御赐叶法善的《叶尊师碑》。总高 4.85 米，其中碑座高 1 米，碑身高 3 米、宽 1.5 米、厚 0.38 米，碑帽 0.85 米。碑正面"叶尊师碑"篆书，由中国美院教授、西泠印社执行社长刘江先生书写。碑文字由中国书法家协会会员、杭州市书协副秘书长、杭州市西湖区文广新局副局长蔡云超先生所书。

除叶尊师碑外，还有唐代"书中仙手"括州太守李邕撰并书的《叶有道碑》，又称《丁丁碑》，以及由李邕撰文，由"唐代隶书第一人"韩择木（韩愈的族叔）书写的《叶慧明碑》，人称"唐三碑"。为弘扬传统文化，同时也为更好开发卯山道教名山旅游胜地。松阳县再次翻刻了《叶有道碑》，并立

▲ 在松阳卯山"御碑亭"前留影，左起：张屏、叶平、作者、舒畅、叶绍兴、周景伟

于卯山半山腰，供游客观览。据介绍，松阳县今后还将复刻《叶慧明碑》。

此次考察未及登上卯山山顶。据称，当年山顶上有通天宫、古井、古墙等。如今通天宫早毁无存，古井和一堵残墙尚存。

当天的日程安排来不及去的古市镇，次日一早，我专程再前往古市镇，寻迹叶法善旧宅遗址。古市镇是一座历史古镇，始建于东汉建安四年（199），曾是松阳县治所在地，至今已有 1800 余年历史。2014 年，国家城乡建设部等七部委发文，公布了全国重点镇中，古市镇榜上有名。2015 年 3 月，松阳古市镇、湖州南浔区双林镇、菱湖镇，建德市梅城镇、宁波鄞州区鄞州镇、嘉兴崇福镇、永康市象珠镇 7 个镇，被浙江省政府确定为新一批省级历史文化名镇。至此，我省省级历史文化名镇共计 59 个。

自 20 世纪 90 年代旧城改造，将叶氏旧宅大师殿拆迁，移至卯山重建后。遗址地现归古市小学管理使用，一墙之隔是古市幼儿园。古市镇党委副书记阙颖带我们进入小学内，找到了旧址地点。如今仅剩一棵柘树，树置于建筑物间的一院地上，树前立着一块石碑，上刻"叶法善手植柘树"。柘树树干粗大，足有 1 米开外直径，部分已枯，但其间又夹生出新的树干，仍显枝繁叶茂。为防止树干倾覆，已用铁箍抱树，立铁杆

支撑于旁边的建筑物上。尽管旧址除一株千年古树外，已无余物，但总算到了叶氏旧宅遗址，察看了周边环境，加之我昨天刚参观过迁址至卯山的天师殿，脑海里能勾勒得出当年此地天师殿的模样，当不虚此行也！

丽水道教文物和遗址

丽水，古称处州。隋开皇九年（589）建处州，开皇十二年（592）改为括州，大业三年（607）改为永嘉郡。唐武德四年（621），复改为括州，大历十四年（779）改为处州。此后，有过处州路、处州府的称谓。20世纪50年代曾设丽水专区，2000年7月改设丽水市，辖莲都区，缙云、青田、云和、松阳、遂昌、庆元六县，景宁畲族自治县和代管龙泉市。丽水多为山区，被誉为"浙江绿谷"，是第三批国家生态示范区、中国优秀生态旅游城市、浙江省森林城市。

丽水域内不仅有道教第二十九洞天仙都山洞仙都祈仙天，第三十洞天青田山洞青田太鹤天。此外，丽水境内还有全国重点文物保护单位"南明山摩崖石刻"、省级文物保护单位"松阳三庙"和全国第三次文物普查宋代遗址缙云笋川金龙洞。还有叶法善、杜光庭等著名道教人物。仙都山仙都祈仙天洞天、青田山青田太鹤洞天、杜光庭、叶法善前文已述，本文将着重记写"南明山摩崖石刻""松阳三庙"和缙云笋川金龙洞。

一

南明山摩崖石刻，位于丽水市莲都区南侧的南明山上。南明山是一座名山，有洞幽、石奇、崖陡、溪清等美誉的自然佳景。南明山石梁是我国三大石梁之一，长达70余米的天然巨石凌空飞架，横亘于印月池旁，气势恢弘。据史料显示，东晋葛洪曾在南明山结庐炼丹，今山顶云阁崖"灵崇"两大字为葛洪所书。在"灵崇"两字左右侧的崖壁上，镌刻着北宋书法家米芾书写的"南明山"三个行书大字，字径一尺五，笔力遒劲，秀逸洒脱。

千百年来，历代文人墨客、政要名流纷纷来到这里，留下了众多摩崖题刻，形成了丰富的文化遗迹。南明山上有历代题刻58处，主要分布在石梁、高阳洞、云阁崖三处。其中，石梁是南明山题刻分布最集中的地方，有摩崖题刻20处。石梁下还有6方

▲ 全国第七批重点文物保护单位"丽水南明山摩崖石刻",其中云阁崖有葛洪题写"灵崇"两字

石碑,刻着《重修南明禅院碑记》及明、清文人的游记。高阳洞有摩崖题刻15处,多为北宋时期题刻,在下洞口附近有宋代沈括、王子京、黄颜、李之仪等人于熙宁六年(1073)奉命察访农田水利,行经南明山时的纪游题刻。高阳洞口的崖壁上,还有南宋无名氏刻的记录绍兴甲子、丙寅岁洪水的题刻,成了重要的气候、水文历史资料。云阁崖有摩崖石刻12处。南明山摩崖题刻中最晚的是民国二十八年(1939),为温处师管区司令部朱传经司令的抗战摩崖题刻。1989年11月,"南明山摩崖石刻"列为浙江省文物保护单位。2013年3月,经国务院批准,公布为全国第七批重点文物保护单位。

南明山及其摩崖石刻所在地,佛道共存。既是传为东晋葛洪筑庐炼丹地之一,留下丹井和"灵崇"两字的题刻,也有千年古刹仁寿寺。仁寿寺始建于唐中和年间,宋乾德三年(965)改名为佛日报恩寺,后再改为仁寿寺。元至元年间毁于火灾,大德年间重建。此后屡圮屡修。民国二十二年(1933),太虚大师与阿育王寺圆融法师曾来到丽水南明山仁寿寺讲经半月。后曾于1956年、1960年、1980年三次整修,1986年7月经批准作为佛教场所对外开放。1987年11月,时任全国政协副主席、中国佛教协会会长赵朴初为仁寿寺题额。

2017年11月,我参加省文史研究馆的活动曾到过南明山,经仁寿寺住持曙宴法师指点,在寺东侧见到过丹井。那天从寺后登山寻访南明山摩崖题刻,面对一处处清晰可见的题刻,着实令人震撼。这既是回望沧桑岁月的历史积淀,也是欣赏精妙绝伦的艺术珍品,让我感悟到摩崖题刻文化的无穷魅力,至今仍记忆犹新。

二

"松阳三庙",即松阳文庙、松阳武庙、松阳城隍庙,在丽水市松阳县。2014年,松阳县城西屏镇被公布为浙江省历史文化名镇,城内至今仍保存着诸多物质文化遗产,散发着浓厚的历史文化气息。"松阳三庙",就是其中三颗璀璨的明珠,镶嵌在松阳古县城的一方宝地上。由于古建筑建造年代久远,出现过不同程度漏水、白蚁侵蚀,导致不同程度的毁损。为传承千年文脉,加强文化遗产的保护,松阳县政府对三庙作了修缮和恢复,并作合理的开发利用,对文化爱好者、游客开放参观,得到社会各界的支持和赞誉。2011年,"松阳三庙"由浙江省政府公布为省级文物保护单位。

2021年7月19日至20日,我寻迹卯山叶法善道迹时,一并考察了"松阳三庙"。松阳县人大常委会原副主任叶绍兴、松阳县原文化局局长叶平和松阳县交通运输局局长周景伟,为我考察提供了方便,并一路上为我作了介绍。我等首先来到了松阳文庙。松阳文庙位于松阳西屏街道大井路2号,院落整洁,据说早晚来此游览憩息的人很多。松阳文庙始建于唐武德四年(621),为当时处州最早的县学。北宋宣和三年(1121)县学学宫被毁。南宋建炎年间,知县徐彭年易地重建文庙。明万历十年(1582)知县张赛改建于东南郭外,万历三十一年(1603)知县刘干正将文庙复迁此旧址(现址),后历代皆有修建。1949年,松阳解放,松阳县人民政府曾驻文庙。

现存文庙为清代所建,坐北朝南,正中为大成殿,东西列两庑,前为戟门、泮池、棂星门,大成殿后有明伦堂、孔教会、崇圣祠。大成殿正位原有孔子塑像,两侧为颜子、曾子、子思、孟子塑像,后遭毁损,现文庙内已无塑像。现存建筑占地面积1000平方米,建筑物为二进两厢四合院,前厅戟门面阔三间,三柱五檩。后厅大成殿面阔三间,抬梁式,九架梁,歇山顶建筑,两厢房面阔五间。建筑结构基本完好,建筑构件上还有牛腿浮雕荷叶纹、曲带、插花等纹饰。戟门内仍保存着《松阳重建儒学碑》一方,系明万历年间松阳知县周宗邠重修儒学时所立,具有一定的文物价值。据光绪《松阳县志》载,松阳县历代共有90人考取进士,其中唐朝1人,宋朝77人(其中有状元沈晦、榜眼沈佺),元朝2人,明朝8人,清朝2人。

松阳城隍庙与文庙相毗邻,城隍庙始建年代不详,现存城隍庙由明代知县周宗邠重建于万历二十四年(1596),此后历有毁建,崇祯十六年(1643)知县张建高重建,清康熙年间邑士民捐资修建,乾隆二十一年(1756)知县李国才倡捐重建,嘉庆十年(1805)知县傅秀漳重建,道光年间邑绅士劝捐重建,咸丰、同治间复劝捐修建。历次修缮均有碑志在庙。民国三十年（1941），城隍庙曾作为幼稚园使用。1985年，城隍庙后殿经修缮、扩建为县公立图书馆。

现存城隍庙坐北朝南，城隍庙建筑自南至北依次为大殿、后寝、厢房、后楼，占地面积约1000平方米。大殿面阔五间，五架梁前后双步梁，明、次间前檐柱为方形石柱，上刻楹联三副；后寝面阔五间，五架梁前后双步梁；两侧的厢房面阔三间，三柱五檩。后楼重檐，面阔三间，五柱九檩，一楼明间采用减柱法，减去中柱，以扩大空间。各进牛腿、雀替、柁墩浮雕为荷叶、莲瓣、曲带、花卉和吉祥果等纹饰，做工精细，雕刻精美。城隍庙内存碑刻四方。城隍庙现存的建筑物仍保持原貌，具有较高的文物价值。

在城隍庙参观时，我录下了镌刻在石柱上的三副楹联：其一为嘉庆十年，里人徐万松敬刊的"助雨露风霜，调和五气；兴山川社稷，保障四方"。其二为合邑士民敬立的"正直是兴，效惟天阴骘；鉴观有赫，自我民明威"。其三为乙丑年（1805）邑人蔡士梁敬题的"伯曰长人，列公侯子男之班，永绥厥位；庙崇祀典，界丽遂龙宣以内，用康人民"。

结束大井路上松阳文庙和城隍庙的参观考察，我等便步行来到位于西屏街中弄12号的松阳武庙。武庙始建于清嘉庆十四年（1809），系汤溪、兰溪籍布业染坊商人在松阳集资兴建的会馆，故又称"汤兰公所""兰溪会馆"。武庙内奉祀关帝圣像，民间又称"关圣宫"。同时，是商业聚会、洽谈业务的场所。此外，这里也是一个文娱活动的场所，每年农历十月有戏曲演出，一为酬谢关帝，二为招揽顾客。

我们在武庙前伫立，但见武庙台门高墙，十分威武，大门门框由石柱、石梁构筑，门顶上方和台门两侧皆为砖墙，由青砖砌筑，墙体平整挺拔，足见工艺精湛。台门上方砖雕竖式"关圣宫"三个大字，仍隐约可见。武庙建筑坐北朝南，中轴线上共三进，青砖墁地，面积约1100平方米。自南至北依次为门厅、邮亭和后厅，邮亭四周天井呈"回"字形。两边为厢房。建筑物件的牛腿、雀替、额枋、金枋上，镌刻着狮子滚绣球和财神、八仙、刘海戏金蟾等人物、动物、花鸟图案，形象逼真，雕刻技术上乘，油漆色彩丰富，是松阳西屏镇保存最完整的清代建筑特色古建筑。1986年，松阳县政府将其划拨给县博物馆作为馆舍使用，因而保护得甚好。现博物馆已迁移他地，此处暂时空置。我们去参观时，有博物馆工作人员到场并作介绍。1981年"汤兰公所"被公布为县（时为遂昌县）文物保护单位。2011年，武庙与文庙、城隍庙作为"松阳三庙"公布为浙江省第六批文物保护单位。

三

缙云仙都金龙洞，是第三次全国文物普查时确定的遗址。1997年6月，金龙洞内，有金龙玉简被村民无意间发掘出土，出土的文物有：鎏金铜龙两条、铜爪两只、铜钱两枚、玉简二种（朱书、墨书）、小金片一块。有关部门闻讯后一一收回，现存于缙云县博物馆。从此，金龙洞便引起文物部门和社会的广泛关注。

金龙洞位于缙云仙都下宫坑底东端山上。元朝陈性定编撰的《仙都志》内记载："金龙洞，在步虚山东，中有二洞相连，通明开敞，旧志云，洞深不可测，道家谓洞天即此也。宋天禧四年投金龙、玉简于其中。"1997年6月金龙洞内出土的文物，应是此时投放的。金龙洞分上下两层，中有两个小洞相连。上为金龙洞，是主洞，下为拍板洞。清朝缙云人王诰，字玉封，曾有诗曰："谁将铁板劈分风，藏得元州奏乐童。曾有霜钟应落叶，恰宜石鼓如孤桐。敲惊几辈筝琶耳，拍醒当场傀儡翁。邀笛步能同一处，请公高唱大江东。"旧时当地百姓常求雨于此，故亦称北海洞。唐代高道刘隐真结庐洞侧修炼，刘隐真（？—873），名处静，字道游，沛国彭城（今江苏徐州）人，其先避地遂昌，后隐居天台山，善吐纳之道。唐肃宗召见，赐绯衣。后退居仙都隐真岩，结庐金龙洞侧。唐咸通年间，在洞后建观，有弟子数百人。唐乾符三年（876），门人朱惠思诣阙请观额，唐僖宗赐名"仙都观"。宋治平二年（1065），宋英宗改赐名为"妙庭观"。

此外，宋楼钥《北行日录》中记，宋乾道五年（1169）十月二十一日，他曾来到缙云，在日录中记道："闻有上宫，名妙庭，相去三里，而近他无胜概。有洞名金龙，一窦通独峰下，仅容小儿出入，而其中甚宽。宣和间尝以金龙镇之，为睦寇盗去。"

2021年3月11日，我考察道教第二十九洞天仙都山来到缙云。结束考察后本欲前往金龙洞，导游指着后面两山中间的一条道路对我说，沿着此山路步行一小时可达金龙洞，但今日刚雨过放晴，山陡路滑，不宜前去。故而只得作罢。好在此前，因已得知出土的金龙玉简等收藏在县博物馆，我自然不能放过这个机会，一定要见到出土的金龙玉简实物。于是便请丽水市交通运输局副局长刘军和缙云县交通运输局局长施碧清提供方便，一同前往缙云县博物馆。

在博物馆的历史馆区，见到1997年6月出土的金龙玉简等物件。讲解员为我们一一作了介绍。出土的文物有五项，一是鎏金铜龙两条，龙体长17.25厘米，龙有四足，造型和明清雕刻绘画中出现的不同，通体完好，呈褐色，是一件十分珍贵的文物；二是铜爪两只，属凤凰一类的脚爪；三是铜钱两枚，为宣和通宝、景德通宝各一枚；四是残玉简二块，一为朱书，一为墨书，因残留文字数量少，已不能通读；五是小金片一块。除金块因当年已被人制成戒指，另存在博物馆库藏外，其余几件我都看到了展示的实物。

这些发掘出来的文物与历史文献的记载完全吻合，这对于道教第二十九洞天的考证、研究意义很大。后来，据缙云文化人士项一中先生说，金块上一般刻有文字，但一经加工再制，文字就丢失了，甚为可惜。

第十八洞天温州华盖山

浙江省温州市地处浙江东南部,是一座美丽的海滨城市。温州古为瓯地,也称东瓯。东晋太宁元年(323)建永嘉郡,传说建郡时,有白鹿衔花绕城一周,故名鹿城。唐高宗上元二年(675)始称温州。温州是中国民营经济的先发地区,特别是改革开放以来,温州民营经济发展迅猛。善于经商的温州人,遍布国内外。

一

天下三十六小洞天中,华盖山洞为第十八洞天,位于今温州市鹿城区古城正东。因遥望如华盖,故名。主峰高56.8米,面积9.13万平方米。华盖山上有资福道院,始建于西晋,故华盖山又名资福山。南宋楼钥《永嘉天庆观》诗曰:"斗口横安华盖山,茂林修竹路湾环。琳宫迥出沧瀛表,羽士如游崑阆间。东挹江山穷望眼,西临阛阓笑尘寰。自知去此无多日,著意来寻一饷闲。"清代诗人袁枚曾与高苔发、俞运昌两秀才同登华盖山,有诗纪之:"相传容成子,飞升在华盖。于今四千年,仙迹宛然在。蒙泉水一泓,清绝味可爱。当门松五粒,古极形多怪。走登大观亭,始信东瓯大。青青万亩田,纵横如画卦。濛濛几片云,山腰横作带。目未周八瀛,心已穷两戒。取海来胸中,将身放天外。"永嘉郡府城内有九斗山,亦称九斗山城。九斗山分别是华盖山、海坛山、西郭山、松台山、积谷山、仁玉山、巽吉山、黄土山、灵官山。古时,城墙跨于华盖山上。

华盖山虽不高,但风景优美,传说道教古圣容成子曾在此修炼。宋张君房《云笈七签》有记:"第十八华盖山洞,周回四十里,名曰容成大玉天。在温州永嘉县,仙人羊公修治之。"乾隆《浙江通志》内记:"容成道院,万历《温州府志》在华盖山下,元延祐间曹渊龙建。黄帝时,容成子于此修炼上升,今匾曰太玉洞天。"容成子传说是黄帝的臣子。《列子·汤问》称:"惟黄帝与容成子,居空峒之上,同斋三月,心死形废。"其行迹见于《黄帝内经·素问》《汉书·艺文志》等书中,《史记》里有黄帝命容成公造历法的记载。

历史上，以资福山资福道院为中心的道教场有真华观、云妙观、容成洞、太玉洞、玄真观、应道观、三官殿、飞霞观等分布城中，连绵数里。

宋时，因宋徽宗一晚梦见来到一座宫殿，极其辉煌，次日遣使到各地寻访。有一位使者来到温州资福山灵霄宫，见与徽宗所梦的宫观相像。复旨后，宋徽宗下诏林灵素进京，赐道号"通真达灵先生"。林灵素，永嘉（今温州）人，少时曾游东京侍苏东坡。《宋史》和明嘉靖《永嘉县志》、万历《温州府志》皆有记，所述虽有不同之处，但对于林灵素曾奉诏入京，受赐号，后因得罪朝中权贵，宣和元年（1119）回到温州天庆观修道炼丹的情况，基本是一致的。他是中国道教史上的一位著名道士，神霄派奉林灵素为宗师之一。林灵素精通道教斋仪音乐，善诗画，温州玄妙观曾藏有他的墨竹石刻画一幅。后来继承林灵素道统的白玉蟾，有《过林灵素坟》一诗，曰："众僧莫怨赵归真，此是容成太玉君。始末四年曾就日，相将五秩即腾云。帝心俾立神霄教，州额由升应道军。泉石依然冠剑冷，至今雷电御松坟。"

林灵素重回温州后，此时的灵霄宫已被毁，他便在距原灵霄宫五十丈的地方，即资福山半腰重建宫观，取名通真庵。乾隆《浙江通志》内有记："宋高宗巡幸，改名资福。"据林崇进编《资福山》一书称，古代每年正月十五在东门即资福山脚，大殿小殿举行盛大庙会，所谓大殿是东瓯王庙。请出应道观"三清"香炉，集附近道士做三天三夜道场，祈求太平盛世、五谷丰登。正月初九玉皇诞、正月十五天官诞、二月十五邱长春祖师诞、四月十四吕纯阳诞、七月十五地官诞、九月初九斗姆元君诞、十月初十水官诞、夏至灵宝天尊诞、冬至元始天尊诞，资福山道场法会不断，山上游人如织，热闹非凡。

物换星移，资福道院历经沧桑，元延祐年间毁于火灾，至明永乐年间才得以重建。明万历年间又有抗倭英雄王叔杲重修，清康熙年间再次重修。当年，资福山麓还有三生石、五粒松、青牛坞、丹井、资福寺、文昌阁、大观亭等。

三生石，在县学教谕官舍后华盖山趾，高约六七尺，正阳东北向，有篆书、正书题刻。宋仁宗遣使三访时，已有三生石了。明刘德新《寻三生石》诗曰："片石何年峙海东，容成化去五松同。三生未悟浮生事，因向峰前叩石翁。"

大观亭，又名"江山一览亭"，在华盖山巅。嘉靖年间重建，改名"吸江亭"。明万历十六年（1588），巡道蔡延臣重建，改名"大观亭"。清雍正年间，巡道芮复传重建。清道光二十七年（1847）毁于台风，清同治六年（1867）知府戴槃重建。明代诗人侯一元有《大观亭》诗："华盖依城巅，登临万木烟。亭孤当落日，江远欲浮天。双树春云里，孤舟野水前。春心成浩荡，一倍惜离筵。"康熙十五年（1676）三蒲之乱时，亭畔曾建炮台。

华盖山西麓还有东瓯王庙、蒙泉等。蒙泉只一个石窟，在华盖山文章阁下，有涓涓细水从岩壑间流出，注入一石罅中，终年有水。石罅如砚槽，故称其为"砚瓦槽"。明万历四十一年（1613）仲冬，刻青石匾额"蒙泉"。其旁岩上镌刻着宋、元诗词。如今蒙泉两旁的岩石已湮没，遂无字可觅。

改革开放以后，经温州市道教协会名誉会长陈崇杰道长和原鹿城区道协会长陈高乐道长锲而不舍的努力，2007年经温州市政府批准，资福道院成为合法宗教活动场所。此后，承社会各界鼎力相助，重建了资福道院。重建后的资福道院为二进仿宋建筑，占地面积700余平方米。主体建筑有三清殿、三官殿，还有云房、经堂等。山门额上"资福道院"四字为原中国道教协会会长任法融道长所书。三清殿的正上方供奉道教三清尊神，三官殿的神龛内奉天、地、水三官大帝。道院附近有大观亭、玉华亭、蒙泉、东瓯王庙、温州古城遗址，却金亭、王希天纪念碑等古迹和遗址。

2009年12月17日，资福道院举行隆重的开光庆典，令道教第十八洞天的华盖山重放光彩。

二

在撰写《浙江道迹洞天》期间，我专程考察了温州几处道教"洞天福地"和重点道观，得到温州市民宗局领导的支持和帮助。2020年11月16日，我来到华盖山，同行者还有温州市原副市长、市人大常委会原副主任陈宏峰，市民宗局副局长马建新和瓯海区民宗局局长李常春等。

华盖山位于温州市区城东，山麓有原市人民医院，如今华盖山已辟为一处城市公园。我们拾级而上，见旁边的平台上有不少市民正在锻炼身体，有打拳的，有起舞的，一派祥和景象。近年来，温州市政府十分重视城市的绿化，为资福山增添了许多景点、绿化、美化了公园环境。华盖山上，1993年重建吉林义士王希天纪念碑，据说王希天是一位吉林义士，1923年曾解救温州旅日劳工于危难。穿过公园的林荫道，我们来到资福道院前。环顾四周，山不算高，但站在道院前的平台上，可一览城市风貌，建筑鳞次栉比。仿宋建筑的资福道观高墙兀立，简洁大方。我见到山门两侧有联，曰："玄

▲ 考察第十八洞天华盖山留影，左起：李常春、作者、陈宏峰、马建新

门日会龙门客；道院时迎翰院宾。"是原中国道教协会会长任法融道长所书。其侧的"洞天福地"门两旁亦有联，曰："青山绿水神仙府；白云黄芽羽士家"。另一侧"紫气东来"门两旁有联，曰："紫气太空显道法；白云深处藏神仙。"

接着，我等随资福道院住持李延丰道长进入资福观，观内飞阁流丹，香烟轻飘。观内参观后便来到云堂落座茶叙，听李道长的介绍。

华盖山资福道院历史悠久，自西晋始建以来，已逾1700年，是古代一处道教圣地。加之华盖山古木葱茏，风景优美，引得文人墨客纷纷来到这里，在此留下了200余首诗篇。南朝诗人谢灵运，于宋永初三年（422）任永嘉（今温州）太守。虽然他任永嘉太守仅一年多时间，然其足迹却遍及温州各地，留下了诸多诗篇。华盖山位于城东，登山近可俯瞰全城，远可眺江海。在此，他曾作诗《郡东山望海》，曰："开春献初岁，白日出悠悠。荡志将愉乐，瞰海庶望忧。策马步兰皋，继控息椒丘。采蕙遵大薄，搴若履长洲。白花皜阳林，紫薯晔春流。非徒不弭忘，览物情弥遒。萱苏始无慰，寂寞终可求。"如今，在当年郡东积谷山边，谢灵运遗迹"池上楼"处，建起了谢灵运纪念馆。馆内展出谢灵运生平介绍和他的山水诗等，以显示谢灵运的俊逸才思和温州的历史文化底蕴。

唐朝张又新，曾在谢灵运"谢池"处有诗记《谢池》，曰："郡郭东南积谷山，谢公曾是此跻攀。今来惟有灵池月，犹尔婵娟一水间。"在华盖山，他亦以诗记之，曰："一岫坡陀凝绿草，千重虚翠透红霞。愁来始上消归思，见尽江城数百家。"宋代杨蟠，绍圣二年（1095），以承议郎知温州，曾划分温州州城巷为三十六坊，著有《永嘉百咏》，其中有《华盖山》诗曰："七山如北斗，城锁几重重。斗口在何处，正当华盖峰。"

改革开放以来，随着华盖山道教胜地的开发，资福道院的重建开放，国内外来访华盖山者甚众，连海外游客来温州时，都会寻访华盖山、资福道院和大玉洞天。

三

资福道院住持李延丰道长是温州市道教协会会长，同时也是瑞安陶山福泉观和永嘉天然道观的住持。瑞安陶山福泉观已有《千年名山犹姓陶》专文记述。天然道观亦是温州的重要道观，常年信众、游客络绎不绝。在此，亦将其基本情况随文一并记之。

永嘉天然道观位于永嘉乌牛镇东蒙山，始建于晋，距今已有千余年历史。晚清经学大师孙诒让有联，曰："岭行千步神仙府；门上三天羽士家。"道观现存两大古洞：餐霞洞、长生洞。相传东晋葛洪曾炼丹于此，丹台遗址犹存。陶弘景、林灵素等道教祖师尝息于此。明代徐霞客也曾息足餐霞洞。长生洞由七个洞组成，清龙门派第二十二代弟子华理勋住持天然道观时，开辟"小方岩"，大洞内建有胡公殿，以纪念宋代名臣胡则。天然道观背靠东蒙山，面对瓯江，山青景明，风光秀丽。观内供奉吕纯阳、李真人、斗姆元君圣像。观外，有龙蟠洞、狮涎池、青牛坞、钟峰、鼓岩、双鲤垄、七星壁、接客峰石等景点，形象逼真，堪与"二雁"媲美。观前巨崖上石刻的"虎踞岩"三个行书大字，由天台桐柏宫方丈闻理朴道人题写。

20世纪40年代，住观的相

▲ 永嘉东蒙山天然道观（温州市道教协会提供）

继尚有龙门派二十三代弟子叶宗谨道长，二十四代弟子江诚守道长，二十五代弟子吕信足、朱信义道长，二十六代陈崇杰、陈崇福道长。1979年，得到当地党委、政府和统战部、民宗局等有关部门重视关心和乌牛海防站、西湾村党支部等单位的大力支持，承各方人士的资助、出力，共襄盛举。天然道观江诚守道长、吕信足道长、陈崇杰道长、郑崇福道长、二十七代弟子庄高峰道长等与众信徒同心协力，重振天然道观。数年间修建了三天门、胡公殿，建紫云亭、中兴亭，辟长生洞，筑蓄水池，造招待所等。还接通电、修通公路，筑起从山脚至道观1200余级的石径。同时，修葺餐霞洞，植树造林，绿化环境。1985年，经永嘉县人民政府批准，列为县古迹名胜保护区，建东蒙山风景区文物管理所。1990年建设观音楼，同年经温州市政府批准作为道教活动场所对外开放。

2005年，李延丰道长住持天然道观，继续整修道观。如今道观有奉仙阁、胡公殿、慈航殿、祖师殿、玉皇殿等建筑，奉祀慈航真人、葛洪祖师、许旌阳祖师、吕洞宾祖师、三官大帝、邱处机、玉皇大帝、斗姆元君、六十甲子神、三清天尊和三界十方万灵真宰等。2013年12月还举行了隆重的开光法会，并承办了中国（温州）首届道教文化节。2016年8月承办举行"融合·传承·创新——2016中国（温州）新媒体和道教文化发展高峰论坛"，以传承和发扬道教优良文化传统，为促进社会和谐发展做出贡献。

鹿城雪山紫霄观

一

紫霄观是浙江省2006年确定的省内十所重点道观之一，坐落在温州著名风景区景山公园雪山北麓净水谷。紫霄观原位于风景秀丽的景山公园雪山山腰上，道观周围茂林修竹。据《温州道教通览》载，宫观创建于元泰定元年（1324），创建人为紫阳派第十七代大师柯符宗。柯符宗，浙江绍兴人，幼年便出家于天台山，从林得强大师为徒。1324年，柯符宗来到温州，在雪山建紫霄道观，遂逐年扩建成三进二轩一阁一亭，其时规模甚大，宫观宏伟壮观。清乾隆六十六年（1795），李华莲道士与本邑柯大川重建殿阁，嘉庆七年（1794），巡道李銮为道观题"紫霄观"额。

道教紫阳派有六十字的辈分，即："陵源觉海静，宝月性天明。随景无华谷，得符瑞泰清。参悟名真理，修为筑到基。完全成圣果，自在乐希夷。灵素中常妙，葆光翠太空。道高超极则，德懋证玄通。"在历史变迁中，紫霄派传至第四十代大师谢夷玉后衰落，紫霄观改宗全真教，由龙门派第十五代大师贾本清住持，后又传至二十三代施宗明。

1955年，温州市政府征用紫霄观，改作市政府招待所，后扩建为雪山饭店。1992年8月下旬，我在衢州任职时，率团考察温州，曾住宿于雪山饭店。1981年，陈崇杰道长择址，移建紫霄观于雪山北麓净水谷。经市民宗局批准，在当地领导重视和社会各界支持下，陈道长率众不辞辛劳，边建边筹措资金，历经十数个春秋，终于在1999年完成紫霄观迁建之壮举。

新建的紫霄观占地面积2900平方米，先后建起的殿宇有三进二轩，还有一阁和三亭一塔，令人叹为观止。大殿供奉三清神像，副祀黄石公。殿内对联为："道宝经宝师宝，宝宝宝中十方宝；玉清上清太清，清清清里一气清。"大殿左右有龙门亭、伏虎亭，亭额由中国道教协会第六届理事会会长闵智亭所书。东有云霞阁，西建积善塔。靠山一侧还建有黄石亭，内有对联，曰："紫霄宫阙显仙气;净水烟霞蕴道心。"殿前的香烛亭下，埋有建观时出土的晋朝碑刻。

前殿两层，二楼奉吕祖、许真君像，左右奉六十甲子太岁神、财神、土地神像。二楼有陈崇杰道长撰写的联："想当日同室操戈，劫灰殃及十洲三岛；看今朝紫霄焕新，丽日照临禹甸尧封。"道观内和善宝塔旁有黄石井、吕岩井，常年流水不断。据介绍，当年陈道长选址时，便看中了这两口井。紫霄观的大门口，设钟楼、鼓楼，上由二仙桥连通。

紫霄观地处雪山北麓净水谷，这里地势平坦，绿树成荫，清泉可漱，清静宜修。每日观内暮鼓晨钟，经声朗朗，香烟轻绕，堪称修真养性上佳之地也。

二

2020年11月18日，我上午结束永嘉大若岩陶公洞考察，下午来到温州市区雪山北麓，专程寻访紫霄观。同行的有温州市人大常委会原副主任陈宏峰、市民宗局处长兰海波等。当我们抵达道观时，陈道长早在门口等候了。我见他清健精神，面慈目善，道风飘然，是一位可亲可敬的长者。我们在住持客室就座，与陈道长交谈。同行的陈宏峰先生早年曾任温州市副市长，并分管过民宗工作，故而与宗教界人士多有接触交往，与陈道长也挺熟悉。他对陈道长积十数年之功，着力迁建并住持紫霄宫，且长期主持温州道教协会工作付出的辛劳和取得的成绩等，都表示十分的赞赏和肯定。我向陈道长说明来意，旨在撰写《浙江道迹洞天》。他甚表赞同，还送我一册温州市道教协会编印的《温州道教通览》。

陈崇杰道长，1936年出生在温州乐清西岸，因家境贫寒，七岁那年父母送他到永嘉乌牛东蒙山道观出家，拜吕信足道长为师。从此，他除了日常为观里做一些砍柴提水等活外，就是读书识字，阅读和背诵经文。此后，还随师兼修中医经方、针灸按摩以及修炼养生之道。1958年，他离开道观，返回故乡。此后的二十年间，凭借过去学得的医道，他开设了诊所，悬壶济世，为附近乐清、洞头等地百姓医治疾病，深得大家的欢迎。1981年，陈道长用自己几年里行医积攒起来的钱，到温州雪山净水谷购地，着手迁建紫霄道观。此举十分艰辛，为节约开支，还自己种植蔬菜瓜果。建设过程中，不管多忙，他仍坚持做早课、晚课，修炼打坐。为了振兴道教事业，他吃苦耐劳，一心修道。加之他医术精湛，秉持医者仁心，为附近村民看病开方、针灸按摩等，还经常不收取费用。他的作为和精神，感动了不少信众和周围群众，纷纷为重建紫霄道观捐资、出力。

▲ 考察温州紫霄道观，左起：陈高东道长、孙满琴、作者、陈崇杰道长、陈宏峰、兰海波

　　交谈后，陈道长还陪同我等到紫霄观内各处参观，并一路上作介绍。在大殿前的一联，引起我的关注，联为："云蒸霞蔚，千祥紫霄临宝观；水净风清，六出白雪满名山。"经介绍得知当年雪山饭店内紫霄阁挂的楹联是"紫霄临宝观；白雪满名山"，如今迁建至净水谷，故而彼联便改成现联。据介绍，道观依法依规开展活动，道风道貌井然庄肃。一路行来，只见观里殿宇整齐明亮，环境整洁雅气，足见紫霄道观管理规范有序。1993年紫霄观被评为全国道教界爱国爱教先进道观，中国道协授予陈道长为"全国爱国爱教先进个人"，中共浙江省委统战部授予陈道长为"五好信徒"等荣誉称号。

　　参观道观各殿宇后，有两件事值得记写。一是，紫霄道观历史上曾经发生过一件重大事件，令人难以忘怀。那是1942年，日本侵略者践踏温州大地之时，这年8月的一个清晨，雪山紫霄道观的道士正在做早课，忽然山下枪声响起，就在此时，一名青年男子叩门入内，但见他面色苍白，右手还流着血。道士们二话没说，就将其扶入观内，并迅速为其包扎好伤口。男子连声道谢，随后道士领他从后门匆匆离开。然而，就在该青年离开不久，一队日本兵冲进山门，他们见到地上有血迹，便要道士们交出负伤之人。众道士临危不惧，大家明白刚才离开的是一位抗日志士，便一口咬定此人路过，早已离开，其他的概不知情。日本兵在观内搜不到人，便穷凶极恶地将高祥等十一位爱国道士杀害了。为保护负伤抗日志士，紫霄观道士救死扶伤的爱心和宁死不屈的爱国主义精神，令人无比钦佩。紫霄道观、温州道教界这一可歌可泣的英雄壮举，将永载史册。

二是，参观期间，见到观内还挂着"温州市道教协会"的牌子，经告知，紫霄观也是温州市道协所在地。改革开放以来，随着党的宗教政策的进一步落实，在市委统战部和市民宗局的关心、支持下，经道教界人士的共同努力，1983年开始组建了温州道教联络组。1986年，正式成立了温州市道教协会，马诚起为会长，陈崇杰、李金满为副会长。1991年至今，陈崇杰道长连任二、三、四届温州市道协会长，现任温州市道协名誉会长，为温州道教事业的健康发展做出了很大的贡献。从1990年至今，他还先后担任过鹿城区、温州市政协委员，温州市政协第七、八、九届常委，浙江省第十、十一届人大代表。

据悉，温州是我省道教宫观和教职人员数量最多的市（地），如今，温州全市经正式登记的道教宫观共1041所，全市经认定备案的道教教职人员2136人，其中全真派道士541人，正一派道士1595人。

值得一说的是，温州市道协发扬道教济世利民、回报社会的优良传统，在关注民生、热心慈善和关心社会公益事业方面，也做了大量工作。不管是1998年长江洪灾、四川汶川地震等捐款赈灾，还是资助欠发达地区扶贫、建设希望小学、结对贫困学生、筹建新农村建设志愿队伍建设，以及情系西部献爱心等，皆积极捐款出力。1998年以来，据不完全统计，温州市道教界所捐慈善款近4000万元，受到社会各界的好评。

水心屿上访道观

在温州鹿城区有一座道观，它处于城市中心地域的一个水中孤屿上，与市区中央绿轴公园、绣山公园左右相依，与温州市政府大楼、城市世纪广场和温州市科技大楼隔岸相望，可谓览江南水乡之秀色，领瓯越文化之风采。这就是温州水心道观。

2020年11月18日，我专访温州水心道观，来到温州市鹿城区南郊横渡南十字河心水心屿。同行者有温州市人大常委会原副主任陈宏峰、温州市民宗局副局长马建新和瓯海区民宗局局长李常春等。水心道观住持汪国兴道长接待我等。

水心屿位于温州市区塘河之中，四面环水，烟波浩渺，景色秀丽。屿上殿宇与四面水色相映，更显为一清静之地。水心屿建庙当始于宋。据《温州府志》记载，宋乾道二年（1166），温州北麂地区发生海底地震，引发海潮、山洪，温州地区受灾特别严重，哀鸿遍地，粮食颗粒无收，灾民流离失所。时任永嘉（温州）水利督办的周启荣，他率领百姓奋力抗灾自救，开河疏渠，加固海塘，排除水患，历数载，终因劳累过度成疾，以身殉职。当地百姓感恩周公，宋孝宗闻知，为彰显其功德，敕封他为"护国平水圣王"。乾道八年（1172），遂建水心庙于水心屿，以祀周公。自此，800余年来，殿宇历经沧桑，香火传延至今。此后，水心屿、水心道观名声大振，有历代文人雅士到此游览，留下了诸多佳作。南宋有赞水心殿诗，曰："青山环古屿，秋水映楼台。明月景秀丽，清风送客来。"明嘉靖时，大学士张敬孚游览水心屿后，赋七绝一首，曰："古刹宏宇水天中，烟雨春城景媚蒙。奇秀堪如蓬莱境，云霞辉映万紫红。"

1990年，温州市道教协会经申报批准，开始重建筹备工作，并更名为温州水心道观。得到政府有关部门的关心、十方善信的支持及筹建管理人员的努力，1992年水心道观完成重建并对外开放，千年古观再度重光。道观总面积为6000余平方米，其中水心屿有一亩多地，道观主要建筑均建在水心屿上，建筑面积为4000余平方米，按仿宋建筑格式建造，并依江南园林布局，显现庄重秀气。

我们进入水心屿，在汪道长引领下，一一参观殿宇。平水圣王殿和圆通殿左右排列相衬。平水圣王殿为三进一戏台，左廊右厢，古色古香，殿内主供护国平水圣王周启荣像。平水圣王殿的大门两侧有联，曰："国泰民安，祝万户仁寿；风调雨顺，卜千村年丰。"圆通殿内供奉观音大士像。在水平圣王殿和圆通殿之后，分别为玉皇殿（琼仙楼）和文昌殿。玉皇殿供奉玉皇大帝、三清道祖，文昌殿内供奉文昌帝君。水心观内，还建有放生池、假山、亭台、水榭，观内绿草如茵，花木葱茏。

　　连接水心屿与陆地的是圆平桥，该桥建于1998年，为方便通航，桥可以自由伸缩。圆平桥前有拱门，额题"众妙之门"，出自《道德经》"玄之又玄，众妙之门"。拱门两侧各立一只金色狮子镇桥，十分威武。拱门两侧还有1998年8月蔡心谷题写的联，曰："众口同夸，四面青山护圣庙；妙门赐福，万方赤子仰神庥。"水心道观的北面临水，中间有一门，平时栅门紧闭。门上有"水心道观"额，两侧题写着明嘉靖时大学士张敬孚的诗句，曰："奇秀堪如蓬莱境，云霞辉映万紫红。"栅门外便是河道，还有一个水码头。

　　水心道观每月初九为玉皇道场，十三为文昌道场，十八为观音道场，逢道场日兼备素斋。每逢活动日，特别是十八日那天，香客、旅游观光者络绎不绝，除夕之夜尤盛。

　　水心道观除依法开展正常道教活动外，还积极参与社会慈善事业、公益活动，体现道教扶危济困、济世利人的传统。水心道观历来都有乐善好施的传统，1983年任温州水心道观住持、龙门派二十七代郑景德（1929—2014）道长正是如此，曾荣获温州十大慈善人物的原水心道观住持周笑曼道长也是如此。汪国兴道长出任道观住持后，继承传统，继续努力做好社会慈善事业。1998年长江特大洪灾、2008年南方雪灾、汶川地震等，水心道观都有捐资。同时，还为西藏、四川藏民建校、捐物，以及为其他省和本省贫困山区、少数民族地区捐资。我访问道观时，在道观绿地上，就见到有一硕大的立石，上面刻着"西藏改则县第二完全小学'捐资助学，扎西德勒'"的字样。

　　数十年来，水心道观坚持爱国爱教，自觉遵守党的宗教政策

▲ 考察温州水心屿道观，左起：徐光勋、汪国兴、李常春、作者、陈宏峰、马建新、林永寿

水心屿上访道观 | 255

和法律法规，依法开展宗教活动，观内管理规范、严格，为信教群众打造一个清静庄严、生态环保、文明和谐的宗教活动场所，也为广大旅游观光的游客创造了一个了解道教传统文化、欣赏优美景色的好去处。得到了社会好评和各级领导嘉奖，道观多次被授予先进集体，如2004年、2008年，由浙江省道协授予先进活动场所；1997年、2009年，由中国道协授予献爱心先进单位。道观还是温州市平安创建示范单位，2001年浙江省民宗委授予"情系西部献爱心"光荣称号；2010年，国家宗教事务局、浙江省民宗委分别授予先进活动场所；2015年，荣获三星级宫观称号。

参观道观各处后，我们在观内客室就座，听取汪国兴道长的介绍。他还赠我《温州水心道观》资料一册，令我感激。后经同行者告知，汪道长为人诚实谦虚，工作踏实认真，道观的重建和管理，以及道观历年来取得的成绩，他功不可没。2019年6月28日，温州市道教协会第六次代表会议上，汪国兴当选为副会长。协会内部分工时，他主动要求，担任扶贫办主任，表示将继续弘扬道教优良传统，努力做好慈善事业，为宗教与社会的和谐发展做出贡献。

汪国兴道长是温州市鹿城区南汇街道横渎村人，1959年生，全真龙门派第二十七代弟子，师从紫霄道观陈崇杰道长。汪国兴道长从小聪颖好学，信奉道教。1992年水心道观重建后，他于1997年便参加水心道观管理组，礼拜陈崇杰道长为师，皈依全真龙门派。2011年换届时，经选举，汪国兴当选为水心道观监院，并主持日常工作。自此他克服困难，努力工作，认真宣传、落实党的宗教政策，得到市民宗局、当地街道办事处、横渎村广大村民的支持。经过观内道众的共同努力，道观依法加强管理、开展活动，秩序井然，面貌一新，成了闹市区中的一片清静、秀美，又典雅、庄重之地。

瓯海仙岩三皇井

仙岩三皇井乃是道教第二十九福地。宋张君房《云笈七签》在"七十二福地"名下记:"第二十九三皇井,在温州横阳县,真人鲍察所治处。"这里说的三皇井原属瑞安,在瑞安仙岩镇,2001年将瑞安的仙岩镇划归瓯海区管理,故仙岩三皇井今属瓯海区。今日仙岩山道观今已不存,但仙岩寺左侧的翠微岭上仍刻着唐代温州府丞姚揆的《仙岩铭》,曰:"维仙之居,既清且虚。一泉一石,可诗可图。"当地流传的神话说,中华民族的始祖轩辕黄帝曾在此炼丹、修道,留下了炼丹井、升仙岩和黄帝池。黄帝与伏羲、神农为道教所尊奉的"三皇",故用"三皇井"为这一道教福地的代称。

三皇井为仙岩风景区的一处著名古迹,仙岩风景区总面积达28.8平方公里,是浙江省政府于1985年8月19日公布的首批省级风景区之一。仙岩风景区不仅有奇山怪石、连泉叠瀑、碧潭绿井和天然楼洞、古木茶花的奇秀景致,还有历史悠久的人文景观。按其自然风光分成三大景区,一是以潭、瀑为特色,以人文景观为典型的仙岩景区;二是以洞景清幽为特色的,以化成洞、罗隐洞为典型的化成洞景区;三是以碧水清波为特色,以天河、秀垟水库为典型的天河景区。

除了三皇井,仙岩景区内还有著名古寺、浙江省26座重点寺院之一的圣寿禅寺。2017年8月,在温州市人大常委会原副主任陈宏峰、市交通运输局办公室主任汤锡曼、瓯海区交通运输局局长金声众的陪同下,我寻访过圣寿禅寺。还顺道探访了梅雨潭、雷响潭、龙须潭、化成洞等仙岩风景名胜区的主要景观。

仙岩景区自然山水秀丽,令人称奇,且人文景观众多,引人入胜。南宋理学大家朱熹曾到此,对陈傅良在此创办心极书院讲学著述及其人之向学、从者如云的成效颇多赞誉,对仙岩自然山水亦赞美有加,故亲书"溪山第一""天开气象",为仙岩景区壮色至今。陈傅良(1137—1203),字君举,号止斋,瑞安人,永嘉学派著名代表人物。今仙岩寺边有陈止斋先生纪念祠,兼作永嘉学派专题馆。

仙岩景区的一条虎溪从悬崖峭壁上往下倾泻而下,上从龙须潭开始,穿越青山绿谷，往下依次贯穿至幽潭、雷响潭、三皇井、炼丹井、梅雨潭、三姑潭，再绕过仙岩寺南，经仙北村注入温瑞塘河，一路风光无限。

梅雨潭便是仙岩景区一颗璀璨的明珠。我徒步登阶到此，但见水从悬崖峭壁上潇洒垂落，在与凹凸不平石壁的碰撞中，溅起水珠，在梅雨潭上空飞散，飞沫扑面，一片濛濛，宛若初夏的梅雨。潭水潋滟澹绿，更添神秘。历代文人至此，皆诗兴大发，吟句不少。如宋代诗人李介山《梅雨潭》诗，有句："灵源分左界，千仞落飞泉。散作一空雨，长如四月天。"明代王祎昌诗称："白日飞空雨，寒潭尽落梅。"清代诗人周灏则喻之为"聚为碧玉环"，以嘉其美。现代著名文学家、诗人朱自清亦以"醉人的绿"来描写仙岩的梅雨潭，他在著名的散文《绿》中一开头便如是写道："我第二次到仙岩的时候，我惊诧于梅雨潭的绿了。"文中他还不断赞叹："那醉人的绿呀！"结尾，他还深情地写道："我送你一个名字，我从此叫你'女儿绿'，好么？"

▲ 2017年11月6日，考察仙岩景区三皇井，在梅雨潭前留影，左起：作者、金声众、汤锡曼

现在再说说道教第二十九福地三皇井。三皇井便位于梅雨潭之上，其直线距离不足百米，但须沿山绕行约20分钟方可到达井旁。所谓井，并非人们熟知的人工水井，而是位于陡岩之下，由虎溪之水一路泻下的水流飞瀑，长年累月冲击形成如井状之深潭。三皇井井口似三个圆重叠、连环，又因其状若"鹅兜"，故又称"鹅兜潭"。明代诗人项文蔚见之曾记诗，曰："何代凿巨石，三井若连环。古人不可见，犹照今人颜。"虎溪之水流经三皇井后，逐流而下，再向下经轩辕炼丹井后，便落入了梅雨潭。三皇井边岩石嶙峋，绿树成荫，水清澈见底，身临其境，令人心旷神怡。一览三皇井，便可知何谓福地也。

历史上三皇井福地名声远播，加之自然风光独特，吸引了诸多信众、文人雅士和旅游观光者纷至沓来，留下了不少古迹和文化印记。

南朝永嘉太守、诗人谢灵运曾游仙岩，作诗《舟向仙岩寻三皇井仙迹》，曰：

> 弭棹向南郭，波波侵远天。
> 拂鲦故出没，振鹭更澄鲜。
> 遥岚疑鹫岭，近浪异鲸川。
> 蹑屐梅潭上，冰雪冷心悬。
> 低徊轩辕氏，跨龙何处巅。
> 仙踪不可即，活活自鸣泉。

被永嘉学者尊为"皇祐三先生"之一的林石，有《梅雨潭忆旧游》诗，曰：

> 去夏曾同潭上游，荫松坐石濯清流。
> 论文声杂飞泉响，话道心齐邃谷幽。
> 盛暑忽思寻旧好，烦襟顿觉似新秋。
> 也知人世多余暇，能更重为胜赏不。

宋陈傅良《题仙岩梅雨潭》诗曰：

> 衮衮群山俱入海，堂堂背水若重堙。
> 怒号悬瀑从天下，杰立苍崖夹道陈。
> 晋宋至今堪屈指，东南如此岂无人。
> 结庐作对吾何敢，聊向樵渔寄此身。

在往返途中，我还见到了梅雨亭、自清亭和谢公亭等人文景观，皆古色古香，与青山辉映成趣，引人入胜。梅雨亭在梅花潭边的悬崖上，亭为六角尖顶。初名"振玉亭"，明嘉靖庚申年（1560）瑞安县令余世儒始建。清光绪戊子年（1888）王瑞槐重修，改名"梅雨亭"。民国甲子年（1924）瓯海道尹沈致坚重修，并更名为"观瀑亭"，后又复其名。亭柱上有联，曰："梅雨一天洒；石亭万古秋。"

自清亭，位于梅雨潭畔，为三角亭，建于1994年。亭内置三角碑一座，三面镌刻着现代著名文学家朱自清先生散文《绿》之全文，由瑞安籍知名书法家邹梦禅缮录，谢云先生题写亭名。亭中置一青石圆桌，桌子旁置四只腰鼓形石墩。

　　谢公亭，方形，位于三皇井东岸的一巨大岩石之上，是1996年为纪念谢灵运而建。亭内立一青石碑，高2米，宽0.8米，正面镌刻谢公当年游仙岩留下的《舟向仙岩寻三皇井仙迹》诗，由曾任中国书法家协会主席的沈鹏先生手书。石碑背面镌刻清初诗人吴陈琰《三皇井》诗："仙踪藏宿莽，自昔谢公寻。辨取淡浓味，冷然太古心。"还有对联两副。

　　仙岩景区内还有不少摩崖石刻，如镌刻于梅雨潭外南向约50米处的巨石之上的题诗，是摹刻于宋理宗嘉熙二年(1238)高彦芳补刻唐方干诗，并题有跋。此诗亦收录于《全唐诗》内，诗名为《题仙岩瀑布呈陈明府》，诗曰："方知激蹙与喷飞，直恐古今同一时。远壑流来多石脉，寒空扑碎作凌澌。谢公岩上冲云去，织女星边落地迟。聚向山前更谁测，深沉见底是澄漪。"方干，唐代青溪（今淳安）人，著名隐士、诗人。高彦芳，桐庐人，南宋书法家，因其得方干《呈陈明府》诗后，恐年久而无传，遂命工摩崖刻之。

　　当年寻访圣寿禅寺之际，顺道游览仙岩风景区，印象颇深，今将所见所闻并查阅有关史料，撰《瓯海仙岩三皇井》一文记之。

第十二福地大若岩

楠溪江位于浙江温州市永嘉县境内，古名瓯水，发源于永嘉、仙居交界的黄里坑，全长约140公里。上游分为大楠溪江、小楠溪江两大支流，自北至南，在括苍山、雁荡山山脉间，千回百转，蜿蜒而下，汇瓯江入海。道教第十二福地大若岩，即位于风景如画的小楠溪江畔大若岩镇，现属于国家AAAA级楠溪江风景名胜区的核心区域。

一

大若岩历史悠久，三国时吴人傅隐遥已居大若山。乾隆《浙江通志》引《浙江名贤外录》记："吴甘露初弃家为道士，居石室大若岩，辟谷修炼。"唐杜光庭《洞天福地岳渎名山记》内载："大若岩，在温州永嘉县，贞白先生修《真诰》处。"宋张君房编《云笈七签》"七十二福地"内记："第十二大若岩，在温州永嘉县东一百二十里，属地仙李方回治之。"

宋代咸淳年间，有林一龙著《大若岩记》。林一龙，温州永嘉人，字景云，人称石室先生，南宋度宗咸淳七年（1271）进士，累官秘书郎，终史馆检阅。他小时曾在大若岩读书。至清乾隆年间，有高僧莲舟纂成《若岩志》。

民国三十四年（1945），有永嘉陈继严为开发大若岩，邀请时温州社会名流刘景晨、黄式苏、柯逢春等十人游大若岩。此后又请刘景晨编纂《大若岩志》，于民国三十六年（1947）付梓。2019年5月，永嘉道文化研究会，将《大若岩记》和《大若岩志》合编成一册，并请温州大学美术学院教授张如元先生题签，重新印行。此番我考察大若岩时，有幸获赠一册。

大若岩最大的石洞名陶公洞，据清乾隆年间莲舟大师纂《大若岩记》等史料显示，晋葛洪曾隐此炼丹，南朝道教思想家陶弘景在此纂集《真诰》，故名"陶公洞"，亦名"真诰岩"。

陶弘景（456—536），丹阳秣陵（今江苏南京）人，曾在南齐任诸王侍读。后因见朝政腐败，弃官归隐句曲山（今句容茅山），后游历江南，来到永嘉（今温州）。据地方文献记载，先后在永嘉大若岩、瑞安陶山等地，采药、炼丹、行医、著书。《永嘉县志》内有记，称陶弘景"永明十年，挂冠神武门，栖茅山，与梁武有旧，及即位，书问不绝。一日梦神告云：'欲求还丹，三永之间。'知是永嘉、永康、永宁之际，遂居楠溪青嶂山。卒，谥贞白先生。今真诰岩、白云岭，皆其遗迹"。另据莲舟《若岩志》载，隋开皇年间有孝琳禅师来此清修，唐贞观元年（627），小康禅师在洞内石床上礼《楞严》《法华》二经。

自从唐杜光庭《洞天福地岳渎名山记》和宋张君房《云笈七签》将大若岩列为道教第十二福地以来，大若岩名声大振。宋宣和三年（1121），在岩下洞内建两殿，赐名广福灵真宫。同时在洞外还建有广福宫。此后，宋淳熙八年（1181），篁潭林氏重建寺宇，捐置田地，还请太一禅师开堂说法。咸淳年间，常岚禅师募化施田重建时，住僧达60余人。元大德四年（1300），有道士曹渊龙居此，自己出钱招人在大若岩开垦并在溪边筑堤，开辟得田数十亩，作为私产悉数资助宫中，用于修建斋堂、宫舍。从元代虞集《大若岩广福灵真宫铭》记载可知，元时已有两殿、五祠、一钟楼，还有道馆、库厨建在岩外。后由于领事者散理别业，遂"宫废不治"。明洪武时，刘伯温游览至此，见梵宇荒废，不胜叹息。此后，永乐年间、天顺二年（1458）、成化三年（1467），皆有人捐资或施田重修。嘉靖元年（1522），吏部都给事陈守寅捐资再度重修。

据史料显示，至清代乾隆年间，大若岩陶公洞内开始出现胡公大帝殿。胡公大帝，即胡则（963—1039），北宋浙江永康人。宋端拱二年（989）进士，在朝为官47年间，先后知睦州、温州等地，还任户部员外郎、兵部侍郎等职。胡则为官清正廉明、勤政爱民，宽刑薄赋，颇有政绩，深得百姓拥戴。明道元年（1032），江淮大旱，饿死者甚众，他上疏免除金、衢两地百姓身丁钱，百姓感恩，遂于永康方岩山顶立庙纪念他。绍兴三十二年（1162），宋高宗应百姓请求，敕以"赫灵"为胡公庙额。胡公信仰自明代传入温州。清乾隆年间，大若岩陶公洞内开始有胡公大帝殿，供奉胡公像，信众纷至，香火甚旺。胡公生日为农历八月十三日，因而每年农历八、九月间，永嘉周边数县信众，都会长途跋涉来到陶公洞，在胡公大帝像前进香，久之便形成一个大若岩独有的胡公大帝进香期。

二

2020年11月17日，我专程前往大若岩考察。一同前往的有温州市人大常委会原副主任陈宏峰、温州市民宗局一处处长兰海波、一处二级科员周宁和温州市交通建设集团副总经理汤锡曼等。车在永嘉的乡村间穿梭奔驰，当驶过九丈大桥后，便沿着永嘉至缙云的公路继续前行。不久，车渐渐驶入了群山环抱的山谷。这天，天气晴好，风轻云淡，但见峰峦起伏，层峦叠嶂，两侧青山峡谷间，流淌着清澈的小楠溪江，从大山深处蜿蜒流出，好一幅壮美的山水图画。

我等下车，迎面而来的便是一座突兀而起、紧挨江边矗立着的巨型岩石。如此佳景，我立马提议，以远处群山、近处江流、巨岩为背景，摄下一张合照。经告知，此巨岩便是大若岩前的登仙石，正是当年朱孺子升仙之处。顺眼望去，峻峭的岩石顶上，居然长着茂盛的绿色灌木，迎风摇曳，显现生气勃勃。近前一看，果见"登仙石"三个大字镌刻岩上，十分醒目，另一面还刻着"世外蓬莱"四个大字。

▲ 考察温州永嘉大若岩，左起：汤锡曼、高远、孙满琴、作者、陈宏峰、肖若清道长、兰海波

第十二福地大若岩 | 263

陶公洞在大若岩下，陶公洞的石砌大门由石梁、石柱和石块砌筑，中间靠壁处立着一块碑，碑上"陶公洞"三个大字以绿漆填字，庄重醒目，此乃1994年春由著名书法家任政先生所书。两侧门柱上镌刻着两副联，其中一副联为："丹崖幽洞，居山中宰相；翠壁奇峰，降天外虬龙。"我们从其侧的大门入内。过桥便可见洞下的前殿，上挂一匾额，"天下第十二福地"几个金色大字闪闪发光，乃是浙江省书法家协会原副主席、西泠印社理事、著名书法家林剑丹先生所书。前殿两侧为钟鼓楼、厢房和厨房。我们穿过前殿，进入洞内。

陶公洞洞高56米，宽76米，深79米，洞内分上、下两层，可容数千人。下层建大雄宝殿，宝殿门额上悬挂"洞天佛国"金字匾额，后殿供奉慈航真人。

洞内南侧一隆起的岩石上，凿有一条56级的石阶的通道。我们沿着石阶，一步步向上攀登，来到胡公殿前。胡公殿内供奉胡公大帝。与殿相对的洞壁上凿开了一个平台，立着一块石碑，上刻毛泽东主席当年途经金华时赞扬胡则的一句话："为官一任，造福一方。"与胡公殿相邻是文昌阁，内供奉文昌帝君。胡公殿右侧洞壁下，还有一小水井，水从洞壁石隙渗出，一年四季不涸不溢，井水甘洌清凉。

从陶公洞出来，肖若清道长和高远先生请我等来到洞旁一客室小坐，还将陶公洞的古今给我们作了介绍。高远先生是县志办公室副主任，他热爱传统文化，十分关心大若岩第十二福地的开发，因而近年受县里指派来到此地，兼职大若岩的管理工作。肖若清道长是这里的管理人员。

20世纪五六十年代后，大若岩陶公洞一度曾留有叶宗瑾、江诚守、周信义等几位道长，后因年久失修，宫观殿宇遭受损坏。改革开放后，落实党的宗教政策，开始复建陶公洞。1984年，村里商议复建陶公洞道教场所和开发第十二福地的景点，便在民间筹集资金，开始修复建设，第十二福地才得以重兴。1988年，得到永嘉县委、县政府的重视，特别是统战部、民宗局的支持。陶公洞现由县里统一管理，内部殿宇建筑修复保护得很好。周围村庄的百姓也十分珍惜这一名胜旅游资源，共同管护好第十二福地，传承好道教历史文化。从而吸引了众多海内外来客，有礼佛进香者、祷告祈福者，也有访古寻迹者，更有众多旅游观光者。道观和景区内秩序井然，一派胜景，成了楠溪江风景名胜区中一道靓丽的风景线。

三

大若洞历史文化底蕴深厚，历代有诸多文人墨客来此，在此留下了不少诗文佳作。今略记如下。

南朝诗人谢灵运《石室山》诗曰："清旦索幽异，放舟越坰郊。莓莓兰渚急，藐藐苔岭高。石室冠林陬，飞泉发山椒。虚泛经千载，峥嵘非一朝。乡村绝闻见，樵苏限风霄。微戎无远览，总笄羡升乔。灵域久韬隐，如与心赏交。合欢不容言，摘芳弄寒条。"

宋代处州（今丽水）遂昌人、处州路儒学教授尹廷高有《真诰岩》诗，曰："真人仙去久，洞穴尚谽谺。殿滴空岩雨，廊穿别嶂霞。对门孤石峭，开牖乱峰斜。欲跨蟾蜍背，腾空采月华。"

宋瑞安人许景亮有《吊陶隐居洞》，曰："金鸾辞旧直，鹤驾脱尘氛。真隐虽高世，嘉谋亦相君。石坛移晓日，丹灶覆寒云。瑟瑟松风在，时人自不闻。"

元代诗人林清源有诗记写大若岩，诗一开头就写道："山行一百五十里，人家鸡犬如桃源。上有太古白石洞，中是群仙炼丹坛。人间风雨不敢到，梁时栋宇今犹存。陶公真诰已入奏，孺子昆仑去未还。帝遣蛟龙护灵石，时闻钟鼓鸣空山。"

明代嘉靖进士，官至广东按察副使、永嘉人王叔果有《游大若》诗，曰："灵石中开室，连峰面刺天。由来称福地，曾此集群仙。云护丹台古，霞标法界先。乘秋延眺望，身世觉超然。"

清代题诗大若岩者更多，其中有林敷紫《甲子冬赠重建大若》诗，曰："雁岩峰高皆玉笋，江心海阔一仙槎。更添天地开奇穴。能使江山似永嘉。岭上白云闲出岫，溪边丹杞自开花。残碑今日重磨藓，惨淡经营看破娑。"马逸诗《题石室》："采药先生去不还，空余石室净仙坛。白云有客朝吟句，赤水无人夜浴丹。洞里烟霞留太古，峰前江海入毫端。他时亦欲归黄老，花犬何由见碧滩。"

清代永嘉知县韩则愈记诗："万山看不厌，一径洞中来。石壁插天立，滩声卷地回。苔痕侵杖履，云气绕香台。烦恼何时尽，经旬醉酒杯。"

清释莲舟《重建大若岩》诗，曰："胜迹尘埋几百年，何期待我续相传。微因喜植陶公洞，薄果希培孺子天。颍水波中龙起舞，韶峰林下鹤蹁跹。誓将旧址还新宇，世世宗风启法筵。"

民国三十六年（1947）刘景晨先生编纂的《大若岩志》付梓时，夏承焘先生亦有题词，曰："温台落手笑谈中，笠屐谁图玉局翁。老向空山搜掌故，秋灯吐气尚如虹。""旧山又作经年别，新句重逢竟日吟。自拨秦灰成越绝，谁知劫罅此时心。"夏承焘先生（1900—1986），温州人，一生致力于词学研究和教学，是现代词学的开拓者和奠基人，曾任浙江大学、杭州大学教授，是中国科学院文学研究所兼任研究员。

千古名山犹姓陶

清代瑞安陶山寺传下一古联："六朝霸业成逝水；千古名山犹姓陶。"撰联者为瑞安唐宅山下人唐黼墀，清光绪十五年（1889）举人，曾与康有为、梁启超等"公车上书"议变法。

一

浙江省瑞安市陶山镇陶山（青嶂山、福泉山），位于瑞安市西北部，乃是我国道教第二十八福地。南朝齐梁年间，道教上清派宗师陶弘景曾隐修于此，后人称屿山（峙山）、福泉山一带为陶山。清初地理学家顾祖禹的《读史方舆纪要》中，亦曾有记："陶山，县西三十里。陶弘景居此，因名。"传说，陶弘景初到陶山时，隐居屿山（峙山），因离市集太近，后迁徙到离市集十里外的福全山十八亩坪（现福泉观所在地）结草为庐，隐修炼丹。其间周边发生一场大瘟疫，十有八九染疾，陶弘景医道高超，悬壶济世，他把炼制的丹药置于泉水中，泉水顺流而下，百姓饮用后，瘟疫即止。为纪念陶公，百姓便把这条溪改称"福泉"，"福全山"也便成了"福泉山"。

唐杜光庭《洞天福地岳渎名山记》内载："陶山，在温州安固县，贞白先生修药处。"贞白即陶弘景，历史上瑞安县曾称安固县，唐天复二年（902），安固县改为瑞安县，沿用至今。宋张君房编《云笈七签》，在"七十二福地"栏下亦记："第二十八陶山，在温州安固县，陶先生曾隐居此处。"林成植、施世琥先生主编的《福泉记》内，收录不少有关陶弘景隐居瑞安的文章。其中有探究陶公曾数次游历浙越，驻足安固（瑞安）。

《云笈七签》卷一百七《陶先生小传》内记：

先生以甲子、乙丑、丙寅三年之中，就兴世馆主东阳孙游岳，咨禀道家符图经法，虽相承皆是真本，而经历模写，意所未惬者，于是更博访远近以正之。戊辰年始往茅山，便得杨、许手书真迹，欣然感激。至庚午年，又启假东行浙越，处处寻求灵异。……并得真人遗迹十余卷，游历山水二百余日乃还。爰及东阳长山，吴兴天目山，於潜、临海、安固诸名山，无不毕践。身本轻捷，登陟无艰。赡恤寒栖，拯救危急，救疗疾恙，朝夕无倦。

上述典籍史料所载，互相印证了陶弘景曾居安固，还救疗疾恙，在陶山留下了踪迹。同样，在今永嘉县的大若岩，也留下了不少陶弘景隐居、炼丹、著书的记载，我在本书《第十二福地大若岩》一文有记。

二

2020年11月19日，我专程赴陶山福泉观考察，承蒙温州市民宗局领导为我提供方便，同行的有温州市人大常委会原副主任陈宏峰、市民宗局一处处长兰海波、一处二级科员周宁和瑞安市副市长林增丰，还有温州市公路处原处长张银华。

陶山高度在海拔600米以上，最高峰盘古楼尖高达海拔836米。一大早，我等沿着盘山公路驱车上山，一路观赏景色，一边上行。随着山势渐高，一路上但见层峦叠翠，山景秀美，绿树掩映。约莫过了40分钟，我们驶过十八亩水库。来到了一个停车场。我被告知，已到了林场，不远处便是福泉观。我们下车，一同步行前往来到福泉观前。福泉观石砌大门上，挂着黑底金字的门额"福泉观"。这便是当年陶弘景结庐隐居之地。

福泉观原也称福泉寺，是后人在陶弘景隐居的古庐处修建的。在修建福泉观时，从翻出来的残碑、断柱等旧物上，见到刻有"临济宗""明万历三年"等字样。老寺的山门两边嵌着的青石上刻着对联，字已模糊不清，但联旁的辅文小字尚可辨认，上联旁刻着"太上龙门派二十三代道士品连"，下联旁刻着"民国八年岁次己未重建"。这也许正是证明福泉观上一次重建于民国八年（1919），而主持重建的是龙门派二十三代道士品连。

福泉观主殿为三进式面宽五间的石构建筑，块石砌墙，内建筑构件为石柱、石梁、石瓦椽，小青瓦屋顶。观内正殿供奉陶真君和杨府君神像。杨府君或称杨府爷，浙南百姓视之为海神，被誉为浙南的"妈祖"，浙南杨府殿（庙）很多。相传，杨府君，姓杨名精义，瑞安陶山当地人。杨精义一生尽忠报国，行善乡里，晚年一心修炼，播德于世，为百姓做了不少好事。传说杨精义仙逝后成神，为民除害，佑护地方平安。因

▲ 在瑞安陶山福泉观留影，前排左起：兰海波、林增丰、李延丰道长、作者、陈宏峰、孙满琴；后排左起：钱顺青道长、周宁、刘剑波、龚方听

而历朝都加封立庙祀之。据民国《平阳县志》卷四十五记载："神姓杨，名精义，唐时人。子十人，三登仕籍，七子偕隐，修炼于瑞安之陶山，拔宅飞升。事闻，三子皆挂冠归，寻亦仙去。宋时敕封圣通文武德理良横福德显应真君。"

现任福泉观住持李延丰道长，也是温州鹿城资福道院、永嘉东蒙山天然道观的住持，现任温州市道教协会会长。此前，我访温州鹿城区资福道院时，他接待过我。这天他专程从温州赶来瑞安福泉观，还带着我们参观观内各处，并作介绍。

福泉观历史悠久，历经兴废。林成植、施世琥主编的《福泉记》有记载。追溯历史，梁天监年间陶弘景隐居福泉山，后人为纪念陶公，在其隐居地的古庐处建福泉寺。明万历三年（1575），扩建福泉寺，有僧田十八亩，即现水库旁的十八亩田，僧3人。清道光四年（1824）、十九年（1839），寺院均有修建，由临济宗派禅师住持。民国八年（1919），龙门派第二十三代道士品连接管并住持福泉寺，重整门台围墙。

1952年，住持池新华领取福泉寺"土地房产所有证"。1958年，福泉寺改为国营福泉林场林管理用房，正殿被改建为两层职工宿舍。此时寺内旧迹、文物遭损，幸有磨岩顶村村民魏叶青、魏传庚、魏叶宝等将陶公、杨府君二尊神像移出寺外藏匿，后供于六仙尘岩下的磨岩殿。20世纪60年代间，寺院遭毁损，门台上、石柱上镌刻的字迹皆被凿去。

2004年，开始筹划重新修建福泉观。我看到曾任陶山镇党委书记林伟光先生的文章，据他介绍，乡贤孙松兰、郑光庆、沈永棉、郑传洪、黄笃柳等多次呈文，要求恢复福泉古寺，引起了当地政府及有关部门的重视。时有先后任瑞安市有关部门的领导，曾上山考察、调研、协调。由于得到政府和有关部门、单位的关心、支持，特别是筹建管理人员和周边村的村民们共同努力，福泉观顺利重建。2005年，信众从磨岩殿迎回陶公、杨府君神像，重新奉祀于福泉观。2008年，福泉林场迁出，福泉观正式归还道教协会管理。直到2010年复建工程落成，神像开光，历时7年。2017年，东蒙山天然道观李延丰道长应邀住持福泉观。道教第二十八福地重辉，这确实是件了不起的事情，不少人为此付出了努力，做出了贡献。

现在我们看到的殿宇，是按照文物部门"修旧如旧，恢复面貌"的要求复建的，因而让人感觉殿宇古朴凝重。除了修建殿宇外，观内还建起了陶公亭、碑廊和炼丹亭等。在陶公亭前的石柱上，镌刻着由清唐黼墀撰的古联"六朝霸业成逝水；千古名山犹姓陶"。炼丹亭旁立着由林成植、孙松兰撰写的《炼丹亭碑记》碑。

在观内，我特别留意寻觅留存下来的古物、旧迹。在当地人的指引下，我看到了有两块较完整的石匾，一块匾额上凸刻着"迹著名山"，字迹工整浑厚，字的上方镌刻有一对双环，下方镌刻一对蝴蝶，右边刻有字："道光甲申如月吉日"，左边刻有字"岁贡生孙洙口书"。另一块石匾上，凸刻着四个字"洞天福地"，四周镌刻着云朵、花卉图案。据介绍，这两块石匾是这次重修时翻寻出来的，如今又重新镶嵌在观内石壁上，也算是福泉观历史的实物见证。

除留下的少数物证外，还有以唐以来诸道士、文人雅士访迹福泉观留下的诗篇。这里略录如下。

唐张又新，字孔昭，深州陆泽（今河北深州）人，唐宪宗元和年间进士。有《青嶂山》诗："一派远光澄碧月，万株耸翠猎金飙。陶仙漫学长生术，暑往寒来更寂寥。"

宋瑞安名儒林石，有《登福全山》诗，曰："尝闻陶隐居，经行到兹地。君王屡飞诏，高尚心愈厉。一幅画双牛，谁人知此意。"

宋杨蟠，字公济，章安（今临海）人，宋仁宗庆历六年（1046）进士。宋绍圣二年（1095），出知温州，有《白云岭》诗，曰："白云出山去，摇曳或西东。人住白云下，安然心已空。"

宋王奕，瑞安陶山人，明经史，隐居不仕，有《重游福全山》诗："崎岖缘鸟道，载上福泉游。拄杖看残照,横琴枕细流。白云空霭霭,青嶂自悠悠。更待黄昏后,听松月满楼。"

清代鲍作雨,瑞安人,道光元年(1821)举人,曾作《和王奕山人游福泉山》诗,曰:"陶石幽栖处,三三纪胜游。药苗曾种玉,龙爪自耕流。云木皆清举,神仙本谬悠。谁能将万卷,更贮竹间楼。"

噫吁嚱!历史悠悠,陶山苍苍。壮哉!千古名山犹姓陶。

千年胜迹东岳观

平阳东岳观，位于温州市平阳县昆阳镇寿桃山麓，历史悠久，始建于宋英宗治平三年（1066），占地面积约7000平方米，建筑面积达4000余平方米，主体建筑有圣门、府门、东岳殿、文昌殿、大罗宝殿、斗姥阁、功德堂、陈列室和东西两边轩房。1986年，经平阳县人民政府批准，平阳东岳观为县文物保护单位。平阳东岳观是温州市现存最古老的道观，也是浙江省较有影响的全真道派道观。

一

平阳东岳观宋治平三年（1066）始建，历时两年，于宋宁熙元年（1068）建成，初名宋志观。宋神宗熙宁元年赐额"圣寿"，圣寿观便成了全国圣寿祝釐道观之一。平阳东岳观因得皇帝赐额而地位显赫，山门亦称圣门，至圣门前文官落轿，武官下马。时道观香火极盛，犹如现存大罗宝殿正门柱联所述那般："广地隐真仙，丹井名传遗晋代；福宫褒圣寿，赤书帝赐自宋朝。"宋高宗绍兴年间，更名广福宫。此时正值温州道教东华派兴起，东华派是从灵宝派分化出来的道派，后由创始人宁全真十传至平阳当地人林灵真（1239—1302）。林灵真，俗名伟夫，字君昭，灵真为其法名。林灵真世为平阳人，出身官宦人家，长大后博通经纬史传、诸子百家及方外之书，然累举不第，乃弃儒崇道，舍宅为观，学道于东华先生薛公，"绍开东华之教，蔚为一代真师"。林灵真自号水南，人称水南先生，因而东华派也称水南派。广福宫便是水南派嗣教师的驻地。

此后道观历经多次重修。元至正后期，周嗣德主政平阳时，曾修复广福宫。清道光十九年（1839），平阳县知事廖重机因梦东岳大帝而倡议并自捐白银三百两，重建广福宫大罗宝殿和东岳殿等殿宇，并奉祀东岳大帝于前殿。清光绪五年（1879），因前殿崇祀东岳大帝，广福宫改名为"东岳观"。光绪十七年（1891），平阳知县沈茂嘉集资重建斗姥阁。

据平阳东岳观林顺道主编的《平阳东岳观》记载,清光绪年间,委羽山全真龙门派第十九代圆字辈开始在平阳传衍。东岳观遂成龙门派的宫观,为全真道的子孙庙。据《委羽山龙门派宗谱》记载,龙门派的第二十代、二十一代、二十二代数十人皆在东岳观出家和修炼。清末民国初,东岳观进入兴盛时期。

民国二年(1913),林圆丹再传弟子方至通(1877—1923)任东岳观住持,他严格遵循丛林制度,处事用人公道达理,管理有序,深得道友敬重,四方道友纷至沓来。观内人才济济,道众齐心协力,道业甚兴。民国六年(1917)重建大罗宝殿,民国十一年(1922)铸造钟磬。从此,道观晨钟暮鼓,声闻数里。民国十四年(1925),方至通道长卸任,他住持东岳观达13年之久,授徒有陈理余、闻理朴等25人。

民国十四年(1925)方至理高徒闻理朴接任东岳观住持。他倡导以积功立德为宗旨,严守道规,勤俭持观。时值当地灾情严重,他带领道众通过生产自救,不仅解决了道众温饱,还修缮了观宇三幢两庑,令东岳观整饰一新。在太岁殿内设立"育真私塾",为当地无力上学的儿童免费施教,先后惠及四五十人。闻理朴羽化后,当年受学的儿童为追念师恩,于东岳观后山立闻理朴道人纪念碑以志纪念,现已毁无存。

民国十八年(1929),林圆丹再传弟子林至金高徒钟理藻道长(1883—1936)接任东岳观住持。期间竭力劝募,筹集资金,建茅庵一座,使有志于潜修者栖之于东岳观。购置良田17亩,其所得补充东岳观香资。民国二十五年(1936),又兴土木,重建东岳殿,东岳观面貌一新。

民国二十五年(1936),方至通另一高徒陈理余道长接任东岳观住持。在任期内理事庙务井然有序,募集资金,建殿宇、塑圣像、修筑道路。购置民田5亩,以其所得补充香资。还率东岳观道众,疏浚河道,历三年告成,深得时任平阳县县长赞许,并召开大会予以嘉奖。

民国二十八年(1939)后,相继有黄宗和、缪宗喜接任东岳观住持。随着道观名声远播,香火盛极一时,住观道士多达50余人,南雁荡仙姑派等亦归东岳观龙门派下。民国三十年(1941)后,道观被平阳地方法院占据达8年之久。致使道观无法进行正常道教活动。

参加土改后,全观19人,分得了田地。道众们一边参加农业生产,一边为百姓行医治病,逐步自给自足。1950年至1967年间,林诚镜道长一直住持东岳观,他与陈信修等道长一同努力维护着东岳观道产和道教龙门派的延续。20世纪60年代间,东岳观部分殿宇曾遭损毁。党的十一届三中全会后,落实党的宗教政策,逐步归还了被占用的房产。在林诚镜、陈信修道长等的努力下，得到当地政府和有关部门的重视，经批准，道观道教法事活动得到恢复。

1983年3月，陈信修道长当选为东岳观住持。1985年10月，平阳县道教协会成立，林诚镜道长当选为会长。1985年冬，陈信修道长和林诚镜道长发起重修大罗宝殿，历年余竣工。接着又修复东岳殿、斗姥阁等观宇。1990年6月，吴崇悦道长接任东岳观住持，又拆建东西两边厢房23间，修缮文昌殿，重建仿宋东岳大殿，重塑大罗宝殿、文昌殿和东岳殿的圣像等，使东岳观再现新貌。

二

2020年11月18日，我与温州市人大常委会原副主任陈宏峰相约，专程考察平阳东岳观，同行的有温州市民宗局一处处长兰海波和一处二级科员周宁。在东岳观门口，我们与当平阳县民宗局副局长陈笑海和东岳观住持吴崇悦道长相见，并随同他们进入东岳观。

东岳观坐落在平阳县昆阳镇通福门外坡南街汇头，左为东门山，也称仙坛山，右为九凤山，也称昆山。两山之水汇合注入坡南河，故名汇头。道观后为岭门山，也称寿桃山，道观前面对龙山，是一处山水映秀之地。

东岳观的山门旧称圣门，山门额书"东岳观"。两侧悬挂着对联："广寒羽士宫，玩赏都非俗趣；福厚琅嬛地，优游即是仙乡。"门前左右侧墙边各立着一块石碑，右侧碑上镌刻着"平阳县文物保护单位，东岳观，平阳县人民政府一九八六年十二月十八日立"，左侧石碑上镌刻着东岳观简介。

东岳观建筑为木石结构，布局依地形而建，错落有致，且左右对称。步入山门，是通往府前门的花岗岩石铺设的露天通道，长约45米，宽1.5米。府前门俗称门台，为青砖砌墙，墙上书着"福生无量天尊"六个金色大字。府前门的顶上铺设黛瓦，额书"东岳殿"。据说原先是一竖书的匾额，"文化大革命"中遭毁，现改横书。

进入府前门后，见观内开阔。道观建筑物有四进，第一进为东岳殿。东岳殿是2007年开工重建，2008年竣工的，采用仿宋砖木结构建筑，殿宇古朴庄重。殿额"东岳殿"三字乃是闻理朴道人所书。东岳殿内供奉东岳大帝，圣像以香樟木雕刻，全像贴金，显得富丽堂皇。东南西北位上配祀着马元帅、温元帅、赵元帅和岳元帅。

第二进为文昌殿，文昌殿原为东岳殿旧殿，历经多次重建，现存建筑为民国二十四年（1935），由钟理藻住持再度重建的，为木石结构建筑，柱为石，梁为木，重檐黛瓦，款式为仿清代建筑。殿内前排中座供奉东岳大帝，后排主座中位为文昌帝君，左为玄天上帝，右位为葛洪真人。文昌殿前两侧各有一棵大樟树，枝繁叶茂。据考树龄已逾600年，应为明代所植古树。

第三进为大罗宝殿。殿前为宽敞的大天井，殿前置一金鼎。殿前天井两侧各有一口"葛洪丹井"，井口呈长方形、长3米许，宽1米多，井水终年不涸，遇大旱亦如此。井周围有汉白玉栏杆，井边设有台阶，人可下去取水，相传葛洪为炼丹之需所挖。相传东晋咸和年间，葛洪浮海至横阳（今平阳），寻访三皇井遗址，栖止于县城南门外寿桃山下炼丹，留下了炼丹遗迹。南宋诗人林景熙为此有诗《葛坛即事》曰："半堑松云识稚川，携琴曾此写风泉。日乌月兔神丹古，春蚓秋蛇醉墨鲜。世事荣枯成一笑，人生好丑在千年。下方城郭尘如海，输与山中枕石眠。"万历《温州府志》称，平阳万全神山寺（在仙山口）后有石洞，"葛洪仙丹灶、石棋坪尚存"。

▲ 在平阳东岳观大罗宝殿前留影，左起：吴崇悦道长、陈笑海、作者、孙满琴、陈宏峰、兰海波

大罗宝殿几经重建。清道光十九年（1839）曾重建，后因白蚁蛀蚀严重，1987年冬再次重建。大罗宝殿内，前座供奉玉皇大帝，左有雷声普化天尊，右有太乙救苦天尊。后面上座中为元始天尊，左为灵宝天尊，右为太上老君。

第四进处于观内地势最高处，为斗姥阁，为清光绪十七年（1892）平阳知县沈茂嘉为首集资重建，为木结构的南方古建筑，因地势较高且干燥，至今仍保存完好。这也是东岳观现存最早的建筑。

东岳观一、二进左侧建有陈列室，二、三进两侧对称布置建有东西厢房，三、四进之间的两侧建有藏经阁和养真楼。据介绍藏经阁内收藏的经典和文献主要有三类，道教经典、道教地方文献、金石、牌匾、书画作品。

在道院内，我还见到了收集起来立在院内的平阳历代碑刻，砌在一堵堵的矮墙墙

体上。有的因年代久远，字迹有些模糊，但这正是有意保存这些古碑，留下历史的记忆。还有一处由闻理朴道人序并书的《道德经》石刻碑墙，碑体由十余块石碑拼接而成。院内我见到一只青石鼓，青石鼓直径约 50 厘米，上有双龙抢珠图案的浮雕，形象生动逼真。此件原置于山门前，为左右各一只，可惜一只已遭毁，如今只留此一只了。

结束参观后，我们一行来到客堂里坐定，东岳观现任住持吴崇悦道长将有关道观发展的历史、现状向我们作了介绍。临别时还赠与我两本资料，一本是道观编印的《平阳东岳观》，另一本是由浙江摄影出版社出版"浙江省非物质文化遗产代表作丛书"《东岳观道教音乐》。资料内容翔实、图文并茂，为我写作本文提供了帮助，我十分感激。

吴崇悦道长，平阳县鳌江西塘人，1969 年出生，原名立勋，为东岳观全真龙门派第二十六代道士，1984 年在东岳观出家，师从陈信修，1990 年 6 月接任住持。1995 年，赴四川青城山常道观受三坛大戒，2017 年列入国家级非物质文化遗产代表性传承人。自 1998 年至今历任平阳县政协常委，温州市十三届人大代表，温州市政协第九届、第十届委员。1996 年后，任平阳县道教协会副会长、会长，2005 年以后任温州市道教协会常务副会长。

三

平阳东岳观作为具有悠久历史的千年道教丛林，历史文化底蕴深厚，其中值得一记的还有道观在传统文化中丰富的非物质文化遗产。东岳观针灸独具特色，2009 年 6 月"东岳观针灸"列入温州第三批非物质文化遗产名录。更令人瞩目的是，2009 年 7 月平阳"东岳观道教音乐"列入第三批浙江省非物质文化遗产名录，2011 年 6 月列入第二批国家级非物质文化遗产扩展项目。道教音乐，分法事音乐、道场音乐，是道教仪式中使用的音乐。它具有烘托、渲染宗教气氛，增强信仰者对道教崇敬的作用。

道教音乐大约始于南北朝，唐代是道教音乐发展的鼎盛时期。随着道士的活动，音乐渐由宫廷传至民间，并吸取民间曲调，包括部分佛教和西域音乐，形成了道教音乐。此后历代都有沿袭和发展。

道教科仪音乐可分为声乐和器乐两大类。声乐是经韵诵唱，是东岳观道教乐声乐部分，主体是通用的道教全真派传统仪式音乐。据《东岳观道教音乐》内林海丹先生《序言》里记："经我们实地调查，平阳东岳观'十方韵'于清末传自本省著名道观黄岩委羽山大有宫，由该宫全真道龙门派第十九代宗师林圆丹、薛圆顺传入平阳，至今已传承七代,传承谱系十分清晰。"确实,大有宫与东岳观之间一直关系密切,交往甚多,民国二十二年(1933)大有宫举行传戒活动,平阳东岳观闻理朴道长曾到大有宫担任戒师。此后,东岳观陈宗耀、马诚起等道长也曾在大有宫住过。

平阳东岳观现存"十方韵"曲目计 67 首,除去韵曲旋律相同者外,实为 33 首。分别用于早课、晚课、五师供、诸真朝、焰口等仪式。传承过程中,为满足斋主的需求,也吸收当地音乐,如佛教的《和尚板》、瓯剧反乱弹《洛梆子》和瓯剧的《二汉》等乐曲。同时,在平阳地区为适应斋主要求和环境转移,东岳观道教音乐在传承过程中,也采纳了当地正一道的一些科仪音乐,以丰富原来的十方板,即道人所指的"子孙板"。

当年原唱十方板在大有宫,但如今在平阳以外,"十方韵"失传已久,连北京白云观也唱"北京韵"。改革开放以后,随着落实党的宗教政策,以及政府对传统文化传承发展的更加重视,平阳东岳观的道教音乐"十方韵"得以发掘。1979 年,观里把平阳以及苍南等地的老道人召到一块,请他们按照原来的音韵吹、奏、打,并录音下来,经过一番整理,形成了道教古乐"十方韵",并出版。同年 5 月,由东岳观马诚起执教,在观内举办培训班,教唱东岳观的传统音乐"十方韵"等。参加培训班的除东岳观的年轻道士外,还有苍南县燕窝洞等道观的年轻道士。原苍南县燕窝洞道士黄信阳(现北京市道协会长、中国道协副会长),便是当时培训班的学员之一。

1984 年 5 月,马诚起、李诚松、董宗观、黄信成等应邀去北京白云观传授"十方韵",并多次赴港、台等地传唱。东岳观的道教科仪音乐引起了海内外道教界的重视和中国传统文化研究者的极大关注。1996 年至 1997 年,香港中文大学教授曹本冶和浙江艺术研究所研究员徐宏图曾多次到平阳东岳观实地考察,还专题调查中元道场,垂询多位资深道长,作了详细的录音、录像和记录,整理研究成果形成了《温州平阳东岳观道教音乐研究》一书出版发行。

近年来,东岳观有序开展道教音乐"十方韵"的保护传承。东岳观内经声不绝,鼓声、磬声、木鱼声阵阵,吸引了更多的香客信众和游客、音乐爱好者来朝礼、游览。

南雁荡山仙姑洞

一

仙姑洞，位于浙江省温州市平阳县，坐落在国家AAAA级风景区南雁荡山。仙姑洞又名西洞，属于岩体崩塌而形成的洞穴，位于西山半山腰。西洞是一个曲尺形的奇洞，洞高9米，宽14米，深25米。洞顶似窟窿，洞口开敞明亮，唐称"石室"、宋称"西洞"。有东、西两个洞口，东洞口下临断崖绝壁，西洞口亦山势峻峭。

南雁荡仙姑道派历史悠远。据洞内《修建仙姑洞道观碑记》记载，朱仙姑，原名朱婵媛，平阳县北港杉桥里人氏。出生于宋哲宗绍圣元年（1094），同年其父朱璧，字允罕，中进士，朝廷任命为道州司理。宋徽宗崇宁五年（1106），朱璧奉皇命征讨西番有功，擢升为杭州知府。朱仙姑母亲章氏夫人崇奉老子清静无为之道，修善普施，济世利人。婵媛从小受母影响，茹素持斋，虔心奉道。13岁时，借三月三踏青之际，出家修道，结茅于闹村白水漈。父母兄嫂数次劝说，不为所动。其父一怒之下，于十月十五日夜间使人纵火，烧毁茅棚。婵媛脱离火海后，在南雁西洞石室隐居，白天上山采药，夜间笃实内修，同时广行方便，治病疗疾，妙手仁心，药到病除。宋徽宗政和二年（1112），九转丹成，辟谷闭关。宋高宗绍兴二年（1132），修炼有成，出关后，乃云游于江南一带，讲经说法，弘阐忠君孝亲、仁爱慈悲、善恶承负之精神。清乾隆《平阳县志》卷十七"人物·仙释"载有小传，曰："朱氏女，崇宁中，年十余遁居雁荡西洞中，辟谷二十年，晚能言人祸福，终脱迹，不知所在。"

此后，百姓感怀不已，构像祭祀，虔奉仙姑。据称，南宋高宗皇帝曾颁旨敕封"南雁教主大慈大悲救苦救难护国慈母朱氏仙姑"，改封西洞为"仙姑洞"。相传自此以后，朱仙姑神威显赫，洪恩广泽，有感必孚，有求皆应，成为十方善信心目中至高无上的圣母仙尊，广受敬仰，仙姑洞香火鼎盛，以迄于今。每逢农历九月二十九日朱仙姑寿诞前后三天，仙姑洞都会举行法会，参加人数众多，场面十分隆重壮观。也许，这既是对朱仙姑弘道功德的崇敬，也是对南雁荡山人文景观的赞美。

洞内外有气势雄伟的大罗宝殿、占梦楼、阆韵楼及藏经楼等，据称始建于南宋乾道年间，至今已有800多年历史。清光绪二十五年（1899）和民国二十七年（1938）重修。后又相继建设了向阳亭、玉环池、桂花林等。20世纪60年代间，道观的前、后殿遭损。时老道长吕利民坚持守观，历经艰辛，他隐居仙姑洞后山集成茅蓬，只身修炼达8年之久。党的十一届三中全会后，落实党的宗教政策，吕道长又回到仙姑洞道观任住持。

吕道长系平阳县多届政协委员、人大代表。古稀之年，他将观务交董中基道长并由董道长住持仙姑洞。董中基道长，现任中国道协副会长、浙江省道协会长、杭州市道协会长、杭州玉皇山福星观监院。1978年董中基在仙姑洞出家，1981年他考入中国道教专修班离开了仙姑洞。1996年春，他将观务交周中青道长并由周道长任住持。

仙姑洞的殿宇，由于年深月久，风雨侵蚀，木结构建筑物受到不同程度的损坏，功德堂受损尤为严重，住持周中青道长决心改变这一状态。周中青，俗名周青起，南雁镇东门村人，少时即聪颖敏悟，求道心切。12岁出家于南雁仙姑洞，拜黄光照道长为师，决心继承前辈法统德行，修心养性，为弘扬道教而鞠躬尽瘁、奋斗终身。他1981年来到仙姑洞，1995年上四川青城山受三坛大戒，以优异成绩圆满结业。在住持周中青道长的倡导和筹划下，得到吕利民道长、黄光照道长、董中基道长等支持和道众的共同努力，并得到平阳县人民政府有关部门单位及社会热心崇道人士的大力协助，着手新建和修葺殿宇。其中，建筑规模最为宏大的当数新建的一座五层新楼，即藏经楼，历两年日以继夜的艰辛建设，于1999年1月竣工。藏经楼东傍云关，西临大罗宝殿，依山面谷，高耸云天，蔚为壮观。

藏经楼高17.5米，长44米，宽29米。上、中、下三层皆飞檐高翘，是一幢雕梁画栋、古朴雄伟的仿古式建筑楼房。仙姑楼外面的围墙上，有方介堪先生篆书题写的"福生无量天尊"。中国道教协会第六届会长闵智亭为藏经楼题额，字体遒劲生辉。藏经楼内陈列经文，悬挂诗书画作品，可供借阅、浏览。还可以会客、食宿，吸引了十方信士、香客和旅游观光者纷至沓来，成了南雁荡景区的一大亮点。

二

仙姑洞道观是浙江省十座重点道观之一，我早就慕名并发意要专程寻访，然而一直未能如愿。2022年11月8日，承蒙温州市人大常委会原副主任陈宏峰和温州市民宗局副局长马建新先生的帮助，终于成行前往。这天，我一大早从杭州乘坐高铁直达平阳，同行者有我妻孙满琴和中国交通报驻浙江记者站负责人贾刚为。陈宏峰、马建新两位与我们一同登山访仙姑洞道观。同访的还有温州市民宗局一处二级科员周宁、平阳县民宗局局长谢尚志等。

仙姑洞道观位于西山半山腰的悬崖峭壁中，汽车不能直达，至今仅有三条从前山徒步登山的路，皆坡陡路长。考虑到时间和体力，决定采取从后山上去，再徒步从前山下来，这样减少登山的路程，难度稍小一些。

仙姑洞道观住持周中青道长因在北京，便由林显泽道长陪同我们参观并作介绍。我们的车先从后山行驶到距离离仙姑洞道观稍近的一处高山坪地上。临下坡时，我看到前山正在修筑一条栈道，据介绍，今后到仙姑洞，只要车行至此地，然后下行一段石阶路，再沿着新辟的栈道前行即可抵达。但是现在还不行，我们只能沿着峭壁上原来已有的台阶，先下行，再往上攀登，一路小心翼翼地前行。大约二十分钟，我们终于气喘吁吁地到达仙姑洞道观侧门的平台上。

登上平台，首先映入眼帘的是一座八角亭，也许是提供行人歇息的。待我等缓步走过，便见到道院的一堵红墙。再往前，但见侧门边还有一棵高大的樟树，扎根在岩石缝里，顽强地生长着，依然枝繁叶茂。我们从侧门而入，来到了仙姑洞道观内。见有一水池，周边有石护栏，是道观的放生池。池水清澈，金黄色的鲤鱼在水中游动。池边上置"别有洞天"图，挂有一联，曰："山异平沙何雁落；池非深水有龙灵。"池靠山体一侧的墙面上还有"仙姑化身图"石浮雕，造型生动，雕工精细。

沿着"放生池"旁的石台阶往上走，便是仙姑洞，洞开阔高大，是明洞，有光线射入，显见宽敞明亮。内有仙姑殿，殿内虔奉朱氏仙姑像，由缅甸玉雕琢而成，形象端庄娴静，令人生敬。其旁，左边是九天玄女，右边是送子仙姑。殿前两侧的柱子上挂着一副由著名数学家苏步青先生所题联："仙姑环佩去，千年香火馨赤壁；雅客舟车来，万里灵山净红尘。"

我们在洞内来回走动观看，可以看到有从主洞延伸开去的支洞，主洞壁上还有几处摩崖石刻，其中一处刻着"月牖"两个大字，据介绍，此处乃是观月的最佳处，故名。宋代平阳杉桥人朱元升，宋宁宗嘉定辛未登科，官承节郎，差处州及建宁、松溪、政和等地巡检，后弃官归，入雁荡山著书，有《月牖》诗云："谁将造化手，开此混沌窍？每夜吐月时，九州同一照。""月牖"与洞中"仙姑浸苎盂""龙舌岩""进士洞""放生池"，都是仙姑洞留存的宝贵文物古迹。仙姑殿前面、放生池上方的建筑，左边是占梦楼，右边是阆韵楼，也是早期的建筑物。

参观后，我们随林显泽道长来到了位于藏经楼四层的客堂。在客堂里，听了介绍，让我对仙姑洞道观的历史变迁和现状有了更多的了解。道观为仙姑派祖庭，秉持全真道传承，历代住持均为德高望隆的修道崇善之士，崇尚爱国爱教，长期以来道观管理井然有序，深得道教界和社会赞誉。

接着，我们来到室外的阳台上，四周挺拔起伏的高山，一片苍翠，白云时而缭绕山顶，随清风吹拂，卷起舒开。一东一西两座高山相对，形成一个深邃的峡谷，那深谷下的碧溪蜿蜒着流向远方。好一幅壮美的山水画图啊！

随着主人的指点，我看到藏经楼一边是大罗宝殿，另一边是云关，对面是东山。东山山体峻峭，半山腰里有观音洞，亦称东洞，依洞建有一座观音殿。宋代陈宗臣，平阳乐溪人，绍定己丑（1229）进士，有《题东洞》诗，云："蔚蓝胜概世应稀，中有高人隐翠微。当日征书来古洞，恩光荣映碧山辉。"对面东山脚下北侧是会文书院，原为北宋时始建的会文阁，后称会文书院，南宋理学家朱熹曾来此讲学。孙衣言（1815—1894），瑞安人，道光庚戌（1850）翰林，有诗《题会文书院》，云："兄弟同时奋薜萝，北方千里就磨蹉。遂为浙学文斯在，直到横阳士尚峨。伊洛微言持敬始，永嘉先辈读书多。荆榛重辟宗风远，莫但比邻听酒歌。"东山脚下南侧是三台道院，现道院还有几位坤道管理。此地是儒释道相融、并存之地，引来了不少信士、游客参访、游览。

我环顾四周，惊讶地发现，仙姑洞道观乃是临崖而

▲ 考察平阳仙姑洞道观，前排左起：马建新、孙满琴、作者、陈宏峰；后排左起：贾刚为、周宁、林显泽道长、谢尚志、林练祥

建，我置身的藏经楼下面便是悬崖峭壁。不禁联想到，如此大的工程建设和平时道观修葺，一砖一瓦，所有的建筑材料，以及道士们在这里修行、生活，其日常的生活用品，都得靠人工从山下背上来，其难度和艰辛自然不言而喻。数百年来，无不如此，着实令人敬佩、叹服！

圆满完成考察，我们离开道观。沿着下山的路，我们一个台阶一个台阶下行。途中见到了几处摩崖石刻，其中在一巨岩上刻着苏步青先生题写的《咏玉屏峰》诗："东南屏障险，矗立遏行云。峭壁央谁削，凡尘从此分。铄金残照影，染翠古苔纹。一径云关近，溪声处处闻。"落款为丙寅（1986）五月。我查证史料，1987年9月，85岁的苏步青曾回到了阔别26年的故乡。由此可见，此诗也许是这一年题写后镌刻于此。

一路上，我们穿过峭壁间的狭口，踏着曲曲弯弯的石阶路，途中不免稍歇片刻。过了半个多小时，便下山到了碧溪边，然后乘坐竹筏渡河，圆满结束仙姑洞道观的考察，乘车径直赴温州市区。此行虽爬山涉水，一路劳顿，但能到访仙姑洞，亲眼目睹建在悬崖峭壁之中的道观真容，体会道教传承的法脉，实乃幸事。

三

南雁荡仙姑洞的历史，可追溯到晚唐时期。唐僖宗乾符二年（875），温州邵太守率随从游览南雁荡时，山阴人吴畦同游，留有《陪邵太守游南雁山记》，文中有"去治西南二百里，有雁荡山，隐于榛莽"。这里明显是指南雁荡山。而且文章还记，邵太守等是从现在的碧溪过渡，然后"遂登而陆，夹道两峰相望……攀援而上，鸟道隐见于石间。……力倦复下，从者曰：'兹有洞。'视之，廓然一岩宇也"。"兹有洞"，"廓然一岩宇"，即西洞，可见当时已经有路从山脚通往西洞了。

清光绪间，平阳县令汤肇熙在其《游南雁荡山记》中称："从洞西步而上，径曲仄，辄数武一息，气喘汗流，仆左右翼。将及巅，有道士出谒，始知即土人称仙姑洞者。"此后，上山的道路几经变迁，只是登山的路是陡峭的。据称，邵太守当年走过的路，历经战乱，早已荒芜淹没。民国十五年（1926），经有识之士的开发，得以重现，学者周喟将后山新拓建石路写入了《西洞后山新造石路碑记》。我们下山走的路便是如今从山脚到仙姑洞的三条路之一，据说不是邵太守当年走过的那条路。

据宋祝穆撰《方舆胜览》记载："南雁荡，在平阳县北，自穹岭迤至西，五十里间，皆山也。初，吴越钱王与僧愿齐同参韶国师于天台。愿齐游永嘉礼智觉真身，闻平阳明王峰顶有雁荡山，天晴则钟梵相闻，杖锡寻访，喜曰：'此山水尽处，龙雁所居，岂非西域书所谓诺矩罗居震旦雁荡龙湫者耶？'结茅其间。黄冕仲云：'观此，则平阳雁荡五代时已著，乐清雁荡乃祥符间始见。'"由此可见，平阳南雁荡"五代时已著"，其开发时间更早。

吴越时所建的大罗宝殿原是一座佛教寺院，由吴越王钱俶开宝年间为愿齐和尚所建，后废圮。宋代朱仙姑在此修行，后人依之建仙姑道观。清中叶以来，仙姑道观曾扩建为玉皇殿、仙姑殿、占梦楼、阆韵楼、功德堂等建筑。

历代有诸多知名人士曾游南雁荡，并为南雁荡、仙姑洞留下过诗联、游记、书法题刻等，皆弥足珍贵。下面，略录部分诗作，与读者同赏。

唐代李皋，宗室后裔，字子兰。上元年间除温州长史，行刺史事，升秩少府，与平袁晁贼，徙秘书兼别驾。有诗《游南雁荡》，云："雁荡诸奇不可穷，石梁华表远凌空。乾坤谁道洞中小，日月曾从牖里通。词客墨苔观照耀，飞仙环佩听玲珑。何当借得缑山鹤，驾入嶙峋翠几重。"

宋代平阳下涝人陈良翰，官左司谏，有《南雁山》诗，云："披尽荆榛何处寻，洞门仙境洁尘襟。日生花坞青春晓，云度林隈白昼阴。石壁无梯难历险，琼崖散玉易成吟。一清可避人间俗，义府研覃岁月深。"

宋代赵师秀，字紫芝，永嘉人，绍熙元年（1190）进士。有《采药径》，云："十载仙家采药心，春风过了得幽寻。如今纵有相逢处，不少桃花是绿阴。"

宋代潘安固，字仲硕，大观中举八行，绍兴间以宣德郎召，不赴。有诗《西洞》，云："嵯峨奇石下，幽洞起烟霞。朱女师王母，遁居已得仙。"诗里写出了朱仙姑遁居在嵯峨奇石下的西洞，后修道飞升的故事。

元代郭景和，平阳郭宕人，授瑞安州判官。有《游南雁荡》诗，云："茫茫素练水云长，一路看山道到上方。野鸟调笙声似奏，俳人落木势如翔。放情游衍红尘外，写景留题翠竹傍。底事偷闲穷富览？治逢隆古始安康。"

明代顾华，平阳下涝人，洪武四年（1371），由秀才荐授崇阳令，转乐安判，升太常寺丞。有《南荡泛溪》诗，云："黄帽棹船溪水清，船行溪树远相迎。雁归泽国菰蒲晓，鸦噪峰峦烟雨晴。瀑布悬崖界山色，浪花穿石激滩声。渔郎欲识桃源路，只恐前村鸡犬鸣。"

清代黄云岫，邑诸生，居平阳南郭，有《同友人游仙姑洞》，云："为访仙姑共陟攀，仙踪飘渺未曾还。两峰叠叠凝眉黛，一水淙淙响珮环。难觅胡麻留客饭，空传砂石驻人颜。"

流连莫遽言旋去,好趁天风送下山。"看得出,诗人游仙姑洞,虽须陡攀高崖,仍趣味很浓,流连忘返。正如他在另一诗《雁山归兴》中,更是兴致勃勃地称:"顿忘足力多劳瘁","似此登临亦快哉"。

清代平阳赤祥山(今苍南矾山)人谢青扬,有《游雁山至仙姑洞二首》诗,之一曰:"峰峦如削就,晨策快攀登。微径云中出,溪流碧数湾。闲赏怀灵迹,缘源一叩关。明珰渺何处,想像翠微间。"

清代瑞安人孙锵鸣亦有《仙姑洞》诗曰:"万峰高插天,突立如削铁。仄径蟠修蛇,萦纡出山脊。中逢丛竹林,夕阳漏深碧。石腹呀然开,危楼架岩隙。静有白云栖,微听暗溜滴。跨空虹梁横,达傍月牖辟。古藤纷倒垂,异卉茁如织。锐欲穷幽探,老恨乏足力。诡奇非一状,知是真灵宅。仙姝冰雪姿,来此餐松液。遐举在何年,丹灶无遗迹。似闻笙鹤声,空山风露夕。"

返杭后,我据寻访之所见所闻,并查证史料,期间还分别与仙姑洞道观住持周中青道长和林显泽道长通电话,补证了一些史实、细节,遂形成本文以记。

寻迹三观三洞雁荡山

乐清历史悠久，经济繁荣，山川秀美。晋宁康二年（374）分永嘉郡之永宁县、乐成县，隶属永嘉郡，此当是建县之始，后历史上区划多有调整。1993年，经国务院批准，撤销乐清县，设乐清市。乐清北部雁荡山山高岩峻，景色幽美，是中国十大名山之一，为国家首批AAAAA级旅游风景区，获国家地质公园称号。

为撰写《浙江道迹洞天》一书，我专程赴温州乐清等地，感谢温州市民宗局领导的关心、帮助，使我能顺利完成四天的考察。

2020年1月17日，考察的第一站是乐清雁荡山两洞、两观，即雁荡山北斗洞、乐城镇杨八洞、白龙山青云道观和盐盆街道龙贡寺（又称青云道观）。与我同行的有温州市人大常委会原副主任陈宏峰、温州市民宗局副局长马建新等。两洞、两观的实地考察期间，我听取介绍，还获得了一些资料。次日，我赴温州市区紫霄道观拜访温州市道教协会会长陈崇杰道长时，又有幸获赠温州市道协编印的《温州道教通览》。2023年3月，我再度来到乐清，考察另外的一观、一洞，即乐清紫霄观和北斗洞。于是，我据有关史料，并结合考察所见所闻形成此文，并名之为《寻迹三观三洞雁荡山》。

一

以峰奇水秀而闻名遐迩的雁荡山中，有一座道教宫观北斗洞。因洞口遥对伏虎峰，古称伏虎洞，后因道家礼拜北斗，遂改名为北斗洞。北斗洞宽70余米，深40余米，高达80余米，洞内宽敞明亮，当为雁荡山诸洞之最。

清光绪初年，道士赵至贤始开此洞，并募建凌霄殿、八仙楼和东西厢房。洞内建筑尚未落成，因赵道士羽化，便由其徒蒋理恒继之，然而经营不佳，洞仍荒废不举。民国六年（1917），赵至贤的再传弟子蒋宗松继续努力，多方奔走，先后达六七年，得到十方善信的资助，在原来的基础上修缮，北斗洞殿亭建筑方初成规模。洞内依崖傍壁构筑殿宇，中间四层自下而上分别为客厅、海会楼、集贤阁、凌霄殿。东西两面建有厢房，外有八仙楼。观内保存了历代名人楹联、字画，其中有宋朱熹、明董其昌、近代黄炎培等人的精品佳作。北斗洞道教宫观虽然建成较晚，但其兴盛之景况，在当时的雁荡山也称得上冠绝一时。

民国十三年（1924），北斗洞由仇诚达住持，一边修道，一边行医。他十分了解当地百姓之疾苦，也想通过行医聊解民困。民国二十年（1931），仇诚达又率徒吴信地、施信泉重修北斗洞。民国二十三年（1934），仇诚达传位于施信泉。

由于种种原因，洞中殿宇多年失修，殿宇破旧。一直到改革开放后，随着雁荡山风景区的进一步开发，北斗洞的重修得到了重视，1986年雁荡山管理局拨款修缮后殿。1988年冬，施信泉道士羽化，坤道王崇淑接承住持。王崇淑，年轻时便出家，矢志修道，后参加中国道教协会坤道培训班结业。她与洞内道众一同合力，发大愿恢复北斗洞道业，得到雁荡山风景区管理局的支持，并获温州籍侨胞张蓝东先生捐资相助，以及社会善信的乐助，又蒙金良均老先生协助。北斗洞建筑于1990年夏动工修复，次年竣工，建筑面积达1130余平方米，重塑了大罗宝殿、凌霄殿内，及八仙过海等神像。

洞内的建筑为四合院结构，拆除前面正中原八仙楼，新建了凌霄殿，后面正中四层楼房最上层为大罗宝殿，中间两层为会客室和客房，下层为八仙殿。左右三层厢房与中间各层有回廊相连通，右边厢房底层设有茶室，是游客歇息品茗之佳处。

洞内岩石嶙峋，岩壁近水平纹理，为火山喷溢熔岩流动造成，洞壁上的砾石或球泡流纹岩经剥落后形成了"倒挂青蛙""金乌玉兔""青石卧龙"等景观，惟妙惟肖。右处洞底，泉水从石罅中渗出，形成一井，俗称"龙井"，井水晶莹清澈，水质甘冽，终年不涸，吸引游人以一探"龙井"为快。

修建后的北斗洞道观面貌大为改观，山门额上"北斗洞"三个大字，由全国政协原副主席、中国佛教协会会长赵朴初先生手书。北斗洞的山门外，林木葱茏，遍植花卉。从灵峰脚下登达北斗洞的磴道达400余阶，全部以条石铺筑，行人上下十分方便、安全。北斗洞经过此番较大规模的修建，古洞道观气象焕然一新，也为雁荡名山增添了新的光彩。

寻访北斗洞这天，天气晴朗，雁荡山峰峦叠嶂，与蓝天白云相映成辉。乐清市民宗局副局长、副书记张洪明和雁荡山风景区管委会副主任黄升良引领我等来到北斗洞。位于灵峰景区内的北斗洞，周围有长春洞、苦竹洞、紫竹林、雪洞和白云庵等多处景点。我们缓步而上，经过400余个石阶，到达北斗洞。途中经过一座迎仙亭，六角亭的石柱上镌刻着"万缕情丝关夜月；一帘春梦怯晨鸡"，落款为"辛卯（2011）春月金明雪书"。

北斗洞内道教建筑物结构精巧，却现庄肃。我等参观后在二楼会客室落座，一边品茗，一边听取北斗洞住持黄崇武道长的介绍，说到了北斗洞的历史沿革，也说到20世纪60年代道观内的字画、楹联皆被铲除等往事。改革开放以来，落实党的宗教政策，北斗洞复建。1985年成立了乐清市道教协会，1986年恢复北斗洞道观活动，由市道协副会长施信泉任住持，1993年登记颁发了证件。道众们对当地政府和风景区管委会的关心表示的感谢，并依法开展正常的道教活动，正如《温州道教通览》里说的那样，北斗洞同道教徒，谨遵教旨，抱元守一。他们以《道德经》中"上善若水，水善利万物而不争"作为行为的准则，把道教提倡的勤劳、俭朴、自强、自养、行善积德、服务社会、服务人民的优良传统发扬光大，代代相传。

▲ 雁荡山北斗洞前留影，左起：刘崇贤道长、李尧方道长、马建新、陈宏峰、作者、黄升良、张洪明、黄崇武道长、郑玉钱道长

在离开北半洞返程时，我在北斗洞近侧，看到几处在一方方凿平岩壁上镌刻着的摩崖题刻，其中有"雁荡山踪，九二老人顾廷龙"、"山水窟，周丕禄"和"见素抱朴，王伯敏"等。

雁荡山以瓯江为限，分成了北雁荡山和南雁荡山。其开山凿胜始于南北朝，兴于唐，盛于宋。历代有谢灵运、沈括、徐霞客、张大千、郭沫若等留下了足迹和诗篇、题刻。雁荡山，又名雁岩、雁山，因山顶有湖，结草为荡，秋雁南归多栖宿于此，故名雁荡。

二

接着，我们来到了同在雁荡山风景区的乐清另一处道观——青云道观。青云道观在乐清市白龙山西顶峰下，这里海拔150米左右，四周青山环绕。青云道观原名聚讲坛，又名龙水喷。坐北朝南，后为道冠岩，前有笔砚池，池中生出龙水喷，终年不绝，堪称白龙山的一大奇观。

青云道观，以全真龙门宗传承，历二十一代至今，历经兴废。南宋时期已具规模，明代嘉靖年间，毁于兵燹。清同治年间，蒲川叶理捐老道致力恢复道观，招收道徒，重振宗风。后又有游宗兴皈依道门，拜叶理捐为师，孜孜不倦学习，终于洞明道教要义。同时他四方募化集资，修建道观正殿，且改进建筑材料，易木为石，以防火患，还率众砌筑梅溪岭石阶，方便游人及信众上山朝拜。游宗兴炼师羽化后，诚通炼师承其遗愿，继续筹资建殿宇三楹。

20世纪60年代，青云道观被毁，道观冷落，唯住持诚通炼师仍留守道观，研习经文诗书。此后，他倾力修理正殿，1983年羽化。虹桥诗人王梦痕曾有诗赠诚通炼师，其中一诗曰："道人高隐处，一观停云飞。翠竹真如定，苍松相与依。鹊临朝语警，鹤古道身肥。法侣来迎客，仍穿槲叶衣。"此后，道观由虹桥一名俗家弟子瞿玉娥（法名信婵）代为管理。1991年7月后，在瞿玉娥等人的主持下，克服困难，筹资在原址上重建青云道观，令青云道观面貌一新。

我见到青云道观前有三个大池塘，池畔还有一处天然棋盘岩。道观内还有一泉眼，长年都有清泉从中涌出，故名龙水喷。加之青云道观地处环境优美的白龙山，故而更引人入胜。

在《温州道教通览》书中，贾丹华先生（现为浙江省文史研究馆研究员）有文，如此写道："青云道观依山傍水，增色添辉。四周古柏苍松，翠竹茂密，种植名贵花草与各种果树，犹如世外桃源，羊肠小道，曲径通幽，青云道观掩映在一片彩云间，真不愧为道家五行俱全的风水宝地。"

三

我们马不停蹄，继续寻访了乐清市盐盆街道龙贡寺，亦名青云道观。道观坐落在杨岙村的西山。

据《乐清县志》记载,青云道观始建于南宋时期,至今已有880余年历史,当时已具相当规模。明嘉靖年间,毁于兵燹。青云观观前壁上《许真君仙师传略与龙贡寺道教文化》内写着:"明万历年间,有一游方老者,历游江南名山大川,见这里小丘盆地,景色清幽,灵气奇异,仙缘巧合,遂择居建舍,修炼玄功,悟道修身,求长生不老,并垦田躬耕,自食其力,恭立许真君仙师之神位,灵分圣井山。""至清朝末年该观被浮屠所占,取名龙贡寺,后有乡人纪念真君玄学高深,道法著称,仍重归道教所属,遂名青云观。"

早年,青云观留下的建筑为五楹两进观宇,两侧为厢房,形成一个四合院。1953年,因香火不慎引发火灾而遭毁,成一废墟。1954年,青云观住持李信传会同当地杨岙信众筹资重建三间平房作为正殿,重立真君圣像,延续香火。

如今的青云道观占地面积为30余亩地,分前殿、中殿、后殿。前殿为天王殿,供奉四大天王;中殿为旌阳宝殿,供奉许真君;后殿为大罗宝殿,供奉三清大帝和玉皇大帝。两侧有厢房。

我等乘车沿着上山公路行驶,在一座高大的山门前下车。据介绍,此路是近年改建的,原来是一条古道,路上可看到乐清湾海岸风光。

山门高大,设两层,上有叠式飞檐,山门有三门进出,即中间为大门,两边各一小门。中间大门两侧的楹联为:"杰地幸重兴,又仰仙风尊先德;云观妙何处,长留圣迹著名山。"

入山门后,见到青云观前殿外的侧壁上有一块硕大的墙面,黑底金字书写着《许真君仙师传略与龙贡寺道教文化》。

进入杨岙青云观,迎面而来的是一幢幢殿宇,雕梁画栋,气势不凡。

▲ 乐清市龙贡寺(又称青云道观)门楼

在中殿前的石阶处，有青石雕龙，殿门口四根大石柱上也雕琢出龙的图案。中殿门额上书"灵分圣井"四个大字，十分显目。殿内供奉许真君像，许真君即许逊，相传晋时曾在瑞安圣井山修炼，瑞安圣井山上有石殿。青云道观供奉许真君，因而门额上为"灵分圣井"。道观钟鼓楼内有一口大钟，重达16吨。还有一直径达3.2米的大鼓，据称为中国第二大鼓。

青云道观内有道士居观，主传正一教派。现在道观能有此面貌，乃是得到了当地政府有关部门的关心，特别是得到当地杨岙村以及村老年协会的支持，积极筹措资金扩建观宇设施及修建道路等。如今青云道观不仅是道士、信众传道修炼之处，也是修身养性、旅游观光佳处。道观管理规范，近年青云道观连续被评为"先进道观"、乐清市"五好先进宗教活动场所"，还被浙江省宗教界情系西部爱心活动委员会授予"荣誉单位"及"荣誉道观"。

四

寻访乐清道迹的第四处是杨八洞，杨八洞坐落在乐清市乐城街道盖竹山麓。我们驱车直奔杨八洞，来到漫山绿树翠竹间的一座古观前。驻足观前，我见道观红漆外墙，道观大门的额上书"纯仙道观"四个大字。门两旁上下各有一副楹联，下面的一副楹联为："八洞开仙境；千年蕴道心。"穿过山门入内，有一天井，两侧偏房上分别挂着"杨八洞筹建委员会"和"乐清市乐成街道潘家垟村景区管理办公室"的牌子。穿过天井沿着一石阶向上便是一个平台，平台上有一座三清阁。

据介绍，20世纪60年代有道士杨信耀率徒孙崇善来到杨八洞，在凤冠岩下，盖棚安身。1975年，杨信耀道长羽化。十一届三中会议后，贯彻落实党的宗教政策，杨八洞道观再兴。孙崇善道长承师遗愿，广结善缘，募集资金，并得到当地政府的批准，拆除原来的棚舍，改建为三间大殿和厨房、宿舍。此外，还先后建亭两座。为方便进出，修建通观

▲ 乐清市乐城街道杨八洞

公路 3 公里，可谓十分功德。1992 年，孙崇善道长羽化。接着，其徒余高炼接任住持，十年后，由于年事已高，便由其师兄黄高悟掌管杨八洞，得各方的支持，后来会同其道友倪建芳将原来的三间大殿，改建成仿古殿宇，名为"三清阁"，供奉三清。同时还相应修建了其他配套建筑物，遂形成如今道观规模。据称，期间还引来了一位民营企业家张先生，出资在盖竹山上铺路盖茶楼，也是造福于民之举。

在道观旁我们还探访了山岩下的宝光洞，洞外两侧山体上镌刻着"云封洞口潜龙近；雨霁峰头伏虎驯"的楹联，洞口上方的岩壁上刻着"盖竹长耀宝光洞"几个大字，字填过黄色油漆，因日晒雨淋，颜色已褪去。

接着，我们一行来到殿外不远处的客堂，与杨八洞的徐道长会面，道长热情，煮茶迎客。交谈中，得知徐道长是当地乐成街道人，曾经创业有成，后因恋杨八洞幽静清雅，便来到这里静修。后有两位大学生，毕业不久来到杨八洞，拜徐道长为师，同在此山中修行。因观里目前香火还不是很旺，经济来源欠缺，平时大都由徐道长自己出资，承担一些日常生活用品和生活开销。观内生活虽很清苦，但是她们却过得很充实。谈话间，看得出她们很感谢师父，也表示乐意在此修炼。她们还凭所学的知识开发制作一些道教物件，销出去获得一些收入。同行的马建新副局长等也恳切地建议她们，要多学习一些道教和中国传统文化知识，提升自己的学识、修养。

位于中雁荡景区的杨八洞，既是弘扬道教文化的场所，还凭借其山岩峻峭、深谷幽静的良好生态环境，吸引更多的信众和游客到此，亦将有利于乐清旅游事业发展。

五

乐清紫芝观和羊角洞皆为浙江省重点道观，我早欲登门造访并作实地考察。2023 年 3 月 3 日，我一早就乘坐高铁，从杭州出发前往乐清，同行者有刚退休的省公路运输管理中心一级调研员施明。当地为我们提供交通保障，上午、下午马不停蹄地先后考察了紫芝观和羊角洞。现据现场考察，并结合乐清市道教协会会长、紫芝观李尧方道长和羊角洞刘小娇道长提供的资料，记文为两部分。

道教在乐清流传始于东晋，当时乐清最大的道观当数紫芝观，《乐清县志》载："紫芝观，在县治东皋山下，宋至和中建。康熙《志》：亦张文君修炼之地，旧有道士林守淳因狱祠筑庵。宋绍兴丁卯，道士邱大同始建观。……国朝顺治十七年，道士张惠升重建。"

另据永乐《乐清县志》记载，宋绍兴丁卯（1147），道士邱大同即庵旁建"三清殿"，旋置廊庑三门。因永嘉县箄竹山紫芝观废，太守梁汝嘉奏于朝，以北宋宣和二年（1120）所授敕黄，改界是观。邱大同遂极力经始，以成兹观。明洪武二十四年（1391），归并成丛林。永乐七年（1409），道士童蒋原重加修葺。所谓"宣和二年所授敕黄，改界是观"，正是宋徽宗移额改赐，遂名"紫芝观"。据称，始建观时，由邱大同治理，紫芝观成了乐清著名宫观，兴盛一时，道观有道士500余人。清陈之恕有诗曰："道院春风醉晓莺，凭栏诗思逼人清。尘怀已觉都消尽，又听疏钟三两声。"

紫芝观历史上几经迁址，1942年原观址改作乐清县立师范学校校舍，即现在的乐清市教育局教研室。紫芝观迁移至隐龙庙旁边，建庵为观，一直到1949年。改革开放后，落实党的宗教政策，1986年经乐清县宗教管理部门批准，紫芝观移址至凤凰山上重建。这里，后依龙岗，前揖箫台，左连魁峰，右带云溪，亦为清静之地。每每紫芝观晚课时，道士诵经，有磬声相伴，在静静的夜晚，清亮悦耳的磬声远扬，萦绕山下城镇，成为了乐清"箫台八景"之一的"紫芝晚磬"。

现位于凤凰山的紫芝观，于1998年按全真道观的规制建设，首先建成城隍庙，接着陆续建成了三清殿、太岁殿、钟鼓楼和厢房等。今紫芝观占地面积20余亩，建筑面积逾8000平方米。进山门后，可拾级而上来到芝观宫观区的大平台上，两侧有钟鼓楼，其下还有厨房等设施。后方有三座大殿，居中是城隍庙，东为三清殿，西为太岁殿。东、西两侧各有厢房，东厢房之下有讲经堂、多功能厅、斋堂等，斋堂面积很大，可容纳上百人同时用餐。紫芝观规模宏大，建筑结构精细，殿宇庄严，引得十方信众和旅游观光者纷至沓来。从此，紫芝观再现当年古观的盛况，成了乐清地区一个道教中心。

我们乘车来到凤凰山下，然后徒步攀登过一段长长的台阶路，才到达道观旁，而紫芝观住持李尧方道长早已在高高的台阶尽头等候了。我们相见并互致问候后，便随李尧方道长穿过山门进入道观，他一边走一边向我们作介绍。来到与东厢房相连的丹房，温州市民宗局副局长马建新、一处二级科员周宁和乐清市民宗局党组成员郑向静等已在此等候。我们坐下来，边品茶边听李道长介绍紫芝观的历史和古今变化。

抬头间，我看到一幅乐清市道教协会捐资助学仪式的照片，询问之下得知，那是2009年为支持当地大井镇中学建设一座综合楼，道协两年内共捐资了230万元人民币，显现了道协关心教育、奉献社会的善举。我常耳闻道教界人士修行、生活很清苦，但仍尽其所能以奉献社会，令人生敬。

在交谈中，我还得知，温州市民宗部门十分重视对道教人士的培训学习，每年结合党和政府的中心工作，集中一定时间，学习党和政府的宗教政策，学习道教理论，以提高管理水平和增加业务知识。可见当地党委、政府对宗教中国化和道教队伍建设、人才培养的高度重视。

李尧方道长1987年入紫芝观，拜臧崇霞道长为师。当时，紫芝观还在隐龙庙旁边，以不到百平方米的小庵为观。凤凰山的新观建成后，才来到了新紫芝观。他参与并见证了紫芝观的建设和发展壮大。1989年，李尧方道长赴中国道教学院专修班学习，此后还曾多次参加中央统战部和国家行政学院等举办的学习班。2000年，李尧方道长接任住持，继承臧道长的优良传统，坚持爱国爱教，为传承道教文化，坚守本土的根脉，做了大量的工作，也得到教内和社会各界的好评，现为乐清市道教协会会长。

近年来，在当地民宗部门的关心下，乐清市道教协会积极开展工作，特别是为了弘扬道教文化、彰显科仪风范，2005年、2006年相继成立了乐清市道教经乐团、乐清市道教武术团，旨在"传播道教文化，弘扬武德精神"。现有团员40余人，他们大都是乐清市的正一道士及全真道士，并自幼拜师入道，如今团内优秀成员逐年增加，曾多次在不同的文化交流活动中精彩出演。

李尧方会长曾两次率乐清市道教经乐团、武术团出访。2009年，参加澳门回归十周年"澳浙道韵贺双庆"活动，并成功演出。2017年，为了弘扬道教文化，推进浙澳两地的道教文化交流，增加两地感情和友谊，浙江省道教协会受澳门道教协会邀请，指派乐清市道教协会组织经乐团、武术团共47名人员赴澳门参加"澳浙道乐欣赏会"演出，并圆满成功，可谓载誉而归。

▲ 乐清市道教经乐团参加"澳浙道乐欣赏会"演出，前排左起：赖沃、吴炳铤、邱崇桂、李尧方、叶达（乐清市道教协会提供）

此外，乐清市道教经乐团、乐清市道教武术团还先后参加过2010年广州中道协第十一届音乐会演、2011年杭州吴山广场专场演出、2016年浙江长三角道教论坛文艺晚会等。每次都以精湛谙熟的经韵道曲，悠然洒脱的道章词藻和深邃玄奥的武术文化，赢得广大善信、观众的好评。

2020年1月，我在北斗洞考察时，曾看到过那里张挂着的"乐清市道教经乐团"图文并茂的宣传资料，最近李尧方道长又给我提供了有关资料，故一并记之。

六

乐清市羊角洞风景区，是雁荡山八大风景区之一，也是其中最小的一个风景区。晚清文学家刘熙载在其诗文评论著作《艺概》中称齐梁小赋、唐末小诗、五代小词是"虽小却好，虽好却小"。若用这八个字来形容羊角洞风景区，倒是十分恰当。风景区虽小，但自具特色，域内不仅峰、嶂、洞、瀑、湖俱全，更有羊角洞星布在山峦间的洞府道观，散发着清静庄肃的道教的气息。

2023年3月3日，我们结束紫芝观的考察后，随周宁先生和李尧方会长，一同来到了羊角洞。

羊角洞在温岭城郊的方岩，距海边仅5公里。福建建阳知事、温岭人、清宣统乙酉（1909）拔贡赵模撰写，张之乐书丹的《羊角洞碑记》中称，"临海南界有方城山，唐天宝间改名王城山，至宋时始称方岩羊角洞天，洞如羊角，故亦名"。相传，有后汉汝阳人周义山、宋项诜，先后在此轻举。明谢铎读书于山北，《羊角洞碑记》还称陈体阳炼师为开山祖师。陈体阳（1803—1898），字静远，号少谷，温岭东岸人，清代咸丰年间皈依道教龙门第十八世叶永申宗师门下，结茅为庐，重辟道场，在羊角洞内面壁十年，道业精进，清同治年间建三清殿、吕祖殿、三官殿、紫庭楼及厨房等八十余间。此后，羊角洞历经变迁，至光绪中始建玉蟾宫。民国初年，相继建了紫阳楼、霞高楼等。"文化大革命"期间，建筑基本被拆毁，据说仅留下了一个厨房，道士散去，羊角洞也归当地村里管理。改革开放后，落实党的宗教政策，1983年羊角洞交乐清县道教协会管理。此后开始募集资金，重建了古朴、典雅的道观殿宇。

羊角洞，其实不是一个洞，而是七个洞，每个洞道观殿宇沿方山之南，或依峭壁下的山洞，或傍两巍峙的山岩间，蜿蜒而筑，殿宇与峻峭的山岩融为一体，如自然天成，十分壮美。

如今，从山下停车场到羊角洞天已有缆车通达，我等乘坐缆车不到十分钟就到了山上。从缆车出来，见到的第一个洞是六洞。我站在山崖的平台上，环顾四周，山岩高挺峻峭，可以看到有几处道观围绕着方山，临崖而建。过了六洞，向右沿着山道走，

▲ 乐清市羊角洞主洞（乐清市羊角洞提供）

便到了一洞。七个洞中，以一洞为主洞，俗名羊角洞，位于海拔 450 米的方岩上，洞高 9 米，宽 18 米，深 13 米。洞内有玉蟾宫，因洞口右侧有一巨石形似蟾而得名。20 世纪 80 年代末，重建了玉蟾宫、方丈楼和藏经楼，还新建了配殿三间。羊角洞内右侧，有一口清宣统二年（1910）铸的铁钟。1991 年冬，大殿的神像改为石雕像。在大殿正中的岩壁上，开凿一个高 2 米，宽 6 米，高 1 米的石窟，从左到右在石壁上雕凿起六尊神像，依次为杨老令公、杨老太君、杨七郎、杨五郎、杨六郎和开山祖师陈体阳。宫门建筑庄严，大门上高挂两块匾额，上方匾额上"羊角洞天"四个大字，是时任浙江省文史研究馆馆长、省书法家协会主席的著名书法家郭仲选先生题写的，落款时间为 1999 年 10 月。下方匾额上"玉蟾宫"三个字，由著名书画家周京生先生题写，落款时间为 2016 年。大门两侧，有周京生先生撰写的联："玉蟾静卧，求道拜福地；羊角扶摇，养生参洞天。"玉蟾宫为三层，最上层是三清殿，供奉三清祖师、玉皇大帝、三官大帝、南北斗星君和观音大士等神像。

那天，刘小娇住持出差在外，便委托章林达先生引领我们到各处参观。在一层的廊间，我见到了那口铸造的铁钟，就近察看，见钟的一面有"方岩羊角洞"字样，另一面铸有"清宣统二年立，宁波老顺德造"的字样，此钟乃是清代遗存，至今已有百余年历史。

据介绍，陆续复建的还有其他六洞的道观殿宇，到 1993 年基本建成。二洞又称育仙洞，在一洞西侧，紧挨着一洞。三洞又称神灵洞，在大狮子岩（玉兔岩）下。四洞又称迎阳洞，在一洞东侧。五洞在二洞西侧，紧邻二洞，登上石台阶，就能看道五洞

寻迹三观三洞雁荡山 | 295

门外两侧的联："一剑凌空，逐邪魔匿迹；两仙吟赋，歌寰宇升平。"六洞在五洞西侧，紧邻五洞，洞内亦供奉宋代杨家将，故大门口有联："圣地煌煌，杨府恩波远；名山赫赫，神灵利泽长。"七洞又称里和洞，在万象嶂（蜓蚰岩）下，我们车行至羊角洞停车场的路上，就能看到半山上依岩而建的七洞。

考察与主洞和相邻的二洞后，我们来到丹房稍息，并听取章先生的介绍。此番虽未遇见现任住持刘小娇道长，但此前我曾与他有过联系，他向我介绍过有关情况，并提供了一些照片。我2020年考察乐清北斗洞时，曾与他见过一面。刘道长是当地人，1990年在乐清杨八洞道观出家，拜孙崇善道长为师，后来到羊角洞至今。

也许是方山的陡峭，环境的独特和幽美，也许是羊角洞历史的积淀，道教文化的魅力，引得各方信众、游客纷至沓来。如今，雁荡山八景之一的羊角洞香火甚旺，方山游人如织，倒成了乐清一处访迹问道、旅游观光的胜地。

南田福地　刘基故里

唐司马承祯编的《天地宫府图》将南田列为道教第六福地。唐杜光庭《洞天福地岳渎名山记》内亦称："南田，在处州青田。"宋张君房编的《云笈七签》在"七十二福地"内曰："第六南田山，在东海东，舟船往来可到，属刘真人治之。"

一

南田历史悠久，春秋战国时境域属瓯越地，秦属闽中郡，汉属会稽郡，三国吴时归属临海郡，东晋时属永嘉郡，隋时属处州、括州、永嘉郡、缙云郡，元属处州路，明清时属处州府。1946年，析瑞安、青田、泰顺三县之邻地，置文成县，以明朝开国元勋刘基（刘伯温）的谥号"文成"作为县名。自此，南田便从青田县划入文成县至今。

南田在高山峻岭之上，有一广阔的台地。清光绪《青田县志》和刘耀东著《南田山志》中皆收录了章楹《游南田山记》，内称："南田者，名山也，山而田之何也？盖青田一县皆山，惟兹山环万峰之顶为最高，而其巅忽得平野，方四十里，土沃而泉甘，良田千顷，有陂池、竹箭、桥梁、陵阜、村落之属，约略似吴兴苕霅间，忘其在绝巘之上也，故谓之南田。"章楹，字柱天，新城（今富阳）人，乾隆间官青田教谕。南田平均海拔约650米，四季分明，雨量充沛，盛产粮食，故而素有"大旱不绝收，大水不漂流"之称。"大旱不绝收"，说的是南田的水量充沛，南田山南有百丈飞瀑，水源来自天顶湖，天顶湖湖水面积达5.4平方公里，蓄水量约6000万立方米，可供灌溉千顷良田；"大水不漂流"，则是指南田为高山台地，一旦出现洪水，容易泄流。《游南田山记》中称："其赋当一县之半。"可见在当年的青田县，南田的地位是举足轻重的。

历史上诸多文人雅士在南田留下诗文，清光绪《青田县志》、民国《南田山志》内有记，如：

刘基《题富好礼所畜村乐图》诗曰："我昔住在南山头，连山下带清溪幽。山巅出泉宜种稻,绕屋尽是良田畴。家家种田耻商贩,有足懒登县与州。西风八月淋潦尽,稻穗棵比无蝗螽。黄鸡长大白鸭重,瓦瓮琥珀香新蒭。芋魁如拳栗壳赤,献罢地主还相酬。"描绘了家乡六畜兴旺、五谷丰登的喜乐景象。

刘璟《山中小景》诗曰:"千岩耸空翠,万壑争飞流。达人远尘俗,于焉构危楼。杖策有高士,同志宁相求。拂桐操孤鸾,知者竟千秋。"

邑人陈中洲,嘉靖间岁贡,曾任玉山教谕,有《贺诚意伯刘公瑾袭爵》诗,曰:"五百年来郁离子,宇宙堂堂垂大名。今日山河谁故物,太皇帷幄是先生。累朝公议天初定,九世风流帝所惊。袖有虬髯旧册符,高秋鹰隼厉飞腾。"刘公瑾为刘基九世孙。

万里,贵州贵定人,进士,清雍正年间任青田知县,后升吏部主事。曾作《南田八咏》,其中,《百丈漈》诗曰:"飞流百道散西东,扪石扳萝一径通。千尺孤高天际出,振衣如在白云中。"《盘谷里》诗曰:"山抱溪流村抱花,春深处处绿杨斜。提壶挈榼供南亩,谷里当年隐士家。"

南田距离当时青田县城较远,此地民风淳朴,恬愉淡泊,孕育了彪炳史册的人物——刘基。刘基(1311—1375),字伯温,元至顺四年(1333)进士。是元末明初杰出的军事谋略家、政治家、文学家和思想家,为明朝开国元勋。明初大封功臣,授刘基开国翊运守正文臣、资善大夫、上护军,封诚意伯,禄二百四十石。刘基因谋略过人,助朱元璋成就大业,朱元璋常称刘基为"吾之子房"。洪武四年(1371),刘基辞官,赐归返乡,过起隐居生活。《明史》称:"(刘)基佐定无下,料事如神。性刚嫉恶,与物多忤。至是还隐山中,惟饮酒弈棋,口不言功。"朱元璋曾为刘基颁《御赐归老青田诏书》。洪武八年(1375),刘基卒。洪武二十三年(1390),刘基之孙刘廌袭封"诚意伯",增食禄二百六十石,共食禄五百石,子孙世袭。明武宗正德八年(1513),加赠刘基太师衔,谥文成。

作为儒者的刘基与道家、道教关系密切。据吴光、张宏敏所撰《刘基与道家道教关系考论》文章称,刘基出生在青田南田"洞天福地"一带,他求学、成才、生活于此,受到道教文化的熏陶,以及《老子》《庄子》等道教典籍的影响。他一生中,与道士张玄中、张羽、吴自福、张思廉、詹明德、刘云心、陈此一等道士交游甚多。刘基还将道家思想应用与军事和生活,《浙江国宝:浙江省全国重点文物保护单位》一书中有记,武义县的俞源村古建筑群,又称"太极星象村","相传是明朝开国谋士刘伯温按照天体星象布局设计的古村落"。一代王佐帝师虽逝,然其风范长存。故里南田福地孕育了他,他也为南田福地留下了宝贵的精神财富和文化遗产,历代受人敬仰传颂。如今,南田镇有刘基故居、刘基庙、刘基墓 3 处古迹。2001 年，刘基庙及墓经国务院公布为第五批全国重点文物保护单位。

二

我在省交通厅工作期间，因调研文成交通，曾多次前往文成，也到访过南田。2012 年 7 月，我与妻孙满琴，还有省港航局副局长汤修华和《中国交通报》驻浙江记者站站长贾刚为，一同来到文成。与时任温州市交通局副局长黄定恩、文成县副县长吴昌亮和交通局新老局长季建明、李标等，再次造访南田。每次来到这里，我不仅为高山台地上的南田福地所陶醉，也为刘基故里丰富的历史古迹和人文内涵所吸引。下面，将上述 3 处古迹简述如下。

▲ 2012 年 7 月，考察刘基故里留影，左起：贾刚为、夏晓恩、季建明、汤修华、作者、孙满琴、黄定恩、曹玉泉、吴昌亮、李标

第一处刘基庙，旧称诚意伯祠，位于南田镇九都村（新宅村）华盖山东南麓。由刘基七世孙、翰林院五经博士刘禄奏请立诚意伯祠，后明英宗敕建，于天顺三年（1459）告成。刘基庙坐北朝南，由照壁、牌坊、头门、仪门、厢房、正殿及追远祠组成，占地面积约 0.3 公顷。明正德年间，庙门前东西两侧建"王佐""帝师"两座木牌坊。庙四周由块石砌筑围墙，照壁与围墙连为一体，庙前立旗杆石四对。

刘基庙正厅为全庙主体建筑，重檐歇山顶，面宽七开间带两廊，梁架进深十六檩。中有刘基及其子刘琏、刘璟三尊坐姿塑像，神态庄肃。额枋及楹柱上有明代及近代名人题写的横额、楹联多副。正厅横梁上悬挂着"玄机洞鉴"额，系1984年诚意伯庙修缮落成时，由国家文化部文物局夏桐郁先生题写的，其后方还有"万古云霄""古之名师"和于右任题写的"先知先觉"等横额。大梁和柱上分别挂着历代名流、书法家撰写的楹联。如，明武宗撰联："占事考详，明有征验，开国文臣第一；运筹画计，动中机宜，渡江策士无双。"民国蔡元培先生撰联，云："时势造英雄，帷幄奇谋，功冠有明一代；庙堂馨俎豆，枌榆故里，群瞻遗像千秋。"庙内还有明天顺五年（1461）礼部侍郎姚夔撰的碑文，记述刘基生平。

追远祠，系三开间悬山顶建筑，民国十六年（1927）增建。追远祠供奉刘基以上七世祖，即从一世祖刘延庆、刘延传、刘光世、刘尧仁到高祖刘集、曾祖刘濠、祖父刘庭槐、父刘爚。据族谱记载，刘氏一支是高祖刘集从丽水竹洲迁至青田武阳（今文成南田）的。

清、民国时期，刘基庙原建筑经多次修缮。20世纪60年代，原庙遭破坏，仪像被毁，铜钟被变卖。1979年，文成县文物局发动当地群众重修。

第二处刘基墓。刘基墓坐落在文成县南田镇西陵村石圃山麓之夏山，始建于明洪武八年。刘基卒后，由其子刘琏、刘璟孝葬于夏山之原。墓坐西朝东，民国时期在墓前立一碑，上刻"明敕开国太师刘文成公墓"。1985年，在原墓周边增植松柏，如今松柏已高大葱茏。墓地四周为块石砌筑的围墙，设上下二级拜坛，坟塚呈半圆形，围椅式形制，俗称"椅子坟"。刘基墓甚为简朴，墓前不设象征墓主身份等级的石像生、石翁仲和牌坊等标志物，墓占地面积840平方米。

第三处刘基故居。刘基自高祖刘集从丽水竹洲迁徙至青田武阳后，几代皆住此。刘本人也是生于此，卒于此。

2012年7月，我去南田武阳村，曾专程造访刘基故居。故居前的平地上，竖立着四根旗杆。故居大门额上有"刘基故居"四个大字。进入大门后，见到有方石刻浮雕的照壁，照壁后面题写着"祖训族规"。刘基故居为五开间平房，十分简朴。刘基曾祖刘集迁徙至武阳后，历代子孙中也算皆有官职，曾祖父刘濠任宋翰林学士，祖父刘廷槐为太学士，后被明朝追封永嘉郡公，父亲刘爚为遂昌教谕，而刘基则是官居高位，然而其故居仍如此简陋，堪称一门清廉。故居中厅上悬挂着横额"大明军师"，两侧抱柱联为"九字定乾坤，真如姜尚；千秋生气象，胜过孔明"。乃是后人对刘基的评价。

厅内有一刘伯温坐像，后书写"千古人豪刘伯温"的字样。厅和其他室内的墙上张挂刘基生平介绍。其旁是居室，有卧室、厨房等。院内现存还有刘基48岁弃官归隐后修房的碑志，以及马槽、石臼、石磨等旧物。院子里还有一口古井和一株枝繁叶茂江南油杉。

如今，当地政府十分重视弘扬传统文化，打造"刘基文化园"，每年都举办体现南田乡风民俗的刘基祭祀、元宵灯会和传统的舞龙灯等丰富多彩的民俗活动。

道教福地，刘基故里，加之南田山的地理环境、高山台地气候和覆盖的绿色植被，形成了十分难得的天然氧吧和避暑胜地，吸引着众多文化人士、游客慕名到此寻踪访迹，旅游观光。放眼未来，这座"天下七十二福地，南田居其一"的南田山将会更加异彩绽放。

数点温州道迹文物

温州道教起源于东汉末至三国东吴时期，历史悠久。相传，三国东吴时有永嘉人朱孺子居大若岩，拜王玄真为师，勤苦修炼。据史料记载，历史上温州域内还有晋葛洪炼丹，许逊在瑞安圣井山修炼，梁陶弘景隐居永嘉大若岩、瑞安陶山等地修炼。

道教的发展对中国思想政治、科学文化，包括中国古典诗词、戏曲、音乐、绘画和建筑都产生了重要的影响。历代道教的兴衰传承过程中也留下了众多历史文化的古迹和文物。本文将专记温州市域内的道迹文物，特别是改革开放来，随着党的宗教政策的落实，党和政府以及社会对中华优秀传统文化及其遗产的重视和关心，使不少道教文物遗迹得到了修葺、保护，并发挥着积极的作用。

一

瑞安大南乡境内的圣井山，原名许峰山，位于东海之滨、飞云江畔，海拔高748.6米。山顶有一座圣井山石殿，2006年经国务院批准为第六批全国重点文物保护单位。2017年8月，为撰写《浙江古寺寻迹》，我曾先后对温州几处全国重点文保佛教类单位作寻访考察，其中就有瑞安圣井山石殿。然而考察后发现，圣井山石殿是属道教文物，当时便没有专文记写。如今我撰写《浙江道迹洞天》一书，便查证史料，并据当年考察时的见闻一并记之。

据中共浙江省委宣传部、浙江省文物局编著的《浙江国宝：浙江省全国重点文物保护单位》记载，相传西晋旌阳令许逊在此修炼，得道成仙。许逊（239—374），江西南昌人，道教著名人物，晋太康元年（280）举孝廉，曾任旌阳令，故人称许旌阳，又称许真君。如今，石殿内丹井尚存，深广尺许，水无盈涸，传为海眼。井原名"青龙泉"，因传经常"显圣"，而名"圣井"，山亦由此而名。

圣井山山峰突兀，高高挺立，一片葱茏。我等一行驱车来到山峰脚下的停车场，遥望高耸的山顶，同行者称，起码要步行攀登半个多小时才能到达山顶的圣井山石殿。为一探究竟，我毅然决定一定要登上山顶，亲眼一见圣井山石殿古迹。上山的路有2米来宽，铺设着石阶，在一片绿树荫下，一直向山上延伸。我等逐级登高，为了把握节奏，保存体力，大家约定，一是缓行，二是少说话。行约莫20分钟，见半山有一座六角石亭，亭周边有石栏，亭内还有石桌石凳，供游客休息，我等便停步稍憩。此时，我看到亭额上有"扶风亭"三个大字，亭柱上有一联，云："略坐润心田，饱览天容山色；稍安舒远客，再游石殿圣井。"休息一会后我们继续上行，不久终于登上了山顶。好开阔呀！秋高气爽，人立山顶，头顶的天是那么的蔚蓝、高远，这便是"山高人为峰"。远眺山脚下的田野，山川向周边延伸开去，沐浴在秋日的阳光下，显得那么的生机勃发。接着，我等进入南山门，一边参观圣井山石殿，一边听着同行者介绍，所见所闻，着实令人惊叹不已。

圣井山石殿，又名"许府圣庙"，属道教祠庙。初创于南宋景定元年（1260），奉祀许真君。现存建筑为明代重建，清至民国间曾多次重修，占地面积486平方米，建筑面积230平方米。石殿由山门、石坊、前殿、正殿和左右厢房组成，建筑物沿着一条东西纵向的轴线，坐西

▲ 全国重点文物保护单位瑞安圣井山石殿

朝东对称布置。所有的建筑材料，一柱一物，一砖一瓦，全为石料，包括室内陈设的案、床、凳等，亦均为石质仿木构成。石殿总计用花岗岩约3000块。

我们穿过山顶的南山门，几个台阶下去，便来到石殿的山门前，山门为两柱三楼式建筑，是光绪二十八年（1902）重建，正面额题"许府圣庙"，背面为"圣井"。山门前立着石碑，上镌刻着"全国重点文物保护单位圣井山石殿，中华人民共和国国务院二〇〇六年五月二十五日公布，浙江省人民政府二〇〇六年六月十日立"的字样。旁边还有一块石碑，上刻着"圣井山石殿简介"。后面便是牌坊，高4.65米，四柱三间

三楼，悬山顶建筑，额坊上刻"万历庚子岁月壬子吉日，住持僧法静募造"。接着我们来到前后殿，前殿三开间，后殿三开间，前后殿之间沿墙设单坡檐廊，形成一个封闭式院落。历代享有盛誉的"圣井"，就是后殿神座前石拱桌下的一口泉眼井，终年不溢不涸，泉水清冽甘甜，我等便一一上前仔细察看。

石殿内还有南宋景定元年（1260）《松庵木从龙记》、宋《许峰龙塔记》、明正统二年（1437）《许峰龙井祷雨感应记》及明万历三十六年（1608）《许峰许真君记》等数方石碑，记载了宋、明时期温、瑞地区历史上大旱时间及灾情，是研究温州历史上灾害和气象的真实史料，极其珍贵。

圣井山石殿后方的山上有玉皇塔，旧称龙塔。塔始建于南宋，现存的塔亦为石构仿木结构，应与圣井山石殿同时重建。塔为六边形三重檐亭式结构，高约10米，建筑体量较大，构架复杂，工艺精湛，具有较高的文物价值。

圣井山石殿是温州市域内乃至浙江省内现在存规模最大、保存最完整的石构建筑群。石殿建筑大气，工艺精美，形象逼真。我等在殿内外久久徘徊观赏，流连忘返。

二

2020年下半年，我再次赴温州专程考察道教"洞天福地"和重点道观期间，我曾向同行的温州市民宗局的领导询问温州市域内是否还有其他道教文物。同行的周宁先生热心，即请温州市道教协会发函各县（市、区），核查并上报资料。待我返回杭州后不久，即给我发来了有关资料。我十分感谢温州市民宗局和温州市道协、各县（市、区）道协的帮助。

从各地返回的和我自己获得的资料可知，温州市境内除瑞安圣井山石殿为全国文物保护单位外，还有另外4处省文物保护单位和14处县（市、区）级文物保护单位（文物保护点）。其他4处省文物保护单位为鹿城区二十八宿井、平阳县大夫殿、洞头妈祖宫和苍南藻溪杨府庙，这里作简要介绍。

第一处，二十八宿井。温州古井开凿历史悠久，据明万历《温州府志》记载，东晋郭璞为郡城选址时，登上西北的小峰山（今郭公山）察看地形，发现数座山像北斗错立。郭璞认为城墙绕山而筑，贼寇不能入斗，便于防守，可保安固。于是绕山筑城，并凿二十八口井，以象天上二十八星宿的位置。

"二十八宿井"分别为八角井、白鹿庵井、横井（天宿井）、积谷山洌泉、积谷山义井、炼丹井、三牌坊古井、铁栏井、屯前街井、仙人井、永宁坊井、奎壁井、解井、双墙井、简讼井、天宁寺古井、海坛山山下井、桂井、三港殿古井、八轮井、府署古井、县前头古井、金沙井、甜井、道署古井、郭公山下岩石井、应仙井、施水寮古井。随着岁月流逝，世事更迭，特别是普遍饮用自来水后，井或被遗忘而湮没，或在城市建设过程中被填塞。如今，"二十八宿井"中保存较好的仅存11口井，分别是八角井（亦称松台山下井）、白鹿庵井、横井（天宿井）、积谷山冽泉、积谷山义井、炼丹井、县前头古井、铁栏井、屯前街井、仙人井、永宁坊井。

第二处，平阳县大夫殿。大夫殿，位于腾蛟镇薛岙口，又名英武殿。清康熙二十六年（1687），乡人为纪念南宋初御寇阵亡人士薛氏而建。大夫殿为合院式砖木结构建筑，前后殿各七间，左右厢房六间，戏台居中，占地面积约800平方米。戏台坐北朝南，背依山门明间，平面呈方形，三面空旷，一面为屏门，屏门中央壁上彩绘人物图像，两侧悬额"出将""入相"。戏台上方内顶穹窿藻井，雕梁画栋，精雕细刻，造型精美，形态逼真。是平阳县内保存最完整的古戏台，对于研究该地区传统民俗文化具有较高的历史价值。1997年，经浙江省人民政府批准，公布为浙江省第四批文物保护单位。

第三处，洞头妈祖宫。又称东沙天后宫，位于洞头区北岙街道岭背路11号。始建于明末，建筑面积1300平方米，内设有孔庙、三官堂、娘娘殿。现存建筑为2008年修建。1986年被列为洞头县文物保护单位，1997年被列为浙江省文物保护单位。2011年，洞头妈祖祭典被批准列入第三批国家非物质文化遗产名录。2010年开始，洞头区政府每年举办"妈祖平安节"活动，来自各地的游客、信众和渔民汇聚一起，共同传承妈祖文化，祈福平安和谐。

第四处，苍南藻溪杨府庙。藻溪杨府庙位于苍南县藻溪镇富山村杨府宫自然村、大尖山东麓，始建于清康熙三年（1664），咸丰二年（1852）重修，由前殿、戏台、厢房、正殿组成合院式院落。前殿和厢房为近年重建，前殿明间后檐搭接戏台。戏台为杨府庙的精华，雕刻精细，柱下四额枋内外侧绘有全套《封神演义》故事，戏台顶部置圆形螺旋藻井，屋面单檐歇山，施飞椽，四角起翘。正殿五开间，后廊置神龛，供奉杨府爷塑像。杨府庙建筑选材考究，做工精细，有生动雕刻和精美彩绘，充分表现了地方的乡土建筑艺术，是研究当地清代的建筑工艺、戏曲艺术、宗教文化、民风民俗的重要实物。2011年1月，公布为第六批浙江省文物保护单位。

温州市还有县（市、区）文物保护单位（文物保护点）14处，现一一简介如下。

瑞安市1处，即福泉观，见本书《千年名山犹姓陶》一文记述。

永嘉县8处。孝佑宫，位于东城街道浦东村。据碑文记载，始建于唐，历经元、明、清扩建修缮，现存建筑1997年后修建。2003年1月公布为永嘉县第五批文保单位。

陶公洞，位于大若岩镇水云村，也是道教第十二福地，1984年列为第二批永嘉县文物保护单位。本书《第十二福地大若岩》一文已有记述。

苍峰宫，位于岩坦镇大谢村苍山尖顶峰。据宫内碑志记载，后梁时期，周安尚首居于此。1984年列为永嘉县第二批文物保护单位。

圣湖宫，位于沙头镇泰石村田螺山山麓。始建于唐代，宋理宗年间重建，历经明、清重修，现建筑为清中晚期建筑，占地面积2299平方米。1996年经批准为宗教活动场所，2003年1月列为永嘉县第五批文物保护单位。

太平岩胡公殿，位于沙头镇渔田村。据介绍，胡公殿始建于明代，一个由胡公殿、娘娘宫、观音殿合为一体的建筑。2004年3月被列为第一批永嘉县文物保护点。

三圣观，位于岩头镇中美山脚村。据介绍，该建筑始建于明万历年间。2009年3月，被列为第三批永嘉县文物保护点。

龙圣宫，位于岩头镇西川村。据介绍，始建于清中期。2009年3月被列为第三批永嘉县文物保护点。

东蒙山道观摩崖题刻，位于乌牛街道东蒙山，年代为清至民国。2003年1月，列为第五批永嘉县文物保护单位。

平阳县5处。仙姑道观，位于水头镇南阳村。仙姑道观又称白水道观，1998年时曾重建、扩建，成了一处极具规模的仿古建筑群，与南雁荡山仙姑洞遥相呼应。2000年，列为平阳县第六批文物保护单位。本书《南雁荡山仙姑洞》一文中有记。

蓝田三清宫，位于鳌江镇蓝田社区陈道头。蓝田三清宫始建于南宋乾道年间，清乾隆初重建，占地面积1574平方米，建筑面积1625平方米。2017年经鳌江镇人民政府批准，拆迁至蓝田社区陈道头地方重建。2000年，平阳县政府批准为第六批县文物保护单位。

河口三清宫，位于鳌江镇下厂社区河滨村。河口三清宫始建于明嘉靖四十三年（1564），清乾隆四十五年（1780）重建，占地面积4300平方米，建筑面积3548平方米。2003年9月，公布为平阳县文物保护单位。

东岳道观，位于昆阳镇坡南街、城岭门寿桃山麓。道观占地面积7000平方米，建筑面积达5000平方米。1985年批准为平阳县文物保护单位。本书有《千年胜迹东岳观》

一文记述。

钱仓城隍道院，位于鳌江镇前仓社区钱仓村。钱仓城隍道院始建于明洪武二十三年（1390），原址在钱仓北门。明嘉靖、隆庆年间，倭寇猖獗，经常侵犯钱仓，乡民赵文统、陈启济等倡议并筹资筑城自卫，又得邑侯朱东光捐献俸禄，筑城成功。朱东光，号少龙，传为明皇室后裔。传说一日他梦见玉帝宣召，封他为"钱仓城隍"，不久仙逝。为感谢朱公捐俸建城，钱仓乡民在北门建造了城隍庙，塑神像，春秋祭祀，后几经扩建，至民国期间，已具相当规模。

20世纪60年代间，钱仓城隍庙破坏殆尽。1970年春，由地方信士发起，将其迁至山南麓，1990年地方政府及村两委研究决定，委派18位村民接管城隍庙。1991年8月，平阳县民宗局批准归县道教协会管理，命名"钱仓城隍道院"，并成立理事会，公推周茂庚为理事长，并委派全真派坤道陈光法为道院住持。

1994年5月钱仓城隍道院戏台公布为第一批平阳县文物保护点，1996年10月公布钱仓城隍道院为平阳县文物保护单位。

参考文献

1. [梁]陶弘景撰、赵益点校：《真诰》，中华书局 2011 年 9 月版。
2. [宋]张君房编：《云笈七签》，中央编译出版社 2017 年 1 月版。
3. [唐]杜光庭编、王纯五译注：《洞天福地岳渎名山记全译》，贵州人民出版社 1999 年 11 月版。
4. [梁]陶弘景撰、王家葵辑校：《登真隐诀辑校》，中华书局 2011 年 8 月版。
5. [宋]乐史撰、王文楚等点校：《太平寰宇记》，中华书局 2007 年 11 月版。
6. [汉]司马迁撰：《史记》，中华书局 1982 年 11 月 2 版。
7. [清]阮元主编：《两浙金石志》，浙江古籍出版社 2012 年 4 月版。
8. [东汉]赵晔著、崔冶译注《吴越春秋》，中华书局 2019 年 5 月版。
9. 浙江省文物局主编：《宗教祭祀建筑》，浙江古籍出版社 2012 年 3 月版。
10. 浙江省文物局主编：《古遗址》，浙江古籍出版社 2012 年 3 月版。
11. 中共浙江省委宣传部、浙江省文物局编著：《浙江国宝》，浙江摄影出版社 2016 年 9 月版。
12. 《敕修浙江通志》，清乾隆元年刊本。
13. 浙江省毛泽东思想研究中心、中共浙江省委党史研究室编：《毛泽东与浙江》，中共党史出版社 1993 年 11 月版。
14. 浙江省文物局：《文物考古资料》，1984 年第 2 期。
15. 陈桥驿著：《吴越文化论丛》，中华书局 1999 年 12 月版。
16. 孔令宏、韩松涛、王巧玲著：《浙江道教史》，中国社会科学出版社 2015 年 7 月版。
17. 许地山著：《道教史》，中华书局 2014 年 1 月版。
18. [晋]葛洪撰、谢青云译注：《神仙传》，中华书局 2018 年 2 月版。
19. [宋]吴自牧著、周游译注：《梦粱录》，二十一世纪出版集团 2018 年 3 月版。

20. 孔令宏编著：《道教概论》，浙江大学出版社 2013 年 7 月版。

21. 李养正著：《道教概说》，中华书局 1989 年 2 月版。

22. [晋] 葛洪著，张松辉、张景译注：《抱朴子外篇》，中华书局 2013 年 4 月版。

23. [晋] 葛洪著、张松辉译注：《抱朴子内篇》，中华书局 2011 年 10 月版。

24. [宋] 张伯端撰、王沐浅解：《悟真篇浅解（外三种）》，中华书局 1990 年 10 月版。

25. 卿希泰著：《中国道教思想史纲》（第一卷、第二卷），四川人民出版社 1983 年 9 月版。

26. 李叔还编：《道教大辞典》，浙江古籍出版社 1987 年 10 月版。

27. 陈国符著：《道藏源流考》，中华书局 1963 年 12 月版。

28. 于由编著：《旅游道教文化》，浙江大学出版社 2012 年 8 月版。

29. 卿希泰著：《续·中国道教思想史纲》，四川人民出版社 1999 年 8 月版。

30. [晋] 干宝著、马银琴译注：《搜神记》，中华书局 2012 年 1 月版。

31. 王叔岷撰：《列仙传校笺》，中华书局 2007 年 6 月版。

32. 竺岳兵主编：《唐诗之路唐诗总集》，中国文史出版社 2003 年 12 月版。

33. 《唐诗百家全集》，海南出版社 1992 年 8 月版。

34. 邹志方点校：《〈会稽掇英总集〉点校》，人民出版社 2006 年 6 月版。

35. [宋] 祝穆撰、祝洙增订，施和金点校：《方舆胜览》，中华书局 2003 年 6 月版。

36. 吴大新著：《会稽龙瑞宫考——以贺知章摩崖石刻为中心》，绍兴市民间文艺家协会、绍兴市道教协会 2016 年 10 月编辑出版。

37. 杭州市道教协会编：《道颜》，2018 年第 1、2 期。

38. 《全唐诗》，上海古籍出版社 1986 年 10 月版。

39. [宋] 计有功辑撰：《唐诗纪事》，上海古籍出版社 2008 年 4 月第 2 版。

40. 石桥青著：《道教一本通》，陕西师范大学出版社 2009 年 12 月版。

41. 马时雍主编：《杭州的寺院教堂》，杭州出版社 2004 年 6 月版。

42. 杭州市道教协会编：《道韵》，2018 年第 1、2 期。

43. [宋] 陈元靓编、耿纪朋译：《事林广记》，江苏人民出版社 2011 年 4 月版。

44. 林正秋著：《杭州道教史稿》，中国文史出版社 2008 年 10 月版。

45. [明] 田汝成辑撰，刘雄、尹晓宁点校：《西湖游览志余》，上海古籍出版社 2018 年 3 月版。

46. 许圣元著：《洞霄宫》，临安市政协文史和教文卫体委员会、青山湖街道 2008

年 12 月编印。

47. 俞金生编著：《南宋行宫洞霄宫》，中国文化艺术出版社 2016 年 5 月版。

48. [宋] 邓牧撰：《洞霄图志》，中国书店 2018 年 8 月版。

49. [明] 田汝成著、陈志明编校：《西湖游览志》，东方出版社 2012 年 2 月版。

50. [清] 吴本泰著、褚树青等标点：《西溪梵隐志》，杭州出版社 2006 年 4 月版。

51. 印振武编著：《洞霄宫历史故事》，浙江天目书院、亚太国际出版有限公司 2018 年版。

52. 姜青青著：《〈咸淳临安志〉宋版"京城四图"复原研究》，上海古籍出版社 2015 年 8 月版。

53. [宋] 潜说友撰：《咸淳临安志》，浙江古籍出版社 2017 年 12 月版。

54. 马晓坤著：《灵府琼馆留凡间——记杭州三大道教宫观》，杭州出版社 2014 年 10 月版。

55. [清] 翟灏等辑：《湖山便览（附西湖新志）》，上海古籍出版社 1998 年 12 月版。

56. [宋] 周密、[明] 朱廷焕著，谢永芳注评：《武林旧事》（附《增补武林旧事》），中州古籍出版社 2019 年 1 月版。

57. 政协杭州市上城区文史资料委员会、杭州市玉皇山南综合整治工程指挥部编撰：《玉皇山南话沧桑》，西泠印社出版社 2008 年 10 月版。

58. 金向银、金午江著：《王羲之金庭岁月》，方志出版社 2010 年 12 月版。

59. [宋] 高似孙撰：《剡录》，台湾成文出版有限公司 1970 年 3 月版。

60. [唐] 李吉甫撰、贺次君点校：《元和郡县图志》，中华书局 1983 年 6 月版。

61. 辞海编辑委员会编：《辞海》（缩印本），上海辞书出版社 1980 年 8 月版。

62. [明] 田琯纂修：《万历新昌县志》，明万历年间刻本。

63. [清] 吉必兆纂修：《康熙新昌县志》，清康熙年间刻本。

64. [清] 朱庆萼主修：《同治新昌县志》，清同治十一年刻本。

65. 陈畲纂修：《民国新昌县志》，民国八年铅印本。

66. 张勇著：《杜光庭》，陕西师范大学出版社 2017 年 1 月版。

67. [民国] 周喟编，林顺道、林孝皎、林孝水点校：《南雁荡山志》，中州古籍出版社 2010 年 12 月版。

68. [清] 曾唯辑、胡永在点校：《广雁荡山志》，浙江摄影出版社 1990 年 11 月版。

69. 《仙姑宝卷》，1990 年平阳县南雁仙姑洞翻印。

70. 瑞安市地方志编纂委员会整理：《乾隆瑞安县志》，中华书局 2013 年 3 月版。

71. ［晋］郭璞注、［清］郝懿行笺疏、沈海波校点：《山海经》，上海古籍出版社 2015 年 4 月版。

72. 张国源著：《梁弄流韵》，海峡出版发行集团、鹭江出版社 2015 年 11 月版。

73. 邓凯校注：《王阳明年谱校注》，宁波出版社 2019 年 6 月版。

74. 谢国旗编著：《三字经·梦仲席："中国草席之乡"仲一村》，宁波出版社 2018 年 12 月版。

75. 岱山徐福研究会编：《岱山徐福文化：徐福与经济专刊（三）》，岱山徐福研究会 2013 年 9 月印制。

76. 天台县志编纂委员会编纂：《天台县志》，汉语大词典出版社 1995 年 4 月版。

77. ［唐］徐灵府撰、［明］潘咸纂，胡正武校点：《天台山记天台胜迹录》，浙江大学出版社 2010 年 11 月版。

78. ［明］夏鍭著，夏小宝、夏祖照主编：《夏赤城诗集》，万卷谱局、台州学院家谱文化研究所 2017 年 7 月印制。

79. ［清］李德耀、黄执中纂修：《康熙天台县志》，清康熙二十二年刻本。

80. 金渭迪编著：《道教第二洞天资料汇集》，台州市黄岩区宗教文化研究会 2017 年印行。

81. 胡明刚著：《石梁纪：天台山石梁云端秘境》，中国文史出版社 2020 年 5 月版。

82. 周荣初编写：《天台山导游》，浙江人民出版社 1983 年 4 月版。

83. ［清］闵一得撰，王卡、汪桂平点校：《金盖心灯》，中华书局 2020 年 6 月版。

84. 浙江省文史研究馆主办：《古今谈》，2022 年第 4 期。

85. ［清］李宗莲纂修：《光绪金盖山志》，清光绪二十二年古书隐楼刊本。

86. ［明］程嗣功主修：《嘉靖武康县志》，上海书店 1981 年影印版。

87. ［清］疏筤纂修：《道光武康县志》，清道光九年刊本。

88. 吴受琚辑释，俞震、曾敏校补：《司马承祯集》，社会科学文献出版社 2013 年 5 月版。

89. 《玉环古志》整理委员会编：《玉环古志》，中华书局 2000 年 8 月版。

90. 郑为一编著：《道教南宗祖庭桐柏宫》，天台山桐柏宫 2018 年 6 月印行。

91. ［明］曾才汉主修：《嘉靖太平县志》，上海书店 1981 年影印版。

92. 《温岭道教志》（内部发行），温岭市道教协会编印 2007 年 10 月版。

93. ［清］胡昌贤编：《委羽山志》，清同治九年委羽石室重刊本。

参考文献 | 311

94.《温岭历史文化名人》编纂委员会编:《温岭历史文化名人》,西泠印社出版社 2018 年 9 月版。

95. 张高澄等编著:《唐诗与天台山》,社会科学文献出版社 2021 年 2 月版。

96. 褚定济编:《桐柏仙韵》,2012 年自印本。

97. 杨总灯编撰:《括苍咏道》,中国道教第十大洞天凝真宫 2012 年 9 月资印。

98. 黄岩县志办公室、黄岩历史学会主办:《黄岩史志》第 3 辑,1989 年 8 月。

99. 陶和平著:《舟山海神研究》,中国文史出版社 2014 年 5 月版。

100. [清] 张荩修编纂:《康熙金华府志》,清宣统元年石印本。

101. [宋] 倪守约撰:《金华赤松山志》,清光绪十八年顺德龙氏知服斋丛书本。

102. 陈德松、张乐初编著:《中华黄大仙文化》,上海文化出版社 2015 年 10 月版。

103.《赤松黄大仙诗词选辑》,兰溪市黄大仙研究会 2021 年 10 月编印。

104.《贯休诗选三百首》,兰溪市贯休文化研究会 2012 年编印。

105. [明] 徐用检修:《兰溪县志》,台湾成文出版有限公司 1983 年 3 月版。

106.《芝英应氏家规》,永康市芝英历史文化研究会 2020 年编印。

107. 高致华著:《金华牧羊——黄大仙大传》,宗教文化出版社 2006 年 11 月版。

108.《黄大仙资料选编》,政协浙江省兰溪市文史教体文卫委员会 1994 年编印。

109. 林一心主编:《金华山文化》,中国美术学院出版社 2018 年 5 月版。

110. [清] 谭国枢纂修:《康熙汤溪县志》,清康熙二十二年刻本.

111. [明] 汪文璧总修:《万历汤溪县志》,明万历三十二年刻本。

112. 王启源主编:《金华的记忆》,人民日报出版社 2009 年 11 月版。

113. 陈星编著:《古婺文化拾遗》,浙江工商大学出版社 2013 年 5 月版。

114. 葛凤兰、王志忠、张昌贤著:《金华史话》,浙江人民出版社 1986 年 12 月版。

115. 桐乡市《桐乡县志》编纂委员会编:《桐乡县志》,上海书店出版社 1996 年 11 月版。

116.《剡录》,浙江省嵊县县志编纂委员会办公室 1985 年 9 月重版。

117.《嘉泰会稽志》,绍兴县地方志编纂委员会 1992 年重印。

118.《嵊州史话》,嵊州市政协、嵊州市党史办、嵊州市文联、嵊州市旅游局 1997 年 8 月编印。

119. 施钰兴编:《王羲之的传说》,国际炎黄出版社 2001 年 1 月版。

120. 曹文趣、应守岩、崔富章选注:《两浙游记选》,浙江古籍出版社 1987 年 10 月版。

121. 新昌县史志办公室主办：《新昌史志》，2017年第2期（总第14期）。

122.《康熙嵊县志》，上海书店1993年6月版。

123.［唐］杜光庭撰、罗争鸣辑校：《杜光庭记传十种辑校》，中华书局2013年11月版。

124.［元］陈性定撰：《仙都志》，涵芬楼影印明正统刻道藏本。

125. 项一中编著：《缙云轩辕祭典》，浙江摄影出版2015年12月版。

126. 王琼瑛主编：《摩崖石刻》，缙云县博物馆2012年12月印制。

127. 李德贵著：《叶法善传奇》，中国民族摄影艺术出版社2007年2月版。

128. 周伟华、王一军著：《叶法善年谱》，浙江工商大学出版社2018年10月版。

129. 李丹、王陈亮编著：《唐叶法善家族三碑考》，西泠印社出版社2008年1月版。

130. 刘耀东撰：《民国南田山志》，民国二十四年铅印本。

131. 叶平、汤光新编校：《叶梦得诗词》，2011年10月自印本。

132. 叶平编著：《叶姓圣地·松阳》，卯山文化研究会2012年印制。

133. 浙江卯山文化研究会编：《卯山文化》2018年刊。

134.［清］支恒椿修：《光绪松阳县志》，清光绪元年刻本。

135.［清］雷铣修：《光绪青田县志》，民国二十四年温州朱公茂印书局重印本。

136. 周孔华、阮珍生、叶圣益、周国钤编著：《温州道教通览》，香港天马图书有限公司1999年11月版。

137. 林孝皎、林孝水编辑：《平阳东岳观》，平阳东岳观2013年1月印制。

138.［南朝宋］郑缉之撰、孙诒让校集：《永嘉郡记》，政协瑞安市文史资料委员会1993年12月编印。

139. 朱越利等著：《温州道教文化的传承与发展文化论坛文集》，华夏出版社2014年3月版。

140.［清］莲舟大师、刘景晨编纂：《大若岩记 大若岩志》，永嘉道教文化研究会2019年5月印制。

141. 陈光宗主编：《大若岩诗论文集》，大若岩陶公洞领导小组1997年印制。

142. 李延丰、隋玉宝主编：《天人合一道法自然——陶弘景养生思想学术会议论文集》，宗教文化出版社2018年12月版。

143. 林崇进编：《资福山》，香港天马图书有限公司1999年6月版。

144.［清］鲍作雨、张振夔总修，陈纬校注：《道光乐清县志》，线装书局2009年12月版。

145. 平阳县图书馆整理、赵丹点校:《康熙平阳县志》,黄山书社 2022 年 7 月版。

146. 徐宏图、郑金开编著:《东岳观道教音乐》,浙江摄影出版社 2016 年 12 月版。

147. 耿夕娟编著:《刘伯温传》,远方出版社 2002 年版。

148. 林成植、施世琥主编:《福泉记》,中国言实出版社 2012 年 3 月版。

149. 江山市文化与经济社会融合发展领导小组、江山市文化广电新闻出版局编:《江山文化资源荟萃》,江山市文化广电新闻出版局 2005 年 10 月出版。

150. 杜志勇主编:《礼贤镇非物质文化遗产》,礼贤镇人民政府 2013 年 12 月印制。

151. 烂柯山志编纂领导小组编:《烂柯山志》,浙江人民出版社 1998 年 7 月版。

152. [清]汪浩修:《康熙江山县志》,上海书店出 1993 年影印版。

153. [清]宋成绥修:《乾隆江山县志》,清乾隆四十一年刻本。